Corporate Finance

企业财务管理

主　编◎彭　斌
副主编◎张　卓

经济管理出版社
ECONOMY & MANAGEMENT PUBLISHING HOUSE

图书在版编目（CIP）数据

企业财务管理/彭斌主编. —北京：经济管理出版社，2015.9（2023.2 重印）
ISBN 978 - 7 - 5096 - 3859 - 0

Ⅰ.①企…　Ⅱ.①彭…　Ⅲ.①企业管理—财务管理—高等学校—教材　Ⅳ.①F275

中国版本图书馆 CIP 数据核字（2015）第 147476 号

组稿编辑：魏晨红
责任编辑：王格格
责任印制：黄章平
责任校对：超　凡

出版发行：经济管理出版社
　　　　　（北京市海淀区北蜂窝 8 号中雅大厦 A 座 11 层　100038）
网　　址：www. E - mp. com. cn
电　　话：（010）51915602
印　　刷：北京虎彩文化传播有限公司
经　　销：新华书店
开　　本：720mm × 1000mm/16
印　　张：29.75
字　　数：566 千字
版　　次：2015 年 9 月第 1 版　　2023 年 2 月第 4 次印刷
书　　号：ISBN 978 - 7 - 5096 - 3859 - 0
定　　价：48.00 元

前　言

　　企业财务管理的核心是通过投资、筹资等财务决策和财务分析实现企业价值创造。本书以股份有限公司为理财主体，以工商企业为主要立足行业，以财务目标为价值导向，以企业筹资、投资、运营和分配等财务活动为线索，构成连贯的理财系统框架。全书共设六章，涵盖财务管理的基础理论、基本业务、主要政策和主要方法，在写法上尽量采用时代思维，避免过多论述，添加实例和案例分析，每章开篇明确给出学习要点，各章中附有思考和回答，各章后有题型丰富的练习和参考答案，力图贴近财务管理的实际，拓展财务管理的视野，提高学生的财务分析能力、财务决策素质和财务创新能力。

　　本书内容可以概括为以下几个部分：

　　第一部分，介绍企业财务管理的基础知识，包括企业财务活动、财务管理目标和环境、财务组织机构设置和财务经理职责、财务工作职业生涯以及与其他学科的关系。

　　第二部分，介绍企业长期筹资理论和筹资决策方法，包括有效资本市场理论、资本结构理论、估算资本成本的方法以及长期筹资方式、资本结构确定等。这部分内容的特点是从企业创造价值的角度来讨论长期筹资问题。通过本部分内容的学习，能够了解企业筹资决策的主要方法和内容，以及与企业投资决策的联系，从而避免孤立地看待企业的投融资决策。

　　第三部分，介绍企业投资决策理论和方法，包括金融资产价值确定的基本原理、证券组合投资理论与资本资产定价模型、证券投资中的风险和收益分析、资金流预算和项目投资决策，以及期货投资策略和期权定价模型、实物期权决策思路。这部分内容强调理论与应用的结合，注重从价值创造的角度进行投资决策分析。

　　第四部分，介绍企业营运资金的投融资策略和决策方法，包括企业营运资金政策、流动资产和短期筹资的管理等。在简要介绍流动资产、短期筹资方式和资金成本基本内容的基础上，强调营运资金决策的两个主要方面，即确定流动资产的最佳水平和为维持最佳流动资产水平而进行的短期筹资和长期筹资的组合。

第五部分，介绍企业利润分配管理，阐述利润分配程序和股利支付流程，简要介绍股利理论，提出了股利政策和影响股利分配的因素。分析股票股利、股票分割、股票回购对所有者权益和股价的影响。

第六部分，介绍企业财务分析的基本知识，包括财务分析内容、方法、流程以及财务解读，财务分析比率和运用，这部分内容的特点是强调在理解企业财务报表的基础上，对企业偿债能力、盈利能力、运营能力和发展能力进行分析以揭示企业的投资、筹资、运营管理等财务决策活动的重要信息，深入了解企业现金流和价值创造的特征。

本书最后部分借助实物和电子沙盘力图陈述财务管理大作业和课程设计的任务及目标，并给出了参考答案。本书适合选作高等院校会计学、金融学、财务管理、企业管理、市场营销、财政税务、工程管理（项目管理）、工程造价、公关管理等专业的本科教材，以及相关专业硕士研究生的参考教材，亦可作为工商企业、银行、证券和保险业、建筑房地产企业等相关职业工作者的学习参考书。

彭斌

2015 年 5 月 12 日

目　录

第一章　总　论

学习要点：
(1) 理解企业财务管理概念。
(2) 理解企业财务管理目标的主要观点。
(3) 理解企业财务管理的环境。
(4) 理解企业财务管理机构、财务人员素质和职责。
(5) 理解财务管理与其他学科关系。

第一节　企业财务管理的概念

企业财务管理简称企业理财，英文为"Corporate Finance"，是研究如何有效获取资金、使用和管理好资金的一种价值管理活动，具体说就是对企业资金的筹集、投向、运用、分配以及相关财务活动进行决策并对决策结果进行分析评判，以便为企业创造价值。

思考："财务管理"是一门艺术还是科学？

回答：其实科学和艺术是不同的，科学是解析、解决问题，而艺术是给人一种感受，喜剧让人感到高兴、悲剧让人感到痛苦完全不是一回事；亏了100万虽看了喜剧后会开心一会儿但最终钱还是拿不回。而科学分为社会科学和自然科学，社会科学是研究人的行为，经济学中假设人都是理性的，而非理性正是需要克服的，因而人在绝对理性时做出的决策是最好的；自然科学是针对客体，经过逻辑推理导出变量之间关系，探讨背后原因。"Corporate Finance"是研究理性人如何通过逻辑推理挖掘公司资金运行的财务活动价值认识从而做出最优财务决策的科学。

"企业财务管理"的核心功能是有效管理财务活动实现企业价值创造，强调资本市场投融资等财务活动对公司运营的重要性，而且是一门社会科学和自然科学相互融合的学科。所以其不考虑公司治理理论，而且认为公司是理性的，不考虑委托代理关系非理性噪声来决策（现代公司治理结构是股东下设董事会，其下设高级经理，其下设部门经理，股东是委托人，部门经理是代理人，代理人借助信息优势实现个人私利）。

一、企业财务活动主要内容

企业财务活动是以现金收支为主的企业资金收支活动的总称。在市场经济条件下，一切物资都具有一定的价值，它体现着耗费于物资中的社会必要劳动量，社会再生产过程中物资价值的货币表现，就是资金。在市场经济条件下，资金是进行生产经营活动的必要条件。企业的生产经营过程，一方面表现为物资的不断购进和售出，另一方面则表现为资金的支出和收回。企业的经营活动不断进行，也就会不断产生资金的收支。企业资金的收支，构成了企业经济活动的一个独立方面，这便是企业的财务活动。企业财务活动可分为以下四个方面。

（一）企业筹资引起的财务活动

企业从事经营活动，首先必须解决的是通过什么方式、在什么时间筹集多少资金。在筹资过程中，企业通过发行股票、发行债券、吸收直接投资等方式筹集资金，表现为企业资金的收入；而企业偿还借款，支付利息、股利以及付出各种筹资费用等，则表现为企业资金的支出。这种因为资金筹集而产生的资金收支，便是由企业筹资引起的财务活动。

在进行筹资活动时，财务人员首先要预测企业需要多少资金，通过什么方式筹集资金，是通过发行股票取得资金还是向债权人借入资金，两种资金占总资金的比例应为多少等。假设企业决定借入资金，那么是发行债券好，还是从银行借入资金好？资金应该是长期的还是短期的？资金的偿付是固定的还是可变的？等等。财务人员面对这些问题时，一方面要保证筹集的资金能满足企业经营与投资的需要；另一方面还要使筹资风险在企业的掌控之中，一旦外部环境发生变化，企业不至于由于偿还债务而陷入破产的困境。

（二）企业投资引起的财务活动

企业筹集资金的目的是把资金用于生产经营活动以取得盈利，不断增加企业价值。企业把筹集到的资金用于购置自身经营所需的固定资产、无形资产等，便形成企业的对内投资；企业把筹集到的资金投资于其他企业的股票、债券，与其他企业联营进行投资以及收购另一个企业等，便形成企业的对外投资。无论是企业购买内部所需各种资产，还是购买各种证券，都需要支出资金。当企业变卖其对内投资的各种资产或收回其对外投资时，会产生资金的收入。这种因企业投资而产生的资金的收支便是由投资引起的财务活动。

在进行投资活动时，由于企业的资金是有限的，因此应尽可能将资金投放在能带给企业最大收益的项目上。由于投资通常在未来才能获得回报，因此，财务人员在分析投资方案时，不仅要分析投资方案的资金流入与资金流出，同时还要分析企业为获得相应的报酬还需要等待多久。当然，获得回报越早的投资项目越好。另外，投资项目很少是没有风险的，一个新的投资项目可能成功，也可能失败，因此，财务人员需要找到一种方法对这种风险因素加以计量，从而判断选择哪个方案，放弃哪个方案，或者将哪些方案进行组合。

（三）企业经营引起的财务活动

企业在正常的经营过程中，会发生一系列的资金收支。首先，企业要采购材料或商品，以便从事生产和销售活动，同时，还要支付工资和其他营业费用；其次，当企业将产品或商品售出后，便可取得收入，收回资金；最后，如果企业现有资金不能满足企业经营的需要，还要采取短期借款方式来筹集所需资金。上述各方面都会产生资金的收支，属于企业经营引起的财务活动。

在企业经营引起的财务活动中，主要涉及的是流动资产与流动负债的管理问题，其中关键是加速资金的周转。流动资金的周转与生产经营周期具有一致性，在一定时期内，资金周转越快，就可以利用相同数量的资金生产出更多的产品，取得更多的收入，获得更多的报酬。因此，如何加速资金的周转、提高资金利用效果是财务人员在这类财务活动中需要考虑的主要问题。

（四）企业分配引起的财务活动

企业在经营过程中会产生利润，也可能会因对外投资而分得利润，这表明企业有了资金的增值或取得了投资报酬。企业的利润要按规定的程序进行分配。首先要依法纳税；其次要用来弥补亏损，提取公积金；最后要向投资者分配股利。这种因利润分配而产生的资金收支便属于由利润分配而引起的财务活动。

在分配活动中，财务人员需要确定股利支付率的高低，即将多大比例的税后利润用来支付给投资人。过高的股利支付率，会使较多的资金流出企业，从而影响企业再投资的能力，一旦企业遇到较好的投资项目，将有可能因为缺少资金而坐失良机；而过低的股利支付率，又有可能引起投资人的不满，对于上市企业而言，这种情况可能导致股价的下跌，从而使企业价值下降。因此，财务人员要根据企业自身的具体情况确定最佳的分配政策。

上述财务活动的四个方面，不是相互割裂、互不相关的，而是互相联系、互相依存的。正是上述互相联系而又有一定区别的四个方面，构成了完整的企业财务活动，这四个方面也正是财务管理的基本内容：企业筹资管理、企业投资管理、营运资金管理、利润及其分配的管理。

综上所述，财务管理的主要内容是筹资管理（钱从哪儿来）、投资管理（钱用到哪儿）、营运资金管理（怎么有效用好钱）、利润分配管理（怎么分配赚到的钱）。

二、企业组织形式

按国际标准，企业组织形式主要有三种：

（一）个人独资企业

个人独资企业是指由一个自然人投资并兴办的企业，企业主享有全部的经营所得，同时对债务负有完全责任。个人独资企业的优点是：①企业开办、转让、关闭的手续简便；②企业主自负盈亏，对企业的债务承担无限责任，因而企业主会竭力把企业经营好；③企业税负较轻，只需要缴纳个人所得税；④企业在经营管理上的制约因素较少，经营方式灵活，决策效率高；⑤没有信息披露的限制，企业的技术和财务信息容易保密。

个人独资企业也存在无法克服的缺点：①风险巨大。企业主对企业承担无限责任，在硬化企业预算约束的同时，也带来了企业主承担风险过大的问题，从而限制了企业主向风险较大的部门或领域进行投资，这对新兴产业的形成和发展极为不利。②筹资困难。因为个人资金有限，在借款时往往会因信用不足而遭到拒绝，因此限制了企业的发展和大规模经营。③企业寿命有限。企业所有权和经营权高度统一的产权结构意味着企业主的死亡、破产、犯罪都有可能导致企业不复存在。

基于以上特点，个人独资企业的理财活动相对来说比较简单。

（二）合伙企业

合伙企业是指由两个以上的自然人订立合伙协议，共同出资、合伙经营、共享收益、共担风险，并对合伙企业债务承担无限连带责任的企业。为了避免经济纠纷，在合伙企业成立时，合伙人须订立合伙协议，明确每个合伙人的权利和义务。与个人独资企业相比，合伙企业资信条件较好，容易筹措资金和扩大规模，经营管理能力也较强。

按照合伙人的责任不同，合伙企业可分为普通合伙和有限合伙。普通合伙企业的合伙人均为普通合伙人，对合伙企业的债务承担无限连带责任。有限合伙企业由普通合伙人和有限合伙人组成，有限合伙人以其出资额为限对债务承担有限责任。但是，有限合伙制要求至少有一人是一般合伙人，而且有限合伙人不直接参与企业经营管理活动。

合伙企业具有设立程序简单、设立费用低等优点，但也存在责任无限、权力分散、产权转让困难等缺点。由于合伙企业的资金来源和信用能力与独资企业相比有所增加，盈余分配也更加复杂，因此合伙企业的财务管理比独资企业复杂得多。

(三）公司制企业

公司制企业是指依照国家相关法律集资创建的，实行自主经营、自负盈亏，由法定出资人（股东）所组成的，具有法人资格的独立经济组织。公司制企业的主要特点包括以下几个方面。

独立的法人实体。公司一经宣告成立，法律即赋予其独立的法人地位，具有法人资格，能够以公司的名义从事经营活动，享有权利，承担义务，从而使公司在市场上成为竞争主体。

具有无限的存续期。股东投入的资本长期归公司支配，股东无权从公司财产中抽回投资，只能通过转让其拥有的股份收回投资。这种资本的长期稳定性决定了公司只要不解散或破产，就能够独立于股东而持续、无限期地存在下去，这种情况有利于企业实行战略管理。

股东承担有限责任。这是指公司一旦出现债务，这种债务仅是公司的债务，股东仅以其出资额为限对公司债务承担有限责任，这就为股东分散了投资风险，从而有利于吸引社会游资，扩大企业规模。

所有权和经营权分离。公司的所有权属于全体股东，经营权委托专业的经营者负责管理，管理的专门化有利于提高公司的经营能力。

筹资渠道多元化。股份公司可以通过资本市场发行股票或发行债券募集资金，有利于企业的资本扩张和规模扩大。

公司的特征是上缴企业所得税，个人合伙企业上缴的是个人所得税，因此不是公司。

一般来说，公司分为有限责任公司与股份有限公司。有限责任公司与股份有限公司（上市公司）的不同点在于：①股东的数量不同。有限责任公司的股东人数有最高和最低的要求，而股份有限公司的股东人数只有最低要求，没有最高限制。②成立条件和募集资金的方式不同。有限责任公司的成立条件相对来说比较宽松，股份有限公司的成立条件比较严格；有限责任公司只能由发起人集资，不能向社会公开募集资金，股份有限公司可以向社会公开募集资金。③股权转让的条件限制不同。有限责任公司的股东转让自己的出资要经股东会讨论通过；股份有限公司的股票可以自由转让，具有充分的流动性。

在上述三种企业组织形式中，公司制企业最具优势，成为企业普遍采取的组织形式，因此，现代企业财务管理的分析与研究主要以公司制企业这种组织形式为基本研究对象。

思考：回顾股份公司和股票交易所的成立。

回答：股份公司是最具有影响的组织形式，1602年，荷兰东印度公司成立，该公司由大股东和小股东组建发行了世界上第一张股票，东印度公司成立后，世界第一家股票交易所在荷兰阿姆斯特丹成立。东印度公司将公众手中的钱汇集起来进行远洋贸易，返航后拥有公司股票的人得到丰厚回报：652万荷兰盾相当于6亿美元。20多年前英国成立了由大股东组建的股份公司。

三、财务管理的会计模型

财务会计记录的是企业财务活动，而财务管理是规划分析决策财务活动并对财务报表进行分析。具体参见图1-1会计模型。

投资总额		筹资总额
流动资产		流动负债
现金		短期借款
有价证券		应付账款
应收账款		长期负债
存货		长期借款
长期资产		应付债券
固定资产		股东权益
无形资产		股本
		留存收益
资产总额	=	负债权益总额

图1-1　会计模型

第二节　企业财务组织、财务经理及财务职业生涯

一、现代公司财务组织设置

前文已指出，在现代市场经济中，公司财务是一项开放性、动态性、综合性的工作，在企业整个经营管理工作中处于举足轻重的地位。由此可以看到，在公司内部，财务机构的科学设置和合格的财务专业人员的合理聘用，对财务管理职能作用的充分发挥具有十分重要的意义。

股份公司是现代企业制度的基本组织形式，因而股份公司的财务机构也可被视为现代公司财务机构最完备的形态。公司执行机构由高层执行官员即高层经理人员组成。这些高层执行官员受聘于董事会，在董事会授权范围内，拥有对公司事务的管理权和代理权，负责处理公司的日常经营事务。在董事会领导下的高层执行官员包括：总经理、副总经理、总财务师、总会计师等。典型的公司组织机构，如图1-2所示。

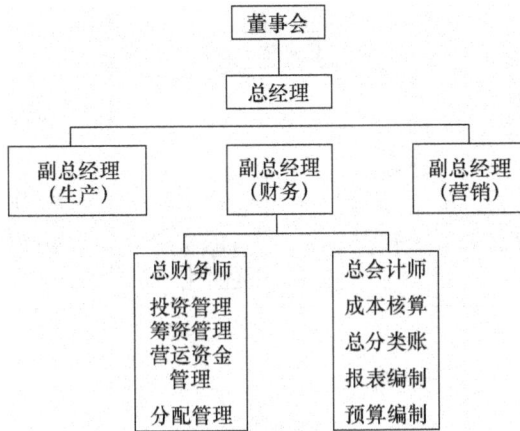

图 1-2 现代公司财务组织

图 1-2 表明：总财务师、总会计师都由财务副总经理负责，在他的领导、统筹下开展工作。但他们之间有明确的分工，各自履行性质不同的专业工作。

二、企业财务经理

（一）财务经理与财务活动

财务管理强调通过定量方法对财务活动进行财务决策实现公司价值创造。具体实现路径可用图 1-3 来说明。图 1-3 中的箭头表明现金流量在企业与金融市场以及政府之间流动的方向。假设我们开始进行企业的融资活动，为了筹集资金而在金融市场向投资者发售债券和股票，现金从金融市场流向企业（A），企业将现金用于投资（B），企业在生产经营过程中创造现金（C），然后，企业将现金支付给债权人、股东（F）和政府（D）。股东以现金股利的方式得到投资回报；债权人因出借资金而获得了利息，并且收回了本金；政府也获得了税收收入。需要注意的是，企业并不是将所有的投资回报都用于支付，还将留存一部分用于再投资（E）。但是，从长期来看，只要企业支付给债权人和股东的现金（F）大于从金融市场上筹集到的资金（A），那么企业价值就得到了提升。

（二）财务经理应具备的素质

1. 总体素质要求

在现代市场经济条件下的公司财务管理，作为一项专业化的职能管理活动，具有开放性、动态性和综合性的特点，和宏观经济环境，特别是和现代市场体系中居主导地位的金融市场有着紧密的联系。企业中以总财务师为首的财务管理人员面向瞬息万变的金融市场，进行科学的投资、筹（融）资和收益分配决策；并在

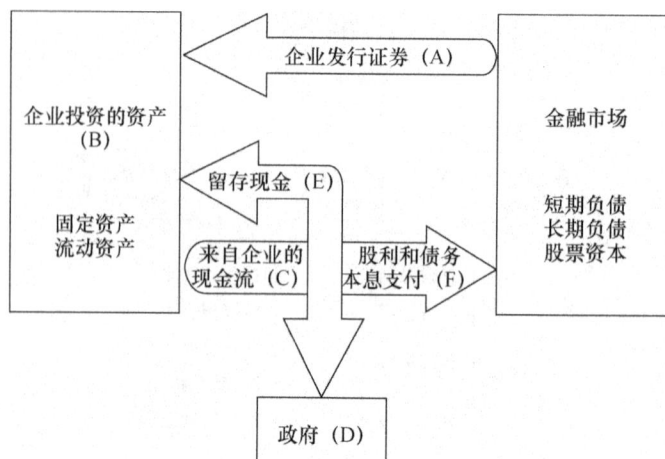

图 1 - 3　企业和外部的现金流量

决策实施过程中，充分发挥理财的运筹作用，正确处理好企业内部条件、外部环境和企业目标之间的动态平衡，任务极为艰巨。这意味着现代市场经济的发展对财务管理人员应具备的素质提出了越来越高的要求。从总体上看，理财需要高智能、高创造力的人才。财务管理人员要有战略头脑、开阔的思路、高瞻远瞩的谋略，不斤斤计较一时一事的得失，善于从企业整体发展的战略高度来认识和处理问题。市场经济从一定意义看，是竞争经济，优胜劣汰是市场竞争的必然结果。因此，市场经济不同情弱者，只承认强者。在这种情况下，财务人员搏击市场，面对瞬息万变的市场势态，要有敏锐的洞察力和准确的判断力，善于抓住机遇，大胆适时决策，在剧烈的市场竞争中牢牢掌握主动权。市场经济活动充满着风险，瞬息万变的金融市场尤其是这样。为此，财务人员要敢于面向风险、驾驭风险，提高风险决策能力，准确运筹资金来源、投资方向，科学预见其未来发展趋势，力求使可能遭受的风险降到最低。

2. 牢固树立市场经济的相关观念

财务人员牢固树立市场经济的相关观念，是使公司的财务职能作用得以充分发挥，从而最大限度提高财务效益的认识基础。主要包括以下四个方面：

（1）竞争观念。

竞争机制是市场机制的核心，它无情地执行着优胜劣汰的原则，企业在市场的大海中公平竞争，既为它创造种种机会，也对它形成种种威胁。这就要求企业财务管理人员作财务决策时，要善于抓住机遇、从容应付挑战，面对激烈的市场竞争，通过趋利避险、扬长避短，来促进企业财务管理职能的充分发挥和财务管理人员能力的顺利体现。

（2）风险观念。

在现代市场经济中，市场机制的作用，使任何一个市场主体的利益都具有不确定性，客观上存在着蒙受经济损失的机会与可能，即不可避免地要承担一定的风险。例如，在筹资过程中，由于资金来源渠道的多元化及筹资方式的多样化，使不同来源的资金各有不同的资本成本和偿还期，从而产生筹资风险；在投资过程中，由于不同投资项目各有不同的报酬率和回收期，从而会产生投资风险；在用资过程中，资产配置不当，使资产整体不能保持应有的流动性，也可能导致企业无力偿还到期债务而出现财务危机，甚至形成企业的停产、倒闭。由此可见，财务管理人员必须树立正确的风险观，善于对环境变化带来的不确定性因素进行科学预测，有预测性地采取各种防范措施，使可能遭受的风险损失尽可能降到最低限度。

（3）货币时间价值观念。

货币时间价值是货币随着时间的推移而形成的增值，通常是采用利息形式按复利法计算。在现代市场经济中，货币时间价值的重要性，在于可把它当做一个重要的经济杠杆来使用，要求占用一元的资金提供一元的效果，占用一天的资金提供一天的效果，不能白白占用资金而不提供任何效果。这意味着把它当做资金使用的"机会成本"来看待，成为使用资金必须得到补偿的最低界限，从而对资金使用者在经济上形成一种经常存在的压力，促使他们在生产经营中精打细算，努力提高资金使用的经济效益。由此可见，财务管理人员牢固树立货币时间价值观念是他们正确进行财务决策和资金运筹的基础性一环。

（4）信息观念。

当代世界范围的市场经济，已进入"现代市场经济"的新阶段，信息化、金融化和全球化是观代市场经济的重要特征。在现代市场经济中，一切经济活动不可能盲目地进行，而必须以快、准、全的信息为导向，信息成为市场经济活动的重要媒介。这就决定了在现代市场经济中，财务人员必须牢固树立信息观念，从全面准确迅速收集分析信息入手，进行财务决策和资金运筹，也就是说财务管理人员面对瞬息万变的金融市场必须由过去凭经验决策转变为凭信息、凭科学决策。财务管理人员掌握信息越全面越准确越迅速就越有利于做出正确而及时的财务决策和有效地进行资金运筹，以促进企业财务目标的顺利实现。

3. 遵循企业财务的基本指导原则

（1）环境适应原则。

在现代市场经济中，企业并不是一个孤立的实体，它所需要的经营要素（人力、物资、资金等）是按照经济求利的原则，向市场取得；它形成的经营成果，也是按照经济求利的原则，向市场提供。由于现代市场经济是经济关系货币化的经济，金融手段全面介入社会经济的运行，金融活动牵导着商品的交换和生产要素的重组，发达的金融市场在现代市场体系中居主导地位，这就决定了金融市场对企业财务行为的社会化具有重大影响，使企业的财务活动从企业内部扩展（融汇）到企业外部整个金融市场体系中，使企业财务与金融市场之间形成一种相互交融的辩证关系。这种情况使瞬息万变的金融市场对企业的生产经营和财务活动产生重大影响。为此，企业财务管理人员就要充分发挥运筹作用，善于适应外部经济环境条件的变化，对企业的财务资源进行有效配置、优化组合，以实现企业内部条件、外部环境和企业目标之间的动态平衡，以便从企业内部条件与外部环境的协调与统一中，促进企业财务目标的顺利实现。

由此可见，在现代市场经济中正确处理好企业内部条件与外部环境之间的协调、统一关系，是企业财务管理人员必须遵循的基本指导原则之一。

（2）整体优化原则。

系统论认为，系统是由若干个相互联系、相互作用的要素即子系统组成的特定结构与功能相统一的有机整体。它具有整体性、层次性和最优性等基本特征。企业财务管理作为整个企业管理系统中的一个相对独立的子系统，也是这样。企业财务管理是一种综合性的管理工作，财务活动是企业生产经营主要过程和主要方面的综合表现。因而企业财务管理要从企业整体发展的战略高度来认识和处理有关问题，面对瞬息万变的金融市场，从整体最优化出发，进行科学的投资、筹（融）资和收益分配决策；并在决策实施过程中，充分发挥理财的运筹作用，通过对各种理财方法、理财工具的协调、配合、综合运用，形成一个灵敏、高效的财务运行体，在动态中实现对企业生产经营的导向、调节与控制，使之尽可能符合整体最优化要求。

由此可见，在现代市场经济中整体最优化原则是企业财务管理人员必须遵循的基本指导原则之二。

（3）盈利与风险对应原则。

经营有利，是企业生存和发展的必要条件，否则，就会在激烈的市场竞争中被淘汰。但在现代市场经济中，盈利机制和风险机制往往是并存的。要赚取更高的盈利，往往要以承担更大的风险为代价；如果只愿意承担较小的风险，则必须在赚取的盈利水平上做出一定的牺牲，它们之间存在着一定的互为消长的关系。可见：基于不同风险程度的盈利水平，或基于不同盈利水平的风险程度，都不具可比性。因而企业理财要贯彻整体最优化原则，就必须正确处理盈利与风险之间的对应关系，在这两者之间进行正确的抉择、取得合理的平衡。例如，从筹资决策看，扩大借入资金在总资本中所占的比重，降低普通股股本在总资本中所占的比重，可使企业的综合（平均）资本成本相应降低、普通股每股盈利相应增加，这是财务杠杆有利效应的一种表现。但扩大借入资金在总资本中所占比重也有其不利的一面，如掌握失当，就会由此而扩大企业的财务风险，危及其偿债能力和股东权益。因此，最优资本结构，实际上就是在一定条件下，财务杠杆的有利效应（提高盈利水平）与不利效应（增加风险程度）取得合理平衡的资本组合比例（负债与权益结合比例）。基于企业内、外一定的环境条件，如何权衡利害、比较得失，正确确定最优资本结构是企业管理人员中必须着重研究的一个重要问题。企业理财的其他领域，也莫不存在着类似的情况。

由此可见，在现代市场经济中，盈利与风险对应原则，是企业管理人员必须遵循的基本指导原则之三。

三、财务工作的职业生涯

财务管理对于企业、金融机构、非营利性组织和政府等都至关重要，任何一个经济组织都存在财务活动，都涉及理财问题，因此，在各行各业的财务管理领域中都存在许多就业机会和工作岗位。实际工作中的财务管理职位分为低级、中级和高级三个档次。

（一）低级职位

1. 财务分析员

负责收集并整理财务信息，编制财务分析报表供决策者参考，具体包括资本预算、长期筹资方式分析、资本结构和股利政策研究、兼并与重组分析等协助参与企业的财务决策过程。

2. 信用分析员

负责对向企业申请商业贷款的客户的信用能力和等级进行分析和评估，这对于企业的信用政策至关重要。

3. 现金经理

负责管理企业的短期现金投资，涉及购买短期证券和监管短期投资等，目的是确保企业短期投资始终符合企业的投资目标。

（二）中级职位

1. 财务经理助理

财务经理助理又称财务主任助理，现代公司通常设有多个财务经理助理，负责协助财务经理分担其部分工作，例如负责公司财务政策、营运资金管理、国际财务运营等其中的某一方面。

2. 公司财务分析经理

公司财务分析经理又称财务分析师，对公司投融资决策进行技术上的分析，如资本成本、投资预期收益和风险评估等，高质量的财务分析是企业做出财务决策的依据。

3. 公司风险管理经理

负责估计和度量利率、汇率和商品等风险并制定相应的管理策略。

4. 养老金基金经理

专门负责企业给职工的养老保险金的投资和收益管理，选择并监督外部投资经理的行为。

5. 财务报告经理

上市公司通常需要这个职位，负责编制并披露财务报告，目的是定期公告上市公司年报以便向证券市场提供公司经营状况。

（三）高级职位

1. 财务主管

财务主管又称财务主任，国外称为 Treasure，通常负责企业日常经营财务管理，涉及企业所有资金流入和流出，如资本预算、现金管理、投资管理、融资管理、利润分配等。财务主管受 CFO（首席财务官）领导，向 CFO 报告其工作。

2. 财务总监

财务总监即首席财务官，有的公司称为战略规划副总经理，是现代企业中重要的管理岗位，直接由股东和董事会委派，独立行使职权，是公司重要战略决策的制定者和执行者之一，对企业经营的所有财务方面负总责。

第三节　企业财务管理的环境

与公司的其他经营决策一样，公司财务活动也要受周围环境的制约和影响，多变的环境可能带来机遇，也可能引来麻烦。公司财务管理的环境是指对企业财务决策产生影响的外部条件，涉及的范围很广，经济、法律、金融、社会人文、自然资源等都具有十分重要的影响力，其中最重要的是宏观经济环境、法律环境、金融市场环境以及社会文化环境。

一、宏观经济环境

宏观经济环境是指影响公司财务决策的宏观经济状况，如宏观经济发展速度和水平、经济波动、通货膨胀等。从某种意义上看，宏观经济发展速度是各经济单位发展速度的平均值，一个企业要跟上行业整体的发展并在行业中维持它的地位，至少要保持与宏观经济同样的增长速度。经济周期波动则要求公司适时迅速调整财务策略以适应这种变化。例如，在经济萧条阶段，整个宏观环境不景气，公司将面临产品销售受阻、资金紧缺、利率上涨等困难，需要采取缩减管理费用、放弃次要利益、削减存货、尽量维持生产份额、出售多余设备、转让一些分部、停止扩张和增加雇员等措施。在繁荣时期，市场需求旺盛，销售大幅度上升，企业则要采取迅速筹集资金、扩充厂房设备、建立存货、提高价格、开展营销规划等措施。虽然政府总是力图减少不利的经济波动，但事实上，经济有时过热，有时过冷，公司财务决策必须能够应对这种波动。

通货膨胀是经济发展中最为棘手的宏观经济问题，通货膨胀导致公司产品成本上升，资金需求和资金成本增加，会影响企业的投资收益率和企业资产的价值等，对公司财务活动的影响极为严重。在通货膨胀期间，公司为了实现预期的报酬率就必须采取各种办法调整收入和成本，如利用套期保值、提前购买设备和存货、买进现货、卖出期货等方法尽可能减少损失。利息率波动会引起贷款利率变化，股票债券价格变动，直接影响企业的投资收益和利润，影响企业的筹资成本。因此，如何应对利息率波动也是对公司财务管理活动的挑战。政府对某些地区、某些行业、某些经济行为的优惠和鼓励构成了政府主要的经济政策。由于我国目前的管理体制形成了政府政策的多层次性，并根据经济状况的变化而不断调整，公司财务决策应能够利用好这些政策并为政策的变化留有余地，甚至预见其变化趋势。此外，来自行业的竞争、技术发展水平和速度的变化等都是对公司财务决策的挑战。

二、法律环境

公司财务决策的法律环境是指公司必须遵循的各种法律、法规和规章制度。一般而言，国家管理经济活动和经济关系的手段主要有行政手段、经济手段和法律手段。在市场经济条件下，越来越多的经济关系和经济活动的准则用法律的形式固定下来，行政手段逐步减少，而经济手段，特别是法律手段日益增多。企业在进行各种各样的财务活动、处理由此产生的各种财务关系时，必须遵守有关的法律规范，企业不懂法就好比走进了地雷区，随时都会有危险。

（一）企业组织法律、法规

我国先后颁布过许多与企业组织相关的法律、法规。按照所有制框架，有《中华人民共和国全民所有制工业企业法》、《中华人民共和国城镇集体所有制企业条例》、《中华人民共和国乡镇企业法》、《中华人民共和国私营企业暂行条例》、《中华人民共和国外资企业法》等。按照责任制框架，则有《中华人民共和国公司法》、《中华人民共和国个人独资企业法》、《中华人民共和国合伙企业法》等。这些法律、法规既是企业的组织法又是企业的行为法。例如，个人独资企业的财务优势是：由于企业主对企业的债务承担无限责任，法律对这类企业的管理就比较松，设立企业的条件不高，设立程序简单，所有权能够自由转让；由于所有者与经营者合为一体，故没有代理成本，且经营方式灵活，财务决策迅速，也不存在公司制企业的双重纳税问题。但个人独资企业也存在很多财务劣势：由于个人财力有限，企业规模小，发展慢；受信用程度不足的限制，对债权人缺少吸引力，筹资能力较弱，难以投资资金密集、规模生产的行业；受业主能力和素质、资金规模的影响，企业抵御风险的能力较差；另外，还必须承担无限的债务责任。

根据《中华人民共和国合伙企业法》，合伙企业的财务优势是：由于每个合伙人既是所有者又是经营者，可以发挥每个合伙人的专长，提高合伙企业的决策水平和管理水平；由于有合伙人共同筹措资金，相对于个人独资企业而言筹资能力有所提高，企业规模扩大也比较容易；由于各合伙人共同偿还债务，偿债能力提高，对债权人的吸引力增强。合伙企业的财务劣势表现为：由于合伙企业以人身相互信任为基础，任何一个合伙人发生变化（如死亡、退出、新人加入等）都会改变原来的合伙关系，产生新的合伙企业，因而企业的存续期和财务不稳定性较大；由于在重大财务决策问题上必须经过全体合伙人一致同意，因此，其财务决策和经营方式可能不如个人独资企业迅速和灵活易变；另外，盈余分配也较复杂。

相对于上述两种组织形式，公司制企业的优点最多。例如，筹资能力强，资金实力雄厚，易于扩大规模、降低成本，形成规模经济；企业存续期长，股份易于转让，股东只以出资额承担有限责任等。但公司制企业所引起的财务问题也最多，公司不仅要争取最大利润，而且要实现股东财富最大；随着筹资能力增强，可供选择的筹资方式也增多，各种筹资方式利弊各异，需要认真分析和筛选；公司盈余的分配也更复杂，需要考虑双重纳税、信息传递效应等企业内部和外部多种因素。

（二）工商税收法律、法规

税负是企业的费用，引起企业的现金流出，了解税收制度、熟悉税法无疑对公司财务决策具有至关重要的意义。我国各类不同经济性质的企业应纳的税种主要有增值税、消费税、营业税、关税、所得税、城市维护建设税、房产税、车船使用税、印花税、固定资产投资方向调节税、土地使用税、土地增值税、资源税和教育附加费等。税种的设置、税率的调整都会对公司的生产经营活动成果产生影响。例如，在一个公司所得税税率为33%、个人投资收益所得税税率为20%的税收环境下，个人投资者作为股东实际承担的税负既不是33%也不是20%，而是46.4%。显然，这将影响公司股利分配政策的选择，并进而影响公司的融资成本和投资收益。再如，在一个国债利息收入免征所得税，而企业债利息收入必须按20%的税率纳税的税收环境下，若两年期国债的利率为10%，则购买1 000元国债两年后的净收益是200元；若购买利率为12%的两年期企业债券，扣除个人所得税后，个人实际所得为 192 元 [1 000 × 12% × 2 × (1 - 20%)]，这个收入低于国债，投资者将会选择国债投资。这时企业若要吸引投资者购买企业债券，应提高票面利率或折价销售债券。国家财务管理规定，一般企业债券的利率高于同期国债利率一定百分点后，高出部分的利息需从企业税后利润中支付，显然，提高企业债券的票面利率没有充分发挥债务的节税作用，降低了股东收益。若选择折价销售，折价部分可在债券存续期内作为税前费用逐期摊销，可以充分利用债务的节税作用。上例仅仅分析了所得税对企业财务决策的部分影响，如果考虑所有的税种，对企业财务决策的影响就更大了，一个没有税负情况下的合理财务决策，在考虑了税负之后可能成为错误的决策。

（三）财务法律、法规

财务法规是企业进行财务活动、实施财务管理的基本法规，主要包括《企业财务通则》和行业财务制度。《企业财务通则》对企业资本金制度的建立、固定资产折旧、成本的开支范围、利润分配等问题作出了规定，是各类企业财务活动必须遵循的原则和规范。行业财务制度是根据不同行业的特点而制定的行业财务规范。

除上述法律、法规外，与企业财务活动密切相关的法律、法规还有很多，如证券法、基金法、合同法、破产法等，公司财务决策应善于掌握法律界限，充分利用法律工具实现公司财务决策的目标。

三、金融市场环境

金融市场是与商品市场、劳务市场和技术市场并列的一种市场，在这个市场上活跃着各种金融机构、非金融机构和个人，这些机构、企业和个人在市场上进行货币和证券的交易活动。所有的企业都在不同程度上参与金融市场。金融市场上存在着多种方便而又灵活的筹资工具，公司需要资金时，可以到这里寻找合适的工具筹集所需资金；当公司有了剩余资金时，也可在这里选择投资方式，为其资金寻找出路。在这里，公司通过证券买卖、票据承兑和贴现等金融工具实现长、短期资金的转换，以满足公司的经营需要。在这里，公司通过远期合约、期货合约和互换合约等各种套利、投机和套期保值的手段，可化解、降低、抵消可能面临的利率风险、汇率风险、价格风险等。金融市场还可为企业财务决策提供有意义的信息。金融市场的利率变动反映资金的供求状况，有价证券市场的行情反映投资人对企业经营状况和盈利水平的评价。没有发达的金融市场，经济就会遇到困难；不了解金融市场，企业就无法作出最优的财务决策。

思考：金融市场环境对企业财务管理会产生怎样的影响？

回答：①为企业筹资和投资提供场所；②企业可通过金融市场实现长短期资

金的互相转化；③金融市场为企业的理财提供相关信息。

（一）金融市场的类别

金融市场可以按照不同的分类标准进行分类。

按交易对象可分为资金市场、外汇市场和黄金市场。资金市场是进行资金借贷的市场，包括融资期限在一年以内的货币市场和融资期限在一年以上的资本市场。外汇市场是进行外汇买卖的交易场所或交易网络，主要设置在各国主要的金融中心，如荷兰的阿姆斯特丹、英国的伦敦、美国的纽约、日本的东京、中国的香港等都是著名的国际金融中心。黄金市场是专门经营黄金买卖的金融市场，包括现货交易市场和期货交易市场，市场的参与者主要是各国的官方机构、金融机构、经纪商、企业和个人。如图1-4所示。

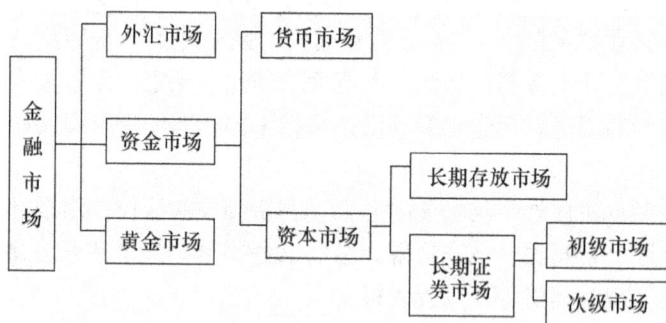

图1-4　金融市场按交易对象的分类

按融资期限可分为货币市场和资本市场。货币市场是融资期限不超过一年的资金交易市场，是调剂短期资金的场所，交易内容较为广泛，主要包括短期存贷款市场、银行间同业拆借市场、商业票据市场、可转让大额存单市场、短期债券市场等。资本市场是融资期限在一年以上的长期资金交易市场，主要包括长期存贷款市场、长期债券和股票市场，是企业取得大额资金的场所，企业以投资者和筹资者双重身份活跃在这个市场上。

按交易的性质可分为发行市场和流通市场。发行市场是发行证券的市场，也称为一级市场。流通市场是从事已发行证券交易的市场，又称为二级市场。资金在一级市场上从投资者手中流入企业，二级市场则方便了投资者之间的交易，增加了投资者资产的流动性，提供了公司股票价值的信号，间接地促进了一级市场的发展。

此外，金融市场还可以按交割时间分为现货市场和期货市场，按地理区域分为国内金融市场和国际金融市场等。

思考：美国华尔街两大资本市场是什么？

回答：纽约交易所：全球 7 000 家上市公司，包括世界 500 强企业；纳斯达克交易所：全球 4 000 家上市公司。欧洲、亚洲企业借助华尔街实现强大之路，而华尔街也支撑了美国的强大经济。

（二）金融中介机构

金融中介机构是金融市场上连接资本需求者与资本供给者的桥梁，在金融市场上发挥着十分重要的作用。通常人们将金融机构分为银行和非银行金融机构两类。

1. 银行金融机构

按照其职能，银行金融机构又可以进一步分为中央银行、商业银行、专业银行。中央银行虽然也称为"银行"，但它并非一般意义上的银行，而是一个政府管理机构。它的目标不是利润最大化，而是维护整个国民经济的稳定和发展，它的基本职能是制定和执行国家的金融政策。在我国，中国人民银行是我国的中央银行，它代表政府管理全国金融机构，经理国库。其主要职责是：制定和实施货币政策，保持货币币值稳定；依法对金融机构进行监督管理，维护金融业的稳定；维护支付和清算系统的正常运行；保管、经营国家外汇储备和黄金储备；代理国库和其他与政府有关的金融业务；代表政府从事有关的国际金融活动等。

商业银行是主要经营存贷款业务、以盈利为经营目标的金融企业。随着金融市场的发展，商业银行的业务范围已大大扩展。不论是证券市场发达还是不发达的国家，商业银行都是金融市场的主要参与者。在我国，中国工商银行、中国农业银行、中国建设银行、中国银行、交通银行、光大银行、招商银行、中信银行、华夏银行、深圳发展银行、上海浦东发展银行、福建兴业银行等都属于商业银行。

专业银行是只经营指定范围金融业务和提供专门的金融服务的银行，主要有开发银行、储蓄银行等。如美国的互助储蓄银行，仅靠接受存款筹措资金，业务也仅限于发放抵押贷款。此外，银行金融机构还包括政策性银行。政策性银行一般不以盈利为目的，其基本任务是为特定的部门或产业提供资金，执行国家的产业政策和经济政策。如我国的国家开发银行、中国进出口银行就是政策性银行。政策性银行虽然不以盈利为目的，但政策性银行的资金并非财政资金，必须有偿使用，对贷款也要严格审查，并要求还本付息。

2. 非银行金融机构

非银行金融机构的构成和业务范围都极为庞杂，与公司财务活动密切相关的有：保险公司、证券公司、投资银行、信托投资公司、养老基金、共同基金、金融租赁公司等。保险公司从事财产保险、人寿保险等各项保险业务，不仅为企业提供了防损减损的保障，而且其聚集起来的大量资金还是公司及金融体系中长期资本的重要来源。投资银行主要从事证券买卖、承销，我国习惯上称其为证券公司。证券公司为企业代办、发行或包销股票和债券，参与企业兼并、收购、重组等活动，为企业提供财务咨询服务，与企业的关系十分密切。

共同基金是一种进行集合投资的金融机构，聘请有经验的专业人士，根据投资者的不同愿望进行投资组合，获取投资收益。财务公司不能吸收存款，但可以提供类似银行的贷款及其他金融服务。我国的财务公司多为由企业集团内部各成员单位入股设立的金融股份有限公司，是集团内部各企业单位融通资金的重要机构。金融租赁公司则通过出租、转租赁、杠杆租赁等服务为企业提供生产经营所需的各种动产和不动产。

（三）金融市场利率

金融市场上的交易对象是货币资金。无论是银行的存贷款，还是证券市场上的证券买卖，最终要达到的目标都是货币资金转移，而货币资金的交易价格就是利率。利率的高低通过影响筹资方的筹资成本和投资方的投资收益而直接影响交易双方的利益，是公司财务决策的基本依据。在金融市场上有各种各样的利率，主要有以下几大类别：

1. 市场利率与官方利率

既然利息是资金的价格，利率水平的高低也就与其他商品一样是由可借贷资金的供求关系决定的。可供借贷的资金主要来源于居民的储蓄、货币供给的增长和境外资金的流入。资金的需求则主要来自于投资、政府赤字、持有现金以及经济货币化过程等产生的对资金的需求。显然，利息率越高，资金的供给就越多，而资金的需求就越小；利息率越低，资金的需求就越高，而资金的供给就越少。根据上述利率与资金供求量之间的关系可以得到资金的供求曲线，资金供求曲线的交点是市场的均衡利率（见图1-5）。市场利率就是由货币资金的供求关系决定的利息率，也是由市场供求的均衡点决定其水平高低的利息率。

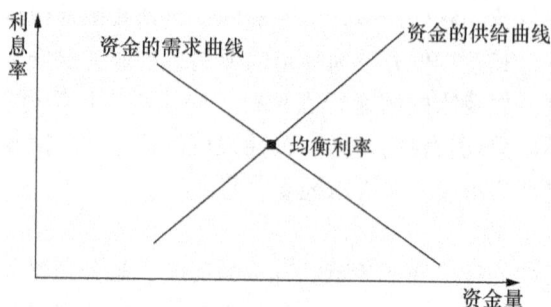

图1-5　资金供求与利率

官方利率是由中央银行或政府金融管理部门确定的利率，也称为法定利率。我国的利率属于官方利率，由国务院统一制定，中国人民银行统一管理。官方利率是国家进行宏观调控的一种手段，虽然是由政府确定公布的，但也要考虑市场供求的状况。

2. 基准利率与套算利率

按照利率之间的变动关系可以将利率分为基准利率与套算利率。基准利率是在多种利率并存的条件下起决定作用的利率，这种利率的变动将影响和决定其他利率的变动。例如，西方国家中央银行的再贴现率和我国中国人民银行对商业银行的贷款利率。套算利率是指在基准利率基础上，各金融机构根据借贷特点换算出来的利率。例如，某金融机构规定，贷款给 AA 级企业的利率是在基准利率的基础上增加 1%，则若基准利率是 3%，A 类企业可获得的该金融机构的贷款利率为 4%。

3. 实际利率与名义利率

在公司财务决策中区分实际利率和名义利率至关重要，一项投资是赚钱还是赔钱不能看名义利率，而应看实际利率，名义利率和实际利率之差就是通货膨胀率。例如，1988 年，中国的通货膨胀率平均高达 18.5%，假如某企业年初取得一笔贷款的年利息为 24.5%，则该企业负担的实际利率是 6%（24.5% − 18.5%）。

通常，贷款合同里签署的都是名义利率，包含了借贷双方对未来通货膨胀的预期。倘若对未来的通货膨胀不能作出比较准确的估计，交易的某一方就会发生损失。实际通货膨胀率高于预期，对贷出资金的一方不利；实际通货膨胀率低于预期，则对借方不利。因此，在公司财务决策中更重要的是能够对实际利率作出比较准确的事先估计。

4. 浮动利率与固定利率

为了避免借贷期内由于通货膨胀等因素引起实际利率变动而造成的损失，就产生了浮动利率。浮动利率允许贷款利率按照合同规定的条件依市场利率的变动而调整，适用于借贷时期较长、市场利率多变的借贷关系。固定利率则是在借贷期内固定不变的利率，适用于短期借贷。

思考：利率由哪些因素构成，如何测算？

回答：①利率由三部分构成：纯利率、通货膨胀补偿和风险报酬；②纯利率是指没有风险和没有通货膨胀的情况下的均衡点利率，通常以无通货膨胀情况下的无风险证券利率来代表纯利率；③通货膨胀情况下，资金的供应者必然要求提高利率水平来补偿购买力的损失，所以短期无风险证券利率＝纯利率＋通货膨胀补偿；④风险报酬要考虑违约风险、流动性风险、期限风险，它们都会导致利率的增加。

四、社会文化环境

社会文化环境包括教育、科学、文学、艺术、新闻出版、广播电视、卫生体育、世界观、理想、信念、道德、习俗，以及与社会制度相适应的权利义务观念、道德观念、组织纪律观念、价值观念、劳动态度等。企业的财务活动不可避免地受到社会文化的影响。但是，社会文化的各方面对财务管理的影响程度是不尽相同的，有的具有直接影响，有的只有间接影响；有的影响比较明显，有的影响微乎其微。

例如，随着财务管理工作的内容越来越丰富，社会整体的教育水平将显得非常重要。事实表明，在教育水平落后的情况下，为提高财务管理水平所做的努力往往收效甚微。再如，科学的发展对财务管理理论的完善也起着至关重要的作用，经济学、数学、统计学、计算机科学等诸多学科的发展，都在一定程度上促进了财务管理理论的发展。另外，社会的资信程度等，也在一定程度上影响着财务管理活动。当社会资信程度较高时，企业间的信用往来会加强，会促进彼此之间的合作，并减少企业的坏账损失。同时，在不同的文化背景中做生意的公司，需要对现有员工进行文化差异方面的培训，并且在可能的情况下雇用文化方面的专家。忽视社会文化对公司财务活动的影响，将给公司的财务管理带来意想不到的问题。

第四节　企业财务管理的目标

目标是系统希望实现的结果，根据不同的系统所研究和解决的问题，可以确定不同的目标。财务管理的目标是公司理财活动所希望实现的结果，是评价公司理财活动是否合理的基本标准。为了完善财务管理理论、有效指导财务管理实践，必须对财务管理目标进行认真研究。因为财务管理目标直接反映理财环境的变化，并根据环境的变化做适当调整，所以它是财务管理理论体系中的基本要素和行为导向，是财务管理实践中进行财务决策的出发点和归宿。财务管理目标制约财务运行的基本特征和发展方向，是财务运行的一种驱动力。不同的财务管理目标会产生不同的财务管理运行机制，科学地设置财务管理目标，对优化理财行为，实现财务管理的良性循环，具有重要意义。财务管理目标作为企业财务运行的导向力量，其设置若有偏差，财务管理的运行机制就很难合理。因此，研究财务管理目标问题，既是建立科学的财务管理理论结构的需要，也是优化我国财务管理行为的需要，在理论和实践上都有重要意义。

明确财务管理的目标，是搞好财务工作的前提。公司财务管理是公司治理的一个组成部分，公司财务管理的整体目标应该和公司的总体目标保持一致。从根本上讲，公司的目标是通过生产经营活动创造更多的财富，不断增加公司价值。但是，不同国家的公司面临的财务管理环境不同，且同一国家的公司治理结构不同、发展战略不同，所以财务管理目标在体现上述根本目标的同时目前有两个成熟的表述。

一、利润最大化目标

利润最大化是西方微观经济学的理论基础。西方经济学家以往都是以利润最大化这一标准来分析和评价企业的行为和业绩。"利润最大化"观点的持有者认为：利润代表了企业新创造的财富，利润越多则企业的财富增加得越多，越接近企业的目标。其观点可用表 1－1 来表述：利润额是企业在一定期间经营收入和经营费用的差额，是按照收入费用配比原则加以计算的会计税后净利润，反映了当期正常经营活动中投入与产出对比的结果。股东权益是股东对企业净资产的所有权，包括股本、资本公积金、盈余公积金和未分配利润四个方面。其中股本是投资人已经投入企业的资本，如果不增发，它不可能再增大；资本公积金则来自股本溢价、资产重估增值等，一般来说，它数额再大也不是企业自身的经营业绩所致；只有盈余公积金和未分配利润的增加，才是企业经营效益的体现，而这两部分又来源于利润最大化的实现，是企业从净利润中扣除股利分配后的剩余。因此，从会计的角度来看，利润是股东价值的来源，也是企业财富增长的来源。在股份制公司的企业组织形式成立以前，利润最大化是企业财务管理的唯一目标，因为企业业主既是股东又是经理人，他会兼顾目前和未来利益，而且利润可以通过报表观察到。

表 1－1 财务报表勾稽关系

财务报表	会计等式
利润表	收入－费用－直接计入当期损益的利得和损失＝净利润
利润分配表	净利润－股利分配＝留存利润（盈余公积＋未分配利润）
资产负债表	资产＝负债＋所有者权益
	所有者权益＝股本＋资本公积＋盈余公积＋未分配利润

目前，我国在许多情况下评判企业的业绩还是以利润为基础。如企业在增资扩股时，要考察公司最近三年的盈利情况；在考核国有企业经理人员的业绩时，也以利润为主。但是，在长期的实践中，利润最大化目标暴露出许多缺点：

（1）利润最大化没有考虑利润实现的时间，没有考虑项目收益的时间价值。例如，有 A、B 两个投资项目，其利润都是 100 万元，如果不考虑资金的时间价值，则无法判断哪一个更符合企业的目标。但如果 A 项目的 100 万元是去年已赚取的，而 B 项目的 100 万元是今年赚取的，显然，对于相同的现金流入来说，A 项目的获利时间较早，也更具有价值。

（2）利润最大化没能有效地考虑风险问题。高风险往往伴随着高利润，如果为了利润最大化而选择高风险的投资项目，或进行过度的借贷，企业的经营风险和财务风险就会大大提高。仍以上面两个企业为例，假设 A、B 两个投资项目在今年都赚取了 100 万元利润，但 A 项目的利润全部为现金收入，而 B 项目的 100 万元全部是应收账款。显然，B 项目的应收账款存在着不能收回的风险，因此，A 项目的目标实现得更好一些。

（3）利润最大化没有考虑利润和投入资本的关系。假设 A、B 两个项目都于今年获得了 100 万元利润，并且取得的都是现金收入。但是，如果 A 项目只需投资 100 万元，而 B 项目需要投资 300 万元，显然 A 项目更好一些，而单凭利润指标反映不出这样的问题。

（4）利润最大化是基于历史的角度，反映的是企业过去某一期间的盈利水平，并不能反映企业未来的盈利能力。在图 1-5 中，虽然净利润增加了股东权益和企业财富，但并不意味着企业持续经营和持久盈利能力的增强、股东在未来能够获得收益。

（5）利润最大化往往会使企业财务决策带有短期行为的倾向。利润最大化往往会诱使企业只顾实现目前的最大利润，而不顾企业的长远发展。比如企业可能通过减少产品开发、人员培训、技术装备水平方面的支出来提高当年的利润，但这显然对企业的长期发展不利。

（6）利润是企业经营成果的会计度量，而对同一经济问题的会计处理方法的多样性和灵活性可以使利润并不反映企业的真实情况。例如，有些企业通过出售资产增加现金收入，表面上增加了利润，但企业财富并没有增加。其他如会计账项的调整、计价方法的选择也可能影响企业的利润。

可见，利润最大化目标只是对经济效益浅层次的认识，存在一定的片面性。所以，现代财务管理理论认为，利润最大化并不是财务管理的最优目标。

二、价值最大化目标

与利润最大化比较，价值最大化目标更正确。原因是企业目前的模式都是股份制公司，股份制公司最大的特点就是所有权和经营权相分离，也就是股东聘用经理人管理自己控制的公司。因为聘用制有期限限制，如果以利润最大化为财务目标，由于经理人是理性人，出于私利会追求短期行为，而价值最大化中的价值是指资产未来收益总现值（比如长时间股价），追求的是长期行为再加上资本市场更加完善，公司股价可直接观察到。

思考：价值最大化目标中的价值是指什么？

回答：是股票价值和公司价值，股票价值最大和公司价值最高，在股数不高时两者基本相同，对于上市公司来说，股票价值最高和股东财富最大在不发放红利时两者基本相同。理论上股东财富最大化保证公司价值最大化，因为公司价值包括股价和债券价值，公司先考虑债券人利益再考虑股东利益；实践中债权人对公司没有控制权则股东财富最大化并不能保证公司价值最大化，应对企业社会责任加以限制。

1. 股东财富（价值）最大化

股东财富的表现形式是在未来获得更多的净现金流量，股票价格也是股东未来所获现金股利和出售股票所获销售收入的现值，所以，股票价格一方面取决于企业未来获取现金流量的能力，另一方面也取决于现金流入的时间和风险。因此，与利润最大化目标相比，股东财富最大化目标体现出以下优点：①股东财富最大化目标考虑了现金流量的时间价值和风险因素，因为现金流量获得时间的早晚和风险的高低，会对股票价格产生重要影响。②股东财富最大化在一定程度上能够克服企业在追求利润上的短期行为，因为股票的价格很大程度上取决于企业未来获取现金流量的能力。③股东财富最大化反映了资本与收益之间的关系。因为股票价格是对每股股份的一个标价，反映的是单位投入资本的市场价格。此外，股东财富最大化目标也是判断企业财务决策是否正确的标准，因为股票的市场价格是企业投资、融资和资产管理决策效率的反映。

但是，股东财富最大化观点的持有者提出，追求股东财富最大化实际上并不损害其他相关者的利益，恰恰相反，它是以保证其他相关者利益为前提的。因为企业满足股东财富最大化的结果，也增加了企业的整体财富，其他相关者的利益也会得到更有效的满足。如果企业不追求股东财富最大化，相关者的利益也会受损。另外，根据法律规定，股东所持有的财务要求权是"剩余要求权"，是在其他相关者利益得到满足之后的剩余权益，企业只有向供应商支付了货款，向员工支付了工资，向债权人支付了利息，向政府支付了税金之后，它才能够向股东支付回报。

从契约经济学的角度，企业是各种利益相关者之间契约的组合。通过书面契约，管理者、员工、供应商等可以保护自己的利益免受股东的侵害；即使没有与某些利益相关者（如社会、政府和环境）订立书面契约，企业仍然受到法律和道德的约束。而且，如果企业违反了契约的规定，利益相关者就会中断与企业的交易，企业最终会遭受损失。

基于以上几点可以认为，在将股东财富最大化进行一定约束后，股东财富最大化成为财务管理的最佳目标。这些约束条件是：①利益相关者的利益受到了完全的保护以免受到股东的盘剥。②没有社会成本。公司在追求股东财富最大化的过程中所耗费的成本都能够归结于企业并确实由企业负担。例如，企业在追求股东财富最大化的过程中如果造成严重的环境污染，而这种环境污染又是由政府动用财政资金来治理的，便产生了社会成本。

在以上这些假设前提下，股东财富最大化的过程中将不存在与相关者的利益冲突。因此，经营者就能专注于一个目标——股东财富最大化，从而实现公司价值的最大化。

股东财富最大化目标对上市公司来说是一个比较容易获得的指标，但对于非上市公司而言，该如何运用这一原则呢？从理论上说，这些公司的价值等于公司在市场上的出售价格，或者是投资人转让其出资而取得的现金。对一个正常经营中的企业而言，很难用这种整体出售的价格来衡量。因此从实践上看，可以通过资产评估来确定非上市公司价值的大小，或者根据公司未来可取得的现金流入量来进行估值。

思考：为什么说股东财富最大化而不是企业利润最大化是财务管理的首要目标？

回答：①股东财富最大化目标相比利润最大化目标具有三方面的优点：考虑现金流量的时间价值和风险因素、克服追求利润的短期行为、股东财富反映了资本与报酬之间的关系；②通过企业投资工具模型分析，可以看出股东财富最大化目标是判断企业财务决策是否正确的标准；③股东财富最大化是以保证其他利益相关者利益为前提的。

2. 社会责任与相关利益者冲突

企业在实现股东财富最大化目标时，需要承担必要的社会责任。然而，承担社会责任需要花费一定的成本，作为补偿，企业就要提高产品的价格，这必然使企业在与同行业其他公司的竞争中处于不利地位。而且，如果企业将大量的资源贡献给社会公益活动，也会受到来自资本市场的压力，因为在资本市场上，投资者更青睐那些专注利润和股价上升的企业，而不是那些将大量的资源贡献给社会公益活动的企业。

这是否意味着股东利益与承担社会责任之间存在着矛盾，企业就不要承担社会责任了呢？实际上，实现股东财富最大化与其承担的社会责任是息息相关的。企业要为员工提供合理的薪金和安全的工作环境，否则员工没有积极性，劳动生产率就会下降，影响企业的盈利，最终将损害股东的利益；企业要为顾客提供合格的产品和优质的服务，否则就会面临失去顾客和遭遇诉讼的危险，这必然会提高企业的成本，最终也将损害股东的利益；企业在满足自身利益的同时，也要维护供应商的利益，否则供应商将会提高供货价格，或者取消对企业的赊销；企业还要承担必要的社会公益责任，因为良好的社会形象有利于企业的长远发展，许多消费者也更愿意从对社会负责的企业那里购买产品。

在要求企业自觉承担大部分社会责任的同时，也要通过法律等强制命令规范企业的社会责任，并让所有企业均衡地分担社会责任的成本，以维护那些自觉承担社会责任的企业利益。强制命令包括劳动法、产品安全、消费者权益保护、污染防治等法案，另外行为和道德评判也会促使企业维护社会的利益。

思考：财务管理目标的决定因素。

回答：经济环境、各利益相关方的力量对比、对契约各方矛盾和协调方式的认识程度、公司的治理机制、市场的完善程度等。

第五节　财务管理与相关学科

一、财务管理与会计学科的关系

回顾自 20 世纪 50 年代以来，关于财务与会计的关系，我国会计学界主要有以下三种不同的认识：一是相互独立论，即认为财务与会计之间虽然存在密切的联系，但彼此是相互独立的，从理论上看，财务与会计是两个不同的独立学科；从实践上看，财务与会计是两种不同性质的工作，根本谈不上谁包括谁的问题。二是大财务论，即认为会计包含于财务之中，会计工作是财务工作的一个组成部分，会计学科包含在财务学科之中。三是大会计论，即认为财务包含在会计学科之中，财务工作是会计工作的一个组成部分，财务学科包含在会计学科之中。现在，我们以社会主义市场经济理论为指导，来重新认识这个问题，就可以从更广阔的视野获得更深刻的认识。实事求是地讲，过去在旧的体制下，以国家"统收统支"为主要特征的财务管理，实质上不能认为是现代意义上的"财务"活动，工作范围是很狭小的。在那种特定的历史条件下，对财务工作与会计工作不作严格的划分，统称为财会工作，财会人员在企业设置的财务处（科）或会计处（科）统管财会工作，矛盾还不会很突出。但是，在新的历史条件下，社会主义市场经济充分发展，企业作为市场的主体，财务活动必然会大大地复杂化，例如，企业面向瞬息万变的金融市场，如何进行科学的筹资、投资决策，如何合理利用财务杠杆来降低资本成本、提高经济效益，以及如何正确估量和尽量减少投资风险等，都是现代市场经济中公司财务学中的专门性大学问。这就决定了企业财务学已成为一门重要的独立学科，绝不是会计学科所包含得了的。而会计学科是信息科学的组成部分，它研究在信息化的现代市场经济中，如何对经济活动提供信息支持，如何发挥其重要作用，但它同财务学科具有不同的性质、特点和不同的发展方向。因此，把财务包括在会计之中，从学科建设上看，是同现代财务学科与现代会计学科发展的总趋势相背离的。再从实践上看，财务工作与会计工作是两种性质不同的工作。财务管理部门同劳动管理部门、物资管理部门等一样，属于业务管理部门，以人、财、物等为其直接管理对象，这些部门的主管在各自的专业范围内具有直接决策的职能。会计部门不是业务管理部门，而是中介性的信息部门，是企业决策支持系统的重要组成部分。会计人员作为信息专家是企业决策支持系统的参谋人员，对企业生产经营管理的各个方面（包括财务方面）并不具有直接决策职能。他们的主要作用在于通过会计信息的提供和分析研究，对企业各有关方面如何正确进行经营决策和改善经营管理（包括财务管理）施加重大影响，为促使他们在最优的轨道上运行作出有益的贡献。正是基于这些情况，在作为现代市场经济主体的企业中，总会计师（Controller）领导的会计部门和总财务师（Chief Treasurer）领导的财务部门从来都是明确区分、分别设置的。这也是现代市场经济体制中值得我们借鉴的一种国际惯例。如果现在还继续把过去在特定历史条件下形成的财会不分的旧体制奉若神明，那就有点近乎抱残守缺了。

二、财务管理与经济学的关系

财务管理与经济学的关系，主要表现在企业财务活动与宏观经济环境的关系上，前面已指出，企业的生产经营和财务活动都是在一定的宏观经济环境中进行的；而一定的宏观经济坏境是一定经济体制的产物；一定经济体制的形成和发展又有赖于相应的经济学理论的指导。例如，我国原来实行的高度集中的计划经济体制，就是以"社会主义和市场经济不相容"为基本思想的"政治经济学"为其理论基础的；而在高度集中的计划经济体制下，企业被视为国家各级行政机关的"附属品"，既无独立的经营资产，也无独立的经济利益；反映到企业"财务"上就是以国家的"统收统支"、"统负盈亏"为其基本特征。在这种情况下，并不存在真正意义上的"企业"，自然更谈不上现代意义上的企业"财务"活动。我国的改革开放不断向广度、深度上发展导致了经济理论上的突破，传统的"社会主义和市场经济不相容"的经济理论为社会主义市场经济理论所取代，才使我国经济体制的改革进入一个崭新的发展阶段。在社会主义市场经济理论的指引下，随着我国社会主义市场经济体制的建立和以金融市场为主导的社会主义市场体系的形成、发展和完善以及相应的企业作为市场主体地位的确立，我国企业的生产经营步入充满生机、活力的新阶段，并为现代意义上的企业"财务"活动开辟了广阔的天地，从而使严格科学意义上的"公司财务学"应运而生。这是在我国改革开放的历史条件下，对企业财务学与经济学关系的生动写照。

三、财务管理与财政金融学的关系

传统的社会主义财政学的理论认为：财政的本质是以国家为主体发生的分配关系。在我国原来实行的高度集中的计划经济体制下，国家财政的这种分配关系是囊括社会经济生活的各个方面的，企业作为国家行政机关的"附属品"，其经营资金也是由国家财政资金分配而来，企业在生产经营中获得的利润和提取的折旧也上缴国家财政；企业如发生亏损，也是由国家财政资金拨补。在这种"统收统支"、"统负盈亏"的财政体制下，根本不存在独立的企业"财务"，企业只能被看做是国家财政的一个基层报账单位。在这种情况下，从学科体系看，把"财务管理"（如果勉强可以这样称呼的话）看做是财政学的一个组成部分是无可厚非的。

但是，随着我国经济改革的深化，社会主义市场经济体制逐步确立，企业作为市场的主体，以独立的经济实体和利益主体的身份，在市场的"大海"中公平竞争，优胜劣汰，但理财活动的复杂化同旧体制下以国家"统收统支"为主要特征的企业"财务"就完全不可同日而语了。在新体制下，即使是国有企业，在实行股份制改组后，企业与政府之间的财务关系，已分解为企业与国有资产所有者（国有资产管理局与所属国有资产经营公司）之间的财务关系和企业与行政管理者之间的财务关系。前一种关系已转变为企业与投资人之间的财务关系，后一种关系则主要表现为企业对国家财税部门照章纳税的关系。很显然，国有资产管理者与企业之间的投资关系和过去国家与企业之间的财政资金分配关系性质上是完全不同的：后一种资金分配具有行政性和无偿性；而前一种资金分配则具有经济性和增值性，因而已不再具有财政属性了。可见，在新的历史条件下，再把"财务管理"从属于财政学是完全不适当的，应如实地把它看做是独立于财政学之外的一门管理学科。现代公司财务管理离不开金融市场，金融市场是企业投融资的重要场所，企业的财务决策从企业内部延伸到整个金融市场。作为金融市场的重要参与元素，企业理财行为也对金融市场产生了一定影响，因此学好财务管理必须首先学好货币银行学和金融学基础知识，了解金融市场的功能、要素、作用及其影响，熟悉金融市场运作机理和交易规则，了解货币等国家财政传导机制对金融市场和财务管理决策所产生的影响。

四、财务管理与现代管理科学的关系

现代管理科学是多种学科交叉、综合而成的综合性交叉学科。它是随着社会生产力和商品经济的发展而发展的，并经历了传统管理、科学管理和现代管理三个大阶段。现代管理阶段实质上就是系统论原理与科学管理相结合形成的系统管理新阶段。系统论认为，每一个系统内部都包含着许多要素，这些要素之间存在着复杂的联系，这些联系的总和形成一个整体的功能结构。系统不是各个要素的简单组合及其功能的机械相加，而是一个有机联系的整体。从系统的整体出发，通过对各个要素的优化组合、协调一致，可以产生"整体大于各个孤立部分之和"的效应。这是系统管理的精髓所在，并把管理提高到前所未有的水平。从企业管理看，企业作为一个系统，是由人、财（资金）、物、技术、信息等多种要素组成的。它们相互联系、相互作用，形成整个企业的生产经营活动，以资金为"载体"的财务活动只是其中的一个子系统。因而企业财务管理必须从属于从企业全局出发制定的统一战略思想（方针）的指导和协调，同构成企业的其他要素协同运作才能使企业的整体效益得以充分发挥；否则，就不可能产生"整体大于各个孤立部分之和"的效应。由此可以看到，企业理财虽然在以金融市场为主导的现代市场经济中，基于企业财务与金融市场之间存在着互相交融的辩证统一关系，可使它在整个企业的经营管理工作中较好地发挥导向和运筹作用，但归根到底，企业理财学还是从属于整体性的企业管理学的，应如实把它看做企业管理学的一个分支学科。这是依据系统管理理论必然会得出的合乎逻辑的结论。

五、财务管理与统计学的关系

现代公司制企业财务分析、财务决策离不开统计分析方法。其一，财务管理各个环节所需要的数据，除了通过会计报表获得外，还需要大量的统计数据，这些财务数据的收集、整理、分类、汇总和识别，都需要用表述性统计分析方法来处理。其二，财务分析、预测和决策需要用更复杂的统计分析法，比如相关分析、回归分析、引资分析、主成分分析、聚类分析、假设检验、Bayes 分析等，已被大量应用于财务管理的各种实证研究中，并得出了许多有意义的结论，在很大程度上丰富和拓展了现代财务管理理论。

因此，要想学好财务分析和财务决策，必须学好并能熟练运用统计学知识，而如果是一名大学生或研究机构的研究人员，要对财务领域的某一问题进行实证研究，学好和掌握现代统计分析方法就更为必要了。

练习题

一、单项选择题

1. 股份公司财务管理的最佳目标是（　　　）。

A. 总产值最大化　B. 利润最大化　　C. 收入最大化　D. 股东财富最大化

答案：D

2. 下列各项中，属于企业筹资引起的财务活动的是（　　　）。

A. 购买股票　　　B. 偿还债券本息　C. 支付股利　　D. 收回贷款

答案：D

3. （　　　）是利润最大化目标优点。

A. 考虑到利润实现的时间因素

B. 考虑了风险因素

C. 财务决策者带有长期行为倾向

D. 利润概念通俗易懂且能根据会计准则等进行有效计量

答案：D

4. 股东财富最大化的不足是（　　　）。

A. 没有考虑时间因素

B. 没有考虑未来收益在不同时点上的风险性

C. 过于关注股东，而公司管理层的利益可能得不到尊重和体现，可能导致两者目标相背而引发道德风险和代理成本增长

D. 股东财富最大化目标不容易量化，不便于考核和奖惩

答案：C

5. 如果资本市场是完全有效的，下列表述不正确的是（　　　）。

A. 股价可以综合反映公司的业绩

B. 运用会计方法改善公司业绩可以提高股价

C. 公司财务决策会影响股价的波动

D. 投资者只能获取与投资风险相称的报酬

答案：B

6. 债权人为了防止其利益被侵害，通常采取的措施不包括（　　　）。

A. 激励　　　B. 规定资金用途　C. 提前收回借款　D. 限制发行新债数额

答案：A

7. 下列有关金融市场的表述不正确的是（　　　）。

A. 金融市场和普通商品市场类似，也是一种交换商品的场所

B. 金融市场交易的对象主要是证券

C. 金融交易大多只是货币资金使用权的转移

D. 金融交易是所有权和使用权的同时转移

答案：D

8. 企业现有资金不能满足企业经营的需要，采取短期借款的方式筹措所需资金，属于（　　）。

A. 筹资活动　　　B. 投资活动　　　C. 营运活动　　　D. 分配活动

答案：C

二、多项选择题

1. 企业的财务活动包括（　　）。

A. 企业筹资引起的财务活动　　　　B. 企业投资引起的财务活动

C. 企业经营引起的财务活动　　　　D. 企业分配引起的财务活动

E. 企业管理引起的财务活动

答案：ABCD

2. 在经济繁荣阶段，市场需求旺盛，企业应（　　）。

A. 扩大生产规模　　　B. 增加投资　　　C. 减少投资

D. 增加存货　　　　　E. 减少劳动力

答案：ABD

3. 通货膨胀对企业财务活动的影响主要体现为（　　）。

A. 减少资金占用量　　　B. 增加企业的资金需求　　　C. 降低企业的资本成本

D. 引起利率的上升　　　E. 企业筹资更加容易

答案：BD

4. 下列说法中正确的有（　　）。

A. 影响纯利率的因素是资金供应量和需求量

B. 纯利率是稳定不变的

C. 无风险证券的利率，除纯利率外还应加上通货膨胀因素

D. 资金的利率由三部分构成：纯利率、通货膨胀补偿和风险报酬

E. 为了弥补违约风险，必须提高利率

答案：ACDE

5. 金融市场按交易的性质可分为（　　）。

A. 发行市场　　　B. 流通市场　　　C. 现货市场　　　D. 期货市场

答案：AB

6. 目前，我国金融市场的金融机构主要有（　　）。

A. 中国人民银行　　B. 商业银行　　　　C. 政策性银行　　D. 非银行金融机构

答案：ABCD

7. 金融环境对企业财务管理的影响表现在（　　　）。

A. 金融市场是企业投资和筹资的场所

B. 企业通过金融市场实现长短期资金相互转化

C. 金融市场为企业财务管理提供了有意义的信息

D. 企业通过金融市场可以了解所有信息

答案：ABC

8. 财务管理的经济环境主要包括（　　　）。

A. 经济发展周期　　　B. 通货膨胀　　　C. 经济政策　　　D. 市场竞争

答案：ABCD

三、判断题

1. 在企业经营引起的财务活动中，主要涉及的是固定资产和长期负债的管理问题，其中关键是资本结构的确定。（　　　）

答案：×

2. 股东财富由股东所拥有的股票数量和股票市场价格两方面来决定。如果股票数量一定，当股票价格达到最高时，股东财富也达到最大。（　　　）

答案：√

3. 普通合伙企业的合伙人必须对合伙企业的债务承担无限连带责任。（　　　）

答案：√

4. 企业的信用程度可分为若干等级，等级越高，信用越好，违约风险越小，利率水平越高。（　　　）

答案：×

5. 一项负债期限越长，债权人承受的不确定因素越多，承担的风险也越大。（　　　）

答案：√

6. 投资管理是财务管理核心内容。（　　　）

答案：×

7. 企业日常财务运营活动及现金管理是财务管理的重点。（　　　）

答案：×

8. 企业与股东间关系的本质是投资风险与投资回报的关系。（　　　）

答案：√

9. 国有企业与政府间的财务关系不仅包括上缴税费，还包括纯收入的分配。

（　　　）

答案：√

10. 在正常情况下，债权人可以像股东那样直接参与企业经营，参加剩余收益的再分配。（　　　）

答案：×

11. 有人说：如果我们连去哪里都搞不清楚，那么如何去就没有意义了。这句话在财务管理上突出了财务管理目标的核心地位。（　　　）

答案：√

12. 财务管理目标的实质是价值增值。表达了财务管理的本质属性和要求。（　　　）

答案：√

13. 在我国，非银行金融机构主要有租赁公司、保险公司、企业集团的财务公司以及信托投资公司、证券公司。（　　　）

答案：√

四、简答题

1. 什么是理财环境？它对财务管理有哪些影响？

[答案要点]

理财环境是指对企业运行和财务活动产生作用和影响的各种条件或因素。理财环境对企业的运营和财务管理等都具有重要影响。主要表现在以下几方面：

首先，理财环境的好坏对企业的运营和发展至关重要。其次，包括理财环境在内的客观环境总是变化的，并充满了不确定性，理财环境内诸因素的相互作用、相互影响，对企业的财务活动进而对财务管理决策也将产生重要影响。最后，理财环境是关于企业理财活动的一系列制度安排，它们对企业的行为和决策具有制约、激励、监督、导向等作用。

2. 关于企业的社会责任，有两种截然不同的观点，即道德经营假设和非道德经营假设。一种观点认为，经营活动与社会的伦理规范无关，不能以社会的伦理规范来要求和评价企业的经营活动。企业只要不违法、照章纳税就可以了。社会责任是社会和政府应该考虑的问题，企业不必承担社会责任。而另一种观点认为，企业应该承担社会责任。你的观点是什么？说明你的理由。

[答案要点]

从世界范围来看，公司的经营应该遵循道德经营假设，即公司的经营活动与社会的伦理规范有关。受企业行为影响或可影响企业行为的任何个人、群体和组织，都是企业的利益相关者，包括顾客、供应商、竞争对手、政府、所有者、债权人、企业员工、社区等。企业与利益相关者的关系是客观存在的，没有了这种关系，企业也就不复存在了。所以，公司的目标不单单是追求股东价值最大化，而是应满足各利益相关者的不同需求和利益。企业是社会的一份子，是社会资源的受托管理者。同时，企业也使用、消耗大量的社会资源，如社会为企业提供了必不可少的法律及监管环境、公平竞争的市场环境、良好的公共基础设施、环境保护、经营管理所需要的各类人才等。因而，企业在谋求自身利益的同时，应该为增加社会福利做出贡献。而且，企业对社会有巨大的影响力，根据权责相符的原则，企业必须承担与此相称的社会责任。

案例讨论题

一、虚拟小案例分析

假设你毕业于财务专业，在一家财务咨询公司上班。王丽是你的一个客户，她正打算创立一家生产建筑材料的企业。由于近几年这一行业前景被市场看好，因此已有多位出资者表示愿意对王丽的新公司出资。鉴于采用发行股票方式设立公司的手续复杂，王丽打算采用有限责任公司的组织形式，她想通过你来了解有关公司理财方面的问题。你设计了下面五个问题，通过这些问题的询问与回答来帮助王丽了解相关知识。

[案例思考]

（1）公司内部的组织结构可以如何设置？

（2）作为公司的财务人员，财务管理的目标是什么？在实施这一目标的过程中，可能遇到的问题有哪些，应如何解决？

（3）企业的财务活动有哪些内容，财务人员在进行这些活动时需要注意的问题是什么？

（4）企业财务人员可以通过金融市场实现什么理财目标？金融机构有哪些？

（5）市场利率的构成因素包括哪些内容，这些构成因素产生的原因是什么？

[答题要点]

（1）总裁作为公司的首席执行官，全面负责企业的生产经营；总裁下设副总裁，负责不同部门的经营与管理；按业务性质来说，一般需要设置生产、财务、营销、人事等部门，各部门总监直接向副总裁负责。

（2）财务管理目标：股东财富最大化。可能遇到委托—代理关系产生的利益冲突，以及正确处理企业社会责任的问题。针对股东与管理层的代理问题，可以通过一套激励、约束与惩罚的机制来协调解决。针对股东与债权人可能产生的冲突，可以通过保护性条款惩罚措施来限制股东的不当行为。企业应树立良好的社会责任价值观，通过为职工提供合理的薪酬、良好的工作环境，为客户提供合格的产品和优质的服务，承担必要的社会公益责任等行为来实现股东财富与社会责任并举，从而实现公司价值最大化。

（3）主要的财务活动：筹资、投资、运营和分配。在筹资时，财务人员应处理好筹资方式的选择与不同方式筹资比率的关系，既要保证资金的筹集能满足企业经营与投资所需，还要使筹资成本尽可能低，筹资风险可以掌控；在投资时，要分析不同投资方案的资金流入与流出，以及相关的报酬与回收期，应尽可能将资金投放在报酬最高的项目上，同时有应对风险的能力；在运营活动中，财务人员需重点考虑如何加速资金的周转、提高资金的利用效率；在分配活动中，财务人员要合理确定利润的分配与留存比例。

（4）金融市场可以为企业提供筹资和投资的场所、提供长短期资金转换的场所、提供相关的理财信息。金融机构主要包括：商业银行、投资银行、证券公司、保险公司，以及各类基金管理公司。

（5）市场利率的构成因素主要包括三部分：纯利率、通货膨胀补偿、风险报酬。纯利率是指没有风险和没有通货膨胀情况下的均衡点利率，通常以无通货膨胀情况下的无风险证券利率来代表纯利率。通货膨胀情况下，资金的供应者必然要求提高利率水平来补偿购买力的损失，所以短期无风险证券利率＝纯利率＋通货膨胀补偿；在通货膨胀的基础上，违约风险、流动性风险、期限风险是影响利率的风险报酬因素。违约风险大、流动性差、期限长都会导致利率水平上升。违约风险产生的原因是债务人无法按时支付利息或偿还本金，流动性风险产生的原因是资产转化为现金能力的差异，期限风险则与负债期限的长短密切相关，期限越长，债权人承受的不确定性因素越多，风险越大。

二、中国资本市场案例分析

"第十二届（2008 年）中国资本市场论坛"在中国人民大学举办，论坛的主题是"全球视野下的中国资本市场"，新浪财经独家网络支持。时任中国证监会主席尚福林出席并发表了主旨演讲，以下为尚福林先生主旨演讲实录。
尊敬的蒋正华副委员长、尊敬的纪宝成校长、黄达教授，各位来宾，女士们、先生们：

上午好！

很高兴再次来到人民大学，参加第十二届（2008 年）中国资本市场论坛，借此机会，也对《中国证券报》创刊 15 周年表示衷心的祝贺！

在推进资本市场改革创新发展的过程中，我们也看到，伴随着我国 GDP 国际化进程的不断加强和资本市场改革开放的深入推进，我国的金融经济和资本市场与国际市场的联系更加密切。我国资本市场与国际金融相互影响，也正在逐步显现。这次论坛，以"全球视野下的中国资本市场"为主题，对于我们深入推动资本市场健康发展的各项工作提供了更广阔的视角。

在这次论坛的主题示意当中，提出资本市场已经成为 21 世纪大国金融博弈的核心金融平台，我们必须用这样的理念，以这样的视角去理解资本市场。下面，就上述主题，谈几点意见，供大家参考。

(1) 充分认识在全球化背景下拓展我国资本市场服务国民经济发展全局功能的重要性。在当今经济全球化的进程中，生产要素在全球范围内配置，产业结构在全球范围内重新调整，经济利益在全球范围内重新组合，这是不同于过去商品、贸易在全球流动的新的特点。同时，随着经济发展的全球化进程，金融活动的全球化特征进一步凸显。金融体系和资本市场的发展程度，以及配置资源的效率，直接作用于各经济体的合作、竞争与博弈关系。并对各种经济体的综合国力与核心的竞争力产生重要的影响。

第一，发展资本市场有利于我国经济参与全球范围内的生产要素的配置。

第二，发展资本市场有利于我国产业结构在全球范围内的结构调整中，实现升级转型。

第三，发展资本市场有利于增强我国金融经济在开放的条件下运行的弹性。

(2) 密切关注全球经济和金融市场发展对我国资本市场的影响。在看到我国资本市场在全球化背景下，有助于推动国家综合国力提升的同时，我们也必须清醒地看到，随着我国经济参与经济全球化的程度不断提高，我国资本市场的发展，正面临着日益错综复杂的外部经济环境。从当前国际经济金融环境看，世界经济总体上将在坡度中继续增长。新兴市场在全球经济中的影响力加大，增长动力更趋多元化，有利于为我国经济金融深化改革营造一个比较好的外部环境。与此同时，国际经济和金融运行中的不稳定因素也在增加。美国次贷危机的爆发及其在全球市场的蔓延警示我们，现代金融工具和金融产品，有助于分散金融体系的风险。但金融体系运行的基础，仍然是良好的信用体系。所以，要不断完善风险防控机制，维护好信用体系。同时，这也使我们看到，在全球经济金融体系联动性不断增强的态势下，风险在金融市场各个子系统之间，以及国际金融市场之间的传导效应，也将大大地增强。

我国金融系统在次贷领域介入有限，加之资本向下尚未完全开放，从目前来看，次贷危机对我国金融市场的短期影响有限。但是从长期看，次贷危机的蔓延，可能会增长我国企业信贷的需求，从而影响经济增长，对上市公司的业绩产生冲击，所以也会间接地影响我国资本市场的稳定。

此外，在全球流动性过剩的背景下，国际资本流动日趋频繁，对冲基金活动和跨国投资并购活动更加活跃。国际资本市场的波动，对新兴市场的冲击可能进一步加大。进而，可能对我国资本市场带来一些负面的影响。

就我国资本市场自身而言，目前我国资本市场的结构不合理，市场层次少、交易品种不够丰富的问题仍然比较突出。证券期货交易公司规模偏小、品种仍然比较单一的问题比较严重。同对外开放的发展相比，监管理念、监管方式、监管水平还有一定的差距。随着我国金融业和资本市场对外开放程度的不断提高，全球经济和金融市场的大幅度波动，将直接或间接影响我国资本市场的稳定运行。因此，要高度关注国际金融运行和波动给我国资本市场带来的一些不确定性，把强化市场基础性制度建设，一以贯之地放在战略高度。要长期关注市场发展的体制性、机制性的问题，提高市场运行的效率和整体的竞争力。与此同时，为满足不同层次的投资者和筹资者的多元化投融资需求和风险管理的要求，应进一步完善市场层次，改善产品和品种结构，创造条件促进资本市场功能的有效发挥，不断增强我国资本市场在开放条件下的抗风险能力。

（3）顺应全球金融市场格局新的变化，积极推动我国资本市场的改革创新。随着经济发展的全球化进程，金融活动的全球化特征也进一步显现，全球金融市场格局也正在发生着深刻的变化。投资者和融资者不通过银行等金融机构，而直接以股票、证券、保险、基金等形式，进行资金交易的金融脱媒趋势进一步加速。

作为全球金融市场最发达的美国，曾经在20世纪70年代到90年代末，发生过长达30年的金融脱媒过程，金融脱媒带来美国金融系统的最深刻的辩驳。这就是金融市场和金融工具的快速发展，直接融资在融资整体体系中的比重显著上升的结果。在我国，这种金融脱媒现象，也是在事实上存在的。随着境内资本市场的快速发展和日趋活跃，近年来，金融脱媒有加剧的态势。从全球金融业发展的趋势看，金融脱媒现象的产生，是金融市场发展的一个必然过程。顺应金融市场格局的变化，我国资本市场应加快制度创新步伐，不断增强竞争实力。

第一，把扩大直接融资比重作为当前和今后一个时期推动资本市场稳定发展的一项重要工作。

第二，要推动金融业、基金业等产品在金融体系中的创新，提高稳步创新的能力。

第三，积极建设投资者教育的长效机制。

第四，加强和改进市场监管，提高监管效能和质量。

各位来宾，女士们、先生们，当前，我国资本市场改革发展正处在一个重要的发展机遇期，也面临着经济全球化等外部环境变化带来的一系列挑战，这就要求我们立足国情，从全面建设小康社会和国民经济发展的全局，来考虑和谋划资本市场的发展定位。在全球化背景下，审视和推进资本市场的改革发展，统筹兼顾、内外结合，不断推动我国资本市场实现更高水平的发展。谢谢大家！

[案例思考]

（1）概括尚福林对于当前资本市场的主要观点。

（2）讨论中国资本市场的层次和资本市场结构。

（3）讨论上市公司与资本市场的关系，以及对"圈钱"的理解。

[答题要点]

（1）主要观点：①次贷危机对中国金融市场短期影响有限；②研究开发适应经济发展需要的期货新品种；③适时推出金融期货；④我国资本市场的结构不合理；⑤逐步引导和推动境外公司在境内上市；⑥金融脱媒存在，顺应变化加快制度创新；⑦逐步扩大基金公司业务范围和业务模式；⑧扩大直接融资比重推动资本市场稳定发展。

（2）中国资本市场的层次：股票市场、债券市场、主板市场、深圳中小企业板市场、三板市场、创业板市场等。

（3）上市公司恶意融资，"圈钱"的根源在于相关制度的不健全。

第二章 企业长期筹资管理

学习要点：

（1）理解企业长期筹资动机、原则和渠道。

（2）理解长期筹资额预测的方法。

（3）理解长期筹资方式和特征。

（4）理解个别、综合、边际资本成本估算。

（5）理解资本结构理论、财务杠杆效用及资本结构确定。

企业长期筹资管理就是如何决定公司扩大规模外部长期资金的需要量，如何获得长期资金，筹资成本有多大，如何安排公司长期债务资本和权益资本比例即资本结构才能使公司价值最大，如何使资本成本最小等。

第一节 长期筹资的动机、原则与渠道

一、企业长期筹资的动机

企业筹资的基本目的是谋求自身的生存和发展。企业筹资的具体原因多种多样，比如为开发产品、购置设备、对外投资、偿还债务等筹集资金。概括起来，企业筹资的动机可分为三种类型。

（一）扩张筹资动机

扩张筹资动机是指企业为了生产经营或对外投资而产生的筹资动机。例如，企业开发新产品、修建厂房、购置设备、拓展市场、购买证券、并购企业等往往需要筹集资金。这种筹资动机所导致的筹资行为将直接扩大企业的权益规模。

（二）偿债筹资动机

偿债筹资动机是指企业为了偿还债务而产生的筹资动机。具体来看，又分为

调整性偿债筹资和恶化性偿债筹资。前者指企业虽然有足够的能力支付到期债务，但基于资本结构的考虑，筹措新的资金偿还债务。后者指企业没有足够的能力支付到期债务，被迫筹措新资还债。这种筹资动机所导致的筹资行为不会影响企业的权益总额，只是不同权益之间的替代。

（三）混合筹资动机

混合筹资动机是指上述两种筹资动机的混合，既为生产经营或对外投资，又为偿还债务。

二、企业长期筹资的原则

长期筹资是企业的基本财务活动，是企业扩大生产经营规模和调整资本结构所必须采取的行为。为了经济有效地筹集长期资本，长期筹资必须遵循合法性、效益性、合理性和及时性等基本原则。

（一）合法性原则

企业的长期筹资活动影响社会资本及资源的流向和流量，涉及相关主体的经济权益，为此，必须遵守国家有关法律法规，依法履行约定的责任，维护有关各方的合法权益，避免非法筹资行为对企业本身及相关主体造成损失。

（二）效益性原则

企业的长期筹资与投资在效益上应当相互权衡。企业投资是决定企业是否要长期筹资的重要因素。投资收益与资本成本相比较的结果，决定着是否要追加筹资；而一旦采纳某个投资项目，其投资数量就决定了所需长期筹资的数量。因此，企业在长期筹资活动中，一方面要认真分析投资机会，追求投资效益，避免不顾投资效益的盲目筹资；另一方面，由于不同长期筹资方式的资本成本的高低不尽相同，也需要综合研究各种长期筹资方式，寻求最优的长期筹资组合，以便降低资本成本，经济有效地筹集长期资本。

（三）合理性原则

长期筹资必须合理确定所需筹资的数量。企业的长期筹资不论通过哪些筹资渠道，运用哪些筹资方式，都要预先确定筹资的数量。企业筹资固然应当广开财路，但也必须有合理的限度，使所需筹资的数量与投资所需数量达到平衡，避免因筹资数量不足而影响投资活动，或因筹资数量过剩而影响筹资效益。企业的长期筹资还必须合理确定资本结构。合理确定企业的资本结构，主要有两方面的内容：一方面是合理确定权益资本与债务资本的结构，也就是合理确定企业的债务资本规模或比例，债务资本的规模应当与权益资本的规模和偿债能力的要求相适应。在这方面，既要避免因债务资本过多，而导致的财务风险过高，偿债负担过重；又要有效地利用债务经营，提高权益资本的收益水平。另一方面是合理确定长期资本与短期资本的比例，也就是合理确定企业全部资本的期限结构，这要与企业资产所需持有的期限相匹配。

（四）及时性原则

企业的长期筹资必须根据企业资本的投放时间安排来予以筹划，及时地取得资本来源，使筹资与投资在时间上相协调。企业投资一般都有投放时间上的要求，尤其是证券投资，其投资的时间性要求非常重要，筹资必须与此相配合，避免筹资过早而造成投资前的资本闲置或筹资滞后而贻误投资的有利时机。

三、企业长期筹资的渠道

企业的长期筹资需要通过一定的长期筹资渠道和资本市场。不同的长期筹资渠道各有特点和适用性，需要加以分析研究。企业的筹资渠道是指企业筹集资本来源的方向与通道，体现了资本的源泉和流量。筹资渠道主要由社会资本的提供者及数量分布决定。目前，我国社会资本的提供者众多，分布广泛，为企业筹资提供了广泛的资本来源。认识企业筹资渠道的种类及其特点和适用性，有利于企业充分开拓和利用筹资渠道，实现各种筹资渠道的合理组合，有效地筹集长期资本。

企业的长期筹资渠道可以归纳为如下几种：

（一）政府财政资本

政府财政资本历来是国有企业筹资的主要来源，政策性很强，通常只有国有独资或国有控股企业才能利用。政府财政资本具有广阔的源泉和稳固的基础，并在国有企业资本金预算中安排，今后仍然是国有独资或国存控股企业权益资本筹资的重要渠道。

（二）银行信贷资本

银行信贷资本是各类企业筹资的重要来源。银行一般分为商业银行和政策性银行。在我国，商业银行主要有中国工商银行、中国农业银行、中国建设银行、中国银行，以及交通银行等；政策性银行有国家开发银行、农业发展银行和中国进出口银行。商业银行可以为各类企业提供各种商业性贷款；政策性银行主要为特定企业提供一定的政策性贷款。银行信贷资本拥有居民储蓄、单位存款等经常性的资本来源，贷款方式灵活多样，可以适应各类企业长期债务资本筹集的需要。

（三）非银行金融机构资本

非银行金融机构资本也可以为一些企业提供一定的长期筹资来源。非银行金融机构是指除银行以外的各种金融机构及金融中介机构。在我国，非银行金融机构主要有租赁公司、保险公司、企业集团的财务公司以及信托投资公司、证券公司。它们有的集聚社会资本，融资融物；有的承销证券，提供信托服务，为一些企业直接筹集资本，或为一些公司发行证券筹资提供承销信托服务。这种筹资渠道的财力虽然比银行小，但具有广阔的发展前景。

（四）其他法人资本

其他法人资本有时亦可为筹资企业提供一定的长期筹资来源。在我国，法人可分为企业法人、事业法人和团体法人等。他们在日常的资本运营周转中，有时也可能形成部分暂时闲置的资本，为了让其发挥一定的效益，也需要相互融通，这就为企业提供了一定的长期筹资来源。

（五）民间资本

民间资本可以为企业直接提供筹资来源。我国企业和事业单位的职工和广大城乡居民持有大笔的货币资本，可以对一些企业直接进行投资，为企业筹资提供资本来源。

（六）企业内部资本

企业内部资本主要是指企业通过提留盈余公积和保留未分配利润而形成的资本。这是企业内部形成的筹资渠道，比较便捷，有盈利的企业都可以加以利用。

（七）国外和我国港澳台地区资本

在改革开放的市场条件下，对国外以及我国香港、澳门和台湾地区的投资者持有的资本，亦可加以吸收，从而形成外商投资企业的筹资渠道。

在上述各种长期筹资渠道中，政府财政资本、其他法人资本、民间资本、企业内部资本、国外和我国港澳台地区资本，可以成为特定企业权益资本的筹资渠道；银行资本、其他金融机构资本、其他法人资本、民间资本、国外和我国港澳台地区资本，可以成为特定企业债务资本的长期筹资渠道。

第二节　长期筹资额预测

一、预测依据

企业的经营和投资业务的资本需要额是筹资的数量依据，必须科学合理地进行预测。开展企业筹资数量预测的基本目的，是保证企业经营和投资业务的顺利进行，使筹集的资本既能保证满足经营和投资的需要，又不会有太多的闲置，从而促进企业财务管理目标的实现。

影响企业筹资数量的条件和因素有很多。譬如，有法律规范方面的限定，有企业经营和投资方面的因素等。归结起来，企业筹资数量预测的基本依据主要有：

（一）法律方面的限定

1. 注册资本限额的规定

我国《公司法》规定，股份有限公司注册资本的最低限额为人民币 500 万元，公司在考虑筹资数量时首先必须满足注册资本最低限额的要求。

2. 企业负债限额的规定

我国《公司法》规定，公司累计债券总额不超过公司净资产额的 40%，是为了保证公司的偿债能力，进而保障债权人的利益。

（二）企业经营和投资的规模

一般而言，公司经营和投资规模越大，所需资本越多；反之，所需资本越少。在企业筹划重大投资项目时，需要进行专项的筹资预算。

（三）其他因素

利息率的高低、对外投资规模的大小、企业资信等级的优劣等，都会对筹资数量产生一定的影响。

二、销售收入百分比预测法

销售收入百分比法是预测企业外部长期筹资数量的一种最为复杂的方法。下面主要说明该方法的原理、运用以及需要注意的问题。

（一）销售收入百分比法的原理

销售收入百分比法是根据销售收入与资产负债表和利润表项目之间的比例关系，预测各项目资本需要额的方法。例如，某企业每年为销售 100 元货物，需有 20 元存货，存货与销售收入的百分比是 20%（20÷100）。若销售额增至 200 元，那么，该企业需有 40 元（200×20%＝40）存货。由此可见，在某项目与销售比率既定的前提下，便可预测出未来一定销售额下该项目的资本需要额。

销售收入百分比法的主要优点是能为财务管理提供短期预计的财务报表，以适应外部筹资的需要，且易于使用。但这种方法也有缺点，倘若有关销售百分比与实际不符，据以进行预测就会形成错误的结果。因此，在有关因素发生变动的情况下，必须相应地调整原有的销售百分比。

（二）销售收入百分比法的运用

运用销售收入百分比法，一般借助于预计利润表和预计资产负债表。通过预计利润表预测企业留用利润这种内部资本来源的增加额；通过预计资产负债表预测企业资本需要总额和外部筹资的增加额。

1. 编制预计利润表，可预测留用利润

预计利润表是运用销售收入百分比法的原理，预测留用利润的一种预计报表。预计利润表与实际利润表的内容、格式相同。通过提供预计利润表，可预测留用利润这种内部筹资的数额，也可为预计资产负债表预测外部筹资数额提供依据。

编制预计利润表的主要步骤如下：

第一步，收集基年实际利润表资料，计算确定利润表各项目与销售额的百分比。

第二步，取得预测年度销售收入预计数，用此预计销售收入和基年实际利润表各项目与实际销售收入的百分比，计算预测年度预计利润表各项目的预计数，并编制预测年度预计利润表。

第三步，利用预测年度税后利润预计数和预定的留用比例，测算留用利润的数额。

[例 2 - 1] 某企业 2008 年实际利润表（简化）的主要项目与销售收入的比例如表 2 - 1 所示，企业所得税税率为 25%。试编制该企业 2009 年预计利润表，并预测留用利润。

表 2 - 1　2008 年实际利润表（简化）

单位：万元

项目	金额	占销售收入的比例（%）
销售收入	15 000	100
减：销售成本	11 400	76.0
销售费用	900	6.0
管理费用	1 620	10.8
财务费用	600	4.0
营业利润	480	3.2
加：营业外收入	50	—
减：营业外支出	80	—
利润总额	450	3.0
减：所得税	112.5	—
税后净利	337.5	

若该企业 2009 年预计销售收入为 18 000 万元，则 2009 年预计利润表如表 2 - 2 所示。

表 2-2 2009 年预计利润表（简化）

单位：万元

项目	2008 年实际金额	占销售收入的比例（%）	2009 年预计金额
销售收入	15 000	100	18 000
减：销售成本	11 400	76.0	13 680
销售费用	900	6.0	1 080
管理费用	1 620	10.8	1 944
财务费用	600	4.0	720
营业利润	480	3.2	576
加：营业外收入	50	—	60
减：营业外支出	80	—	96
利润总额	450	3.0	540
减：所得税	112.5	—	135
税后净利	337.5	—	405

若该企业税后利润的留用比例为 50%，则 2009 年预计留用利润额为 202.5（405×50% = 202.5）万元。

2. 编制预计资产负债表，预测外部筹资额

预计资产负债表是运用销售收入百分比法的原理预测外部筹资额的一种报表。预计资产负债表与实际资产负债表的内容、格式相同。通过提供预计资产负债表，可预测资产、负债及留用利润有关项目的数额，进而预测企业需要外部长期筹资的数额。

运用销售收入百分比法要选定与销售收入保持基本变动比例关系的项目。这类项目可称为敏感项目，包括敏感资产项目和敏感负债项目。其中，敏感资产项目一般包括现金、应收账款、存货等项目；敏感负债项目一般包括应付账款、应付费用等项目。应收票据、固定资产、长期投资、递延资产、短期借款、应付票据、长期负债和投入资本通常不属于在短期内的敏感项目，留用利润也不宜列为敏感项目，这是由于其受到企业所得税税率和股利政策的影响。

[例 2-2] 某企业 2008 年实际销售收入为 15 000 万元，资产负债表及其敏感项目与销售收入的比例如表 2-3 所示。2009 年预计销售收入为 18 000 万元。试编制该企业 2008 年预计资产负债表（简化），并预测外部筹资额。

表 2 - 3　2008 年实际资产负债表

单位：万元

项目	金额	占销售收入比例（%）
现金	75	0.5
应收账款	2 400	16.0
存货	2 610	17.4
待摊费用	10	—
固定资产	285	—
资产总计	5 380	33.9
负债及所有者权益		
应付票据	500	—
应付账款	2 640	17.6
预提费用	105	0.7
长期负债	55	—
负债合计	3 300	18.3
投入资本	1 250	—
留用利润	830	—
所有者权益合计	2 080	—
负债及所有者权益总计	5 380	18.3

根据上列资料，编制该企业 2009 年预计资产负债表（简化），如表 2 - 4 所示。

表 2 - 4　2009 年预计资产负债表（简化）

单位：万元

项目	2008 年实际金额（1）	占销售收入比例（2）（%）	2009 年预计金额（3）
现金	75	0.5	90
应收账款	2 400	16.0	2 880
存货	2 610	17.4	3 132
待摊费用	10	—	10
固定资产	285	—	285
资产总额	5 380	33.9	6 397
负债及所有者权益			

续表

项目	2008 年实际金额（1）	占销售收入比例（2）（%）	2009 年预计金额（3）
应付票据	500	—	500
应付账款	2 640	17.6	3 168
预提费用	105	0.7	126
长期负债	55		55
负债合计	3 300	18.3	3 849
投入资本	1 250		1 250
留用利润	830	—	1 032.5
所有者权益合计	2 080	—	2 282.5
追加外部筹资额			265.5
负债及所有者权益总计	5 380	—	6 397

该企业 2009 年预计资产负债表的编制过程如下：

第一步，取得 2008 年资产负债表资料，并计算其敏感项目与销售收入的比例（见表 2 - 3），列于表 2 - 4 的（1）、（2）栏中。

第（2）栏的比例表明，该企业销售收入每增长 100 元，资产将增加 33.9 元；每实现 100 元销售收入所需的资本额，可由敏感负债解决 18.3 元。这里增加的敏感负债是自动增加的，如应付账款会因存货增加而自动增加。

每 100 元销售收入需要资产与敏感负债的差额为 15.6（33.9 - 18.3 = 15.6）元，表示营业收入每增长 100 元而需追加的资本净额，须从企业内部和外部来筹措。在本例中，销售收入增长 3 000（18 000 - 15 000 = 3 000）万元，需净增资本来源 468（3 000 × 15.6 ÷ 100 = 468）万元。

第二步，用 2009 年预计销售收入 18 000 万元乘以第（2）栏所列的百分比，求得表 2 - 4 第（3）栏所列示的敏感项目金额。第（3）栏的非敏感项目按第（1）栏数额填列。由此确定第（3）栏中除留用利润外的其他各个项目的数额。

第三步，确定 2009 年留用利润增加额及资产负债表中的留用利润累计额。留用利润增加额可根据利润额、所得税税率和留用利润比例来确定。2009 年累计留用利润等于 2008 年累计留用利润加上 2009 年留用利润增加额计算确定。若 2009 年利润为 540 万元，所得税税率为 25%，税后利润留用比例为 50%，则 2009 年留用利润增加额为：540 × （1 - 25%）× 50% = 202.5（万元），2009 年累计留用利润为：830 + 202.5 = 1 032.5（万元）。

从需要筹资总额（第一步得到的 468 万元）中减去内部筹资额 202.5 万元，求得需要外部筹资额为 265.5 万元。

第四步，加总预计资产负债表的两方：2009 年预计资产总额为 6 397 万元，其中已有负债及所有者权益之和为 6 131.5 万元，两者之间的差额为 265.5 万元。它既是使资产负债表两方相等的平衡数，也是企业需要的外部筹资额。

3. 按预测模型预测外部筹资额

以上介绍了如何运用预计资产负债表预测外部筹资额。为简便起见，亦可改用预测模型预测需要追加的外部筹资额。其数学模型为：

$$外部筹资额 = \Delta S/S \times \left(\sum RA - \sum RL \right) - \Delta RE + M) \qquad (2-1)$$

其中，ΔS 表示预计年度销售收入比基年销售额增加额；S 表示基年销售额；$\sum RA$ 表示基年敏感流动资产总额；$\sum RL$ 表示基年敏感流动负债总额；ΔRE 表示预计年度留用利润金额等于预计年度净利 ×（1 – 股利支付率），当预计年度销售（营业）净利率不变时，预计年度净利 = 预计年度销售额 × 基年净利/基年销售额；当预计年度销售净利率变化与基年销售净利率不同时预计年度净利 = 基年净利 +（营业额增加 – 营业成本增加 – 营业税金及附加增加 – 销售费用和管理费用增加）×（1 – 企业所得税税率）；M 表示预计年度固定资产等长期资产增加额。

[例 2 – 3] 根据 [例 2 – 1] 中的数据，运用式（2 – 1）预测该企业 2009 年需要追加的外部筹资额为：

3 000 ×（0.339 – 0.183）– 202.5 = 265.5（万元）

这种方法是根据预计资产负债表的原理，预测企业追加外部筹资数额的简便方法。

上述销售收入百分比法的介绍，是假定预测年度非敏感项目、敏感项目及其与销售的百分比均与基年保持不变。在实践中，非敏感项目、敏感项目及其与销售的百分比有可能发生变动，具体情况有：①非敏感资产、非敏感负债的项目构成以及数量的增减变动；②敏感资产、敏感负债的项目构成以及与销售百分比的增减变动。这些变动对预测资金需要总量和追加外部筹资额都会产生一定的影响，必须相应地予以调整。

根据表 2 – 4 的资料，倘若该企业 2009 年由于情况变化，敏感流动资产项目中的存货与销售收入的比例提高为 17.6%，敏感流动负债项目中应付账款与销售收入的比例降低为 17.5%，预计长期借款（系非敏感负债项目）增加 65 万元。针对这些变动，该企业 2009 年有关资本需要的预测调整如下：

资产总额：6 397 + 18 000 ×（17.6% – 17.4%）+ 50 = 6 483（万元）

负债总额：3 849 – 18 000 ×（17.6% – 17.5%）+ 65 = 3 896（万元）

追加外部筹资额：6 483 – 3 896 – 2 282.5 = 304.5（万元）

三、趋势预测法

（一）趋势预测法的原理

趋势预测法是假定长期筹资额与营业业务量（如销售数量、销售收入）之间存在线性关系而建立的数学模型，然后根据历史有关资料，用回归直线方程确定参数预测预计年度长期筹资额的方法。其预测模型为：

$$Y = a + bX$$

其中，Y 表示长期筹资额；a 表示不变资金总额；b 表示单位业务量所需要的可变资金额；X 表示经营业务量。

不变资金是指在一定的营业规模内不随业务量变动的资金，主要包括为维持营业而需要的最低数额的现金、原材料的保险储备、必要的成品或商品储备，以及固定资产占用的资金。可变资金是指随营业业务量变动而同比例变动的资金，一般包括在最低储备以外的现金、存货、应收账款等所占用的资金。

（二）趋势预测法的运用

运用上述预测模型，在利用历史资料确定 a 和 b 数值的条件下，即可预测一定业务量 X 所需要的长期筹资额 Y。

[例2-4] 某企业 2004～2008 年的产销数量和长期筹资额如表 2-5 所示。假定 2009 年预计产销数量为 7.8 万件，试预测 2009 年长期筹资额。

表2-5　某企业产销量与长期筹资额的历史资料

年度	产销量（X）（万件）	长期筹资额（Y）（万元）
2004	6.0	500
2005	5.5	475
2006	5.0	450
2007	6.5	520
2008	7.0	550

运用趋势预测法进行长期筹资额预测的基本过程是：

（1）计算整理有关数据。根据表 2-5 的资料，计算整理出表 2-6 的数据。

表2-6　回归方程数据计算表

年度	X	Y	XY	X^2
2004	6.0	500	3 000	36
2005	5.5	475	2 612.5	30.25

续表

年度	X	Y	XY	X^2
2006	5.0	450	2 250	25
2007	6.5	520	3 380	42.25
2008	7.0	550	3 850	49
n = 5	$\sum X = 30$	$\sum Y = 2\ 495$	$\sum XY = 13\ 092.5$	$\sum X^2 = 182.5$

（2）计算不变资金总额和单位业务量所需要的可变资金额。将表 2 - 6 的数据代入下列联立方程组，即：

$$\begin{cases} \sum Y = na + b \sum X \\ \sum XY = a \sum X + b \sum X^2 \end{cases} \qquad (2-2)$$

则有：

$$\begin{cases} 2\ 495 = 5a + 30b \\ 13\ 092.5 = 30a + 182.5b \end{cases}$$

求得：

a = 205，b = 49

即不变资金总额为 205 万元，单位业务量所需要的可变资金额为 49 万元。

（3）确定长期筹资额预测模型。将 a = 205，b = 49 代入 Y = a + bX，得到预测模型为：

Y = 205 + 49X

（4）计算长期筹资额。将 2009 年预计产销量 7.8 万件代入上式，经计算，长期筹资额为：

205 + 49 × 7.8 = 587.2（万元）

（三）运用趋势预测法需要注意的问题

（1）长期筹资额与营业业务量之间线性关系应符合历史实际情况，预期未来这种关系将保持下去。

（2）确定 a，b 两个参数的数值，应利用预测年度前连续若干年的历史资料，一般要有三年以上的资料，才能取得比较可靠的参数。

（3）应当考虑价格等因素的变动情况。在预期原材料、设备的价格和人工成本发生变动时，应相应调整有关预测参数，以取得比较准确的预测结果。

第三节　长期筹资方式

企业长期筹资方式主要包括长期权益筹资、长期债务筹资以及混合性筹资。

一、长期权益筹资

长期权益筹资是投资者投入的资金，具体内容包括：直接投资、留存收益、发行股票；长期权益筹资特点是：所有权属于股东、不需还本、财务风险小、收益不固定。

（一）直接投资

直接投资是非股份制企业筹集权益资本的基本方式。它是指企业以协议等形式吸收国家、其他法人、个人和外商直接投资的一种筹资方式。直接投入资本筹资是我国企业筹资中最早采用的一种方式，也曾经是我国国有企业、集体企业、合资或联营企业普遍采用的筹资方式。

1. 吸收直接投资的种类

（1）按资金来源可分为如下四类：

1）吸收国家直接投资，形成企业的国有资本。

2）吸收其他企业、事业单位等法人的直接投资，形成企业的法人资本。

3）吸收企业内部职工和城乡居民的直接投资，形成企业的个人资本。

4）吸收外国投资者和我国港澳台地区投资者的直接投资，形成企业的外商资本。

（2）按投资者的出资形式划分，吸收投入资本分为如下两类：

1）吸收现金投资。现金是最常见的投资形式。

2）吸收非现金投资。非现金投资主要包括两种形式：一是材料、燃料、产品、房屋建筑物、机器设备等实物资产投资；二是专利权、非专利技术、商标权、土地使用权等无形资产投资。

2. 吸收直接投入资本的程序

（1）确定所需投入资本的数量。确定资金需要量是筹资的前提。企业在吸收投入资本之前，必须明确资金的用途，进而合理确定所需资金的数量。

（2）选择吸收投入资本的来源。企业应根据具体情况选择资金的来源，决定是向国家、法人、个人还是外商吸收直接投资。

（3）签署合同、协议或决定等文件。企业在与投资者进行磋商之后，应签署投资合同或出资协议等文件。对于国有独资公司，应由国家授权的投资机构签署增资拨款决定。

（4）取得资金。按照签署的合同、协议或决定，适时适量取得资金。对以实物资产和无形资产形式进行的投资，应进行合理估价，办理合法的产权转移手续。

3. 直接投资的条件

企业采用投入资本筹资方式筹措股权资本，必须符合一定的条件和要求，主要有以下几个方面：

（1）主体条件。采用投入资本筹资方式筹措投入资本的企业，应当是非股制企业，包括个人独资企业、个人合伙企业和国有独资公司。而股份制企业按规定应以发行股票方式取得股本。

（2）需要要求。企业投入资本的出资者以现金、实物资产、无形资产出资的，必须符合企业生产经营和科研开发的需要。

（3）消化要求。企业筹集的投入资本，如果是实物和无形资产，必须在技术上能够消化，企业经过努力，在工艺、人员操作等方面能够适应。

4. 吸收直接投入资本的优缺点

（1）直接投入资本筹资的优点主要有：投入资本筹资所筹取的资本属于企业的股权资本，与债务资本相比，它能提高企业的资信和借款能力；投入资本筹资不仅可以筹取现金，而且能够直接获得所需的先进设备和技术，与仅筹取现金的筹资方式相比，它能尽快地形成生产经营能力，投入资本筹资的财务风险较低。

（2）投入资本筹资的缺点主要有：投入资本筹资通常资本成本较高；投入资本筹资不能以股票为媒介，产权关系有时不够明晰，也不便于进行产权交易。

思考：直接投入资本的主体是什么？

回答：采用投入资本筹资的主体只能是非股份制企业，包括个人独资企业、个人合伙企业和国有独资公司。

（二）普通股筹资

股票是股份有限公司签发的证明股东按其所持股份享有权利和承担义务的书面凭证。股票是一种有价证券，它代表了持股人对公司的所有权。股票按股东的权利和义务分为普通股和优先股。普通股股东享有决策参与权、利润分配权、优先认股权和剩余资产分配权。

1. 普通股的分类

（1）按资金来源划分，可分为国家股、法人股、个人股和外资股。

1）国家股是有权代表国家投资的部门或机构以国有资产向公司投资而形成的股份。

2）法人股是企业法人依法以其可支配的资产向公司投资而形成的股份，或具有法人资格的事业单位和社会团体以国家允许用于经营的资产向公司投入而形成的股份。

3）个人股是公司内部职工或城乡居民以个人合法财产投资公司而形成的股份。

4）外资股是外国和我国港澳台地区投资者向公司投资而形成的股份。

（2）按票面有无记名划分，可分为记名股票和无记名股票。

1）记名股票是在股票票面上记载股东的姓名或名称的股票。对于记名股票，公司应当置备股东名册，记载股东姓名或名称、股东住所、各股东所持股份数、各股东所持股票编号以及各股东取得股份的日期。记名股票一律用股东本名，其转让、继承要办理过户手续。

2）无记名股票是在股票票面上不记载股东的姓名或名称的股票。对于无记名股票，公司只需记载股票数量、编号和发行日期。无记名股票的转让、继承不需要办理过户手续。

我国《公司法》规定，公司向发起人、国家授权投资的机构、法人发行的股票，应当为记名股票；向社会公众发行的股票，可以为记名股票，也可以为无记名股票。

（3）按币种和上市地区划分，可分为 A 股、B 股、H 股、N 股、S 股等。

1）A 股是供境内个人或法人购买的、以人民币标明面值并以人民币认购和交易的股票。

2）B 股是在境内上市的外资股，它以人民币标明面值但以外币认购和交易。

3）H 股、N 股和 S 股是在境外上市的外资股，它以外币标明面值并以外币认购和交易。H 股在中国香港地区上市，N 股在纽约上市，S 股在新加坡上市。

（4）按是否上市划分，可分为上市股票和非上市股票。

1）上市股票是可以在证券交易所挂牌交易的股票。上市股票的信誉高、易转让，因而能够吸引投资者；但是股票上市需要具备一系列严格的条件，并且要经过复杂的办理程序，上市之后如果不满足相关条件还有被暂停上市或终止上市的可能。

2）非上市股票是不能在证券交易所挂牌交易的股票。

2. 发行普通股的基本要求

股份有限公司发行普通股分为设立发行和增资发行两种。设立发行是指设立股份有限公司时，为募集资金而进行的股票发行，它是股份有限公司首次发行股票（简称 IPO）。增资发行是指股份有限公司成立后因增加资金的需要而进行的股票发行，它是股份有限公司在首次发行股票以后又发行新股票的行为。

根据《公司法》、《证券法》等规定，不论是设立发行还是增资发行均应满足以下要求：

（1）股票发行必须公开、公平、公正，每股面额相等，同股同权，同股同利。

（2）同次发行的股票，每股认购条件和价格相同。

（3）股票发行价格可以等于票面金额，也可以超过票面金额，但不得低于票面金额。也就是说，股票可以平价发行或溢价发行，但不得折价发行。

3. 发行股票的程序

各国对普通股发行程序都有严格的法律规定。根据我国《上市公司证券发行管理办法》的规定，上市公司申请发行股票应当遵循如下程序。

（1）公司董事会依法作出决议，明确本次证券发行的方案、募集资金使用的可行性报告和前次募集资金使用的报告等事项，并申请股东大会批准。

（2）公司股东大会就发行股票作出决定，明确本次发行证券的种类和数量、发行方式、发行对象及向原股东配售的安排、定价方式或价格区间、募集资金用途、决议的有效期、对董事会办理本次发行具体事宜的授权等事项。

（3）公司申请公开或者非公开发行新股，应当由保荐人保荐，并向中国证监会申报。保荐人应按中国证监会的有关规定编制和报送发行申请文件。

（4）中国证监会依照下列程序审核发行证券的申请：收到申请文件后5个工作日内决定是否受理；受理后对申请文件进行初审；发行审核委员会审核申请文件；作出核准或不予核准的决定。

（5）自中国证监会核准发行之日起，公司应在6个月内发行证券；超过6个月未发行的，核准文件失效，须重新经中国证监会核准后方可发行。公司发行证券前发生重大事项的，应暂缓发行，并及时报告中国证监会。该事件对本次发行条件构成重大影响的，发行证券的申请应重新经中国证监会核准。

（6）证券发行申请未获核准的公司，自中国证监会作出不予核准的决定之日起6个月后，可再次提出证券发行申请。

4. 普通股的发行途径、销售方式和发行价格

（1）公司发行股票的途径，主要有如下两类：

1）公募发行。公募发行是指公司公开向社会发行股票。我国股份有限公司采用募集方式设立时以及向社会公开募集新股时，都属于公募发行。

2）私募发行（又称定向增发）。私募发行是指公司不公开向社会发行股票，只向少数特定的对象直接发行。我国股份有限公司采用发起方式设立时以及不向社会公开募集新股时，即属于私募发行。

（2）股票的销售方式。股票销售方式指的是公司向社会公募发行股票时所

采取的销售方法，主要有如下三类：

1）自销。自销是指发行公司自己直接将股票销售给认购者。这种销售方式可由公司直接控制发行过程，并节省发行费用，但是筹资时间较长，并要由公司承担全部发行风险。

2）包销。包销是由发行公司与证券经营机构签订承销协议，全权委托证券承销机构代理股票的发售业务。采用这种办法，一般由证券承销机构买进股份公司公开发行的全部股票，然后将所购股票转销给社会上的投资者。在规定的募股期限内，若实际招募股份数达不到预定发行股份数，剩余部分由证券承销机构全部承购下来。发行公司选择包销办法，可促进股票顺利出售，及时筹足资本，还可免于承担发行风险；不利之处是要将股票以略低的价格出售给承销商，且实际付出的发行费用较高。

3）代销。代销是由证券经营机构代理股票发售业务，若实际募股份数达不到发行股数，承销机构不负承购剩余股份的责任，而是将未售出的股份归还给发行公司，发行风险由发行公司自己承担。

（3）普通股的发行价格。股票的发行价格是公司将股票出售给投资者的价格，也就是投资者认购股票时所支付的价格。设立发行股票时，发行价格由发起人决定；增资发行新股时，发行价格由股东大会决定。在确定股票价格时要全面考虑股票面额、股市行情和其他相关因素。股票发行价格通常有等价、时价、中间价三种。等价就是以股票票面金额为发行价格，时价就是以公司原发行股票的现行市场价格为基准来确定增发新股的价格，中间价就是以时价和等价的中间值来确定股票的发行价格。

按等价发行股票又叫平价发行。按时价或中间价发行股票，发行价格既可能高于面额也可能低于面额。高于面额发行叫溢价发行，低于面额发行叫折价发行。如前所述，我国只允许溢价或平价发行股票，不允许折价发行。

5. 普通股筹资的优缺点

（1）普通股筹资的优点。

1）股票属于权益资本，与债务资本相比，能够提高企业的资信和借款能力。

2）与债务性债务相比，股票不需要归还，并且没有固定的利息负担，因此财务风险较低。

（2）普通股筹资的缺点。

1）发行股票的债务成本较高。首先，根据风险与报酬原则，从筹资企业的角度看，由于发行股票的财务风险比筹集债务性债务的财务风险低，因而其债务成本通常较高；反过来，从投资者的角度来看，权益性投资与债务性投资相比投资风险更高，因而投资者要求更高的报酬率，从而决定了股份有限公司必须以较高的代价才能够筹得股票债务。其次，债务利息在税前扣除，具有抵税作用，股利则只能从税后支付。最后，股票的发行费用较高。

2）增资发行新股，一方面可能会分散公司的控制权，另一方面，由于新股对累积盈余具有分享权，从而降低了股票每股净资产，因此有可能导致普通股价格下跌。

思考： 股票上市对公司利弊？

回答： 股份有限公司申请股票上市，是为了增强本公司股票的吸引力，形成稳定的资本来源，能在更大范围内筹措大量资本。股票上市对上市公司而言，主要有如下意义：①提高公司所发行股票的流动性和变现性，便于投资者认购、交易。②促进公司股权的社会化，避免股权过于集中。③提高公司的知名度。④有助于确定公司增发新股的发行价格。⑤便于确定公司的价值，以利于促进公司实现财富最大化的目标。因此，不少公司积极创造条件，争取其股票上市。

但是，也有人认为，股票上市对公司不利，主要表现为：各种信息公开的要求可能会泄露公司的商业秘密；股市的波动可能会歪曲公司的实际情况，损害公司的声誉；可能会分散公司的控制权。因此，有些公司即使已符合上市条件，也宁愿放弃上市机会。

（三）优先股筹资

优先股是指其持有者比普通股持有者具有一定优先权的一类证券，它是介于普通股和公司债券之间的一种筹资工具。优先股在某些方面与公司债券类似——支付固定的股息；但与债券利息不同的是，优先股股息只能从税后利润中支付，不能用来抵税；在某些方面又与普通股类似——对公司财产的要求权排在公司债权人之后。从资产负债表看，它属于权益类筹资；从金融角度看，它需要支付固定的费用从而提高了公司的财务杠杆，但不会因为不支付优先股股利而导致公司破产，而优先股的优先权意味着优先股股东获得股利后，普通股股东才有资格获得股利。

1. 优先股的基本特征

优先股都有一个确定的面值，也叫清偿价值。优先股的面值具有两层意义：一是代表优先股股东在公司清算时应得的资产权，二是计算股利的基础。股息可以用每股多少货币单位表示，也可以用面值的百分之几表示，或者两种方法并用。

优先股的股息不同于债券利息，董事会有权决定不对优先股发放股息。优先股的股息可以是累计的，也可以不是累计的。但是，现实中大多数优先股股息都是可以累计的，也就是说某一年未发放的股息可以向前结转。在拖延支付期间，未支付的优先股股息被称为未付款项，但它本身并不能产生利息，未付款项只会随着未付股利的增多而增多。

优先股股东通常都没有投票权。但是如果公司在一段时间内（通常为 4 个或 6 个分红期）没有发放优先股股息，根据约定，一般都会赋予优先股股东选举部分董事的权利。还有一些优先股的条款规定，一旦优先股股息累计到一定时间之后，公司的某些行为（比如修改有关公司兼并的条款）必须经过优先股股东的投票表决通过。

优先股的股息支付必须排在普通股股利支付之前。所以，尽管不支付优先股股息并不会导致公司破产，但发行公司一般还是倾向于支付优先股股息。因为若不支付优先股股息，就不能支付普通股股利，不支付普通股股利就会导致发行债券融资更困难，当然也不能发行更多的优先股或普通股来融资。但从发行公司的角度讲，优先股股息支付的灵活性还是为公司提供了很大的便利，因为优先股的风险要比债券小；但从投资者角度来说，优先股的风险就比债券要大，因此他们会要求一个比较高的税后收益。

优先股股东一般只能收取既定的股息，而且公司一旦破产，他们只能获得给定的价值补偿。近年来，许多新发行的优先股都设定了强制性偿债基金。这些因素都使优先股看起来很像债券。然而，从发行公司的角度看，优先股股息不像债券利息那样能够免税。从个人投资者的角度看，优先股股息属于应纳税的普通收入。在美国，对公司投资者而言，投资优先股股息 70% 是可以免税的，因此公司投资者更有动力购买其他公司的优先股而不是债券，从而导致优先股的收益率一般要比债券低。例如，花旗集团发行的 F 序列优先股收益率曾经大约为 6.9%，大致与同期美国政府债券的收益率相等。所以，在谈到关于优先股的税收问题时，既要考虑优先股股息税后支付的税收劣势，也要考虑到公司投资者所具有的税收优势。

目前大多数的优先股附有下述条款：①利用偿债基金定期赎回优先股；②提前赎回全部或者部分优先股；③转化为普通股。订立赎回及转化条款的原因很多，主要是经济环境发生了变化、发行人希望利用债券的税收优势，或者希望通过低成本地发行股票从而赎回高成本的优先股，也可能是为了调整公司的资本结构。大多数优先股赎回时是以预定的价格加上赎回日累计欠付的股息全部或者部分赎回。初始赎回价一般是面值或者售出价格加一年的股息，随后逐渐降到面值或者初始售出价格。例如，杜克能源公司（Duke Power Company）股息率为 7.12% 的 Q 系列优先股（面值 100 美元）到 1992 年 3 月 15 日的赎回价为 107.12 美元；第二个五年内的赎回价为 104.75 美元；第三个五年的赎回价为 102.83 美元；最后，2000 年 3 月 16 日的赎回价为 100 美元。

2. 优先股筹资的优点与缺点

从发行优先股的公司角度看，优先股融资的主要优点在于：

（1）优先股不像债务那样，面临着到期必须支付利息的硬约束，未能支付优先股股息不属于公司的违约行为，不会导致公司破产。

（2）增加优先股股东一般不会导致原有普通股股东对公司控制权的下降。

（3）优先股没有固定的到期日，是公司可以永久使用的自有资金。

优先股融资的最主要不足在于其较高的成本。成本高的原因一是对于个人投资者而言，投资优先股的风险高于购买债券，为补偿风险，要求股利比债券的票面利率高；二是优先股股息需从税后利润中支付，不能起到抵税作用。正因为如此，那些高税率的企业不喜欢发行优先股。另外，优先股往往附有较多的限制条款，如对公司借债的限制、对普通股股利支付的限制等。

思考：普通股和优先股区别？

回答：股息固定，优先分配剩余财产，无表决权可赎回。

二、长期债务筹资

长期债务类筹资主要内容包括长期借款、长期债券、长期应付款；债务类筹资特征是利息必须固定支付、财务风险大，利息在税前支付可以抵减所得税即获得抵税收益。

（一）长期借款筹资

长期借款筹资是各类企业通常采用的一种债务类筹资方式。

1. 长期借款的种类

长期借款是指企业向银行等金融机构以及向其他单位借入的、期限在 1 年以上的各种借款。长期银行借款与短期银行借款在借款信用条件方面基本相同。长期借款有不同的种类。

（1）按提供贷款的机构分类。长期借款按提供贷款的机构，可分为政策性银行贷款、商业银行贷款和保险公司贷款。

1）政策性银行贷款，是执行国家政策性贷款业务的银行（统称政策性银行）提供的贷款，通常为长期贷款。

2）商业银行贷款，包括短期贷款和长期贷款，其中长期贷款的一般特征为：期限长于 1 年；企业与银行之间要签订借款合同，含有对借款企业的具体限制条件；有规定的借款利率，可固定，亦可随基准利率的变动而变动；主要实行分期偿还方式，一般每期偿还金额相等，也可采用到期一次偿还方式。

3）其他金融机构贷款，其他金融机构对企业的贷款一般较商业银行贷款的期限更长，要求的利率较高，对借款企业的信用要求和担保的选择也比较严格。

（2）按有无抵押品作担保分类。长期借款按有无抵押品作担保，分为抵押贷款和信用贷款。

1）抵押贷款是指以特定的抵押品为担保的贷款。作为贷款担保的抵押品可以是不动产、机器设备等实物资产，也可以是股票、债券等有价证券，它们必须是能够变现的资产。如果贷款到期时借款企业不能或不愿偿还贷款，银行可取消企业对抵押品的赎回权，并有权处理抵押品。抵押贷款有利于降低银行贷款的风险，提高贷款的安全性。

2）信用贷款是指不以抵押品作担保的贷款，即仅凭借款企业的信用或某保证人的信用而发放的贷款。信用贷款通常仅由借款企业出具签字的文书，一般是贷给那些资信优良的企业。对于这种贷款，由于风险较高，银行通常要收取较高的利息，并附加一定的条件限制。

（3）按贷款的用途分类。按贷款的用途，我国银行长期贷款通常分为基本建设贷款、更新改造贷款、科研开发和新产品试制贷款等。

2. 银行借款的信用条件

按照国际惯例，银行借款往往附加一些信用条件，主要有授信额度、周转授信协议、补偿性余额。

（1）授信额度。授信额度是借款企业与银行间正式或非正式协议规定的企业借款的最高限额。通常在授信额度内，企业可随时按需要向银行申请借款。例如，在正式协议下，约定某企业的授信额度为 5 000 万元，该企业已借用 3 000 万元且尚未偿还，则该企业仍可申请 2 000 万元，银行将予以保证。但在非正式协议下，银行并不承担按最高借款限额保证贷款的法律义务。

（2）周转授信协议。周转授信协议是一种经常为大公司使用的正式授信额度。与一般授信额度不同，银行对周转信用额度负有法律义务，并因此向企业收取一定的承诺费用，一般按企业使用的授信额度的一定比率（2%左右）计算。

（3）补偿性余额。补偿性余额是银行要求借款企业保持按贷款限额或实际借款额的10%～20%的平均存款余额留存银行。银行通常都有这种要求，目的是降低银行贷款风险，提高贷款的有效利率，以补偿银行的损失。例如，如果某企业需借款 80 000 元以清偿到期债务，贷款银行要求维持 20% 的补偿性余额，那么该企业为了获取 80 000 元必须借款 100 000 元。如果名义利率为8%，则

$$实际利率 = \frac{8\%}{1-20\%} = 10\%$$

在银行附加上述信用条件下，企业取得的借款属于信用借款。

3. 借款企业对贷款银行的选择

借款企业除了考虑借款种类、借款成本等因素外，还须对贷款银行进行分析，作出选择。对短期贷款银行的选择，通常要考虑以下四个方面。

（1）银行对贷款风险的政策。银行通常都对其贷款的风险作出政策性的规定。有些银行倾向于保守政策，只愿承担较小的贷款风险；有些银行则富有开拓

性，敢于承担较大的风险。这与银行的实力和环境有关。

（2）银行与借款企业的关系。银行与借款企业的现存关系，是由以往借贷业务形成的。一个企业可能与多家银行有业务往来，且这种关系的亲密程度不同。当借款企业面临财务困难时，有的银行可能大力支持，帮助企业渡过难关；而有的银行可能会施加更大的压力，迫使企业偿还贷款，或付出高昂的代价。

（3）银行对借款企业的咨询与服务。有些银行会主动帮助借款企业分析潜在的财务问题，提出解决问题的建议和办法，为企业提供咨询与服务，同企业交流有关信息。这对借款企业具有重要的参考价值。

（4）银行对贷款专业化的区分。一般而言，大银行都设有不同类别的部门，分别处理不同行业的贷款，如工业、商业、农业等。这种专业化的区分，会影响不同行业的企业对银行的选择。

4. 长期借款的程序

现以长期银行借款为主，介绍企业借款的基本程序。

（1）企业提出申请。企业申请借款必须符合贷款条件。确定贷款条件的依据是：企业单位设置的合法性、经营的独立性、自有资本的足够性、经营的盈利性及贷款的安全性。企业借款应具备的基本条件为：①企业经营的合法性；②企业经营的独立性；③企业具有一定数量的自有资金；④企业在银行开立基本账户；⑤企业有按期还本付息的能力。企业提出的借款申请，应陈述借款的原因、借款金额、用款时间与计划以及还款期限与计划。

（2）银行针对企业的借款申请，按照有关规定和贷款条件，对借款企业进行审查，依据审批权限，核准企业申请的借款金额和用款计划。银行审查的内容包括：①企业的财务状况；②企业的信用情况；③企业的盈利稳定性；④企业的发展前景；⑤借款投资项目的可行性等。

（3）签订借款合同。银行经审查批准借款合同后，可与借款企业进一步协商贷款的具体条件，签订正式的借款合同，明确规定贷款的数额、利率、期限和一些限制性条款。

（4）企业取得借款。借款合同生效后，银行可在核定的贷款指标范围内，根据用款计划和实际需要，一次或分次将贷款转入企业的存款结算户，以便企业支用借款。

（5）企业偿还借款。企业应按借款合同的规定按期付息还本。企业偿还借款的方式通常有三种：①到期日一次偿还。在这种方式下，还款集中，借款企业须于借款到期日前做好准备，以保证全部清偿到期贷款。②定期偿还相等份额的本金，即在到期日之前定期（如每 1 年或 2 年）偿还相同的金额，至贷款到期日还清全部本金。③分批偿还，每批金额不等，便于企业灵活安排。

贷款到期经银行催收，如果借款企业不予偿付，银行可按合同规定，从借款企业的存款户中扣收贷款本息及加收的利息。

借款企业如因暂时财务困难，需延期偿还贷款时，应向银行提交延期还贷计划，经银行审查核实，续签合同，但通常要加收利息。

5. 借款合同的内容

借款合同是规定借贷当事人各方权利和义务的契约。借款企业提出的借款申请经贷款银行审查认可后，双方即可在平等协商的基础上签订借款合同。借款合同依法签订后，即具有法律约束力，借贷当事人各方必须遵守合同条款，履行合同约定的义务。

（1）借款合同的基本条款。根据我国有关法规，借款合同应具备下列基本条款：①借款种类；②借款用途；③借款金额；④借款利率；⑤借款期限；⑥还款资金来源及还款方式；⑦保证条款；⑧违约责任等。当借款企业无力偿还到期贷款时，贷款银行有权处理作为贷款保证的财产物资；必要时还可规定保证人，保证人必须具有足够代偿借款的财产，当借款企业不履行合同时，由保证人连带承担偿付本息的责任。

（2）借款合同的限制条款。由于长期贷款的期限长、风险较高，因此，除合同的基本条款以外，按照国际惯例，银行对借款企业通常都约定一些限制性条款，主要有如下三类：①一般性限制条款，包括企业须持有一定限度的现金及其他流动资产，以保持其资产的合理流动性及支付能力；限制企业支付现金股利；限制企业资本支出的规模；限制企业借入其他长期资金等。②例行性限制条款。多数借款合同都有这类条款，一般包括企业定期向银行报送财务报表；不能出售太多的资产；债务到期要及时偿付；禁止应收账款的转让等。③特殊性限制条款。例如，要求企业主要领导人购买人身保险，规定借款的用途不得改变等。这类限制条款只在特殊情形下才生效。

6. 长期借款筹资的优缺点

（1）长期借款的优点。

1）借款筹资速度较快。企业利用长期借款筹资，一般所需时间较短，程序较为简单，可以快速获得现金。而发行股票、债券筹集长期资金，须做好发行前的各种工作，如印制证券等，发行也需一定时间，故耗时较长，程序复杂。

2）借款资本成本较低。利用长期借款筹资，其利息可在所得税前列支，故可减少企业实际负担的成本，因此比股票筹资的成本要低得多；与债券相比，借款利率一般低于债券利率；此外，由于借款属于间接筹资，筹资费用也极少。

3）借款筹资弹性较大。在借款时，企业与银行直接商定贷款的时间、数额和利率等；在用款期间，企业如因财务状况发生某些变化，亦可与银行再行协商，变更借款数量及还款期限等。因此，对企业而言，长期借款筹资具有较大的灵活性。企业利用借款筹资，与债券一样，可以发挥财务杠杆的作用。

（2）长期借款的缺点。

1）借款筹资风险较高。借款通常有固定的利息负担和固定的偿付期限，故借款企业的筹资风险较高。

2）借款筹资限制条件较多。这可能会影响到企业以后的筹资和投资活动。

3）借款筹资数量有限。一般不如股票、债券那样可以一次筹集到大笔资金。

（二）长期债券筹资

长期债券筹资是指公开发行期限在1年以上的公司债券。债券是经济主体为筹集资金而发行的用以记载和反映债权债务关系的有价证券。在我国，只有股份有限公司、国有独资公司、两个以上的国有企业或其他两个以上的国有投资主体设立的有限责任公司才有资格发行公司债券。其他企业发行的债券称为企业债券。下面以公司债券为例介绍发行债券的相关问题。

1. 公司债券的种类

公司债券按不同的标准有不同的分类。

（1）按债券上有无记名划分，可分为记名债券和无记名债券。

1）记名债券是在债券票面上记载持券人姓名或名称的债券。对于记名债券，公司应在债券存根簿上载明债券持有人的姓名或名称及住所、债券持有人取得债券的日期及债券的编号、债券总额、票面金额、利率、还本付息的期限和方式。记名债券由债券持有人以背书方式或法律、行政法规规定的其他方式转让，并且由公司将受让人的姓名或名称及住所记载于公司债券存根簿。

2）无记名债券是在债券票面上不记载持券人姓名或名称的债券。对于无记名债券，公司只需在债券存根簿上载明债券总额、利率、还本付息的期限和方式、发行日期和债券编号。无记名债券的转让，由债券持有人在依法设立的证券交易场所将债券交付给受让人后即发生效力。

（2）按有无抵押品划分，可分为信用债券和抵押债券。

1）信用债券是发行公司没有特定财产作抵押，仅凭信用发行的债券。

2）抵押债券是发行公司以特定财产作为抵押品的债券。根据抵押品的不同，抵押债券又分为不动产抵押债券、动产抵押债券、证券抵押债券等。

（3）按利率是否固定划分，可分为固定利率债券和浮动利率债券。

1）固定利率债券是将利率明确记载于债券上，按这一固定利率向债权人支付利息的债券。

2）浮动利率债券是债券上不明确记载利率，发放利息时利率根据某一标准（如政府债券利率、银行存款利率）的变化同方向调整的债券。

（4）按是否上市划分，可分为上市债券和非上市债券。

1）上市债券是在证券交易所挂牌交易的债券。上市债券信用度高，易于变现，因而能吸引投资者。但是债券上市需要具备规定的条件，并经过一定的办理程序。

2）非上市债券是不能在证券交易所挂牌交易的债券。

2. 发行债券的程序

（1）作出发行债券的决议或决定。股份有限公司和有限责任公司发行公司债券，由董事会制定方案，股东会作出决议。国有独资公司发行公司债券，由国家授权投资的机构或国家授权的部门作出决定。

（2）提出发行债券的申请。公司应向国务院证券管理部门提出发行公司债券的申请，并提交公司登记证明、公司章程、公司债券募集办法以及资产评估报告和验资报告。

（3）国务院证券管理部门对符合《公司法》规定的，予以批准；否则不予批准。对已作出的批准如果发现不符合《公司法》规定的，应予撤销。债券尚未发行的，停止发行；已经发行的，由发行公司向认购人退还所缴款项并加算银行同期存款利息。

（4）公告债券募集办法。债券募集办法中应载明如下事项：公司名称，拟发行债券的总额、票面金额、利率、还本付息的期限和方式，债券发行的起止日期，公司净资产额，已发行的尚未到期的公司债券总额，公司债券的承销机构。

（5）发售债券，募集款项，登记债券存根簿。

3. 公司债券的发行和销售方式、发行价格

（1）债券的发行方式。与股票类似，债券的发行方式也有公募发行和私募发行两类。公募发行是指公司公开向社会发行债券；私募发行是指公司不公开向社会发行，只向少数特定的对象直接发行债券。

（2）债券的销售方式。与股票类似，债券的销售方式也是指公司向社会公募发行时所采取的销售方法，分为自销和承销两大类，承销又具体分为包销和代销。我国相关法规规定，公司向社会公开发行债券，必须与依法设立的证券经营机构签订承销协议，由证券经营机构承销。

（3）债券的发行价格。债券的发行价格是公司将债券出售给投资者的价格，也就是投资者认购债券时所支付的价格。债券发行价格可以高于、低于或等于债券面值，即溢价、折价或平价发行。

4. 债券的信用等级

债券的信用等级标志着债券质量的优劣，反映了债券还本付息能力的强弱和债券投资风险的高低。公司公开发行债券通常需要债券评信机构评定等级。债券

的信用等级对发行公司的发行效果和投资者的投资选择都有重要的影响。

债券的信用评级制度在很多国家被广泛采用。国际上流行的债券等级一般分为三等九级，即债券从高到低分为 A、B、C 三等，每一等又由高到低分为三级，如 A 等分为 AAA 级、AA 级和 A 级。

我国的债券评级工作也在不断发展。根据中国人民银行的规定，凡是向社会公开发行的公司债券，都需要由中国人民银行及其授权的分行指定的资信评级机构或公证机构进行评信。我国《证券法》也规定，公司发行债券，必须向经认可的债券评信机构申请信用评级。

5. 长期债券筹资的优缺点

债券筹资的优点主要有：

（1）债券筹资成本较低。与股票的股利相比，债券的利息允许在所得税前支付，发行公司可享受节税利益，故公司实际负担的债券成本一般低于股票成本。

（2）债券筹资能够发挥财务杠杆的作用。无论发行公司盈利多少，债券持有人一般只收取固定的利息，而更多的利润可分配给股东或留用公司经营，从而增加股东和公司的财富。

（3）债券筹资能够保障股东的控制权。债券持有人无权参与发行公司的管理决策，因此，公司发行债券不会像增发新股那样分散股东对公司的控制权。

（4）债券筹资便于调整公司的资本结构。在公司发行可转换债券以及可提前赎回债券的情况下，便于公司主动合理地调整资本结构。

利用债券筹集长期资本，虽有前述优点，但也有明显的不足，主要有：

（1）债券筹资的财务风险较高。债券有固定的到期日，并需定期支付利息，发行公司必须承担按期还本付息的义务。在公司经营不景气时，亦需向债券持有人还本付息，这会给公司带来更大的财务困难，有时甚至导致破产。

（2）债券筹资的限制条件较多。发行债券的限制条件一般要比长期借款、租赁筹资的限制条件多且严格，从而限制了公司对债券筹资方式的使用，甚至会影响公司以后的筹资能力。

（3）债券筹资的数量有限。公司利用债券筹资一般受一定额度的限制，多数国家对此都有限定。《公司法》规定，发行公司流通在外的债券累计总额不得超过公司净资产的40%。

思考：长期债券发行价格高低的决定因素有哪些？

回答：①债券面额。债券的票面金额是决定债券发行价格的最基本因素。债券发行价格的高低，从根本上取决于债券面额的大小。一般而言，债券面额越大，发行价格越高。但是，如果不考虑利息因素，债券面额是债券的到期价值，即债券的未来价值，而不是债券的现在价值，即发行价格。②票面利率。债券的票面利率是债券的名义利率，通常在发行债券之前即已确定，并注明于债券票面上。一般而言，债券的票面利率越高，发行价格越高；反之，发行价格越低。③市场利率。债券发行时的市场利率是衡量债券票面利率高低的参照系，两者往往不一致，因此共同影响债券的发行价格。一般而言，债券的市场利率越高，债券的发行价格越低；反之发行价格越高。④债券期限。同银行借款一样，债券的期限越长，债权人的风险越大，要求的利息报酬越高，债券的发行价格就可能较低；反之，发行价格可能较高。债券的发行价格是上述四项因素综合作用的结果。

（三）长期应付款筹资

长期应付款筹资是指向租赁公司借入长期资产即融资租赁固定资产形成长期应付款，融资租赁利率高于长期借款利率。

融资租赁是由租赁公司按照承租企业的要求购买资产，并在契约或合同规定的较长期限内提供给承租企业使用的信用性业务。融资租赁的期限一般在资产使用年限的一半以上，租赁期满后资产的所有权一般转移给承租企业。承租企业采用这种租赁方式的主要目的是融通资金，因此融资租赁是承租企业筹集长期债务性债务的一种特殊方式。

1. 融资租赁的形式

融资租赁按业务的不同特点，可细分为三种具体形式：

（1）直接租赁。这种形式是融资租赁的典型形式。通常所说的融资租赁就是指直接租赁形式。这种形式的效果类似于以分期付款方式购买资产。

（2）售后租回。在这种形式下，企业先将资产卖给租赁公司，再作为承租企业将所售资产租回使用，并按期向租赁公司支付租金。采用这种融资租赁形式，承租企业因出售资产而获得了一笔资金，同时又通过租赁保留了资产的使用权，其效果与抵押贷款有些相似。

（3）杠杆租赁。这种形式涉及承租人、出租人和贷款人三方当事人。从承租人的角度，杠杆租赁与其他融资租赁形式并无区别。但对于出租人来说就有所不同，出租人只支付购买资产所需资金的一部分，其余部分则以该资产作担保向贷款人借款支付。在这种形式下，租赁公司既是出租人又是借款人，既要收取租金又要支付利息，但租赁收益一般高于借款成本，由此可获得财务杠杆利益，故称为杠杆租赁。

2. 融资租赁的程序

不同的租赁业务，具体程序会有所不同。下面以最典型的租赁业务为例，介绍其基本程序。

（1）选择租赁公司。企业决定采用融资租赁方式取得某项资产时，首先需要了解各家租赁公司的经营范围、业务能力、资信情况和租赁费率等情况，然后进行分析比较，选择最适合的租赁公司。

（2）提出租赁申请。企业选定租赁公司后，便可向其提出租赁申请，详细说明所需资产的具体要求，并向租赁公司提供财务报表等资料。

（3）签订租赁合同。企业与租赁公司在详细磋商的基础上签订租赁合同。融资租赁合同的条款比较复杂，包括租赁资产描述条款，租赁资产交货、验收、使用、保管、维修条款，租赁期限条款，租金支付条款，保险条款，担保条款，租赁期满资产处理条款，违约责任条款等。

（4）签订购货协议。由承租企业与租赁公司的一方或双方选定资产供应商，进行谈判协商，签订购货协议。

（5）办理验货、付款与保险。承租企业按购货协议收到租赁资产时，要进行验收，验收合格后签发验收证书提交租赁公司，租赁公司据以向供应商支付货款。同时，承租企业向保险公司办理保险事宜。

（6）支付租金。承租企业在租赁期内按租赁合同规定的金额和支付方式向租赁公司支付租金。

（7）合同期满处理资产。租赁合同期满后，承租企业根据合同约定对资产退租、续租或留购，通常采用留购方式。

3. 决定融资租赁租金的因素

融资租赁每期支付租金的金额取决于以下因素：①租赁资产的购置成本，包括买价、运杂费、途中保险费等。②预计租赁期满后租赁资产的残值。③租赁公司购置资产所提供资金应计的利息。④租赁手续费，包括租赁公司承办租赁业务的营业费用及一定的盈利。⑤租赁期限。⑥租金支付方式。租金支付方式按支付间隔期，分为年付、半年付、季付和月付；按期初或期末支付，分为先付和后付；按每期金额是否相等，分为等额支付和不等额支付。实务中采用的租金支付方式大多为后付等额年金。

4. 融资租赁筹资的优缺点

优点：租金可在税前扣除，起到抵税作用。融资租赁的限制条件少，融资租赁集"融资"与"置产"于一身，可迅速获得所需资产。融资租赁中，资产陈旧过时的风险一般由出租人承担，因此承租企业可免遭资产陈旧过时的风险。

缺点：融资租赁的筹资成本较高。与其他债务性债务相比，融资租赁的成本相当高，租金总额通常比资产价值高出很多。融资租赁的财务风险较高。

三、混合性筹资

混合性筹资既有权益类筹资特征又有债务类筹资特征，主要包括可转换债券和认股权证。

（一）可转换债券

可转换债券是债券持有人在约定的期限内可将其转换为普通股的债券。发行可转换债券，应在债券募集办法中规定具体的转换办法。债券持有人对是否将债券转换为普通股具有选择权。在可转换债券转换之前，企业需要定期向债券持有人支付利息。如果在规定的转换期限内债券持有人未进行转换，企业需要继续定期支付利息，并且到期偿还本金。在这种情况下，可转换债券与普通债券没有区别，属于债权性债务。如果在规定的转换期限内，债券持有人将可转换债券转换成普通股，则变成了权益性债务。因此，可转换债券具有债务性债务和权益性债务的双重性质。在我国，只有上市公司和重点国有企业才有资格发行可转换债券。

1. 发行可转换债券的条件

上市公司经股东大会决议可以发行可转换债券，并在公司债券募集办法中规定具体的转换办法。上市公司发行可转换债券，除应当符合发行债券的条件，还应当符合《证券法》规定的公开发行股票的条件，并报国务院证券监督管理机构核准。

2. 可转换债券的转股

（1）可转换债券的转股期限。可转换债券的转股期限是指按发行企业的规定，持有人可将其转换为普通股的期限。可转换债券转换期限的长短通常与可转换债券的期限相关。我国可转换债券的期限最短为 3 年，最长为 5 年。上市公司发行的可转换债券，在发行结束 6 个月后，持有人可以依据约定的条件随时转为股份。

（2）可转换债券的转股价格。可转换债券的转股价格是指将可转换债券转换为普通股时采用的每股价格。转股价格由发行企业在发行可转换债券时约定。上市公司发行的可转换债券，以发行可转换债券前 1 个月普通股的平均价格为基准，上浮一定幅度作为转股价格。可转换债券的转股价格并不是固定不变的。由于增发新股、配股及其他原因引起公司股份发生变动的，应当及时调整转换价格并向社会公布。

（3）可转换债券的转股比率。可转换债券的转股比率是指每份债券可换得的普通股股数，它等于可转换债券的面值除以转股价格。如果出现不足以转换 1 股股票的余额，发行企业应当以现金偿付。

3. 可转换债券筹资的优缺点

（1）发行可转换债券是一种特殊的筹资方式，其优点主要包括：

1）有利于降低债务成本。可转换债券的利率通常低于普通债券，因此转换前的债务成本低于普通债券。如果转换为普通股，由于转换价格通常高于发行可转换债券时的普通股价格，并且可节省普通股的发行费用，因而比直接发行普通股的债务成本低。

2）有利于调整资本结构。可转换债券在转换前属于发行公司的负债，转换后属于发行公司的所有者权益，因此发行公司可以通过引导持有人的转换行为来调整公司的资本结构。

（2）可转换债券也存在着缺陷，主要体现在不确定性上。如果发行人发行可转换债券的本意在于变相进行普通股筹资，但普通股价格并未如期上升，债券持有人不愿转股，则发行人将被迫承受偿债压力。如果可转换债券转股时的股价大大高于转换价格，则发行人将承担溢价损失。

（二）认股权证

认股权证是由股份有限公司发行的以其股票为标的物的看涨期权。它赋予持有者在规定期限内以事先约定的价格购买发行公司一定数量股票的权利。

1. 认股权证合约的内容

发行认股权证时，其合约一般包括如下要素：

（1）基础股票，即认股权证可以转换的对象。它可以是单一股票，也可以是"一篮子"股票。基础股票一般是交易活跃的绩优股。

（2）有效期限，即认股权证的权利期限。在有效期内，认股权证持有者可以随时要求将其转换为股票，超过有效期限以后，认股权证即失效。

（3）转换比率，即每一份认股权证可转换的股票数量。例如，某认股权证的转换比率为2，表明每一份认股权证可转换为2股普通股。

（4）执行价格，指认股权证的持有者行使转换权时，购买公司普通股的价格。该价格可以是固定的，也可以按普通股股票的市场行情进行调整。

2. 认股权证的种类

（1）长期认股权证与短期认股权证。根据认股权证的有效期限可以将其分为长期认股权证和短期认股权证。长期认股权证的认股期限通常持续几年，有的甚至是永久性的。短期认股权证的认股期限比较短，一般在90天以内。

（2）单独发行的认股权证与附带发行的认股权证。按照认股权证的发行方式可将其分为单独发行的认股权证和附带发行的认股权证。单独发行的认股权证是指不依附于其他证券而独立发行的认股权证。附带发行的认股权证是指依附于债券、优先股、普通股等证券发行的认股权证。

3. 认股权证筹资的优缺点

（1）认股权证筹资十分灵活，其优点主要包括：①为公司筹集额外的资金。认股权证不论是单独发行还是附带发行，大都能为发行公司筹得一笔额外资金。

②促进其他筹资方式的运用。单独发行的认股权证有利于将来发售股票，附带发行的认股权证可以促进其所依附证券的发行效率。而且由于认股权证具有价值，附带认股权证的债券票面利率和优先股股利率通常较低。

（2）认股权证筹资的缺点主要包括：①认股权证的执行时间不确定。投资者何时执行认股权证是公司所不能控制的，往往会导致公司陷于既有潜在资金又无资金可用的被动局面。②稀释普通股收益和控制权。当认股权证执行时，提供给投资者的股票是新发行的股票，并非二级市场的股票。这样，当认股权证执行时，普通股股份增多，每股收益下降，同时也稀释了原有股东的控制权。

第四节　资本成本估算

一、资本成本概述

（一）资本成本（又称资金成本）的概念

由于资金具有时间价值，即资金在周转使用过程中能带来增值，资金提供者让渡这种增值机会当然会要求相应的报酬。在有风险的情况下，资金提供者还会要求额外的风险报酬。因此，企业要获得资金的使用权，必须付出相应的代价。这种代价可以理解为资金这种特殊商品的市场价格。另外，企业在筹集资金的过程中可能还需要支付一定的费用。综上所述，资金成本是企业筹集和使用资金所付出的代价，包括筹资费用和用资费用两个部分。

（1）筹资费用。筹资费用是企业在筹集资金的过程中付出的代价。例如，向银行支付的借款手续费，发行股票、债券所支付的律师费、印刷费等。筹资费用通常在筹资时一次性支付，在获得资金后的使用过程中则不再发生，因而可以视作对筹资额的一项扣除。

（2）用资费用。用资费用是企业为了使用资金而付出的代价。例如，向债权人支付的利息，向股东分派的股利等。用资费用在使用资金期间内会反复发生，并随着使用资金金额的大小和期限的长短而变动。

思考：如何从投资角度解析资本成本概念？

回答：上述是从取得资金角度来定义筹资资金成本，但从出资方即投资者角度来看就是投资者给以资金需求者要求获得的必要投资报酬率。

（二）资本成本的种类

资本成本可以用绝对数表示，也可以用相对数表示，但通常采用相对数即资本成本率来表示。资本成本率是企业的用资费用与有效筹资额之间的比率。所谓有效筹资额是指筹资金额扣除筹资费用后的净额。这里所讲的资金成本主要是指长期资金的成本，包括如下三类：

（1）个别资本成本。个别资金成本是指企业各种单项长期资金的成本，如长期借款资本成本、债券资本成本、优先股资本成本、普通股资本成本、留存收益资本成本。

（2）综合资金成本。综合资本成本是指企业全部长期资金的成本。

（3）边际资金成本。边际资本成本是指企业追加长期资金的成本。

（三）资本成本的作用

资本成本是企业筹资管理的主要依据，也是企业投资管理的重要标准，甚至是整个财务管理和经营管理的重要工具。具体来说，资本成本有如下作用：

（1）资本成本是选择筹资方式、进行资本结构决策、确定追加筹资方案的依据。各种长期资金的个别资金成本的高低是比较选择各种筹资方式的重要依据。企业全部资金的综合资金成本的高低是进行筹资组合、优化资本结构的重要依据，而各种追加筹资方案的边际资金成本的高低则是比较选择追加筹资方案的重要依据。

（2）资本成本是评价投资项目、比较投资方案、进行投资决策的标准。一般而言，对于一个投资项目，只有当其投资报酬率高于资金成本率时，在经济上才是合理的。因此，企业通常将资金成本率作为投资项目必须赚得的最低报酬率，即必要报酬率。资金成本既可用作评价投资方案内部报酬率的"取舍率"，也可用作计算投资方案净现值和获利指数的贴现率，从而成为企业投资决策中的重要标准。

（3）资本成本可以作为考核企业整个经营业绩的基准。企业的整个经营业绩可以通过企业全部资金的报酬率来衡量。只有当这个报酬率高于企业资金成本时，经营才是有利的，才能增加企业价值；否则，经营就是不利的，就需要提高资金报酬率、降低资金成本。

二、个别资本成本估算

如前所述，个别资本成本是企业用资费用与有效筹资额之比。其基本计算公式为：

$$K = \frac{D}{P - F} = \frac{D}{P(1 - f)} \qquad (2 - 3)$$

其中，K 为资本成本；D 为每个期间的用资费用；P 为筹资额；F 为筹资费用；f 为筹资费率，即筹资费用与筹资额之比。

由此可见，个别资本成本取决于用资费用、筹资费用和筹资额三个因素。用资费用越高，分子越大，因而资本成本越高。筹资费用越高，分母越小，因而资本成本越高；筹资额越大，分母越大，因而资本成本越低。换句话说，在筹资额一定的情况下，用资费用和筹资费用与资本成本成正比；在用资费用和筹资费用一定的情况下，筹资额与资本成本成反比。在个别资本成本的计算公式中，应当注意，筹资费用没有和用资费用一起放在分子中，而是作为对筹资额的扣除放在了分母中。这主要是因为筹资费用是一次性支付的固定费用，与重复性支付的用资费用有很大的差异，将其作为对筹资额的扣减更加合理。

（一）长期债务成本估算

由于长期债务资本中长期借款和长期债券的利息是从税前利润中扣除的，从而具有抵减企业所得税的作用，因此长期借款和长期债券每期的用资费用应是考虑抵税因素后的利息。

1. 长期借款资本成本的计算公式

$$K_1 = \frac{I_1(1-T)}{L(1-f_1)} = \frac{L \times R_1(1-T)}{L(1-f_1)} = \frac{R_1(1-T)}{1-f_1} \qquad (2-4)$$

其中，K_1 为长期借款资本成本；I_1 为长期借款年利息额；T 为企业所得税税率；L 为长期借款本金；R_1 为长期借款年利率；f_1 为长期借款筹资费率。

相对而言，长期借款的筹资费用很低，有时可以忽略不计。因此长期借款资本成本的计算公式也可简化为：

$$K_1 = R_1(1-T) \qquad (2-5)$$

[例2-5] 阳关公司从银行取得3年期长期借款500万元，手续费率0.1%，年利率8%，每年结息一次，到期一次还本。公司所得税税率40%。计算该笔长期借款的资金成本。

（1）用式（2-4）计算长期借款的资本成本为：

$$K_1 = \frac{500 \times 8\% \times (1-40\%)}{500 \times (1-0.1\%)} = \frac{8\% \times (1-40\%)}{1-0.1\%} = 4.80\%$$

（2）如果忽略手续费，则用式（2-5）计算的结果为：

$$K_1 = 8\% \times (1-40\%) = 4.80\%$$

2. 长期债券资本成本计算公式

$$K_b = \frac{S \times R_b(1-T)}{B(1-f_b)} = \frac{I_b(1-T)}{B(1-f_b)} \qquad (2-6)$$

式中，K_b 为长期债券资本成本；S 为债券面值；R_b 为债券票面利率；I_b 为债券每年利息额；f_b 为债券筹资费率，即筹资费用占筹资额的比率；B 是债券发行价格。

需要注意以下几点：首先，债券的筹资费用即发行费用，包括律师费等申请过程中发生的费用、印刷费等制作过程中发生的费用，以及证券公司手续费等销售过程中发生的费用，这些费用一般较高，不能忽略。其次，债券的发行价格有溢价、平价、折价之分，因而筹资额不一定等于债券面值。当债券按面值发行时面值等于发行价格，因此长期债券资本成本的计算公式可简化为：

$$K_b = \frac{R_b(1-T)}{1-f_b} \tag{2-7}$$

[例2-6] 阳光公司发行面值为1 000元、期限为4年、票面利率为10%的债券5 000张，每年结息一次，到期一次还本。筹资费用为发行价格的4%，公司所得税税率为25%。分别计算发行价格为1 100元、1 000元和900元时，债券的资本成本。

（1）如果发行价格为 1 100元，即发行价格大于面值1 000元（债券溢价发行），则债券的资本成本为：

$$K_b = \frac{S \times R_b(1-T)}{B(1-f_b)} = \frac{I_b(1-T)}{B(1-f_b)} = \frac{1\,000 \times 10\% \times (1-25\%)}{1\,100 \times (1-4\%)} = 7.1\%$$

（2）如果发行价格为1 000元，即发行价格等于面值1 000元（债券平价发行），则债券的资本成本为：

$$K_b = \frac{R_b(1-T)}{(1-f_b)} = \frac{10\% \times (1-25\%)}{(1-4\%)} = 7.81\%$$

（3）如果发行价格为900元，即发行价格小于面值1 000元（债券折价发行），则债券的资本成本为：

$$K_b = \frac{S \times R_b(1-T)}{B(1-f_b)} = \frac{I_b(1-T)}{B(1-f_b)} = \frac{1\,000 \times 10\% \times (1-25\%)}{900 \times (1-4\%)} = 8.68\%$$

思考：长期债券溢价、折价、平价发行，资本成本由低到高的顺序是什么？

回答：溢价发行长期债券资本成本最低，其次是平价，折价发行债券资金成本最高。

（二）长期权益资本成本估算

与债务资本不同，普通股和优先股同属权益类，股利是税后利润中支付的，因此没有抵税作用。

优先股每期的股利通常是固定的，而普通股各期股利不一定相等。留存收益与优先股和普通股一样，属于权益类资金，是由企业税后利润扣除普通股和优先股股利后剩余的部分，包括盈余公积和未分配利润，该资金获取从理论上看并不需要企业付出专门的代价。但是实际上，留存收益最终归属于普通股股东，可以理解为普通股股东对企业的再投资。因此，普通股股东要求留存收益应该与普通股具有相同的报酬率。于是，留存收益的资金成本与普通股基本相同，唯一不同的是不存在筹资费用。

1. 优先股资本成本估算公式

$$K_p = \frac{D_p}{P_p(1-f_p)} \tag{2-8}$$

式中，K_p 为优先股资金成本；D_p 为优先股每期股利；P_p 为优先股发行价格；f_p 为优先股筹资费率。

[例2-7] 阳光公司发行一批优先股。发行价格为6元，筹资费率为4%，每年股利0.6元。试计算这批优先股的资金成本。

此批优先股的资金成本计算结果如下：

$$K_p = \frac{D_p}{P_p(1-f_p)} = \frac{0.6}{6(1-4\%)} = 10.42\%$$

2. 普通股资本成本估算公式

（1）固定股利支付政策的普通股资金成本估算公式与上述优先股资金成本计算公式相同。

（2）股利固定增长的普通股资金成本估算公式为：

$$K_c = \frac{D_1}{P_c(1-f_c)} + g = \frac{DR_1}{(1-f_c)} + g \tag{2-9}$$

式中，K_c 为普通股成本，D_1 为普通股第一年股利，P_c 为普通股发行价格，DR_1 为普通股第一年股利支付率；f_c 为普通股筹资费率，g 为股利增长比率。

[例2-8] 阳光公司发行普通股，发行价格为8元，筹资费率为5%。公司有两套股利分派方案：一是每年分派现金股利0.8元；二是第1年分派0.4元或股利支付率5%，以后每年增长6%。计算两种方案下的普通股资本成本。

（1）如果采用第一套方案，则普通股资金成本为：

$$K_c = \frac{D}{P_c(1-f_c)} = \frac{0.8}{8 \times (1-5\%)} = 10.53\%$$

（2）如果采用第二套方案，则普通股资金成本为：

$$K_c = \frac{D_1}{P_c(1-f_c)} + g = \frac{0.4}{8 \times (1-5\%)} + 6\% = 11.26\%$$

或

$$K_c = \frac{DR_1}{(1-f_c)} + g = \frac{5\%}{1-5\%} + 6\% = 11.26\%$$

（3）资本资产定价模型。

普通股资金成本从投资角度分析就是投资者要求的必要投资报酬（收益）率，衡量必要投资报酬率的公式是：

$$K_c = R_f + \beta(R_M - R_f) \tag{2-10}$$

式中，β 系数为衡量系统风险的指标；R_M 为整个资本市场的加权平均报酬率；R_f 为无风险报酬率。

[例 2 - 9] 阳光公司股票的 β 系数为 1.2，无风险报酬率为 4%，市场报酬率为 10%，则该股票的资金成本为：$K = 4\% + 1.2 \times (10\% - 4\%) = 11.2\%$。

其实，上述资本资产定价模型可以简单描述为股票资金成本等于债券投资报酬率加股票投资额外风险报酬率。一般而言，普通股投资的风险高于债券投资，因此普通股投资的必要报酬率通常高于债券投资的必要报酬率。于是，普通股投资必要报酬率可以在债券投资必要报酬率的基础上加上普通股投资高于债券投资的额外风险报酬率。相应地，普通股资金成本就等于债券资金成本加普通股额外风险报酬率。这种方法的不足之处是比较主观，但计算简便。

[例 2 - 10] 阳光公司已发行债券的资金成本为 7.5%，现增发一批普通股。经分析，该股票高于债券的额外风险报酬为 4%。试计算该批普通股的资金成本。

该批普通股的资金成本为：

$K = 7.5\% + 4\% = 11.5\%$

3. 留存收益资金成本估算公式

留存收益资金成本可用式（2 - 8）和式（2 - 9）当筹资费用 f 等于 0 时的结果估算。

[例 2 - 11] 阳光公司普通股市场价格为 8 元，第 1 年分派股利 0.4 元，以后每年增长 6%。试计算公司留存收益的资金成本。

阳光公司留存收益的资金成本为：

$$K_c = \frac{D_1}{P_c} + g = \frac{0.4}{8} + 6\% = 11\%$$

思考： 从上述计算公式中可知，普通股资金成本与优先股资金成本关系是什么？

回答： 普通股资金成本大于等于优先股资金成本。

三、综合资本成本估算

企业通过不同的方式从不同的来源取得的资金，其成本各不相同。要进行正确的筹资和投资决策，不仅需要计算个别资金的成本，还需要确定全部长期资金的综合资金成本。综合资金成本又称加权平均资金成本，它是以各种长期资金所占的比例为权重，对个别资金成本进行加权平均计算得来的。其计算公式如下：

$$K_W = \sum_{j=1}^{n} K_j W_j \qquad\qquad (2 - 11)$$

式中，K_W 为综合资金成本；K_j 为第 j 种个别资金的成本；W_j 为第 j 种个别资金在所有长期资金中所占的比例。

$$\sum_{j=1}^{n} W_j = 1$$

由综合资金成本的计算公式可知，综合资金成本由两个因素决定：一是各种长期资金的个别资金成本；二是各种长期资金所占比例，即权数。各种长期资金的个别资金成本的计算方法前面已经详细阐述。至于各种长期资金权数的确定，则需要选择一定的价值基础。常见的价值基础主要有如下三种：

（1）按账面价值确定资本比例。企业财务会计所提供的资料主要是以账面价值为基础的。财务会计通过资产负债表可以提供以账面价值为基础的资本结构资料，这也是企业筹资管理的一个依据。使用账面价值确定各种资本比例的优点是易于从资产负债表中取得这些资料，且容易计算。其主要缺陷是资本的账面价值可能不符合市场价值，如果资本的市场价值已经脱离账面价值许多，采用账面价值作为基础确定资本比例就有失客观性，从而不利于综合资本成本率的测算和筹资管理的决策。

（2）按市场价值确定资本比例。按市场价值确定资本比例是指债券和股票等以现行资本市场价值为基础确定其资本比例，从而测算综合资本成本率。

（3）按目标价值确定资本比例。按目标价值确定资本比例是指债券和股票等以公司预计的未来目标市场价值确定资本比例，从而测算综合资本成本率。从公司筹资管理决策的角度来看，对综合资本成本率的一个基本要求是，它应适用于公司未来的目标资本结构。

［例2-12］阳光公司各种长期资金的账面价值、市场价值和目标价值以及个别资金成本率如表2-7所示。分别按账面价值基础、市场价值基础和目标价值基础计算阳光公司的综合资金成本。

表2-7 阳光公司各种长期资金的账面价值、市场价值和目标价值以及个别资本成本表

资金种类	账面价值(万元)	市场价值(万元)	目标价值(万元)	个别资本成本(%)
长期借款	800	800	2 000	5.0
长期债券	1 500	2 000	4 000	6.5
优先股	500	750	1 000	10.0
普通股	2 000	4 000	4 000	12.0
留存收益	1 800	3600*	4 000	11.5
合计	6 600	11 150	15 000	—

注：* 表示留存收益的市场价值与账面价值之比等于普通股的市场价值与账面价值之比。

按账面价值基础计算的综合资金成本为：

$$K_W = 5.0\% \times \frac{800}{6\,400} + 6.5\% \times \frac{1\,500}{6\,600} + 10\% \times \frac{500}{6\,600} + 12\% \times \frac{2\,000}{6\,600} + 11.5\% \times \frac{1\,800}{6\,600}$$

$$= 5.0\% \times 12.12\% + 6.5\% \times 22.73\% + 10.0\% \times 7.58\% + 12.0\% \times 30.3\% + 11.5\% \times 27.27\%$$

$$= 0.606\% + 1.477\% + 0.758\% + 3.636\% + 3.136\%$$

$$= 9.61\%$$

按市场价值基础计算的综合资金成本为：

$$K_W = 5.0\% \times \frac{800}{11\,150} + 6.5\% \times \frac{2\,000}{111\,500} + 10\% \times \frac{750}{111\,500}$$

$$+ 12\% \times \frac{4\,000}{11\,150} + 11.5\% \times \frac{3\,600}{11\,150}$$

$$= 5.0\% \times 7.17\% + 6.5\% \times 17.94\% + 10.0\% \times 6.73\% + 12.0\% \times 35.87\% + 11.5\% \times 32.29\%$$

$$= 0.359\% + 1.166\% + 0.673\% + 4.304\% + 3.713\%$$

$$= 10.22\%$$

按目标价值基础计算的综合资金成本为：

$$K_W = 5.0\% \times \frac{2\,000}{15\,000} + 6.5\% \times \frac{4\,000}{15\,000} + 10\% \times \frac{1\,000}{15\,000} + 12\% \times \frac{4\,000}{1\,500} + 11.5\% \times \frac{4\,000}{15\,000}$$

$$= \frac{10\% + 26\% + 10\% + 48\% + 46\%}{15}$$

$$= 9.33\%$$

四、边际资本成本估算

边际资本成本是指企业追加筹资的资金成本。一般来说，企业不可能以某一固定的资金成本来筹措无限的资金，当筹集的资金超过一定限额时，资金成本将会有所变化。因此，企业在未来追加筹资时，应当更多地关注新筹措资金的成本，即边际资金成本。

企业追加筹资有可能只采取某一种筹资方式。在这种情况下，边际资金成本的确定与前述个别资金成本的确定方法相同。

在筹资数额较大或目标资本结构既定的情况下，追加筹资往往需要通过多种筹资方式的组合来实现。这时的边际资金成本是新筹措的各种资金的加权平均成本，各种资金的权数应以市场价值为基础来确定。

[例 2-13] 阳光公司各种资金的目标比例是：长期借款 15%，长期债券 25%，普通股 60%。公司为扩大经营规模，拟筹措新资 200 万元，决定按目标比例筹集。经测算，在既定筹资范围内的个别资金成本分别为：长期借款 5.5%，

长期债券7%，普通股13%。公司此次追加筹资的边际资金成本的计算过程如表2-8所示。

表2-8 阳光公司既定筹资范围内的边际资金成本计算表

单位:%

资金种类	个别资金成本	资金比例	边际资金成本
长期借款	5.5	15	0.825
长期债券	7	25	1.75
普通股	13	60	7.8
合计	—	100	10.38

当企业追加筹资的金额未定时，需要测算不同筹资范围内的边际资金成本，我们称之为边际资金成本规划。下面举例说明边际资金成本规划的具体步骤。

［例2-14］阳光公司为了适应追加投资的需要，准备筹措新资。追加筹资的边际资金成本规划可按如下步骤进行：

（1）确定各种资金的目标比例。公司经过分析认为，各种资金的目标比例为：长期借款15%，长期债券25%，普通股60%。

（2）测算各种资金的个别资金成本。公司在对资金市场状况和自身筹资能力进行研究之后，测算出在不同筹资范围内各种资金的个别资金成本，如表2-9所示。

表2-9 阳光公司在不同筹资范围内各种资金的个别资金成本表

资金种类	追加筹资范围（万元）	个别资金成本（%）
长期借款 占总资金比重20%	≤10 >10	6 8
长期债券 占总资金比重30%	≤60 >60	11 13
普通股 占总资金比重50%	≤80 >80	15 16

（3）测算筹资总额分界点。所谓筹资总额分界点是指各种资金的个别资金成本发生跳跃的分界点所对应的筹资总额的分界点。其测算公式为：

$$BP_{ji} = \frac{TF_{ji}}{W_j} \qquad\qquad (2-12)$$

式中，BP_{ji} 为第 j 种资金的第 i 个分界点对应的筹资总额分界点；TF_{ji} 为第 j 种资金的第 i 个资金成本分界点；W_j 为第 j 种资金的目标比例。

此例中，各个筹资总额分界点计算如下：

1）长期借款的个别资金成本分界点 30 万元和 90 万元对应的筹资总额分界点分别为：

10/20% = 50（万元）

2）长期债券的个别资金成本分界点 100 万元和 200 万元对应的筹资总额分界点分别为：

60/30% = 200（万元）

3）普通股的个别资金成本分界点 300 万元和 600 万元对应的筹资总额分界点分别为：

80/50% = 160（万元）

以上三个筹资总额分界点将追加筹资的范围分为四段：50 万元及以内；50 万～160 万元；160 万～200 万元；200 万元以上。

（4）测算各个筹资范围内的边际资金成本。在各个筹资范围内，根据各种资金对应的个别资金成本和资金比例计算加权平均资金成本，即得到该范围内的边际资金成本。测算过程如表 2-10 所示。

表 2-10　阳光公司各个筹资范围内的边际资金成本表

单位:%

筹资总额范围（万元）	资金种类	资金比例	个别资金成本	边际资金成本
50 及以内	长期借款 长期债券 普通股	20 30 50	6 11 15	20% × 6% + 30% × 11% + 50% × 15% = 12%
50～160	长期借款 长期债券 普通股	20 30 50	8 11 15	20% × 8% + 30% × 11% + 50% × 15% = 12.4%
160～200	长期借款 长期债券 普通股	20 30 50	8 11 16	20% × 8% + 30% × 11% + 50% × 16% = 12.9%
200 以上	长期借款 长期债券 普通股	20 30 50	8 13 16	20% × 8% + 30% × 13% + 50% × 16% = 13.5%

由表2-10可见，公司的边际资金成本随着追加筹资金额的增加逐渐上升。一般而言，边际投资报酬率会随着投资规模的上升而逐渐下降。只有当边际资金成本低于边际投资报酬率时，筹资才是合理的，投资也才是有利的。因此，公司可以将不同筹资范围内的边际资金成本与不同投资规模内的边际投资报酬率相比较，以选择有利的投资机会和合理的筹资金额。

第五节　资本结构确定

一、资本结构的含义、因素及意义

（一）资本结构的含义

资本结构是指企业各种资金的构成及其比例关系，它有广义和狭义之分，广义的资本结构是指企业全部资金的构成及其比例关系，既包括长期资金，也包括短期资金。狭义的资本结构仅指企业长期资金的构成及其比例关系，短期资金则列入营运资金中管理，我们通常关心的资本结构是狭义的资本结构，尤其是债务资金和权益资金的关系。确定资本结构需要有一定的价值基础，如账面价值基础、市场价值基础和目标价值基础，这与前面测算综合资金成本的价值基础类似，不再赘述。

（二）影响资本结构的因素

（1）企业获利水平。首先，只有当企业的获利水平高于债务利率时，财务杠杆才会起到正面作用，此时选择债券性资金对企业才能是有益的。其次，企业的获利水平越高，一般来说举债能力也就越强。最后，获利水平相当高的企业，由于有充足的留存利润来满足资金需要，因此对债券的需求相对较小。

（2）企业现金流量。由于债务利息和本金通常必须以现金支付，因此企业的举债能力不仅会受到企业获利水平的影响，还与企业的现金流量状况相关。企业各期的现金净流量金额越大、越稳定，筹集债务型资金的能力就越强。

（3）企业增长率。高速增长的企业，留存利润往往不能满足迅速发展的需要，因而会更多地倾向于债务筹资。而且，高增长的企业承受风险的能力往往也更高，因此也更愿意采用债务筹资。

（4）企业所得税税率。由于债务利息可以起到抵税的作用，因此一般而言，企业所得税税率越高，债务性资金的优越性越明显，企业就越愿意采用债务筹资。

（5）企业资产结构。企业资本结构应当与资产结构在风险和期限上相互配合，一般而言，长期资产的收益和风险都高于流动资产。因此，长期资产比重较高的企业往往更多地采用风险较低的永久性资金——权益性资金，而流动资产比重较高的企业则可能较多地采用风险较高、期限相对较短的债务性资金。

（6）企业经营风险。一般而言，企业需要将综合风险控制在一定的范围之内，因此企业经营风险越高，承受财务风险的能力就越低，此时就需要相应地降低债务性资金的比例，反之则应适当提高债务性资金的比例。

（7）企业所有者和管理者的态度。企业所有者如果不愿稀释对企业的控制权，则可能更愿意采用债务筹资。而企业管理者越愿意冒险，则可能越倾向于较多地采用债务筹资；相反，管理者越保守，则可能越倾向于较少采用债务筹资。

（8）贷款银行和评信机构的态度。企业在涉及较大规模的债务性筹资时，贷款银行和评信机构的态度不容忽视。企业如果想安排大额借款，贷款银行的态度将会在很大程度上影响企业最终的借款金额、利率和条件。企业如果想发行大额债券，评信机构的态度将会在债券发行的额度、利率以及时间长短方面产生重大影响。

（9）其他影响。整个经济的发展状况，市场的竞争机制，资金的流向，投资者的偏好以及企业所处行业、地区等都可能影响到企业的筹资方式和资本结构。

（三）资本结构的意义

企业的资本结构问题，主要是资本的权属结构的决策问题，即债务资本的比例安排问题。在企业的资本结构决策中，合理地利用债务筹资，科学地安排债务资本的比例，是企业筹资管理的一个核心问题。它对企业具有重要的意义。

（1）合理安排债务资本比例可以降低企业的综合资本成本率。由于债务利息率通常低于股票股利，而且债务利息在所得税前利润中扣除，企业可享有所得税利益，从而债务资本成本率明显低于权益资本成本率。因此，在一定的限度内合理地提高债务资本的比例，可以降低企业的综合资本成本率。

（2）合理安排债务资本比例可以获得财务杠杆利益。由于债务利息通常是固定不变的，当息税前利润增大时，每1元利润所负担的固定利息会相应降低，从而可分配给权益所有者的税后利润会相应增加。因此，在一定的限度内合理地利用债务资本，可以发挥财务杠杆的作用，给企业所有者带来财务杠杆利益。

（3）合理安排债务资本比例可以增加公司的价值。一般而言，一个公司的现实价值等于其债务资本的市场价值与权益资本的市场价值之和，用公式表示为：

$$V = B + S \tag{2-13}$$

式中，V 表示公司总价值，即公司总资本的市场价值；B 表示公司债务资本的市场价值；S 表示公司权益资本的市场价值。

式（2－13）清楚地表达了按资本的市场价值计量反映的资本权属结构与公司总价值的内在关系。公司的价值与公司的资本结构是紧密联系的，资本结构对公司的债务资本市场价值和权益资本市场价值，进而对公司总资本的市场价值即公司总价值都具有重要的影响。因此，合理安排资本结构有利于增加公司的市场价值。

二、资本结构理论

资本结构理论是关于公司资本结构（或转化为债务资本比例）、公司综合资本成本率与公司价值三者之间关系的理论。它是公司财务理论的核心内容之一，也是资本结构决策的重要理论基础。从资本结构理论的发展来看，主要有早期资本结构理论，MM 资本结构理论和新的资本结构理论。在现实中，资本结构是否影响企业价值这一问题一直存有争议，被称为"资本结构之谜"。

（一）早期资本结构理论

早期的资本结构理论主要有三种观点：

1. 净收益观点

这种观点认为，在公司的资本结构中，债务资本的比例越大，公司的净收益或税后利润就越多，从而公司的价值就越高。按照这种观点，公司获取资本的来源和数量不受限制，并且债务资本成本率和权益资本成本率都是固定不变的，不受财务杠杆的影响。由于债务的投资报酬率固定，债务人有优先求偿权，所以债务投资风险低于股权投资风险，债务资本成本率一般低于股权资本成本率。因此，公司的债务资本越多，债务资本比例越高，综合资本成本率就越低，从而公司的价值就越大。

这是一种极端的资本结构理论观点。这种观点虽然考虑到财务杠杆利益，但忽略了财务风险。很明显，如果公司的债务资本过多，债务资本比例过高，财务风险就会很高，公司的综合资本成本率也会上升，公司的价值反而会下降。

2. 净营业收益观点

这种观点认为，在公司的资本结构中，债务资本的多寡、比例的高低，与公司的价值没有关系。按照这种观点，公司的债务资本成本率是固定的，但权益资本成本率是变动的，公司的债务资本越多，公司的财务风险就越大，权益资本成本率就越高；反之，公司的债务资本越少，公司的财务风险就越小，权益资本成本率就越低。经加权平均计算后，公司的综合资本成本率不变，是一个常数。因此，资本结构与公司价值无关，决定公司价值的真正因素应该是公司的净营业收益。

这是另一种极端的资本结构理论观点。这种观点虽然认识到债务资本比例的变动会产生公司的财务风险，也可能影响公司的股权资本成本率，但实际上，公司的综合资本成本率不可能是一个常数。公司净营业收益的确会影响公司价值，但公司价值不仅仅取决于公司的净营业收益。

3. 传统折中观点

关于早期资本结构理论观点，除上述两种极端观点外，还有一种介于这两种极端观点之间的折中观点，称为传统折中观点。按照这种观点，增加债务资本对提高公司价值是有利的，但债务资本规模必须适度。如果公司负债过度，综合资本成本率只会升高，并使公司价值下降。

上述早期的资本结构理论是对资本结构理论的一些初级认识，有其片面性和缺陷，还没有形成系统的资本结构理论。

（二）MM 资本结构理论观点

1. MM 资本结构理论的基本观点

MM 资本结构理论是莫迪利亚尼（Modigliani）和米勒（Miller）两位财务学者所开创的资本结构理论的简称。1958 年，美国的莫迪利亚尼和米勒两位教授合作发表了《资本成本、公司价值与投资理论》一文。该文深入探讨了公司资本结构与公司价值的关系，创立了 MM 资本结构理论，并开创了现代资本结构理论的研究，这两位作者也因此荣获诺贝尔经济学奖。自 MM 资本结构理论创立以来，迄今为止，几乎所有的资本结构理论研究都是围绕它来进行的。

MM 资本结构理论的基本结论可以简要地归纳为：在符合该理论的假设之下，公司的价值与其资本结构无关。公司的价值取决于其实际资产，而非各类债务和股权的市场价值。

MM 资本结构理论的假设主要有如下九项：公司在无税收的环境中经营；公司营业风险的高低由息税前利润标准差来衡量，公司营业风险决定其风险等级；投资者对所有公司未来盈利及风险的预期相同；投资者不支付证券交易成本，所有债务利率相同；公司为零增长公司，即年平均盈利额不变；个人和公司均可发行无风险债券，故负债利率为无风险利率；公司无破产成本；公司的股利政策与公司价值无关，公司发行新债时不会影响已有债务的市场价值；存在高度完善和均衡的资本市场。这意味着资本可以自由流通，充分竞争，预期报酬率相同的证券价格相同，有充分信息，利率一致。

MM 资本结构理论在上述假定之下得出两个重要命题：

命题Ⅰ：无论公司有无债务资本，其价值（普通股资本与长期债务资本的市场价值之和）等于公司所有资产的预期收益额按适合该公司风险等级的必要报酬率予以折现。其中，公司资产的预期收益额相当于公司扣除利息、税收之前的预期盈利，即息税前利润，与公司风险等级相适应的必要报酬率相当于公司的综合资本成本率。因此，命题Ⅰ的基本含义是：第一，公司的价值不会受资本结构的影响；第二，有债务公司的综合资本成本率等同于与它风险等级相同但无债务公司的股权资本成本率；第三，公司的权益资本成本率或综合资本成本率视公司的营业风险而定。

命题Ⅱ：利用财务杠杆的公司，其权益资本成本率随筹资额的增加而提高。因此，公司的市场价值不会随债务资本比例的上升而增加，因为便宜的债务给公司带来的财务杠杆利益会被权益资本成本率的上升而抵消，最后使有债务公司的综合资本成本率等于无债务公司的综合资本成本率，所以公司的价值与其资本结构无关。

因此，在上述 MM 资本结构的基本理论的假设前提下得出在无企业所得税环境中公司价值与资本结构无关，参见图 2 – 1。

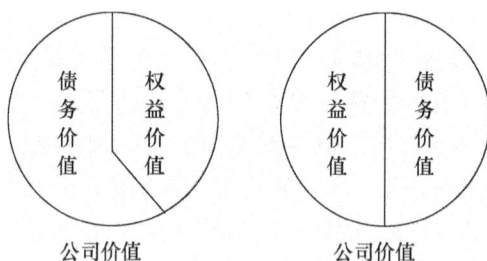

图 2 – 1　无企业所得税时，资本结构与公司价值关系

2. MM 资本结构理论的修正观点

MM 资本结构理论的公司所得税理论观点：莫迪利亚尼和米勒于 1963 年合作发表了另一篇论文《公司所得税与资本成本：一项修正》。该文取消了公司无所得税的假设，认为若考虑公司所得税的因素，公司的价值会随财务杠杆系数的提高而增加，从而得出公司资本结构与公司价值相关的结论。修正的 MM 资本结构理论同样提出两个命题。

命题Ⅰ：有债务公司的价值等于有相同风险但无债务公司的价值加上债务的抵税收益。根据该命题，当公司举债后，债务利息可以计入财务费用，形成节税利益，由此可以增加公司的净收益，从而提高公司的价值。随着公司债务比例的提高，公司的价值也会提高。

有债务公司的权益资本成本率等于无债务公司的权益资本成本率加上风险报酬率，风险报酬率的高低则视公司债务的比例和所得税税率而定。随着公司债务比例的提高，公司的综合资本成本率会降低，公司的价值也会越高。

按照修正的 MM 资本结构理论，公司的资本结构与公司的价值不是无关，而是大大相关，并且公司债务比例与公司价值呈正相关关系。这个结论与早期资本结构理论的净收益观点是一致的。

因此在考虑企业所得税时举债经营可以产生节税收益，如果此时不考虑财务危机成本，债务资本会增加公司价值，具体参见图 2-2。

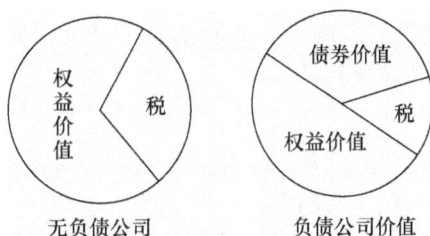

图 2-2　存在企业所得税时，资本结构与公司价值关系

命题Ⅱ：MM 资本结构理论的权衡理论观点。MM 资本结构理论的权衡理论观点认为，随着公司债务比例的提高，公司的风险也会上升，因而公司陷入财务危机甚至破产的可能性也越大，由此会增加公司的额外成本，降低公司的价值。因此，公司最佳的资本结构应当是节税利益和债务资本比例上升而带来的财务危机成本与破产成本之间的平衡点。

财务危机是指公司对债务人的承诺不能兑现，或有困难地兑现。财务危机在某些情况下会导致公司破产，因此公司的价值应当扣除财务危机成本的现值。财务危机成本取决于公司危机发生的概率和危机的严重程度。根据公司破产发生的可能性，财务危机成本可分为有破产成本的财务危机成本和无破产成本的财务危机成本。

当公司债务的面值总额大于其市场价值时，公司面临破产。这时，公司的财务危机成本是有破产成本的财务危机成本。公司的破产成本又有直接破产成本和间接破产成本两种。直接破产成本包括支付律师、注册会计师和资产评估师等的费用。这些费用实际上是由债务人所承担的，即从债务人的利息收入中扣除。因此，债务人必然要求与公司破产风险相应的较高报酬率，公司的债务价值和公司的总价值也因而降低。公司的间接破产成本包括公司破产清算损失以及公司破产后重组而增加的管理成本。公司的破产成本增加了公司的额外成本，从而会降低公司的价值。

当公司发生财务危机但还不至于破产时，也同样存在着财务危机成本并影响公司的价值。这时的财务危机成本是无破产成本的财务危机成本。这种财务危机成本对公司价值的影响是通过股东为保护其利益，在投资决策时以股票价值最大化代替公司价值最大化的目标而形成的。而当公司的经营者按此做出决策并予以执行时，会使公司的节税利益下降并降低公司价值。因此，由于债务带来的公司财务危机成本抑制了公司通过无限举债而增加公司价值的冲动，使公司的债务比例保持在适度的区间内。

（三）新的资本结构理论观点

20世纪七八十年代后又出现了一些新的资本结构理论，主要有代理成本理论、信号传递理论和优选顺序理论等。

1. 代理成本理论

代理成本理论是通过研究代理成本与资本结构的关系而形成的。这种理论观点指出，公司债务的违约风险是财务杠杆系数的增函数；随着公司债务资本的增加，债务人的监督成本随之提升，债务人会要求更高的利率。这种代理成本最终要由股东承担，公司资本结构中债务比率过高会导致股东价值的降低。根据代理成本理论，债务资本适度的资本结构会增加股东的价值。

上述资本结构的代理成本理论仅限于债务的代理成本。除此之外，还有一些代理成本涉及公司的雇员、消费者和社会等，在资本结构的决策中也应予以考虑。

2. 信号传递理论

信号传递理论认为，公司可以通过调整资本结构来传递有关获利能力和风险方面的信息，以及公司如何看待股票市价的信息。按照资本结构的信号传递理论，公司价值被低估时会增加债务资本；反之，公司价值被高估时会增加权益资本。当然，公司的筹资选择并非完全如此。例如，公司有时可能并不希望通过筹资行为告知公众公司的价值被高估的信息，而是模仿被低估价值的公司去增加债务资本。

3. 优选顺序理论

资本结构的优选顺序理论认为，公司倾向于首先采用内部筹资，比如保留盈余，因此不会传导任何可能对股价不利的信息；如果需要外部筹资，公司将先选择债务筹资，再选择其他外部股权筹资，这种筹资顺序的选择也不会传递对公司股价产生不利影响的信息。按照优选顺序理论，不存在明显的目标资本结构，因为虽然保留盈余和增发新股均属股权筹资，但前者最先选用，后者最后选用。获利能力较强的公司之所以安排较低的债务比率，并不是由于已确立较低的目标债务比率，而是由于不需要外部筹资；获利能力较差的公司选用债务筹资是由于没有足够的保留盈余，而且在外部筹资选择中以债务筹资为首选。

综上所述，在仅仅考虑公司税单个因素以及考虑税收、破产成本、代理成本等综合因素的情况下，债务资本在资本结构中的比例对公司资本成本影响见图 2 – 3。

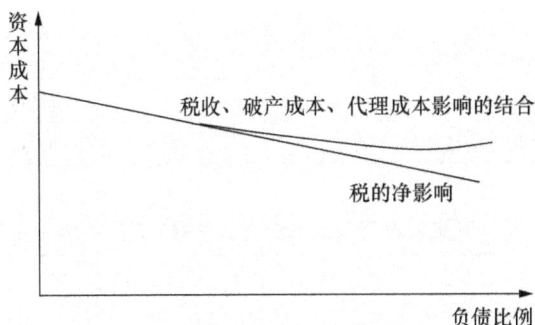

图 2 – 3 负债资本对资本成本的影响

三、财务杠杆效应

公司的资本结构通过财务杠杆乘数影响着股东收益。对于负债经营的企业来说，由于存在固定的利息费用，当息税前利润变动时，税后利润会发生更大的变动，从而使得股东收益的不确定性增加。这种由于负债经营给股东收益带来的风险称为财务风险。显然，在经营风险既定的前提下，财务风险由资本结构通过财务杠杆来决定。

（一）财务杠杆效应分析

[**例 2 – 15**] 阳光公司准备筹集 1 000 000 元资金生产一种新产品，共有三种筹资方式可以选择，具体方式如表 2 – 11 所示。表 2 – 12 则列示了预计的未来各种可能的息税前利润 EBIT，以及在每种筹资方式下的每股收益 EPS（又称每股利润）。阳光公司的所得税税率为 30% 。

表 2 – 11 阳光公司的融资方式

方案1：债务为0	
债务	0 元
股东权益	1 000 000 元
普通股数量	500 000 股
方案2：债务为20%，债务利息率为10%	
债务	200 000 元
股东权益	800 000 元
普通股数量	400 000 股

续表

方案3：优先股为40%，债务利息率为10%	
债务	0 元
优先股数量	400 000 股
股东权益	600 000 元
普通股数量	300 000 股

表2-12 阳光公司不同息税前利润 EBIT 下的每股收益 EPS

	EBIT（元）	EBIT 变化率（%）	利息费用（元）	优先股股利（元）	税后净利（元）	EPS（元）	EPS 变化率%
筹资方案1	-200 000	—	0	0	-200 000	-0.67	—
	0	—	0	0	0	0	—
	200 000	—	0	0	140 000	0.28	—
	400 000	100	0	0	280 000	0.56	100
	600 000	50	0	0	420 000	0.84	50
	800 000	33	0	0	560 000	1.12	33
	1 000 000	25	0	0	700 000	1.40	25
筹资方案2	-200 000	—	20 000	0	-220 000	-0.73	—
	0	—	20 000	0	-20 000	-0.067	—
	200 000	—	20 000	0	126 000	0.32	—
	400 000	100	20 000	0	266 000	0.67	109
	600 000	50	20 000	0	406 000	1.02	52
	800 000	33	20 000	0	546 000	1.37	34
	1 000 000	25	20 000	0	686 000	1.72	26
筹资方案3	-200 000	—	0	40 000	-200 000	-0.67	—
	0	—	0	40 000	0	0	—
	1 000 000	—	0	40 000	700 000	2.33	—
	800 000	-25	0	40 000	560 000	1.73	-35
	600 000	-33	0	40 000	420 000	1.27	-36
	400 000	-50	0	40 000	280 000	0.8	-59
	200 000	-100	0	40 000	140 000	0.33	-143

EPS =（EBIT - 利息费 - 企业所得税 - 优先股股利）/普通股股数；税后净利 = EBIT - 利息费 - 企业所得税；企业所得税 =（EBIT - 利息费）× 所得税税率。EBIT 扣除利息费后亏损就不需缴纳企业所得税。

表2-12 显示了在不同的息税前利润水平下，财务杠杆对每股利润的影响。例如，当息税前利润从 400 000 元增加到 600 000 元时，息税前利润增长率为

50%，若采用方案 1，每股利润增长率同样也是 50%，在其他情况下，每股收益增长率也都与息税前利润增长率相同；若采用方案 2，每股利润增长率则为 52%，高于息税前利润增长率，在其他情况下，每股收益增长率都高于息税前利润增长率；在方案 3 中，当息税前利润从 600 000 元减少到 400 000 元时，息税前利润增长率为 50%，每股利润减少率达到 59%，在其他情况下，每股收益减少率都高于息税前利润减少率。显然，这种结果产生的原因是利息费用以及优先股股利是固定的，当息税前利润增加时，每一元息税前利润负担的利息或优先股股利减少，从而使得每股收益增加的幅度更大。同样，当息税前利润减少时，每一元息税前利润负担的利息或优先股股利增加，从而导致每股收益以更大的幅度下降。负债以及优先股筹资使得息税前利润的变化率被放大为更高的每股收益的变化率，这就是负债、优先股所产生的杠杆效应，包括财务杠杆收益和损失。

财务杠杆效应是指由于固定债务利息和优先股股利的存在，使得普通股每股利润 EPS 变化幅度大于息税前利润 EBIT 变化幅度的现象。EPS 增加幅度大于 EBIT 增加幅度称为财务杠杆收益，EPS 减少幅度大于 EBIT 减少幅度称为财务杠杆损失。

思考： 公司在举债经营和发行股票时会产生财务杠杆效应吗？

回答： 公司在长期债务筹资和发行优先股筹资时因为利息和优先股股利存在会产生财务杠杆效应（杠杆收益和损失），EBIT 变化引起 EPS 变化幅度增加或者减少，而根据 EPS 计算公式可知，如果不考虑债务利息和优先股股利，EBIT 与 EPS 变化幅度相同，因此公司仅仅发行普通股筹资而不考虑负债筹资或优先股筹资，此时不会有财务杠杆效应。

（二）财务杠杆效应的度量

财务杠杆效应通常用财务杠杆系数（Degree of Financial Leverage，DFL）来度量，定义为每股收益的变动率与息税前利润的变动率之比，其计算公式为：

$$DFL = \frac{\Delta EPS/EPS}{\Delta EBIT/EBIT} \tag{2-14}$$

由于 $\Delta EPS = \Delta EBIT \times (1-T)/N$，$EPS = (EBIT - I) \times (1-T)/N - D/N$，所以

$$DFL = \frac{EBIT}{EBIT - I - D/(1-T)} \tag{2-15}$$

式中，D 为优先股股利，I 为债务固定利息，T 为企业所得税税率；EBIT = 销售收入 − 变动成本 − 固定成本（销售收入 − 变动成本）= 销售量 × （单价 − 单位变动成本），当公司取消优先股筹资时 D = 0。则财务杠杆效应：

$$DFL = \frac{EBIT}{EBIT - I} \tag{2-16}$$

用式（2-16）计算 ［例 2-15］ 中当息税前利润为 400 000 元时，阳光公

司三种筹资方式下的财务杠杆系数，可以得到：

方案 1：DFL = 400 000/400 000 = 1

方案 2：DFL = 400 000/（400 000 - 20 000） = 1.05

方案 3：DFL = 400 000/（400 000 - 40 000） = 1.11

计算结果说明，负债比率越高，财务杠杆就越大，公司股东的收益相应就需要承受更大的财务风险。财务杠杆效应可被度量的事实为公司管理层确定合适的负债水平和选择适当的融资工具提供了有用的分析工具。公司管理层应根据公司预期息税前利润水平及其波动性确定适当的负债比率，以便在控制财务风险的前提下，充分地发挥财务杠杆的作用，增加每股收益。将上述三种融资方案的每股收益与息税前利润的关系做图，可以得到图 2-4，该图较好地说明了在什么前提下，负债对提高股东收益有利。

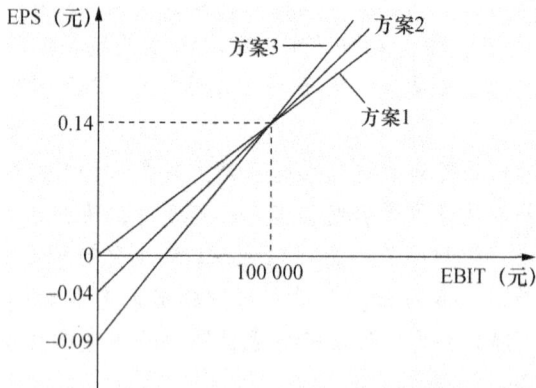

图 2-4 阳光公司三种筹资方案 EBIT 和 EPS 关系

图 2-4 中，当息税前利润达 100 000 元时，负债经营可以提高股东收益，而当息税前利润小于 100 000 元时，负债经营将降低股东收益。已知阳光公司负债的利息率等于 10%，公司的资本总额为 1 000 000 元，这说明只有当公司息税前利润与总资本之比，即资本的经营利润率大于债务的利息率时负债经营才会提高股东收益，反之，负债经营只会降低股东收益。这个道理很简单，资本经营利润率反映了公司运用资本创造收益的能力，而债务利息率反映的是债权人对其投入资本所要求的回报率，当资本创造收益的能力高于债务利息率时，债务资本所创造的高于利息率的收益就归入权益资本收益，使得股东权益收益率提高。若资本创造收益的能力低于债务利息率，这之间的差额只能用权益资本收益补偿，使得股东权益收益率降低。

上述分析说明，公司是否应该负债经营取决于其运用资本创造收益的能力，总资本的经营利润率（EBIT/总资本）大于债务的利息率是通过负债经营获得财务杠杆利益的基本前提。

思考： 财务杠杆系数 DFL 一定大于等于 1 吗？

回答： DFL 等于 1 表示公司是完全靠发行普通股或直接投资筹资经营，因此不会产生财务杠杆效应；DFL 大于 1 表示公司具有财务杠杆效应，因为公司举债经营或发行优先股导致公式中分子一定大于分母。所以，既然财务杠杆系数是度量财务杠杆效应的，根据其定义，DFL 应该大于 1。

四、资本结构决策方法

资本结构决策方法就是指确定企业的最佳资本结构。所谓最佳资本结构，是指使综合资金成本最低、企业价值最大的资本结构。资本结构决策是筹资管理中至关重要的问题。各种长期资金尤其是债权性资金的比例安排恰当，有利于企业获得财务杠杆利益、降低综合资金成本并增加企业价值。常见的资本结构决策方法有资本成本比较法、企业价值比较法和每股利润无差别点分析法。

（一）资本成本比较法

资本成本比较法是指在适度财务风险的条件下，测算可供选择的不同资本结构或筹资组合方案的综合资本成本，并以此为标准相互比较确定最佳资本结构的方法。

企业筹资分为创立初期筹资和存续过程中的追加筹资。相应地，企业的资本结构决策也可分为初始筹资的资本结构决策和追加筹资的资本结构决策。

1. 初始筹资的资本结构决策

企业初始筹资时，对拟定的筹资总额可以采用多种筹资方式来筹集，每种筹资方式的筹资额也可有不同的安排，由此形成若干预选资本结构或筹资组合方案。在适度风险的前提下，我们可以通过比较综合资金成本来作出选择。

[**例 2 - 16**] 阳光公司初始时需筹集资金 4 000 万元，有如下三种筹资组合方案可供选择。相关资料如表 2 - 13 所示。计算各筹资方案下的综合资本成本。

表 2 - 13　阳光公司筹资组合方案表

单位：万元

筹资方式	筹资方案 A 筹资额	筹资方案 A 资金成本(%)	筹资方案 B 筹资额	筹资方案 B 资金成本(%)	筹资方案 C 筹资额	筹资方案 C 资金成本(%)
长期借款	400	5	600	5.5	800	6
长期债券	600	6	1 400	8	700	6
普通股	3 000	12	2 000	12	2 500	12
合计	4 000	—	4 000	—	4 000	—

（1）方案 A 的综合资本成本为：

$5\% \times 400/4\,000 + 6\% \times 600/4\,000 + 12\% \times 3\,000/4\,000 = 10.40\%$

（2）方案 B 的综合资本成本为：

$5.5\% \times 600/4\,000 + 8\% \times 1\,400/4\,000 + 12\% \times 2\,000/4\,000 = 9.63\%$

（3）方案 C 的综合资本成本为：

$6\% \times 800/4\,000 + 6.5\% \times 700/4\,000 + 12\% \times 2\,500/4\,000 = 9.84\%$

由于筹资方案 B 的综合资本成本最低，因此，在财务风险适度的情况下应选择筹资方案 B。

2. 追加筹资的资本结构决策

企业存续期间追加筹资时，可能有多个备选的追加筹资方案。在适度风险的前提下，企业可以通过两种思路来选择最佳追加筹资方案：一是直接计算各备选方案的边际资金成本，选择边际资金成本的追加筹资方案；二是将各备选方案与原有资本结构汇总得到各个汇总资本结构，然后计算各个汇总资本结构下的综合资金成本，选择使汇总资本结构下的综合资金成本最低的追加筹资方案。

［例 2 - 17］阳光公司原有资本结构如 ［例 2 - 16］中的方案 B 所示。公司打算追加筹资 1 000 万元，相关资料如表 2 - 14 所示。

表 2 - 14　阳光公司原有资本结构表

单位：万元

筹资方式	筹资方案 I 筹资额	筹资方案 I 资本成本(%)	筹资方案 II 筹资额	筹资方案 II 资本成本(%)
长期借款	500	7	300	6.5
优先股	200	11	300	11
普通股	300	13	400	13
合计	1 000	—	1 000	—

（1）用追加筹资方案的边际资本成本比较法来选择筹资方案，计算两个方案的边际资金成本。

方案 I：$7\% \times 500/1\,000 + 11\% \times 200/1\,000 + 13\% \times 300/1\,000 = 9.60\%$

方案 II：$6.5\% \times 300/1\,000 + 11\% \times 300/1\,000 + 13\% \times 400/1\,000 = 10.45\%$

由于方案 I 的边际资本成本低于方案 II 的边际资金成本，因此，在财务风险适当的情况下，应选择方案 I 作为追加筹资方案。

（2）用汇总资本结构的综合资本成本比较法来选择筹资方案，按方案 I 和方案 II 追加筹资后的汇总资本结构分别为汇总资本结构 I 和汇总资本结构 II，如表 2 - 15 所示。计算两种资本结构下的综合资金成本。

表 2-15 阳光公司追加投资后的汇总资本结构表

单位：万元

筹资方式	汇总资本结构 I 筹资额	汇总资本结构 I 资本成本（%）	汇总资本结构 II 筹资额	汇总资本结构 II 资本成本（%）
长期借款	600	5.5	600	5.5
长期借款	500	7	300	6.5
长期债券	1 400	8	1 400	8
优先股	200	11	300	11
普通股	2 300	13	2 400	13
合计	5 000	—	5 000	—

1）汇总资本结构 I 。

5.5% ×600/5 000 +7% ×500/5 000 +8% ×1 400/5 000 +11% ×200/5 000 + 13% ×2 300/5 000 =10.02%

2）汇总资本结构 II 。

5.5% ×600/5 000 + 6.5% ×300/5 000 +8% ×1 400/5 000 + 11% × 300/ 5 000 +13% ×2 400/5 000 =10.19%

在上面的计算中需要注意的是，根据股票的同股同利原则，所有的股票应按照新发行股票的资本成本计算。

由于汇总资本结构 I 的综合资金成本低于汇总资本结构 II 的综合资金成本，因此，在财务风险适当的情况下，应选择追加筹资方案 I 。

（二）企业价值比较法

企业价值比较法是通过对不同资本结构下的企业价值和综合资本成本进行比较分析，从而选择最佳资本结构的方法。这种方法的基本步骤为：

1. 测算不同资本结构下的企业价值

企业价值等于长期债务（包括长期借款和长期债卷）价值与股票价值之和，即：

$$V = B + S$$

式中，V 为企业价值；B 为企业长期债务价值；S 为企业股票价值。

为简便起见，设长期债务价值等于其面值或本金，而股票价值等于未来净利润的贴现值，且不考虑优先股的问题。假设未来企业每年净利润相等，且企业将持续经营下去，借用永存年金的概念，得到：

$$S = (EBIT - I)(1 - T)/K_s$$

式中，K_s 为普通股资金成本。

2. 测算不同资本结构下的综合资金成本

企业的综合资金成本等于长期债务和股票的加权平均资金成本，即：

$$K_w = K_b(B/V)(1-T) + K_s(K/S)$$

式中，K_b 为长期债务利率；K_w 为综合资金成本。

3. 确定最佳资本结构

使得企业价值最大、综合资本成本最低的资本结构就是企业的最佳资本结构。

[例 2-18] 阳光公司现有长期资金均为普通股，账面价值为 1 000 万元。公司认为这种资本结构不合理，没能发挥财务杠杆的作用，准备举借长期债务，购回部分普通股予以调整。公司预计每年息税前利润为 300 万元，公司所得税税率 40%。市场平均风险报酬率 R_m = 10%，无风险报酬率 R_f = 6%。经测算，在不同债务规模下，债务资本成本和普通股资本成本如表 2-16 所示。

表 2-16　阳光公司不同的债务规模下债务资本成本和普通股资本成本表

债务价值 B（万元）	债务利率 K_b（%）	普通股 β 系数	普通股资本成本 K_s（%）
0	—	1.10	10.4
200	7	1.25	11.0
400	7	1.35	11.4
600	8	1.60	12.4
800	9	1.90	13.6
1 000	11	2.25	15.0

普通股资本成本计算示例（其他普通股资金成本的计算类型）：

$$K_s = R_f + \beta(R_m - R_f)$$

例如：6% + 1.10 × (10% - 6%) = 10.4%

6% + 1.25 × (10% - 6%) = 11.0%

根据上述资料预算不同债务规模下的企业价值和综合资金成本。预算结果如表 2-17 所示。

表 2-17　阳光公司不同的债务规模下企业价值和综合资本成本表

债务价值 B（万元）	普通股价值 S（万元）	企业价值 V（万元）	债务利率 K_b（%）	普通股资本成本 K_s（%）	综合资本成本 K_w（%）
0	1 731	1 731	—	10.4	10.40
200	1 560	1 760	7	11.0	10.23
400	1 432	1 823	7	11.4	9.83

债务价值 B （万元）	普通股价值 S （万元）	企业价值 V （万元）	债务利率 K_b （%）	普通股资本 成本 K_s（%）	综合资本 成本 K_w（%）
600	1 219	1 819	8	12.4	9.89
800	1 006	1 806	9	13.6	9.97
1 000	760	1 760	11	15.0	10.23

普通股价值计算示例（其他普通股价值的计算类似）：

$$S = \frac{(EBIT - I)(1 - T)}{K_s}$$

$$\frac{300 \times (1 - 40\%)}{10.4\%} = 1.731 （万元）$$

$$\frac{(300 - 200 \times 7\%) \times (1 - 40\%)}{11\%} = 1 560 （万元）$$

综合资本成本计算示例（其他综合资本成本的计算类似）：

$$K_w = K_b \left(\frac{B}{V}\right)(1 - T) + K_s \left(\frac{S}{V}\right)$$

$$10.4\% \times \frac{1.731}{1.731} = 10.4\%$$

$$7\% \times \frac{200}{1.760} \times (1 - 40\%) + 11\% \times \frac{1.560}{1.760} = 10.23\%$$

由表 2-17 可见，阳光公司在没有长期债务资金的情况下，企业价值等于普通股价值 1 731 万元，综合资金成本等于普通股资金成本 10.4%。当公司利用长期债务部分替换普通股时，企业价值开始上升，同时综合资金成本开始下降。当长期债务达到 400 万元时，企业的价值达到最大（1 832 万元），同时综合资金成本达到最低（9.83%）。当长期债务继续上升时，企业价值又逐渐下降，综合资金成本逐渐上升。因此，长期债务为 400 万元时的资本结构为阳光公司的最佳资本结构。此时，公司的长期资金总额为 1 832 万元，其中普通股 1 432 万元，占所有长期资金的比例为 78%，长期债务 400 万元，占所有长期资金的比例为 22%。

（三）每股利润（收益）无差别点分析法

每股利润无差别点分析法是通过对不同资本结构下的每股利润进行比较分析，从而选择最佳资本结构的方法。

[例 2-19] 阳光公司现有资本结构（采用市场价值基础）为：长期负债 1 500 万元，利率 6%；普通股 4 500 股。公司准备追加筹资 1 500 万元，有三种

筹资方案：第一种方案是发行债券，利率8%；第二种方案是发行优先股；第三种方案是发行普通股。相关资料如表2-18所示。

表2-18　阳光公司现有资本及追加投资后的结构表

单位：万元，%

项目	筹资前		方案 I 发行债券		方案 II 发行优先股后		方案 III 增发普通股后	
资本结构	金额	比重	金额	比重	金额	比重	金额	比重
长期债券	1 500	25	3 000	40	1 500	20	1 500	20
优先股	—				1 500	20		
普通股	4 500	75	4 500	60	4 500	60	6 000	80
债务年利息	90		210		90		90	
优先股股利	—		—		150		—	
普通股股数（万股）	900		900		900		1 200	

公司所得税税率为40%，预计息税前利润为800万元。下面分别测算采用三个筹资方案追加筹资后的普通股每股利润，如表2-19所示。

表2-19　阳光公司采用三种筹资方案追加筹资后的普通股每股利润表

单位：万元

项目	方案 I 发行债券后	方案 II 发行优先股后	方案 III 增发股票后
息税前利润 EBIT	800	800	800
减：债务利息 I	210	90	90
税前利润	590	710	710
减：企业所得税	230	284	284
税后净利润 EAT	354	426	426
减：优先股股利		150	
普通股利润	354	276	426
除：普通股股数（万股）	900	900	1 200
每股利润 EPS	0. 39	0. 31	0. 36

由表2-19可见，在息税前利润为800万元的情况下，三种筹资方案中，如果采用方案 I 即发行债券，普通股每股利润最高，为每股0.39元；采用方案 II 即发行优先股，每股利润最低，为每股0.31元；采用方案 III 即发行普通股，每股利润居中，为每股0.36元。因此，这种情况下的最佳筹资方案为方案 I ，即

发行 1 500 万元债券，最佳资本结构为长期负债 3 000 万元，占所有长期资金的 40%；普通股 4 500 万元，占所有长期资金的 60%。

上面的方法只有在息税前利润确定的情况下才能采用。如果未来的息税前利润不确定，则需要计算每股利润无差别点，以帮助判别不同资本结构的优劣。所谓每股利润无差别点是指使不同资本结构下的每股利润相等的息税前利润点，又叫息税前利润平衡点或筹资无差别点。每股利润无差别点的计算公式为：

$$\frac{(\overline{EBIT}-I_1)(1-T)-D_{P1}}{N_1}=\frac{(\overline{EBIT}-I_2)(1-T)-D_{P2}}{N_2}$$

式中，$\overline{EBIT}$ 为两种资本结构的每股利润无差别点；I 为两种资本结构下的债务年利息；D_{P1}、D_{P2} 为两种资本结构下的优先股年股利；N 为两种资本结构下的普通股股数。

现在利用 [例 2 - 19] 的资料，计算发行债券与增发普通股后的每股利润无差别点。

$$\frac{(\overline{EBIT}-210)(1-40\%)}{900}=\frac{(\overline{EBIT}-90)(1-40\%)}{1\ 200}$$

$$\overline{EBIT}=570\ （万元）$$

$$\frac{(\overline{EBIT}-90)(1-40\%)-150}{900}=\frac{(\overline{EBIT}-90)(1-40\%)}{1\ 200}$$

$$\overline{EBIT}=1\ 090\ （万元）$$

结果表明，当息税前利润为 570 万元时，发行债券和增发普通股后的每股利润相等；当息税前利润为 1 090 万元时，发行优先股和增发普通股后的每股利润相等。表 2 - 20 验证了上述结果。

表 2 - 20　阳光公司发行债券和增发普通股后的每股利润表

单位：万元

项目	发行债券后	增发股票后	发行优先股后	增发股票后
息税前利润 EBIT	570	570	1 090	1 090
减：债务利息 I	210	90	90	90
税前利润	360	480	1 000	1 000
减：企业所得税	144	192	400	400
税后净利润 EAT	216	288	600	600
减：优先股股利	—	—	150	—
普通股利润	216	288	450	600
除：普通股股数（万股）	900	1 200	900	1 200
每股利润 EPS	0.24	0.24	0.5	0.5

上述每股利润无差别点分析的结果可用图 2 - 5 表示。

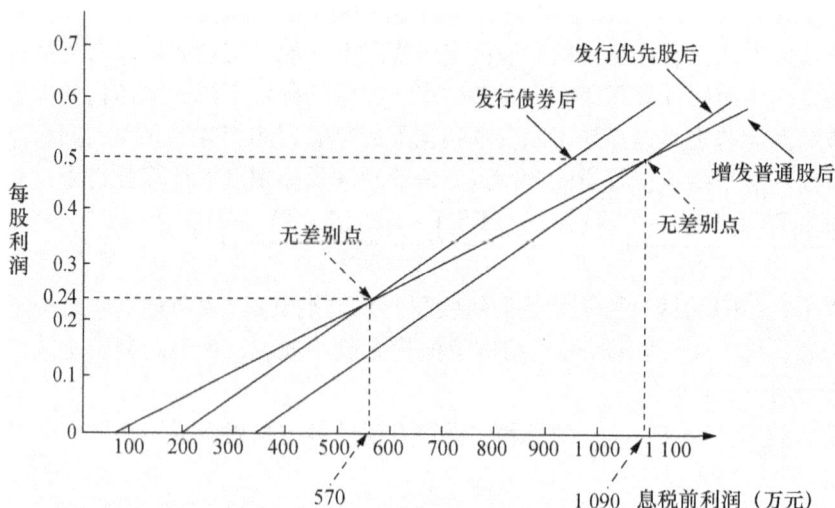

图 2 - 5　每股利润无差别点分析图

对图 2 - 5 分析如下：

（1）发行债券和增发普通股后的每股利润线相交于息税前利润 570 万元这一点上，这一点就是二者的每股利润无差别点。当息税前利润等于 570 万元时，二者的每股利润相等，增发普通股和发行债券两种筹资方案没有差别；当息税前利润低于 570 万元时，增发普通股后的每股利润高于发行债券后的每股利润，增发普通股的筹资方案更优；当息税前利润高于 570 万元时，发行债券后的每股利润高于增发普通股后的每股利润，发行债券的筹资方案更优。

（2）发行优先股和增发普通股后的每股利润线相交于息税前利润 1 090 万元这一点上，这一点就是二者的每股利润无差别点。当息税前利润等于 1 090 万元时，二者的每股利润相等，增发普通股和发行优先股两种筹资方案没有差别；当息税前利润低于 1 090 万元时，增发普通股后的每股利润高于发行优先股后的每股利润，增发普通股的筹资方案更优；当息税前利润高于 1 090 万元时，发行优先股后的每股利润高于增发普通股后的每股利润，发行优先股的筹资方案更优。

（3）发行债券和发行优先股后的每股利润线平行，没有交点，说明二者没有每股利润无差别点。发行债券后的每股利润线始终在发行优先股后的每股利润线之上，说明发行债券的筹资方案优于发行优先股。

前面的表 2 - 19 列示了当息税前利润为 800 万元时，三种筹资方案下的每股利润。由于 800 万元高于 570 万元，因此发行债券后的每股利润 0.39 元高于增发普通股后的每股利润 0.36 元。而 800 万元低于 1 090 万元,因此增发普通股后的每股利润 0.36 元高于发行优先股后的每股利润 0.31 元。下面再看看当息税前利润低于 570 万元和高于 1 090 万元时的例子。

[例 2 - 20] 分别假设阳光公司息税前利润为 400 万元和 1 200 万元,其他资料同例 2 - 19。表 2 - 21 和表 2 - 22 分别列示了两种情况下三种筹资方案的每股利润。

由表 2 - 21 可见,当息税前利润为 400 万元时,增发普通股后的每股利润最高,发行债券后的每股利润次之,发行优先股后的每股利润最低。由表 2 - 22 可见,当息税前利润为 1 200 万元时,发行债券后的每股利润最高,发行优先股后的每股利润次之,增发普通股后的每股利润最低。这完全符合我们对图 2 - 5 的分析。

每股利润分析法以普通股的每股利润为决策标准,反映了不同资本结构下的普通股股东利益,但是未考虑各种资本结构下的财务风险,因而不能全面反映不同资本结构对企业价值的影响。

表 2 - 21　阳光公司税前利润为 400 万元时三种筹资方案的每股利润

单位:万元

项目	发行债券后	发行优先股后	增发普通股后
息税前利润	400	400	400
减:债务利息	210	90	90
税前利润	190	310	310
减:所得税费用	76	124	124
税后利润	114	186	186
减:优先股股利		150	
普通股利润	114	36	186
普通股股数(万股)	900	900	1 200
每股利润(元)	0.13	0.04	0.16

表 2 - 22　阳光公司息税前利润为 1 200 万元时三种筹资方案的每股利润

单位:万元

项目	发行债券后	发行优先股后	增发普通股后
息税前利润	1 200	1 200	1 200
减:债务利息	210	90	90
税前利润	990	1 110	1 110

续表

项目	发行债券后	发行优先股后	增发普通股后
减：所得税费用	396	444	444
税后利润	594	666	666
减：优先股股利		150	
普通股利润	594	516	666
普通股股数（万股）	9 000	900	1 200
每股利润（元）	0.66	0.57	0.56

思考： 每股利润无差别点分析图中，为何债券和优先股筹资不存在每股利润无差别点？从财务杠杆效应分析为何 EBIT 小于无差别点 570 万元时应追加普通股筹资，而大于无差别点 570 万元时应追加债务筹资；同样 EBIT 小于无差别点 1 090 万元时追加普通股筹资，而大于无差别点 1 090 万元时应追加优先股筹资。

回答： 追加优先股筹资和追加债务筹资不会影响发行普通股股数，因此两者每股 EBIT 相同，两条直线斜率相同不会相交。从图中可以明显观察到当 EBIT 小于每股利润无差别点时追加普通股筹资，而大于无差别点时追加债务筹资或优先股筹资，但从财务杠杆效应分析可知，当 EBIT 小于每股利润无差别点时追加债务筹资或优先股筹资会产生财务杠杆损失，而普通股不会产生财务杠杆损失，所以选择追加普通股筹资；但 EBIT 大于每股利润无差别点时追加债务筹资或优先股筹资会产生财务杠杆收益，而普通股不会产生财务杠杆收益，因此选择追加债务筹资或优先股筹资。

练习题

一、单项选择题

1. 政府财政资本通常只有（　　）（企业类型）才能利用。

A. 外资企业　　　　　　　　B. 民营企业

C. 国有独资或国有控股企业　　D. 非营利组织

答案：C

2. 企业外部筹资的方式很多，但不包含（　　）方式。

A. 投入资本筹资　　　　　　B. 企业利润再投入

C. 发行股票筹资　　　　　　D. 长期借款筹资

答案：B

3. 下列关于直接筹资和间接筹资的说法中，错误的是（　　）。

A. 直接筹资是指企业不借助银行等金融机构，直接与资本所有者协商融通资本的一种筹资活动

B. 间接筹资是指企业借助银行等金融机构而融通资本的筹资活动

C. 相对于间接筹资，直接筹资具有广阔的领域，可利用的筹资渠道和筹资方式比较多

D. 间接筹资因程序较为繁杂，准备时间较长，故筹资效率较低，筹资费用较高

答案：D

4. 筹集股权资本是企业筹集（　　）的一种重要方式。

A. 长期资本　　　B. 短期资本　　　C. 债权资本　　　D. 以上都不是

答案：A

5. 国内联营企业吸收参与联营的企事业单位各方的投资即形成联营企业资本金，这种资本金属于（　　）。

A. 国家资本金　　B. 法人资本金　　C. 个人资本金　　D. 外商资本金

答案：B

6. 采用筹集投入资本方式筹措股权资本的企业不应该是（　　）。

A. 股份制企业　　B. 国有企业　　　C. 集体企业　　　D. 合资或合营企业

答案：A

7. 筹集投入资本时，要对（　　）的出资形式规定最高比例。

A. 现金　　　　　B. 流动资产　　　C. 固定资产　　　D. 无形资产

答案：D

8. 筹集投入资本时，各国法规大都对（　　）的出资形式规定了最低比例。

A. 流动资产　　　B. 固定资产　　　C. 现金　　　　　D. 无形资产

答案：C

9. 无记名股票中，不记载的内容是（　　）。

A. 股票数量　　　B. 编号　　　　　C. 发行日期　　　D. 股东的姓名或名称

答案：D

10. 根据《公司法》的规定，我国市场上的股票不包括（　　）。

A. 记名股票　　　B. 无面额股票　　C. 国家股　　　　D. 个人股

答案：B

11. 证券发行申请未获核准的上市公司，自中国证监会作出不予核准的决定之日起（　　）个月后，可再次提出证券发行申请。

A. 1　　　　　　　B. 3　　　　　　　C. 6　　　　　　　D. 12

答案：C

12. 借款合同所规定的保证人，在借款方不履行偿付义务时，负有（　　）责任。

A. 监督借贷双方严格遵守合同条款　　B. 催促借款方偿付

C. 连带偿付本息　　　　　　　　　　D. 以上都不对

答案：C

13. 在几种筹资方式中，兼具筹资速度快、筹资费用和资本成本低、对企业有较大灵活性等特点的筹资方式是（　　）。

A. 发行股票　　B. 融资租赁　　C. 发行债券　　D. 长期借款

答案：D

14. 按照国际惯例，银行对借款企业通常都约定一些限制性条款，其中不包括（　　）。

A. 一般性限制条款　　　　　　　　B. 附加性限制条款

C. 例行性限制条款　　　　　　　　D. 特殊性限制条款

答案：B

15. 抵押债券按（　　），可分为不动产抵押债券、动产抵押债券、信托抵押债券。

A. 有无担保　　　　　　　　　　　B. 抵押品的担保顺序

C. 担保品的不同　　　　　　　　　D. 抵押金额的大小

答案：C

16. 根据《公司法》的规定，不具备债券发行资格和条件的公司是（　　）。

A. 股份有限公司

B. 国有独资公司

C. 两个以上的国有投资主体投资设立的有限责任公司

D. 国有企业和外商共同投资设立的有限责任公司

答案：D

17. 融资租赁又称为财务租赁，有时也称为资本租赁。下列各项中不属于融资租赁范围的是（　　）。

A. 根据协议，企业将某项资产卖给出租人，再将其租回使用

B. 由租赁公司融资融物，由企业租入使用

C. 租赁期满，租赁物一般归还给出租者

D. 在租赁期间，出租人一般不提供维修设备的服务

答案：C

18. 由出租人向承租企业提供租赁设备，并提供设备维修保养和人员培训等服务性业务，这种租赁形式称为（　　）。

A. 融资租赁　　　B. 经营租赁　　　C. 直接租赁　　　D. 资本租赁

答案：B

19. 认股权证是确认股东认股权的证书，它按（　　）定向派发，赋予股东以优惠的价格认购发行公司一定份数的新股。

A. 优先股的持有比例　　　　　　B. 公司债券的持有比例

C. 公司管理层的级别　　　　　　D. 股东的持股比例

答案：D

20. 下列各项中，运用普通股每股利润无差别点确定最佳资本结构时，需计算的指标是（　　）。

A. 息税前利润　　B. 营业利润　　　C. 净利润　　　　D. 利润总额

答案：A

21. 下列资本结构调整的方法中，属于减量调整的是（　　）。

A. 债转股　　　　B. 发行新债　　　C. 提前归还借款　D. 增发新股偿还债务

答案：C

22. 假定某企业的股权资本与债务资本的比例为60%～40%，据此可断定该企业（　　）。

A. 只存在经营风险　　　　　　　B. 经营风险大于财务风险

C. 经营风险小于财务风险　　　　D. 同时存在经营风险和财务风险

答案：D

23. B公司拟发行优先股40万股，发行总价200万元，预计年股利率9.99万元，发行费用10万元。B公司该优先股的资本成本率为（　　）%。

A. 4.31　　　　　B. 5.26　　　　　C. 5.63　　　　　D. 6.23

答案：B

24. 在个别资本成本的计算中，不必考虑筹资费用影响因素的是（　　）。

A. 长期借款成本　　B. 债券成本　　C. 留用利润成本　　D. 普通股成本

答案：C

25. 一般来说，在企业的各种资金来源中，资本成本最高的是（　　）。

A. 优先股　　　　B. 普通股　　　　C. 公司债券　　　D. 长期借款

答案：B

26. 在筹资总额和筹资方式一定的条件下，为使资本成本适应投资报酬率的要求，决策者应进行（　　）。

A. 追加筹资决策　　　　　　　　B. 筹资方式比较决策

C. 资本结构决策　　　　　　　　D. 投资可行性决策

答案：C

27. 债券成本一般要低于普通股成本，这主要是因为（　　）。

A. 债券的发行量小

B. 债券的利息固定

C. 债券风险较小，其利息具有抵税效应

D. 债券的筹资费用少

答案：C

28. 无差别点是指使不同资本结构的每股收益相等时的（　　）。

A. 销售收入　　　　B. 变动成本　　　　C. 固定成本　　　　D. 息税前利润

答案：D

29. 利用无差别点进行企业资本结构分析时，当预计息税前利润高于无差别点时，采用（　　）筹资更有利。

A. 留用利润　　　　B. 股权　　　　　　C. 债务　　　　　　D. 内部

答案：C

30. 下列说法中，正确的是（　　）。

A. 企业的资本结构就是企业的财务结构

B. 企业的财务结构不包括短期负债

C. 狭义的资本结构中不包括短期负债

D. 资本结构又被称为杠杆资本结构

答案：C

31. 根据 MM 资本结构的基本理论，企业总价值不受（　　）影响。

A. 财务结构　　　　B. 资本结构　　　　C. 负债结构　　　　D. 经营风险

答案：B

32. D 公司欲从银行取得一笔长期借款 500 万元，手续费率 0.200，年利率 6%，期限 2 年，每年结息一次，到期一次还本。公司所得税税率为 25%。这笔借款的资本成本为（　　）%。

A. 3.5　　　　　　B. 3.75　　　　　　C. 4.25　　　　　　D. 4.51

答案：D

33. E 公司全部长期资本为 5 000 万元，债务资本比率为 0.3，债务年利率为 7%，公司所得税税率为 25%。在息税前利润为 600 万元时，税后利润为 300 万元。则其财务杠杆系数为（　　）。

A. 1.09　　　　　　B. 1.21　　　　　　C. 1.32　　　　　　D. 1.4

答案：B

二、多项选择题

1. 企业需要长期资本的原因主要有（　　）。

A. 购建固定资产　　　　　　　　B. 取得无形资产

C. 支付职工的月工资　　　　　　D. 垫支长期性流动资产等

E. 开展长期投资

答案：ABDE

2. 企业的长期筹资渠道包括（　　　）。

A. 政府财政资本　　　　　　　　B. 银行信贷资本

C. 非银行金融机构资本　　　　　D. 其他法人资本

E. 民间资本

答案：ABCDE

3. 《公司法》中关于股份有限公司注册资本的规定包括（　　　）。

A. 注册资本的最低限额为人民币 500 万元

B. 公司全体发起人的首次出资额不得低于注册资本的 20%

C. 首次出资以外的其余部分由发起人自公司成立之日起两年内缴足

D. 注册资本在缴足前，不得向他人募集股份

E. 发行股份的股款缴足后，由依法设定的验资机构出具验资证明

答案：ABCDE

4. 筹集直接投入资本的具体形式有（　　　）。

A. 发行股票投资　　　　　　　　B. 吸收国家投资

C. 吸收法人投资　　　　　　　　D. 吸收个人投资

E. 吸收外商投资

答案：BCDE

5. 筹集投入资本，投资者的投资形式包括（　　　）。

A. 现金　　　　B. 有价证券　　　　C. 流动资产　　　　D. 固定资产

E. 无形资产

答案：ACDE

6. 筹集直接投资，（　　　）应该采用一定的方法重新估值。

A. 存货　　　　B. 无形资产　　　　C. 固定资产

D. 应收账款　　　E. 现金

答案：ABCD

7. 下列表述中，符合股票含义的有（　　　）。

A. 股票是有价证券　　　　　　　B. 股票是物权凭证

C. 股票是书面凭证　　　　　　　D. 股票是债权凭证

E. 股票是所有权凭证

答案：ACE

8. 股票按发行对象和上市地区的不同，可以分为（　　）。

A. A 股　　　　　B. ST 股　　　　　C. B 股

D. N 股　　　　　E. H 股

答案：ACDE

9. 股票按股东权利和义务的不同可分为（　　）。

A. 始发股　　　B. 新股　　　　C. 普通股

D. 优先股　　　E. 法人股

答案：CD

10. 普通股的特点包括（　　）。

A. 普通股股东享有公司的经营管理权

B. 公司解散清算时，普通股股东对公司剩余财产的请求权位于优先股之后

C. 普通股股利分配在优先股之后进行，并依公司盈利情况而定

D. 普通股一般不允许转让

E. 公司增发新股时，普通股股东具有认购优先权，可以优先认购公司所发
行的股票

答案：ABCE

11. 我国股票的发行程序主要包括（　　）。

A. 公司董事会应当依法作出相关决议

B. 公司股东大会就发行股票作出相关决定

C. 公司申请公开发行股票或者非公开发行新股，应当由保荐人保荐，并向
中国证监会申报

D. 中国证监会依照相关程序审核发行证券的申请

E. 自中国证监会核准发行之日起，公司应在 6 个月内发行证券

答案：ABCDE

12. 《公司法》等法规规定了股票发行定价的原则要求，主要有（　　）。

A. 同次发行的股票，每股发行价格应当相同

B. 任何单位或个人所认购的股份，每股应当支付相同的价款

C. 股票发行价格可以按票面金额，也可以超过票面金额，但不得低于票面
金额

D. 以超过票面金额为股票发行价格的，须经国务院证券管理部门批准

E. 发行股票的企业都可以自行决定发行价格

答案：ABCD

13. 《中华人民共和国证券法》（以下简称《证券法》）规定，股份有限公司
申请股票上市，应当符合的基本条件包括（　　）。

A. 股票经国务院证券监督管理机构核准已公开发行

B. 公司股本总额不少于人民币 3 000 万元

C. 开业时间在 3 年以上，最近 3 年连续盈利

D. 公开发行的股份达到公司股份总数的 25% 以上；公司股本总额超过人民币 4 亿元的，公开发行股份的比例为 10% 以上

E. 公司最近 3 年无重大违法行为，财务会计报告无虚假记载

答案：ABDE

14. 长期借款的分类有（　　）。

A. 按提供贷款的机构，分为政策性银行贷款、商业性银行贷款和其他金融机构贷款

B. 按有无抵押品作担保，分为抵押贷款和信用贷款

C. 按贷款偿还的先后顺序，分为普通贷款和优先贷款

D. 按贷款的用途，可分为基本建设贷款、更新改造贷款、科研开发和新产品试制贷款

E. 按贷款行业，分为工业贷款、农业贷款和商业贷款

答案：ABD

15. 企业偿还贷款的方式通常有（　　）。

A. 到期一次偿还

B. 定期偿还相等份额的本金，即在到期日之前定期偿还相同的金额，至贷款到期日还清全部本金

C. 分批偿还，每批金额不等，便于企业灵活安排

D. 展期一次偿还本息

E. 以上方式都可以

答案：ABC

16. 企业借款应具备的基本条件为（　　）。

A. 企业经营的合法性　　　　　　B. 企业经营的独立性

C. 企业具有一定数量的自有资金　D. 企业在银行开立基本账户

E. 企业有按期还本付息的能力

答案：ABCDE

17. 与股票相比，债券的特点包括（　　）。

A. 债券代表一种债权关系　　　　B. 债券的求偿权优先于股票

C. 债券持有人无权参与企业决策　D. 债券投资的风险小于股票

E. 可转换债券按规定可转换为股票

答案：ABCDE

18. 债券上市给发行公司和投资者带来的好处包括（　　）。

A. 上市债券因其符合一定的标准，信用度较高，能卖较好的价钱

B. 债券上市有利于提高发行公司的知名度

C. 上市债券成交速度快，变现能力强，更易于吸引投资者

D. 债券上市的偿还风险比不上市更高

E. 上市债券交易便利，成交价格比较合理，有利于公平筹资和投资

答案：ABCE

19. 根据《公司法》的规定，公司债券募集办法中应当载明的主要事项有（　　）。

A. 发行公司名称　　　　　　　　B. 债券募集资金的用途

C. 债券总额和债券的票面金额　　D. 债券利率的确定方式

E. 还本付息的期限和方式

答案：ABCDE

20. 融资租赁租金的支付方式有（　　）。

A. 按支付间隔期，分为年付、半年付、季付和月付

B. 按在期初和期末支付，分为先付和后付

C. 按支付次数，分为到期一次支付和租期内分次支付租金

D. 按是否预付和延付，分为预付租金和延付租金

E. 按每次是否等额支付，分为等额支付和不等额支付

答案：ABE

21. 融资租赁业务的程序主要有（　　）。

A. 选择租赁公司　　　　　　　　B. 办理租赁委托

C. 签订租赁合同　　　　　　　　D. 办理验货、付款与保险

E. 支付租金

答案：ABCDE

22. 优先股按具体权利的不同，还可以进一步分为（　　）。

A. 累积优先股和非累积优先股

B. 参与优先股和非参与优先股

C. 有表决权优先股和无表决权优先股

D. 可转换优先股和不可转换优先股

E. 可赎回优先股和不可赎回优先股

答案：ABE

23. 我国《上市公司证券发行管理办法》规定，上市公司发行可转换债券，除了满足发行债券的一般条件外，还应符合的条件包括（　　）。

A. 公司最近 5 年均有盈利

B. 公司最近一期未经审计的净资产不低于人民币 10 亿元

C. 最近 3 个会计年度加权平均净资产收益率平均不低于 6%。扣除非经常性损益后的净利润与扣除前的净利润相比，以低者作为加权平均净资产收益率的计算依据

D. 本次发行后累计公司债券总额不超过最近一期期末净资产额的 40%

E. 最近 3 个会计年度实现的年均可分配利润不少于公司债券 1 年的利息

答案：CDE

24. 影响企业筹资数量的条件和因素主要有（　　　）。

A. 法律对注册资本和企业负债限额的规定

B. 企业经营和投资的规模

C. 利息率的高低

D. 对外投资规模的大小

E. 企业资信等级的优劣

答案：ABCDE

25. 决定资本成本高低的因素有（　　　）。

A. 资金供求关系变化　　　　　　B. 预期通货膨胀率高低

C. 证券市场价格波动程度　　　　D. 企业风险的大小

E. 企业对资金的需求量

答案：ABCDE

26. 资本结构分析所指的资本包括（　　　）。

A. 长期债务　　　B. 优先股　　　C. 普通股

D. 短期借款　　　E. 应付账款

答案：ABC

27. 下列资本结构观点中，属于早期的资本结构理论的有（　　　）。

A. 净收益观点　　　　　　　　　B. 代理成本理论

C. 净营业收益观点　　　　　　　D. 传统折中观点

E. 信号传递理论

答案：ABCDE

28. 下列陈述中，符合 MM 资本结构理论假设的有（　　　）。

A. 公司在无税收的环境中经营

B. 公司营业风险的高低由息税前利润标准差来衡量，公司营业风险决定其风险等级；投资者对所有公司未来盈利及风险的预期相同

C. 投资者不支付证券交易成本，所有债务利率相同

D. 公司为零增长公司，即年平均盈利额不变

E. 个人和公司均可发行无风险债券，并有无风险利率

答案：ABCDE

29. 资本结构决策的每股利润无差别点法体现的目标包括（　　）。

A. 股东权益最大化　　　　　　B. 股票价值最大化

C. 公司价值最大化　　　　　　D. 利润最大化

E. 资金最大化

答案：AB

30. 下列关于财务杠杆的论述中，正确的有（　　）。

A. 在资本总额及负债比率不变的情况下，财务杠杆系数越高，每股收益增长越快

B. 财务杠杆效益指利用债务筹资给企业自有资金带来的额外收益

C. 与财务风险无关

D. 财务杠杆系数越大，财务风险越大

E. 财务风险是指全部资本中债务资本比率的变化带来的风险

答案：ABCDE

31. 普通股筹资和债券筹资的每股利润无差别点为 120 万元，则下列哪些情况下应选择债券筹资？（　　）

A. 息税前利润为 135 万元，利息费用为 20 万元

B. 税前利润为 110 万元，利息费用为 20 万元

C. 息税前利润为 110 万元，利息费用为 20 万元

D. 税前利润为 135 万元，利息费用为 20 万元

E. 净利润为 80 万元，所得税率为 30%，利息费用为 20 万元

答案：ABCE

三、判断题

1. 资本是企业经营和投资活动的一种基本要素，是企业创建和生存发展的一个必要条件。（　　）

答案：√

2. 处于成长时期、具有良好发展前景的企业通常会产生调整性筹资动机。例如，企业产品供不应求，需要增加市场供应。（　　）

答案：×

3. 在对筹资数量预测的回归分析法中，现金、存货、应收账款都是可变资本，固定资产则是不变资本。（　　）

答案：×

4. 在改革开放的条件下，对国外以及我国香港、澳门和台湾地区的投资者持有的资本，亦可加以吸收，从而形成外商投资企业的筹资渠道。（　　）

答案：√

5. 处于成长期的企业，当面临资金短缺时，大多都选择内部筹资以减少筹资费用。（　　）

答案：×

6. 根据我国有关法规制度，企业的股权资本由直接投入资本（或股本）、资本公积和未分配利润三部分组成。（　　）

答案：×

7. 在世界范围内，公司注册资本制度的模式主要有三种：法定资本制、授权资本制和折中资本制。（　　）

答案：√

8. 筹集直接投入资本也可以通过发行股票的方式取得。（　　）

答案：×

9. 筹集直接投入资本是非股份制企业筹措自有资本的一种基本形式。（　　）

答案：√

10. 筹集国家的投入资本主要是通过获取国家银行的贷款。（　　）

答案：×

11. 所有企业都可以采用筹集直接投入资本的形式筹措自有资本。（　　）

答案：×

12. 发行股票是所有公司制企业筹措自有资金的基本方式。（　　）

答案：×

13. 对于股东而言，优先股比普通股有更优厚的回报，有更大的吸引力。（　　）

答案：×

14. 我国的 B 股股票仅供外国和我国港、澳、台地区的投资者购买，我国境内的个人、法人投资者目前无法购买。（　　）

答案：×

15. 在我国，股票发行价格既可以按票面金额确定，也可以按超过票面金额或低于票面金额的价格确定。（　　）

答案：×

16. 股份公司无论面对什么样的财务状况，争取早日上市交易都是正确的选择。（　　）

答案：×

17. 股票按发行时间的先后可分为始发股和新股。两者的股东权利和义务都是一样的。（　　）

答案：√

18. 上市公司公开发行股票，应当由证券公司承销；非公开发行股票，发行对象均属于原前十名股东的，可以由上市公司自行销售。（　　）

答案：√

19. 股票发行价格如果过低，可能加大投资者的风险，增大承销机构的发行风险和发行难度，抑制投资者的认购热情。（　　）

答案：×

20. 借款合同应依法签订，它属于商业合约，不具有法律约束力。（　　）

答案：×

21. 一般情况下，长期借款无论是资本成本还是筹资费用都较股票、债券低。（　　）

答案：√

22. 凡我国企业均可以发行公司债券。（　　）

答案：×

23. 抵押债券还可按抵押品的先后担保顺序分为第一抵押债券和第二抵押债券。（　　）

答案：√

24. 公募发行是世界各国通常采用的公司债券发行方式。但我国有关法律、法规尚未要求公开发行债券。（　　）

答案：×

25. 发行公司债券所筹集到的资金，公司不得随心所欲地使用，必须按审批机关批准的用途使用，不得用于弥补亏损和非生产性支出。（　　）

答案：√

26. 当其他条件相同时，债券期限越长，债券的发行价格就可能越低；反之，发行价格就可能越高。（　　）

答案：√

27. 一般来说，债券的市场利率越高，债券的发行价格越低；反之，发行价格就可能越高。（　　）

答案：√

28. 债券的发行价格与股票的发行价格一样，只允许平价或溢价发行，不允许折价发行。（　　）

答案：×

29. 融资租赁实际上就是由租赁公司筹资购入，由承租企业租入并支付租金。（ ）

答案：√

30. 融资租赁的固定资产被视为企业自有固定资产管理，因此，这种筹资方式必然会影响企业的资本结构。（ ）

答案：×

31. 融资租赁合同期满时，承租企业根据合同约定，可以对设备进行续租、退还或留购。（ ）

答案：√

32. 优先股和可转换债券既具有债务筹资性质，又具有股权筹资性质。（ ）

答案：√

33. 发行认股权证是上市公司的一种特殊筹资手段，其主要功能是辅助公司的股权性筹资，但不可以直接筹措现金。（ ）

答案：×

34. 长期认股权证的认股期限通常持续几年，有的是永久性的。短期认股权证的认股期限比较短，一般在90天以内。（ ）

答案：√

35. 在营业收入比例法下，预计利润表与实际利润表、预计资产负债表与实际资产负债表的内容和格式都是相同的。（ ）

答案：√

36. 一般而言，一个投资项目，只有当其投资报酬率低于其资本成本率时，在经济上才是合理的；否则，该项目将无利可图，甚至会发生亏损。（ ）

答案：×

37. 企业的整个经营业绩可以用企业全部投资的利润率来衡量，并可与企业全部资本的成本率相比较，如果利润率高于成本率，可以认为企业经营有利。（ ）

答案：√

38. 某种资本的用资费用高，其成本率就高；反之，用资费用低，其成本率就低。（ ）

答案：×

39. 根据企业所得税法的规定，企业债务的利息不允许从税前利润中扣除。（ ）

答案：×

40. 根据企业所得税法的规定，公司以税后利润向股东分派股利，故股权资

本成本没有抵税收益。（　　）

答案：√

41. 一般而言，从投资者的角度，股票投资的风险高于债券，因此，股票投资的必要报酬率可以在债券利率的基础上再加上股票投资高于债券投资的风险报酬率。（　　）

答案：√

42. F 公司准备发行一批优先股，每股发行价格 6 元，发行费用 0.3 元，预计年股利为每股 0.8 元，则其资本成本率约为 14.04%。（　　）

答案：√

43. 当资本结构不变时，个别资本成本率越低，则综合资本成本率越高；反之，个别资本成本率越高，则综合资本成本率越低。（　　）

答案：×

44. 资本成本比较法一般适用于资本规模较大、资本结构较为复杂的非股份制企业。（　　）

答案：×

45. 公司价值比较法充分考虑了公司的财务风险和资本成本等因素的影响，进行资本结构的决策以公司价值最大化为标准，通常用于资本规模较大的上市公司。（　　）

答案：√

46. 每股利润无差别点分析的决策目标是股东财富最大化或股票价值最大化，而不是公司价值最大化。（　　）

答案：√

47. 净收益观点认为，在公司的资本结构中，债务资本的比例越小，公司的净收益或税后利润就越多，从而公司的价值就越高。（　　）

答案：×

48. 净营业收益观点认为，在公司的资本结构中，债务资本的比例越高，公司的价值就越高。（　　）

答案：×

四、计算题

1. C 公司 2003 年年末流动资产 1 200 万元，长期资产 1 800 万元；应付账款 300 万元，应付票据 60 万元，其他负债 640 万元，股东权益 2 000 万元。其中，敏感项目是流动资产、应付账款和应付票据。该公司 2003 年主营业务收入（销售收入）为 6 000 万元，净利润为 300 万元。2004 年预计主营业务收入将增加 20%，主营业务净利率（销售净利率）保持不变，公司的股利支付率为 40%，试确定公司 2004 年是否需外部融资。如果主营业务收入增加 30%，公司的股利支付率为 60%，确定公司 2004 年是否需外部融资。

[答案要点]

（1）计算当公司股利支付率为 40% 时，2004 年留存收益。

$$6\,000 \times (1+13\%) \times \frac{300}{6\,000} \times (1-40\%) = 237.3（万元）$$

外部融资需求 ＝（1200 − 300 − 60）× 20% − 237.3 ＝ − 128.1（万元）

结论：不需要筹资，因为企业留存收益可以满足企业扩张需要。

（2）计算当公司股利支付率为 60% 时，2004 年留存收益。

$$6\,000 \times (1+30\%) \times \frac{300}{6\,000} \times (1-60\%) = 156（万元）$$

外部融资需求 ＝（1 200 − 300 − 60）× 30% − 156 ＝ 96（万元）

2. 某公司有长期借款 200 万元，年利率 5%，每年付息一次，到期一次还本；债券面额 500 万元，发行收入 600 万元，发行费率 4%，票面利率 8%，目前市场价值仍为 600 万元；普通股面额 500 万元，目前市价 800 万元，去年已发放的股利率为 10%，以后每年增长 6%，筹资费率 5%；留存收益账面价值 250 万元，假设留存收益的市场价值与账面价值之比与普通股一致，公司所得税税率 40%，试求该公司的综合资金成本（采用市场价值权数）。

[答案要点]

长期借款资金 200 万元，获得资金付出代价即资金成本 ＝5% ×(1 − 40%) ＝3%

长期债券资金 600 万元，资金成本 ＝500 × 8% × (1 − 40%) / [600 × (1 − 4%)] ＝4.17%

普通股溢价发行筹资 800 万元，面额 500 万元，资金成本 ＝10% ×(1 + 6%)/(1 − 4%) + 6% ＝17.04%

留存收益市价 ＝500/800 × 250 ＝400(万元)，其资金成本 ＝10% × (1 + 6%) + 6% ＝16.6%

筹资总额 ＝200 + 600 + 800 + 400 ＝2 000(万元)，其中长期借款占 10%，长期债券占 30%，发行普通股占 40%，自用留存利润占 20%

故综合资本成本 ＝3% × 10% + 4.17% × 30% + 17.04% × 40% + 16.6% × 20% ＝11.69%

3. 某公司为了适应追加投资的需要，准备筹措新资，追加筹资。公司经过分析认为，各种资金的目标比例为：长期借款 15%，长期债券 25%，普通股 60%；在对资金市场状况和自身筹资能力进行研究之后，测算出在不同筹资范围内各种资金的个别资金成本如表 2 − 23 所示。计算筹资总额分界点，并计算各筹资范围内的边际资金成本。

表 2 - 23 公司在不同筹资范围内各种资金的个别资金成本表

资金种类	追加筹资范围（万元）	个别资金成本（%）
长期借款	30 及以内	5.5
	30 ~ 90	6
	90 以上	6.5
长期债券	100 及以内	7
	100 ~ 200	8
	200 以上	9
普通股	300 及以内	13
	300 ~ 600	14
	600 以上	15

[答案要点]

（1）各个筹资总额分界点计算如下：

1）长期借款的个别资金成本分界点 30 万元和 90 万元对应的筹资总额分界点分别为：

$30/15\% = 200$ （万元）

$90/15\% = 600$ （万元）

2）长期债券的个别资金成本分界点 100 万元和 200 万元对应的筹资总额分界点分别为：

$100/25\% = 400$ （万元）

$200/25\% = 800$ （万元）

3）普通股的个别资金成本分界点 300 万元和 600 万元对应的筹资总额分界点分别为：

$300/60\% = 500$ （万元）

$600/60\% = 1\ 000$ （万元）

以上六个筹资总额分界点将追加筹资的范围分为七段：200 万元及以内；200 万 ~ 400 万元；400 万 ~ 500 万元；500 万 ~ 600 万元；600 万 ~ 800 万元；800 万 ~ 1 000 万元；1 000 万元以上。

（2）计算各个筹资范围内的边际资金成本。在各个筹资范围内，根据各种资金对应的个别资金成本和资金比例计算加权平均资金成本，即得到该范围内的边际资金成本。计算过程如表 2 - 24 所示。

表 2 - 24　公司各个筹资范围内的边际资金成本表　　　　单位:%

筹资总额范围（万元）	资金种类	资金比例	个别资金成本	边际资金成本	边际资金成本总计
200 及以内	长期借款 长期债券 普通股	15 25 60	5.5 7 13	5.5% ×15% = 0.825% 7% ×25% = 1.75% 13% ×60% = 7.8%	10.38
200 ~ 400	长期借款 长期债券 普通股	15 25 60	6 7 13	6% ×15% = 0.9% 7% ×25% = 1.75% 13% ×60% = 7.8%	10.45
400 ~ 500	长期借款 长期债券 普通股	15 25 60	6 8 13	6% ×15% = 0.9% 8% ×25% = 2% 13% ×60% = 7.8%	10.7
500 ~ 600	长期借款 长期债券 普通股	15 25 60	6 8 13	6% ×15% = 0.9% 8% ×25% = 2% 13% ×60% = 8.4%	11.3
600 ~ 800	长期借款 长期债券 普通股	15 25 60	6.5 8 14	6.5% ×15% = 0.975% 8% ×25% = 2% 14% ×60% = 8.4%	11.38
800 ~ 1 000	长期借款 长期债券 普通股	15 25 60	6.5 9 14	6.5% ×15% = 0.975% 9% ×25% = 2.25% 14% ×60% = 8.4%	11.63
1 000 以上	长期借款 长期债券 普通股	15 25 60	6.5 9 14	6.5% ×15% = 0.975% 9% ×25% = 2.25% 14% ×60% = 9%	12.33

案例讨论题

一、中国移动（香港）有限公司筹资方式分析

在 2003 年中央电视台的一期对话节目中，应邀嘉宾、时任中国移动（香港）有限公司的董事长兼总经理王晓初曾说，中国移动（香港）有限公司自成立以来，每年都采取大规模的融资计划，利用多种多样的融资方式，为公司的业务发展和资本运作提供了充足的资金来源。

中国移动（香港）有限公司是中国移动通信集团下属的全资子公司，1997 年成立，注册地为香港。1997 年 10 月，中国移动（香港）有限公司在中国香港

和纽约上市，融资42.2亿美元；1999年11月，公司增发新股，融资20亿美元。

2000年10月7日，中国移动（香港）有限公司通过其全资子公司中国移动（深圳）有限公司，与由中国建设银行和中国银行联合牵头的8家国内外银行签署了125亿元人民币的银团贷款协议，用于解决中国移动（香港）有限公司向其控股母公司中国移动通信集团公司收购内地7个省份移动通信资产的部分资金需要。此次银团贷款是当时中国历年来最大规模的人民币银团贷款，也是中国移动（香港）有限公司首次尝试国内融资，采用这种融资方式，主要是考虑到通过人民币融资不仅能降低资金综合成本，进一步优化公司资本结构，也能有效规避外汇风险，借此可以加强与内地金融机构的合作。

2000年11月，中国移动（香港）有限公司在中国香港、纽约增发新股并发行可转换债券，筹集资金75.6亿美元。

2001年，中国移动（香港）有限公司通过其全资内地子公司中国移动（广东）公司发行50亿元人民币的10年期的浮动利率公司债券，创下了当时企业债券发行规模新纪录。董事会认为，本期债券的发行，能使中国移动（香港）有限公司拓宽融资渠道及投资者基础，有助于优化融资结构、降低资金成本及规避风险。

2002年，中国移动（香港）有限公司又通过其全资子公司中国移动（广东）有限公司发行80亿元人民币、期限分别为5年和15年的公司债券，在短短不到3个月内，中国移动（香港）有限公司就顺利完成了从债券发行到上市的过程，并受到投资者追捧。此次80亿元的中国移动债券是国内最大规模的一次发债行动，它具有双重担保，中国移动（香港）有限公司担保发行人中国移动（广东）有限公司，中国移动集团公司再担保中国移动（香港）有限公司，这种方式在国内尚不多见。

[案例思考]

（1）梳理中国移动（香港）有限公司成功运用了哪些筹资方式？这些筹资方式分别属于债权筹资、股权筹资还是混合性筹资？

（2）中国移动（香港）有限公司灵活运用各种筹资方式的意义何在？

（3）中国移动（香港）有限公司分别在哪几个地方筹集了资金？地域的不同对公司筹资有何影响？

（4）选择公司筹资方式必须遵守的原则？

[答题要点]

（1）1997年10月，初次发行H股、N股（IPO）：＄42.2亿；

1999年11月，增发新股（非定向和定向）：＄20亿；

2000年10月，其全资子公司深圳移动向中国建行、中国银行等8家国内外银行贷款￥125亿；

2000年11月，增发H股、N股，发行可转债＄75.6亿；

2001其全资子公司广东移动发行期限10年浮动利率（存款利率为基准）公司债券￥50亿；

2002年其全资子公司广东移动发行期限5和15年公司债券￥80亿。

其中，向中国银行贷款、发行公司债券是债权筹资；在中国香港、美国纽约证交所上市股票是股权筹资；发行可转债是混合性筹资。

（2）灵活运用各种筹资方式的意义在于筹集资金、减少筹资成本和风险。最初通过在中国香港地区和美国上市股票因为考虑在中国沪深上市要求的门槛高、手续复杂、需要关系网太多，加之中国香港地区和纽约是国际金融市场，筹到资金比中国更多，上市门槛又低，手续也简单，因此选择在中国香港地区和纽约发行股票，接着向银行借款，通常银行愿意把钱贷给资信好的能还钱的公司尤其是上市公司，但对于公司来说更愿意上市发行股票，因为相对于借款和发行公司债券，发行股票筹资财务风险小，随后在中国发行公司债券主要是由于手续比发行股票简单。

（3）在中国香港地区和纽约发行普通股和可转债，在中国向银行贷款，发行公司债券，主要是考虑到通过人民币融资不仅能降低资金综合成本，进一步优化公司资本结构，也能有效规避外汇风险，借此能够加强与内地金融机构的合作。

（4）遵守原则有：

第一，合理确定资金需求量与需求时间，不同的投资项目的资金需求量与需求时间是不同的。

第二，正确选择合理的筹资渠道，通过对不同的筹资方式所产生的资金成本进行比较，选择资金成本低的渠道来筹集资金。

第三，筹资要与资金使用结合考虑，不同的资金使用应有相适应的筹资方式。

第四，合理地配备自有资金和债务资金的比例，在确定负债比例时，应适度举债，及时偿还债务。

第五，综合考虑股权筹资和债务筹资以及混合性筹资的优缺点，权衡利弊。

二、虚拟小案例

某建筑公司注册资本为100万元，由甲、乙、丙、丁四位股东各出资25万元。在公司经营中，甲主管销售，乙主管财务，丙主管生产和技术，丁主管人事和日常事务。经过3年的经营，到2007年年末，公司留存收益为60万元，权益金额增加为160万元。随着建筑行业市场前景看好，公司决定扩大经营规模。扩大经营规模需要投入资金，于是四人召开会议，讨论增加资金事宜。甲首先汇报了销售预测情况。如果扩大经营规模，来年销售的租赁收入将达到 50 万元，以后每年还将以 10% 的速度增长。丙提出，扩大经营规模需要增加一条生产线。增加生产线后，变动经营成本占销售收入的比率不变，仍然为 50%，每年的固定经营成本将由 7 万元增加到 10 万元。丁提出，增加生产线后，需要增加生产和销售人员。四人根据上述情况，进行了简单的资金测算，测算出公司大约需要增加资金 40 万元。

甲建议四人各增资 10 万元，出资比例保持不变。丙和丁提出出资有困难，建议吸纳新股东，新股东出资 40 万元，权益总额变为 200 万元，五人各占 1/5 的权益份额。乙提出可以考虑向银行借款，他曾与开户行协商过，借款利率大约为 6%。甲和丙认为借款有风险，而且需要向银行支付利息，从而会损失一部分收益。

[案例思考]

假设你是乙，你决定通过财务杠杆效应和资本结构决策方法说服甲、丙和丁通过向银行借款来增加资金。

（1）假设公司所得税税率为 40%，试利用 2008 年和 2009 年的预测数据测算 2009 年的财务杠杆系数。说明长期借款的财务杠杆收益效应。

（2）根据对公司扩大经营规模后 2008 年相关数据的预测，测算吸收新股东和向银行借款两种筹资方式下，平均每个股东所能获得的净利润，以此判断长期借款筹资方式更优（假设将每个股东的出资视为 1 股）。

[答题要点]

（1）财务杠杆系数计算与收益效应。

发行普通股 2009 年财务杠杆系数 = 1

长期借款 2009 年财务杠杆系数计算：

$EBIT_{2008} = 50 \times (1 - 50\%) - 10 = 15(万元)$

$EBIT_{2009} = 50 \times (1 + 10\%) \times (1 - 50\%) - 10 = 17.5(万元)$

$EAT_{2008} = (15 - 2.4) \times (1 - 40\%) = 7.56(万元)$

$EAT_{2009} = (17.5 - 2.4) \times (1 - 40\%) = 9.06(万元)$

$I_{2008} = 40 \times 6\% = 2.4(万元)$

$DFL_{2009} = (\Delta EAT/EAT_{2008})(\Delta EBIT/EBIT_{2008}) = EBIT_{2008}/(EBIT_{2008} - I_{2008}) = 1.19 > 1$

借款财务杠杆系数大于新股财务杠杆系数，能带来财务杠杆收益，因此应选长期借款融资。

（2）每股利润无差别点法。

$(\overline{EBIT} - 2.4)/4 = \overline{EBIT}/5$

每股利润无差别点 $\overline{EBIT} = 12$（万元）

因此，预计息税前利润低于 12 万元，则选择吸收新股东，如果预计息税前利润高于 12 万元，则选择向银行借款。由于预计 2008 年息税前利润为 15 万元，今后每年还会按 10% 的速率增长，因此应当选择向银行借款。

故追加 40 万元是长期借款最优。

第三章　企业投资管理

学习要点:

(1) 理解企业长期投资的货币时间价值理念。

(2) 理解单个证券投资风险和收益评估与决策。

(3) 理解证券组合投资决策及项目投资资金流量估计。

(4) 理解项目投资决策指标的实际运用以及风险项目投资决策树法。

(5) 理解期货投资基本策略。

(6) 理解期权特征、交易、定价及应用。

企业投资管理目标就是决定企业是否应该购买长期资产,企业将投资于哪些资产,是否进行新项目投资等,企业长期投资的计划与管理过程,称为资本预算(Capital Budgeting),即对未来现金流的大小、时间、风险的评估。

第一节　货币资金时间价值

一、货币时间价值的概念

自 2008 年 12 月 23 日起,5 年期以上商业贷款利率从原来的 6.12% 降为 5.94%,以个人住房商业贷款 50 万元(20 年)计算,降息后每月还款额将减少 52 元。但即便如此,在 12 月 23 日以后贷款 50 万元(20 年)的购房者,在 20 年中,累计需要还款 85.5 万多元,需要多还银行 35 万余元,这就是货币资金的时间价值在其中起的作用。

任何企业的投资活动都是在特定的时空中进行的。离开了时间价值因素,就无法正确计算不同时期的财务收支,也无法正确评价企业盈亏。货币的时间价值原理正确地揭示了在不同时点上资金之间的换算关系,是投资决策的基本依据。

关于时间价值的概念和成因,人们的认识并不完全一致。西方经济学对其的定义是：即使在没有风险和没有通货膨胀的条件下，今天 1 元钱的价值也大于 1 年以后 1 元钱的价值。股东投资 1 元钱，就失去了当时使用或消费这 1 元钱的机会或权利，按时间计算的这种付出的代价或投资收益，就叫作时间价值。

上述定义只说明了时间价值的现象，并没有说明时间价值的本质。试想，如果资金所有者把钱埋入地下保存是否能得到收益呢？显然不能。因此，并不是所有货币都有时间价值，只有把货币作为资本投入生产经营过程才能产生时间价值。也就是说，货币资金被投入生产经营以后，劳动者会生产出新的产品，创造出新的价值，产品销售以后得到的收入要大于原来投入的资金额，形成资金的增值，即时间价值是在生产经营中产生的。在一定时期内，资金从投放到回收形成一次周转循环。每次资金周转需要的时间越少，在特定时期之内，资金的增值就越大，投资者获得的收益也就越多。因此，随着时间的推移，资金总量在循环周转中不断增长，使得资金具有时间价值。

需要注意的是，将货币作为资本投入生产过程所获得的价值增加并不全是货币的时间价值。这是因为，所有的生产经营都不可避免地具有风险，而投资者承担风险也要获得相应的收益，此外，通货膨胀也会影响货币的实际购买力。因此，对所投资项目的收益率也会产生影响。资金的供应者在通货膨胀的情况下，必然要求索取更高的收益以补偿其购买力损失，这部分补偿被称为通货膨胀贴水。可见，货币在生产经营过程中产生的收益不仅包括时间价值，还包括货币资金提供者要求的风险收益和通货膨胀贴水。因此，本书认为，时间价值可以表述为：时间价值是扣除风险收益和通货膨胀贴水后的真实收益率。

货币的时间价值有两种表现形式：相对数形式和绝对数形式。相对数形式，即时间价值率，是指扣除风险收益和通货膨胀贴水后的平均资金利润率或平均收益率；绝对数形式，即时间价值额，是指资金与时间价值率的乘积。时间价值虽有两种表示方法，但在实际工作中并不进行严格的区分。因此，在述及货币时间价值的时候，有时是绝对数，有时是相对数。

银行存款利率、贷款利率、各种债券利率、股票的股利率都可以看作投资收益率，它们与时间价值都是有区别的，只有在没有风险和通货膨胀的情况下，时间价值才与上述各收益率相等。

为了分层次地、由简到难地研究问题，在论述资金时间价值时采用抽象分析法，一般假定没有风险和通货膨胀，以利率代表时间价值，本章也是以此假设为基础的。

二、货币资金时间价值计算

（一）资金流量时间线

计算货币资金的时间价值，首先要清楚资金运动发生的时间和方向，即每笔资金是在哪个时点上发生，资金流向是流入还是流出。现金流量时间线提供了一个重要的计算货币资金时间价值的工具，它可以直观、便捷地反映资金运动发生的时间和方向。典型的现金流量时间线范例如图3-1所示。

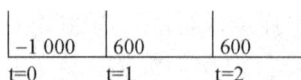

-1 000	600	600
t=0	t=1	t=2

图3-1　现金流量时间线

图3-1中横轴为时间轴，从左至右时间逐渐增加。横轴上的坐标代表各个时点，t=0表示现在，t=1，2分别表示从现在开始的第1期期末，从现在开始的第2期期末。如果每期的时间间隔为1年，则表示从现在起第1年年末，从现在起第2年年末。

图3-1的现金流量时间线表示在t=0时刻有1 000单位的现金流出，在t=1及t=2时刻各有600单位的现金流入。

现金流量时间线对于更好地理解和计算货币资金的时间价值很有帮助，本章在后面将多次运用这一工具来解决许多复杂的问题。

（二）复利终值和现值计算

利息的计算有单利和复利两种方法。单利是指一定期间内只根据本金计算利息，当期产生的利息在下一期不作为本金，不重复计算利息。例如，本金为1 000元、年利率为4.2%的3年期定期存款，到期时的利息收入为126元，每年的利息收入为42元（1 000×4.2%）。复利则是不仅本金要计算利息，利息也要计算利息，即通常所说的"利滚利"。例如，本金为1 000元、年利率为3.3%的1年期定期存款，到期继续转存，3年后利息收入总额为102.3元，第一年的利息收入为33元（1 000×3.3%），第二年利息收入为34.089元（1 033×3.3%），第三年的利息收入为35.213元（1 067.089×3.3%）。

复利的概念充分体现了资金时间价值的含义，因为资金可以再投资，而且理性的投资者总是尽可能快地将资金投入合适的方向，以赚取收益。在讨论资金的时间价值时，一般都按复利计算。

1. 复利终值和现值资金流量时间线（见图3-2）

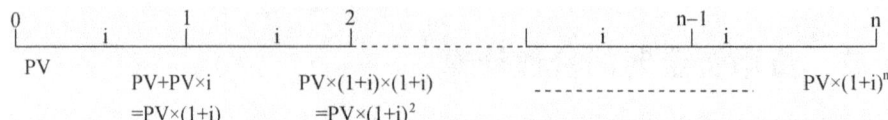

0	i	1	i	2	i	n-1	i	n
PV		PV+PV×i =PV×(1+i)		PV×(1+i)×(1+i) =PV×(1+i)²				PV×(1+i)ⁿ

图3-2　复利终值和现值资金流量时间线

终值是指当前的一笔资金在若干期后所具有的价值，现值是指未来年份收到或支付的现金在当前的价值。

2. 复利终值和现值计算公式

复利终值的计算公式为：

$$FV_n = PV \times (1+i)^n = PV \times FVIF_{i,n} \qquad (3-1)$$

式中，FV_n表示复利终值；PV 表示复利现值；i 表示每期利息率；n 表示计息期数；$(1+i)^n$称为复利终值系数，可表示为$FVIF_{i,n}$，利用本书附表一"复利终值系数表"可方便查到，也可应用公式计算或用 Excel 中的财务函数 FV（Rate，Nper，Pmt，PV，Type）运算，其中 Rate 是利率，Nper 是计息期，PV 是现值，Pmt 和 Type 不需要。

［例 3-1］将 1 000 元钱存入银行，年利息率为 7.5%，按复利计算，60 年后终值应为：

$$FV_5 = PV (1+7.5\%)^{60} = 76\ 649.2$$

或可用 Excel 中财务函数，FV 计算如图 3-3 所示（PV = 1 000，Nper = 60，i = 7.5%）。

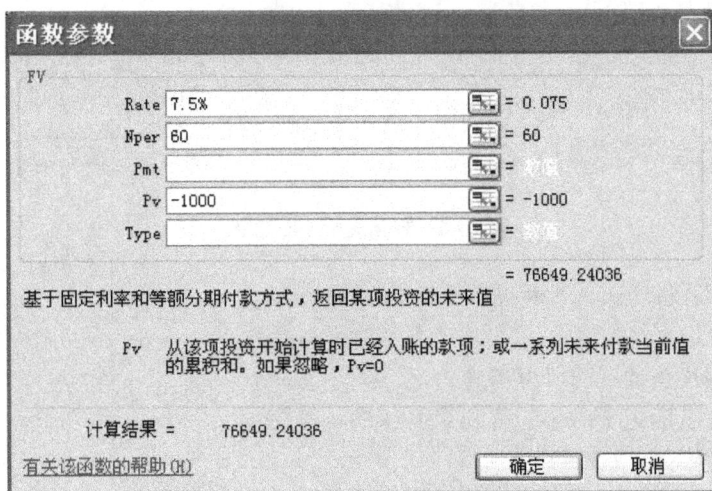

图 3-3　利用 Excel 计算 FV

复利现值的计算就是由终值求现值，又称为贴现，贴现时使用的利息率称为贴现率。其公式可由终值的计算公式导出：

$$PV = FV_n / (1+i)^n = FV_n \times PVIF_{i,n} \qquad (3-2)$$

式中，$PVIF_{i,n}$为复利现值系数，可查附表一获得，也可用公式计算或用Excel

中的财务函数 PV（Rate，Nper，Pmt，FV，Type）运算。

[**例 3 - 2**] 某人在 5 年后需要 10 万元，他委托投资公司为其代理投资，投资公司保证每年最低收益率为 10%，为保险起见，此人应交给投资公司多少资金？

解 $PV = FV_n / (1 + i)^n = FV_n \times PVIF_{i,n}$

$FV = 10$ 万，$i = 10\%$，$n = 5$，根据附表一，$PVIF_{10\%,5} = 0.621$，故 $PV = 6.21$ 万元。

同时也可借助 Excel 中财务函数，PV 的计算如图 3 - 4 所示。

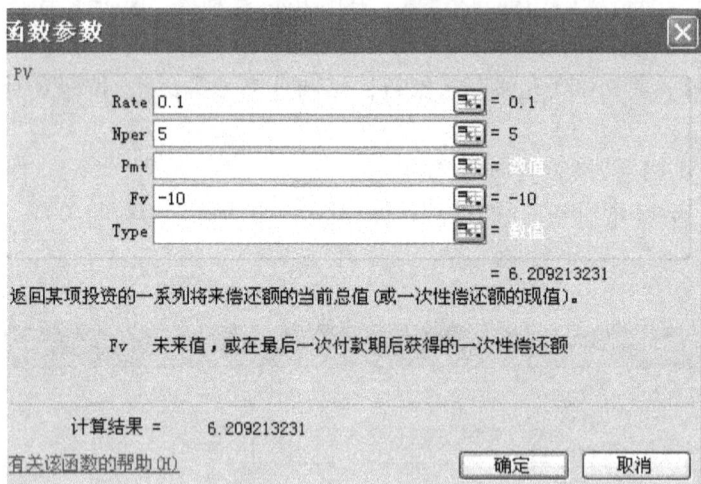

图 3 - 4 利用 Excel 计算 PV

思考：复利终止系数和现值系数的关系？

回答：互为倒数。

3. 复利终值和现值计算特殊情况

（1）计息期短于一年的复利终值计算。

$$FV_n = PV \times (1 + i/m)^{n \times m} \tag{3-3}$$

式中，n 为年数，m 为每年计息次数，例如半年计息：m = 2；按季计息：m = 4；按月计息：m = 12；按周计息：m = 365/7。

（2）计息期长于一年的复利终值计算。

$$FV_n = PV \times (1 + i \times k)^{n/k} \tag{3-4}$$

k 是计息的基础，按 2 年计息：k = 2；按 3 年计息：k = 3。

（3）计息期间利率改变：假设在时间点 n_1。

$$FV_n = PV \times (1 + i)^{n_1} \times (1 + j)^{n - n_1} \tag{3-5}$$

复利现值计算公式可以通过上式得到。

[例 3 - 3] 你考虑将得到的 2 000 美元存入银行，6 年后使用。你看到 1 个月的定期存款年利率是 3.4375%，3 个月的定期存款年利率是 3.625%，半年的是 3.75%，1 年的是 3.8125%，3 年的是 5.298%，你的存款本息到期都将自动转存，如果你不认为年内有调整利率的可能性，那么你愿意以哪种期限存款？

解　（1）按月计提利息：

$FV = 2\,000 \times (1 + 3.4375\%/12)^{6 \times 12} = 2\,000 \times (1 + 0.2865\%)^{72} = 2\,457.47$（美元）

（2）按季计息：

$FV = 2\,000 \times (1 + 3.625\%/4)^{6 \times 4} = 2\,000 \times (1 + 0.90625\%)^{24} = 2\,483.5$（美元）

（3）按半年计息：

$FV = 2\,000 \times (1 + 3.75\%/2)^{6 \times 2} = FV = 2\,000 \times (1 + 1.875\%)^{12} = 2\,499.43$（美元）

（4）按年计息：

$FV = 2\,000 \times (1 + 3.8125\%)^{6} = 2\,503.39$（美元）

（5）按 3 年计息：

$FV = 2\,000 \times (1 + 5.298\% \times 3)^{2} = 2\,000 \times (1 + 15.894\%)^{2} = 2\,686.28$（美元）

[例 3 - 4] 1966 年斯兰黑不动产公司在内部交换银行（田纳西镇的一个银行）存入一笔 6 亿美元的存款。存款协议要求银行按每周 1% 的利率（复利）付息（该银行第二年破产）。1994 年，纽约布鲁克林法院做出判决：从存款日到田纳西镇对该银行进行清算的 7 年中，这笔存款应按每周 1% 的复利计息，而在银行清算后的 21 年中，每年按 8.54% 的复利计息，判决田纳西镇应向美国投资者支付 1 267 亿美元。请问：这笔钱是怎么计算出来的。

解　$FV = 600\,000\,000 \times (1 + 1\%)^{7 \times 365/7} \times (1 + 8.54\%)^{21} = 1\,267$（亿美元）

思考：一笔资金存入银行，按复利计息。在年利率和存期一定的情况下，到期本利和与计息期是正相关还是负相关？

回答：由 $FV_n = PV \times (1 + i/m)^{n \times m}$ 可知，n 一定时，到期本利和 FV 与计息期 m 之间不存在任何正反比关系。

4. 复利现值计算公式在零息债券和到期还本付息估计中的应用

[例 3 - 5] 面值为 100 元，期限为 5 年的零息债券，到期按面值偿还，当时市场利率为 8%，计算债券价格。

解　债券价格 $PV = FV/(1 + i)^{5} = FV \times PVIF_{8\%, 5} = 100 \times 0.681 = 68.1$（元）

[例 3 - 6] M 公司发行一种债券，年利率为 12%，按季计息，1 年后还本付息，每张债券还本付息 1 000 元，该债券现值是多少？

解　$PV = FV_n/(1 + i/m)^{n \times m} = FV_n \times PVIF_{i/m, n \times m}$，$FV = 1\,000$，$i = 12\%$，$n =$

1，m＝4，查附表一，PVIF＝0.888，故 PV＝888 元。

[例3-7] 某公司拟购买另一家公司发行的利随本清的债券，该债券面值为 1 000 元，期限 5 年，票面利率10%，不计复利，如果当前市场利率分别是8%、10% 和12%，该债券价格估计是多少？

解 市场利率8%该债券价格 P＝（1 000＋1 000×10%×5）×$\text{PVIF}_{10\%,5}$＝1 020.87元；市场利率10%该债券价格 P＝（1 000＋1 000×10%×5）×$\text{PVIF}_{110\%,5}$＝931.38 元；市场利率12%该债券价格 P＝（1 000＋1 000×10%×5）×$\text{PVIF}_{112\%,5}$＝851.14 元

思考： 当公司票面利率低于、等于、高于当前市场利率时，债券价格与其票面值的关系。

回答： 当公司票面利率低于当前市场利率时，债券价格高于其票面值。当公司票面利率等于、高于当前市场利率时，债券价格低于其票面值。

（三）年金终值和现值计算

年金是指一定时期内每期收付相等金额的款项。折旧、利息、租金、保险费等均表现为年金的形式。年金按收付方式，可分为后付（收）年金（普通年金）、先付（收）年金（即付（收）年金）、延期年金（递延年金）和永续年金。

1. 后付（收）年金终值和现值计算

后付（收）年金是指每期期末有等额收付款项的年金。在现实经济生活中这种年金最为常见，故也称为普通年金。

（1）后付（收）年金终值的计算。

后付（收）年金终值犹如零存整取的本利和，它是一定时期内每期期末等额收付款项的复利终值之和。

假设：A 代表年金数额；i 代表利息率；n 代表计息期数；FVA 代表年金终值。则后付年金终值的计算可用图 3-5 来说明。

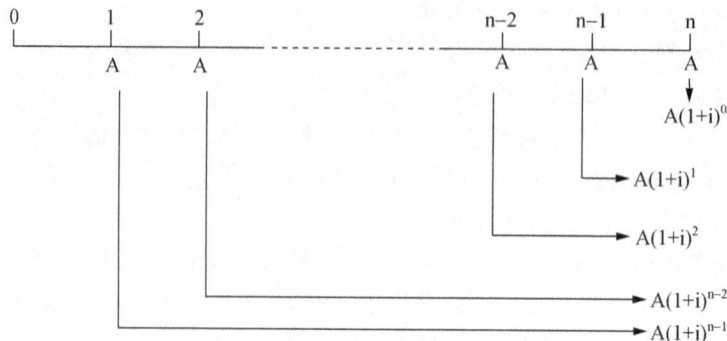

图 3-5 后付（收）年金终值计算示意图

由图 3 - 5 可知,后付(收)年金终值的计算公式为:

$$FVA_n = A \sum_{t=1}^{n} (1+i)^{t-1} = A \times \frac{(1+i)^n - 1}{i} = A \times FVIFA_{i,n} \qquad (3-6)$$

式中,$FVIFA_{i,n}$ 是后付(收)年金终值系数,可以通过查附表二计算出结果,也可应用公式计算或用 Excel 中的财务函数 FV(Rate,Nper,Pmt,PV,Type)运算,其中 Rate 是利率,Nper 是计息期,PV 是现值这里不存在,Pmt 是年金,Type 是年金类型,先付年金 Type = −1。

(2)后付(收)年金现值计算。

后付(收)年金现值是一定期间每期期末等额的系列收付款项的现值之和。年金现值的符号为 PVA,后付年金现值的计算过程可用图 3 - 6 加以说明。

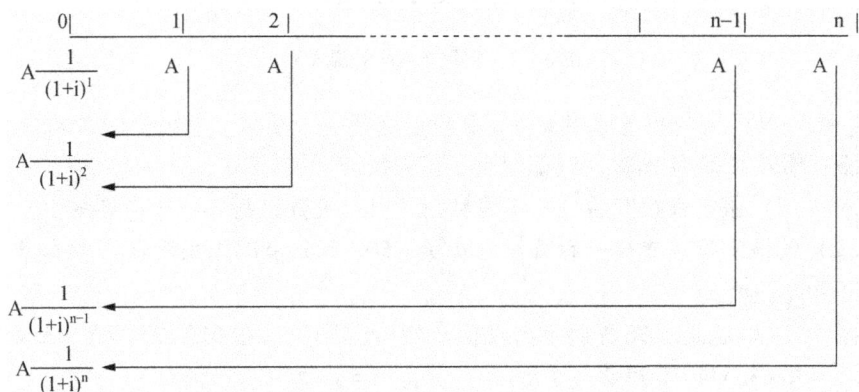

图 3 - 6 后付(收)年金现值计算示意图

由图 3 - 6 可知,后付(收)年金现值的计算公式为:

$$PVA_n = A \sum_{t=1}^{n} \frac{1}{(1+i)^t} = A \times \frac{1 - 1/(1+i)^n}{i} = A \times PVIFA_{i,n} \qquad (3-7)$$

式中,$PVIFA_{i,n}$ 是后付(收)年金终值系数,可以通过查附表三计算出结果,也可应用公式计算或用 Excel 中的财务函数 PV(Rate,Nper,Pmt,FV,Type)运算,其中 Rate 是利率,Nper 是计息期,Pmt 是年金,Type 是年金类型,先付年金 Type = −1,FV 不存在。

[例 3 - 8] 某人准备在今后 5 年中每年年末从银行取 1 000 元,如果利息率为 10%,则现在应存入多少元?

$PVA_5 = A \times PVIFA_{i,n} = 1\ 000 \times 3.791 = 3\ 791$(元)

由 Excel 中 PV 财务函数计算结果如图 3 - 7 所示:

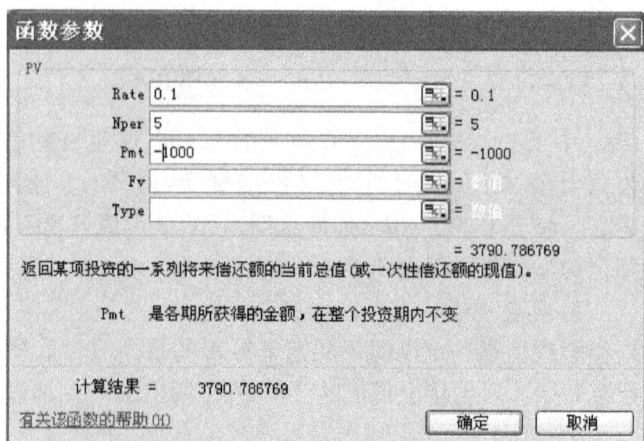

图 3 - 7　利用 Excel 计算 PV

[**例3 - 9**] 某企业全部用银行贷款投资新建一个项目，总投资额5 000 万元，假设银行借款利率为16% ，该工程当年建成投产。

求：（1）该工程投产后分8 年等额归还银行借款，每年年末应还多少？

（2）若该工程建成投产后每年可获得1 500 万元全部用来归还借款本息，需多少年才能还清？

解　（1）这是已知普通年金现值求年金的问题，根据公式 PVA = A × PVI-FA$_{16\%,8}$ = A × 4. 344 = 5 000 （万元），计算得 A = 1 151 （万元）。

用 Excel 财务函数中年金 Pmt （Rate，Nper，PV，FV，Type）计算每年应该还的金额如图3 - 8 所示。

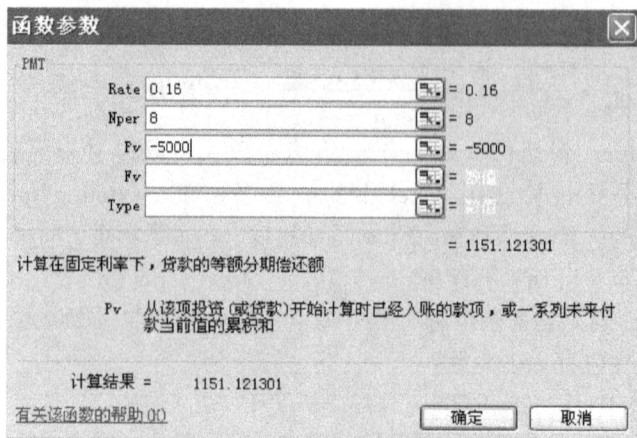

图 3 - 8　利用 Excel 计算 PMT

（2）已知普通年金 A = 1 500 万元和普通年金现值 PVA = 5 000 万元，i = 16% 求期数，则通过公式 PVA = A × PVIFA 求得普通年金现值系数 PVIFA = 3.333，再依据 i = 16%，查附表三年金现值系数表得：

年数	年金现值系数
5	3.274
n	3.333
6	3.685

由内插法计算，解得：n = 5.14（年）

或直接用 Excel 中财务函数 Nper（Rate，Pmt，PV，FV，Type）计算结果如图 3 - 9 所示。

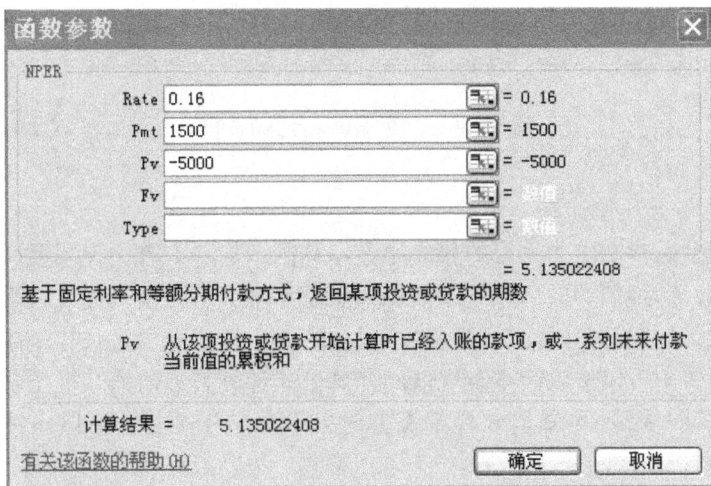

图 3 - 9　利用 Excel 计算 NPER

［例 3 - 10］现在向银行存入 5 000 元，在利率为多少时，才能保证在今后 10 年中每年年末得到 750 元？

解　已知年金、年金现值和期数求利率的问题，利用公式 PVA = A × PVIFA$_{i,10}$，解得 PVIFA$_{i,10}$ = 6.667，查附表三年金现值系数表无法直接得到利率，此时必须用内插法。查年金现值系数表可得：当利率为 8% 时，系数为 6.710；当利率为 9% 时，系数为 6.418。所以利率应在 8% ~ 9%，假设 i 为超过 8% 的利息率，用内插法计算。i 的值如下：

$$\frac{i - 8\%}{9\% - 8\%} = \frac{6.667 - 6.710}{6.418 - 6.710} \Rightarrow i = 8.147\%$$

或通过 Excel 中财务函数 RATE（Nper，PV，FV，Pmt，Type）得到计算结果如图 3 - 10 所示。

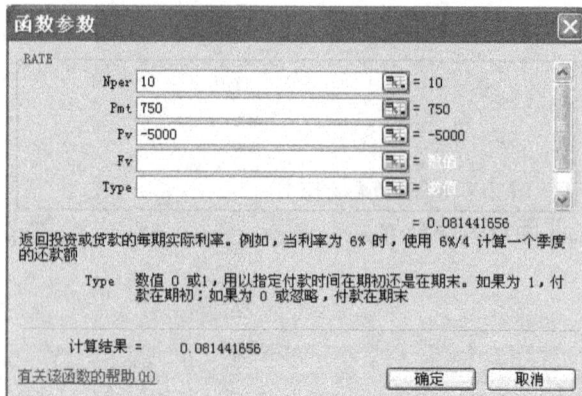

图 3 - 10　利用 Excel 计算 RATE

2. 永续年金现值计算公式

永续年金是指期限为无穷的普通年金。英国和加拿大有一种国债就是没有到期日的债券，这种债券的利息可以被视为永续年金。绝大多数优先股因为有固定的股利而又无到期日，因而其股利也可以被视为永续年金。另外，期限长、利率高的年金现值，可以按永续年金现值的计算公式计算其近似值。根据普通年金终值计算公式（3 - 6）可知当 n 趋于无穷时，FVA 趋于无穷，所以永续年金没有终值。

根据公式（3 - 7）可知当 n 趋于无穷时，PVA 趋于永续年金现值，等于

$$PV = \lim_{n \to \infty} A \times [1 - 1/(1 + i)^n] = \frac{A}{i} \qquad (3 - 8)$$

[例 3 - 11] 某人投资海外公司的无限期优先股，票面股息率为 5%，他希望能够每年至少获得 10 000 元的股利用于养老，请问他至少应该购买多少金额的该优先股股票？

解　P = 10 000/5% = 200 000（元）

3. 先付（收）年金终值和现值计算

先付（收）年金是指在一定时期内，各期期初等额的系列收付款项。先付（收）年金与后付（收）年金的区别仅在于付款时间的不同。由于后付（收）年金是最常用的，因此，年金终值和现值的系数表是按后付（收）年金编制的，为了便于计算和查表，必须根据后付年金的计算公式，推导出先付（收）年金

的计算公式。

（1）先付（收）年金终值的计算。

n 期先付（收）年金终值和 n 期后付（收）年金终值的关系可用图 3 – 11 加以说明。

从图 3 – 11 可以看出，n 期先付（收）年金与 n 期后付（收）年金的收付款次数相同，但由于收付款时间的不同，n 期先付（收）年金终值比 n 期后付（收）年金终值多计算一期利息。所以，可先求出 n 期后付（收）年金的终值，然后再乘以（1 + i），便可求出 n 期先付（收）年金的终值。其计算公式为：

$$XFVA_n = A \times FVIFA_{i,n} \times (1 + i) \tag{3 – 9}$$

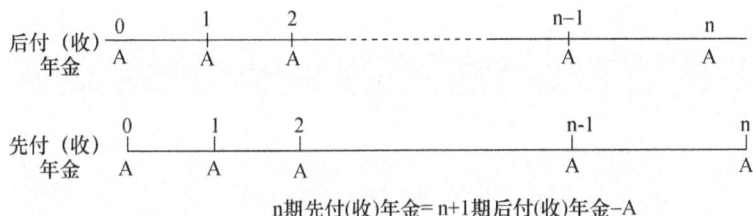

n期先付(收)年金＝n+1期后付(收)年金–A

图 3 – 11　先付（收）年金终值计算示意图

此外，还可根据 n 期先付（收）年金终值与 n + 1 期后付（收）年金终值的关系推导出另一计算公式。n 期先付（收）年金与 n + 1 期后付（收）年金的计息期数相同，但比 n + 1 期后付（收）年金少收付一次款，因此，只要将 n + 1 期后付（收）年金的终值减去一期付款额 A，便可求出 n 期先付（收）年金终值。其计算公式为：

$$XFVA_n = A \times FVIFA_{i,n+1} - A = A \times (FVIFA_{i,n+1} - 1) \tag{3 – 10}$$

同样，可用 Excel 中的财务函数 FV（Rate，Nper，Pmt，PV，Type）运算，其中 Rate 是利率，Nper 是计息期，PV 是现值，Pmt 是年金，Type 是年金类型，先付年金 Type = – 1。

[例 3 – 12] 小虹从 2000 年开始每年年初存入银行 1 000 元，12 年后，她能得到多少钱？按复利计息假设 12 年间利率为 2.25%。

解　$XFVA_{12} = 1\ 000 \times (1 + 2.25\%) \times FVIFA_{2.25\%,12}$

利率为 2.25%，期数 n = 12，查附表三无法得到 $FVIFA_{2.25\%,12}$，但是可以查到当 n = 12，i = 2% 时 FVIFA = 13.412；i = 3% 时 FVIFA = 14.192，由内插法可以计算出 i = 2.25% 时 FVIFA 的数值：

$(FVIFA_{2.25\%,12} - 13.412)/(14.192 - 13.412) = (2.25\% - 2\%)/(3\% - 2\%)$

由此计算出 $FVIFA_{2.25\%,12} = 13.607$。

所以 $XFVA_{12} = 1\,000 \times (1 + 2.25\%) \times 13.607 = 13\,914$（元）

或

$XFVA_{12} = 1\,000 \times (FVIFA_{13} - 1)$，由于普通年金终值系数 FVIFA（2.25%，13）在附表二中直接查不到结果，因此要用内插法。

当期数 n = 13，i = 2% 时，FVIFA = 14.680；i = 3% 时 FVIFA = 15.618，由式 $(FVIFA_{2.25\%,13} - 14.680) / (15.618 - 14.680) = (225\% - 2\%) / (3\% - 2\%)$ 计算 $FVIFA_{2.25\%,13} = 14.9145$。

故 $XFVA_{12} = 1\,000 \times (FVIFA_{13} - 1) = 13\,914$ 元。

或通过 Excel 插入财务函数计算结果如图 3 - 12 所示。

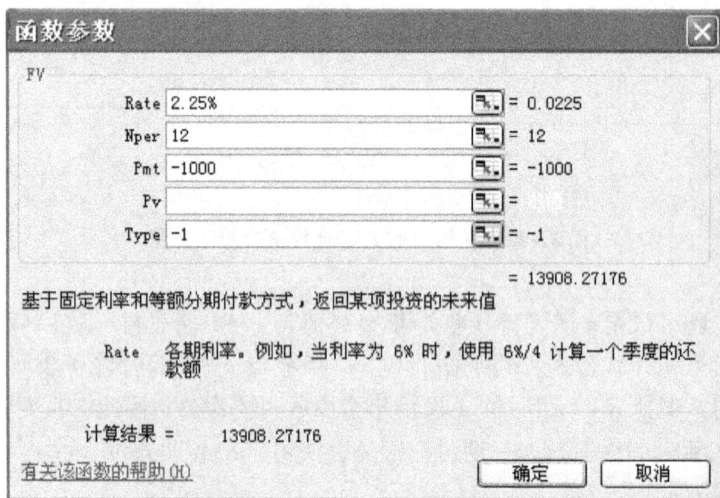

图 3 - 12　利用 Excel 计算 XFVA

（2）先付年金现值的计算。

n 期先付（收）年金现值与 n 期后付（收）年金现值的关系，可以用图 3 - 13 加以说明。

从图 3 - 13 可以看出，n 期先付（收）年金现值与 n 期后付（收）年金现值的付款次数相同，但由于收付款时间的不同，在计算现值时，n 期后付（收）年金比 n 期先付年金多贴现一期。所以，可先求出 n 期后付（收）年金的现值，然后再乘以（1 + i），便可求出 n 期先付年金的现值。其计算公式为：

$XPVA = A \times PVIFA_{i,n} \times (1 + i)$　　　　　　　　　　　　　　（3 - 11）

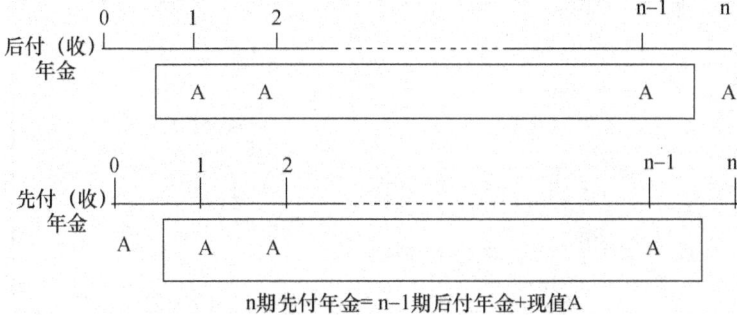

n期先付年金= n-1期后付年金+现值A

图 3 - 13　先付（收）年金现值计算示意图

此外，还可根据 n 期先付（收）年金现值与 n - 1 期后付（收）年金的关系推导出另一计算公式。n 期先付（收）年金现值与 n - 1 期后付（收）年金现值的贴现期数相同，但比 n - 1 期后付年金多一期不用贴现的付款额 A，因此，只要将 n - 1 期后付（收）年金的现值加上一期不用贴现的付款额 A，便可求出几期先付年金现值，计算公式为：

$$XPVA = A \times PVIFA_{i,n-1} + A = A \times (PVIFA_{i,n-1} + 1) \qquad (3-12)$$

同样，可用 Excel 中的财务函数 PV（Rate，Nper，Pmt，FV，Type）运算，其中 Rate 是利率，Nper 是计息期，FV 是终值（这里不存在），Pmt 是年金，Type 是年金类型，先付年金 Type = -1。

[**例 3 - 13**] 某大学毕业生参加工作几年后，小有积蓄，现拟分期付款购买一套住房，当前总价款 40 万元，该生在购房当时（6 月 1 日）支付 10 万元，剩余 30 万房款从银行贷款，于未来 12 年内按月分期归还，当时银行贷款利息为年息 6%，每等额支付本息。该生每月应该支付多少还款？每月的还款中，有多少是归还银行的房款本金，多少是归还银行的房款利息？

解　已知先付年金现值 XPVA = 30 万，求先付年金问题，年利率为 6% 则月利率为 0.5%，因为是按月还贷所以一年内计息 12 次，12 年计息 144 次。运用先付年金现值计算公式：

$$XPVA = A \times (PVIFA_{0.5\%,143} + 1) = A \times [1 - 1/(1 + 0.5\%)^{143}]/[0.5\% + 1]$$ 由此得到 A = 2 912.99 元，每月归还的本金 = 30 万/144 = 2 084 元，每月归还的利息 = 828.99 元。

或者采用 PMT 函数求得 A，如图 3 - 14 所示。

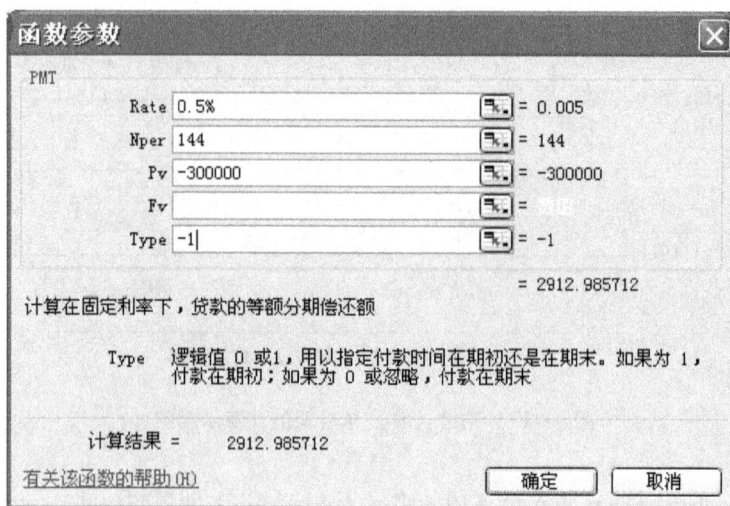

图 3 – 14　利用 Excel 计算 A

思考：为何利用 Excel 计算时要在对话框中输入负值？

回答：为了保证计算结果是负值。

4. 延期年金终值和现值计算

延期年金又叫递延年金，是指在最初若干期没有收付款项的情况下，后面若干期有等额的系列收付款项的年金。假定最初有 m（m > 1）期没有收付款项，后面 n 期每年有等额的系列收付款项，可以用图 3 – 15 说明。

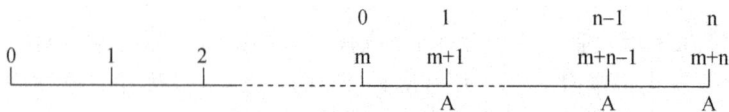

图 3 – 15　延期年金现值和终值计算公式

延期年金终值就是后 n 期普通年金复利终值之和，其计算公式：

$$V_n = A \times FVIFA_{i,n} \tag{3 – 13}$$

延期年金现值即是后 n 期年金先贴现至 m 期期初再贴现至第一期期初的现值。或者是 m + n 期后付年金现值，减去没有收付款的前 m 期后付年金现值。具体计算公式为：

$$V_{00} = A \times \left[PVIFA_{i,n} \times PVIF_{i,m} \right]$$

$$= A \times \left[PVIFA_{i,n+m} - PVIFA_{i,m} \right] \tag{3 – 14}$$

[**例3－14**] 保险公司提供一种养老保险，目前它提供的利率是6%，比现在你预期的未来银行存款率高。它规定只要你一次存入某个金额，从未来第11年开始的30年内每年年末你可以获得一次固定金额的返还。你认为这是一个很好的养老金储存方式，如果你希望将来每年能得到10 000元的养老金，现在应该一次性缴入多少钱？

解 $m=11$ 年，$n+m=30$ 年，$A=10\,000$ 元，$i=6\%$

$$V_{00} = A \times \left[PVIFA_{i,n} \times PVIF_{i,m} \right] = A \times \left[PVIFA_{i,n+m} - PVIFA_{i,m} \right]$$

$$= 10\,000 \times \left[PVIFA_{6\%,30} - PVIFA_{6\%,11} \right]$$

$$= 10\,000 \times (137\,648 - 78\,668)$$

$$= 58\,980 (万元)$$

（四）不等额现金流量现值的计算

前面讲的年金每次收付款项都是相等的，但在财务管理实践中，更多的情况是每次收付款项并不相等，而且经常需要计算这些不等额现金流入量或流出量的现值之和。

假设：A_0 代表第0年年末的付款；A_1 代表第1年年末的付款；A_2 代表第2年年末的付款……A_{n-1} 代表第 $n-1$ 年年末的付款；A_n 代表第 n 年年末的付款。则其现值计算公式可用图3－16表示。

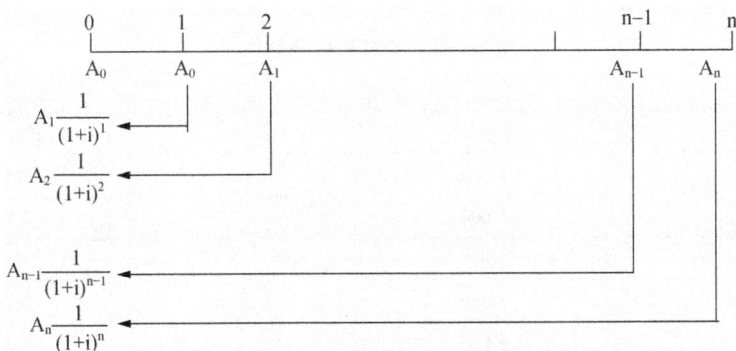

图3－16 不等额现金流量现值计算示意图

由图3－16可知：

$$PV = A_0 + A_1 \frac{1}{(1+i)^1} + A_2 \frac{1}{(1+i)^2} + \cdots + A_{n-1} \frac{1}{(1+i)^{n-1}} + A_n \frac{1}{(1+i)^n}$$

$$= \sum_{j=0}^{n} A_j \frac{1}{(1+i)^j} = A_0 + A_1 PVIF_{i,1} + A_2 PVIF_{i,2} + \cdots + A_{n-1} PVIF_{i,n-1}$$

$$+ A_n PVIF_{i,n} \tag{3-15}$$

[例3-15] 某人每年年末都将节省下来的工资存入银行，其存款额如表3-1所示，贴现率为5%，求这笔不等额存款的现值。

表3-1 某不等额存款

时间	第0年	第1年	第2年	第3年	第4年
现金流量（元）	1 000	2 000	100	3 000	4 000

解 $PV = 1\,000 + 2\,000/(1+5\%) + 100/(1+5\%)^2 + 3\,000/(1+5\%)^3 + 4\,000/(1+5\%)^4 = 1\,000 + 2\,000 \times PVIF_{5\%,1} + 100 \times PVIF_{5\%,2} + 3\,000 \times PVIF_{5\%,3} + 4\,000 \times PVIF_{5\%,4} = 1\,000 + 2\,000 \times 0.952 + 100 \times 0.907 + 3\,000 \times 0.864 + 4\,000 \times 0.823 = 8\,878.7$（元）

（五）年金和不等额现金流量组合情况下的现值

在年金和不等额现金流量混合的情况下，不能用年金计算的部分，则用复利公式计算，然后与年金的计算部分加总，便得出年金和不等额现金流量混合情况下的现值。

[例3-16] 某公司投资了一个新项目，新项目投产后每年获得的现金流入量如表3-2所示，贴现率为9%，求这一系列现金流入量的现值。

表3-2 项目现金流量表

单位：元

时间	现金流量	时间	现金流量
第1年	1 000	6	2 000
第2年	1 000	7	2 000
第3年	1 000	8	2 000
第4年	1 000	9	2 000
第5年	2 000	10	3 000

在这一实例中，第1~第4年的现金流量相等，可以看作求4年期的普通年金现值，第5~第9年的现金流量也相等，可以看作一种延期年金，第10年是终值。则：

$$PV = 1\,000 \times PVIFA_{9\%,4} + 2\,000 \times PVIFA_{9\%,5} \times PVIF_{9\%,4} + 3\,000 \times PVIF_{9\%,10}$$
$$= 1\,000 \times 3.240 + 2\,000 \times 3.890 \times 0.708 + 3\,000 \times 0.422$$
$$= 3\,240 + 5\,508.24 + 1\,266$$
$$= 10\,014.24 \text{（元）}$$

[**例3-17**] 分期付息到期按面值还本的公司债券价格评估的运用。

某债券面值为1 000元，票面利率为10%，期限为5年。每年年末支付利息到期按面值还本，如果当前市场利率为12%，问债券价格估计为多少？

该债券价格等于复利现值和年金现值之和，具体公式为 $P = F \times i \times PVIFA_{r,n} + F \times PVIF_{r,n}$。其中，$r$ 表示市场利率，i 表示票面利率，将数据代入公式得

$$PV = 1\ 000 \times 10\% \times PVIFA_{12\%,5} + 1\ 000 \times PVIF_{12\%,5} = 927.5\ （元）$$

第二节 证券投资决策

决策是从若干方案中选择的过程，证券投资决策按证券风险的程度，可以分为三种类型。

确定性决策：决策者对未来的情况是完全确定的或已知的决策，称为确定性决策。例如，投资者将10万元投资于利息率为10%的国库券，由于国家实力雄厚，到期得到10%的投资报酬几乎是肯定的，因此，一般认为这种证券为确定性投资。

风险性决策：决策者对未来的情况不能完全确定，但不确定性出现的可能性即概率的具体分布是已知的或可以估计的，这种情况下的投资决策称为风险性决策。例如，将10万元投资于一个刚上市的高科技公司，则该投资的收益就无法明确估计，即投资面临风险。

不确定性决策：决策者对未来的情况不仅不能完全确定，而且对不确定性可能出现的概率也不清楚，这种情况下的决策为不确定性决策。

从理论上讲，不确定性是无法计量的，但在财务管理中，通常为不确定性规定一些主观概率，以便进行定量分析。不确定性规定了主观概率以后，与风险就十分近似了。因此，在公司财务管理中，对风险与不确定性并不作严格区分，当谈到风险时，可能是风险，更可能是不确定性。

投资者之所以愿意投资，是因为其必然要求预期收益率足够高，能够补偿其可察觉的投资风险。很明显，在上述例子中，投资国库券收益率是无风险确定的货币时间价值相对值，投资高科技公司的收益率是风险报酬率，因此投资者投资风险证券要求的收益率一定要高于投资确定证券收益率才会愿意投资。证券投资决策是风险决策，衡量风险程度大小的指标是标准离差、标准离差率以及 β 系数（衡量系统风险大小）。证券投资决策风险分为系统风险和非系统风险。系统风险又称市场风险，是指资本市场熊市不可分散风险，要求风险报酬，产生于影响

大多数公司的因素：经济危机、通货膨胀、经济衰退以及高利率。由于这些因素会对大多数股票产生负面影响，因此无法通过分散化投资消除市场风险。非系统风险是指通过证券组合可分散风险，也就是说可以通过证券持有的多样化来抵消，即多买几家公司的股票，其中某些公司的股票收益上升，另一些股票的收益下降，从而将风险抵消。非系统风险不能要求风险报酬，是由某些微观随机事件导致的，如个别公司遭受火灾，公司在市场竞争中的失败等。两者关系如图 3 - 17 所示。

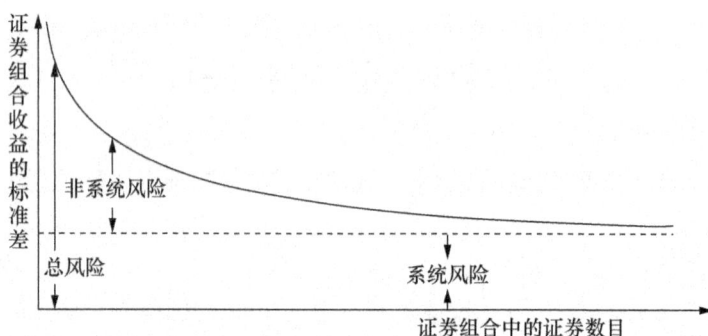

图 3 - 17　证券投资风险

一、单项证券投资决策

如前所述，对投资活动而言，风险是与投资收益的可能性相联系的，因此，对风险的衡量就要从投资收益的可能性入手。

（一）预测未来不确定性概率情况下可能的报酬（收益）率

概率是度量随机事件发生可能性的一个数学概念。例如，掷一次硬币，正面向上的概率为 50%。如果将所有可能的事件或结果都列示出来，并对每个事件都赋予一个概率，则得到事件或结果的概率分布。对于掷硬币一例，可以建立如下的概率分布表，如表 3 - 3 所示。第 1 列列示了可能的事件结果，第 2 列列示了不同事件结果的概率。请注意，概率分布必须符合以下两个要求：①出现每种结果的概率都在 0 ~ 1；②所有结果的概率之和应等于 1。

表 3 - 3　概率分布表

事件结果	概率（%）
正面向上	50
反面向上	50
合计	100

这里为证券投资的可能结果（即收益或报酬）赋予概率。假设有两家公司西方公司和东方公司，其公司股票收益率的概率分布如表 3-4 所示。从表中可以看出，经济繁荣的概率为 20%，此时两家公司的股东都将获得很高的收益率；经济情况一般的概率为 60%，此时股票收益适中；而经济情况衰退的概率为 20%，此时两家公司的股东只能获得低收益，西方公司的股东甚至会遭受损失。

表 3-4　西方公司及东方公司证券投资收益（报酬）的概率分布

经济情况	各种经济情况发生概率	西方公司预计收益率（%）	东方公司预计收益率（%）
繁荣	0.2	40	70
一般	0.6	20	20
衰退	0.2	0	-30
合计	1	60	60

（二）计算期望报酬（收益）率

如表 3-5 所示，将各种可能结果与其所对应的发生概率相乘，并将乘积相加，则得到各种结果的加权平均数。此处权重系数为各种结果发生的概率，加权平均数则为期望报酬（收益）率。表中显示西方公司及东方公司的期望报酬（收益）率均为 20%。

表 3-5　期望报酬（收益）率的计算

经济情况（1）	发生概率（2）	西方公司		东方公司	
		预期收益率(%)（3）	期望收益率(%)（2）×（3）	预期收益率（%）（4）	期望收益率(%)（2）×（4）
繁荣	0.2	40	8	70	14
一般	0.6	20	12	20	12
衰退	0.2	0	0	-30	-6
合计	1		20		20

由此可知期望报酬（收益）率的计算公式如下：

$$\overline{R} = \sum_{i=1}^{n} R_i P_i \qquad (3-16)$$

式中，R_i 表示第 i 种可能结果的报酬率；P_i 表示第 i 种可能结果的概率；n 表示可能结果的个数。

西方公司的期望报酬（收益）率计算过程如下：

$\overline{R} = 0.2 \times 40\% + 0.6 \times 20\% + 0.2 \times 0 = 20\%$

东方公司的预期收益率计算过程如下：

$\overline{R} = 0.2 \times 70\% + 0.6 \times 20\% - 0.2 \times 30\% = 20\%$

（三）计算衡量风险大小的指标

1. 标准离差

为了能准确度量风险的大小，我们引入标准离差这一度量概率分布密度的指标。标准离差越小，概率分布越集中，表示预测未来不确定性概率情况下可能的报酬（收益）率背离其期望报酬（收益）率的可能性越小，相应地风险也就越小。标准离差的具体计算公式如下：

$$\sigma = \sqrt{\sum_{i=1}^{n} (R_i - \overline{R})^2 \cdot P_i} \tag{3-17}$$

式中，R_i 表示第 i 种可能结果的报酬率；P_i 表示第 i 种可能结果的概率；n 表示可能结果的个数；$\overline{R}$ 表示期望报酬（收益）率。

可见，标准离差实际上是第 i 种可能结果的报酬率偏离期望值的离差的加权平均值，其度量了预测值偏离期望值的程度。

前例中，西方公司的标准离差为：

$\sigma = \sqrt{(40\% - 20\%)^2 \times 0.2 + (20\% - 20\%)^2 \times 0.6 + (0 - 20\%)^2 \times 0.2} = 12.65\%$

东方公司的标准离差为：

$\sigma = \sqrt{(70\% - 20\%)^2 \times 0.2 + (20\% - 20\%)^2 \times 0.6 + (-30\% - 20\%)^2 \times 0.2} = 31.62\%$

东方公司的标准离差更大，说明其收益的离差程度更大，即无法实现期望收益的可能性更大。由此可以判断，当单独持有时，东方公司的股票比西方公司的股票风险更大。在期望报酬率或收益率相等都为 20% 时，应选择风险小的西方公司股票投资。

2. 标准离差率

如果两个证券期望报酬率相同、标准离差可以度量风险大小，理性投资者会选择标准离差较小即风险较小的那个。类似地，如果两证券具有相同风险（标准离差）但期望报酬率不同，投资者通常会选择期望报酬率较高的证券。因为投资者都希望冒尽可能小的风险，而获得尽可能高的收益或报酬。但是，如果有两项证券投资期望报酬率不相同，投资者该如何度量风险大小，另一个指标标准离差率又称变异系数（Coefficient of Variation，CV）可以较好地解决这一问题。

标准离差率的计算公式是：

$$CV = \frac{\sigma}{\overline{R}} \times 100\% \tag{3-18}$$

式中，σ 表示标准离差率；$\overline{R}$表示期望报酬（收益）率。可见标准离差率是每单位期望报酬率的标准离差。

上例中东方公司标准离差是 31.62%，西方公司标准离差是 12.65%，假设东方公司期望报酬率为 40%，西方公司期望报酬率为 15%，则东方公司标准离差率 = 31.62%/40% = 79.05%，西方公司标准离差率 = 12.65%/15% = 84.33%，此时投资者应该选择投资报酬率高、风险相对较小的东方公司。

（四）计算风险报酬（收益）率

通常在证券投资中，期望报酬率和标准离差率呈正比例关系，即风险大的证券投资者要求收益报酬高，比如上例中东方公司标准离差是 31.62%，西方公司标准离差是 12.65%，若东方公司期望报酬率为 40%，西方公司期望报酬率为 18%，则东方公司标准离差率 = 31.62%/40% = 79.05%，西方公司标准离差率 = 12.65%/18% = 30.65%，此时利用期望报酬率和标准离差率无法抉择，这里引入风险报酬（收益）率指标来决策。具体计算公式如下：

$$R_R = b \times CV \qquad\qquad (3-19)$$

式中，R_R 表示风险报酬率；CV 表示标准离差率；b 表示风险报酬系数，其在很大程度上取决于各公司对风险的态度，比较敢于承担风险的公司往往把 b 确定得低些，反之比较稳健的公司常常把 b 确定得高些。风险报酬系数 b 可以由公司高层管理者比如总经理、财务副总、会计主管或公司组织有关专家来确定。

前例中东方公司期望报酬率为 40%，西方公司期望报酬率为 18%，则东方公司标准离差率为 79.05%，西方公司标准离差率为 30.65%，此时风险和报酬同向变动，东方公司风险大、要求的报酬高，而西方公司风险小、要求的报酬小，因此要借助风险报酬率指标来抉择。假设西方公司是风险稳健型，确定风险报酬系数为 14%；东方公司是敢于承担风险的公司，确定风险报酬系数为 5%。则东方公司风险报酬率 R_R = 79.05% × 5% = 3.95%；西方公司风险报酬率 R_R = 30.65% × 14% = 4.291%，故选择西方公司股票投资。

（五）计算投资必要报酬率

必要报酬率是投资者愿意投资可以接受的最低限度。

1. 通过风险报酬率计算

投资的必要报酬率 K 可表示为：

$$K = R_F + R_R = R_F + b \times CV \qquad\qquad (3-20)$$

式中，R_F 表示无风险报酬率即考虑通货膨胀贴水的货币时间价值，通常采用国库券的利率。

上例中倘若国库券利率是 6% 则东方公司必要报酬率 K = 9.95%，西方公司必要报酬率 K = 10.291%，投资者在东方公司股票报酬超过 9.95% 才愿意投资，西方公司股票报酬率超过 10.291% 才愿意投资，反之不投资。

2. 单项证券投资资本资产定价模型 CAMP

$$K_j = R_F + \beta_j(R_M - R_F) \tag{3-21}$$

式中，K_j 表示投资第 j 项证券的必要报酬率；R_F 是无风险报酬率即考虑通货膨胀贴水的货币时间价值，通常采用国库券的利率；R_M 表示证券市场平均报酬率；β_j 表示第 j 项证券的 β 系数，反映第 j 项证券收益对于系统风险的反应程度，是度量一种证券对于市场组合变动的反应程度的指标。β 系数计算复杂，一般由投资服务机构定期计算并向投资者公告。如表 3-6 列示了美国几家公司的 β 系数，表 3-7 列示了我国几家上市公司的 β 系数。

表 3-6　美国几家公司 2006 年度的 β 系数

公司名称	β 系数
通用汽车公司	1.88
微软公司	0.79
雅虎公司	0.72
摩托罗拉公司	1.35
国际商用机器公司	1.65
美国电话电报公司	0.62
杜邦公司	1.33

资料来源：Yahoo Finance（http://finance, yahoo, com）。

表 3-7　我国几家公司 2006 年度的 β 系数

股票代码	公司名称	β 系数
000037	深南电 A	1.20
000039	中集集团	0.56
000045	深纺织 A	0.86
000060	中金岭南	2.34
600637	广电信息	1.49
600641	万业企业	0.40
600644	乐山电力	1.53
600650	锦江投资	1.00

资料来源：Yahoo Finance（http://cn. finance, yahoo, com）。

作为整体的证券市场的 β 系数为 1，如果某种股票的风险程度与整个证券市场的风险程度相同，则这种股票的 β 系数也等于 1，如果某股票的 β 系数大于 1 则说明这种股票的风险大于整个证券市场的风险，如果某股票的 β 系数小于 1 则说明这种股票的风险小于整个证券市场的风险。

资本资产定价模型建立在一系列严格假设基础之上：所有投资者都关注单一持有期；通过基于每个投资组合的预期收益率和标准差在可选择的投资组合中选择，都寻求最终财富效用的最大化；所有投资者都可以给定的无风险利率无限制地借入或借出资金，卖空任何资产均没有限制；投资者对预期收益率、方差以及任何资产的协方差评价一致，即投资者有相同的期望；所有资产都是无限可分的，并有完美的流动性（即在任何价格均可交易）；没有交易费用；没有税收；所有投资者都是价格接受者（即假设单个投资者的买卖行为不会影响股价）；所有资产的数量都是确定的。

[例 3 – 18] 中原公司和南方公司股票的报酬率和概率分布如表 3 – 8 所示。

表 3 – 8　中原公司和南方公司股票报酬率和概率分布

经济情况	发生概率	预期报酬率（%）	
		中原公司	南方公司
繁荣	0.3	40	60
一般	0.5	20	20
衰退	0.2	0	– 10

假设两公司风险报酬系数为 5%，同期国库券利率为 10%，要求做出中原公司和南方公司股票投资抉择。

解　中原公司：

期望报酬率 $= 40\% \times 0.30 + 20\% \times 0.50 + 0\% \times 0.20 = 22\%$

标准离差

$$\sigma = \sqrt{(40\% - 22\%)^2 \times 0.30 + (20\% - 22\%)^2 \times 0.50 + (0\% - 22\%)^2 \times 0.20} = 14\%$$

标准离差率 $CV = 14\% / 22\% = 0.64$

风险报酬率 $= 5\% \times 0.64 = 3.2\%$

必要报酬率 $= 10\% + 5\% \times 0.64 = 13.2\%$

南方公司：

期望报酬率 $= 60\% \times 0.30 + 20\% \times 0.50 + (-10\%) \times 0.20 = 26\%$

标准离差

$$\sigma = \sqrt{(60\% - 26\%)^2 \times 0.30 + (20\% - 26\%)^2 \times 0.20 + (-10\% - 26\%)^2 \times 0.20}$$

$$= 24.98\%$$

标准离差率 CV = 24.98%/26% = 0.96

风险报酬率 = 5% × 0.96 = 4.8%

必要报酬率 = 10% + 5% × 0.96 = 14.8%

结论：因为两家公司期望报酬率不同因此要计算 CV 来衡量风险大小。结果表明南方公司期望报酬率高于中原公司且标准离差率 CV 也高于中原公司，此时必须借助风险报酬率或必要报酬率指标，南方公司风险报酬率和必要报酬率都大于中原公司，因此选择南方公司股票投资。

[**例 3 - 19**] 华特电子公司的证券选择。假设你是华特电子公司的财务分析员，目前正在进行一项包括四个备选方案的投资分析工作，各方案投资期都是一年，对应于四种不同经济状况的期望报酬率如表 3 - 9 所示。

表 3 - 9　不同经济条件下华特电子公司四种证券投资估计的报酬率

经济状态	概率	备选方案预期报酬率（%）			
		A	B	C	D
衰退	0.20	10	6	22	5
一般	0.60	10	11	14	15
繁荣	0.20	10	31	-4	25

要求：如何从四个备选方案中选择一种证券投资。

解　方案 A

期望报酬率 = 10% × 0.20 + 10% × 0.60 + 10% × 0.20 = 10%

标准离差

$$\sigma = \sqrt{(10\% - 10\%)^2 \times 0.20 + (10\% - 10\%)^2 \times 0.60 + (10\% - 10\%)^2 \times 0.20}$$
$$= 0\%$$

标准离差率 CV = 0%/10% = 0%

方案 B

期望报酬率 = 6% × 0.20 + 11% × 0.60 + 31% × 0.20 = 14%

标准离差

$$\sigma = \sqrt{(6\% - 14\%)^2 \times 0.20 + (11\% - 14\%)^2 \times 0.60 + (31\% - 14\%)^2 \times 0.20} = 8.72\%$$

标准离差率 CV = 8.72%/14% = 62.29%

方案 C

期望报酬率 = 22% × 0.20 + 14% × 0.60 + (-4%) × 0.20 = 12%

标准离差

$$\sigma = \sqrt{(22\% - 12\%)^2 \times 0.20 + (14\% - 12\%)^2 \times 0.60 + (-4\% - 12\%)^2 \times 0.20} = 8.58\%$$

标准离差率 CV = 8.58%/12% = 71.5%

方案 D

期望报酬率 $=5\% \times 0.20 + 15\% \times 0.60 + 25\% \times 0.20 = 15\%$

标准离差

$$\sigma = \sqrt{(5\% - 15\%)^2 \times 0.20 + (15\% - 15\%)^2 \times 0.60 + (25\% - 15\%)^2 \times 0.20} = 6.32\%$$

标准离差率 $CV = 6.32\%/15\% = 42.13\%$

结论：方案 B、C、D 都存在风险，其中方案 D 风险最小期望报酬率最大，因此方案 B、C、D 应选 D 投资。但方案 A 和 D 应选择哪个？方案 A 的期望报酬率 10% 是无风险报酬率，投资方案 A 的必要报酬率也是 10%；方案 D 的期望报酬率 15% 也是投资必要报酬率，其风险报酬率即风险溢价是 5%。因此，四个备选方案中最终选择方案 D 投资。

思考：期望报酬率、标准离差、标准离差率三个指标在单个证券投资决策中是否总是有效，它们是否将风险和报酬结合起来了？

回答：当期望报酬率相同或风险相同时有效，但当高风险要求高回报时，借助这些指标无法决策，需要借助的是风险报酬率或必要报酬率指标。

二、证券投资组合决策

（一）证券组合的资本资产定价模型

投资者在进行证券投资时，一般并不把所有资金投资于一种证券，而是同时持有多种证券。这种同时投资于多种证券的方式，称为证券的投资组合，简称证券组合或投资组合。由多种证券构成的投资组合会减少风险，收益率高的证券会抵消收益率低的证券带来的负面影响。因此，绝大多数法人投资者如工商企业、投资信托公司、投资基金等都同时投资于多种证券；即使是个人投资者，一般也是持有证券的投资组合而不只是投资于某一个公司的股票或债券。所以，了解证券投资组合的风险收益率对于公司财务人员进行投资决策来说非常重要。

投资者进行证券组合投资与进行单项投资一样，都要求对承担的风险进行补偿，股票的风险越大，要求的收益越高。但是，与单项投资不同，证券组合投资要求补偿的风险只是市场风险，而不要求对可分散风险进行补偿。如果可分散风险的补偿存在，善于科学地进行投资组合的投资者将会购买这部分股票，并抬高其价格，其最后的收益率只反映市场风险即系统风险。因此，证券组合的风险收益是投资者因承担不可分散风险而要求的超过时间价值的那部分额外收益即风险溢价，可用下列公式计算：

$$R_p = \beta_p (R_M - R_F) \tag{3-22}$$

式中，R_p 表示证券投资组合的风险报酬（收益）率；β_p 表示证券组合的 β 系数；R_M 表示所有股票的平均报酬（收益）率，也就是由市场上所有股票组成的证券组合的报酬（收益）率，简称市场报酬（收益）率。

依次得到证券组合的资本资产定价模型：

$$R_j = R_F + \beta_p(R_M - R_F) \tag{3-23}$$

式中，R_j 表示第 j 项证券组合的必要投资报酬（收益）率，R_F 表示无风险收益率，一般用政府公债的利息率来衡量。证券组合的 β 系数 β_p 可表示为：

$$\beta_P = \sum_{i=1}^{n} x_i \beta_i \tag{3-24}$$

式中，x_i 表示证券组合中第 i 种股票所占的比重，β_i 表示第 i 种股票的 β 系数，n 表示证券组合中包含的股票数目。

资本资产定价模型通常可以用图形来表示，该图又叫证券市场线（Security Market Line，SML）。它说明投资必要报酬（收益）率与不可分散风险 β 系数之间的关系，如图 3 – 18 所示。

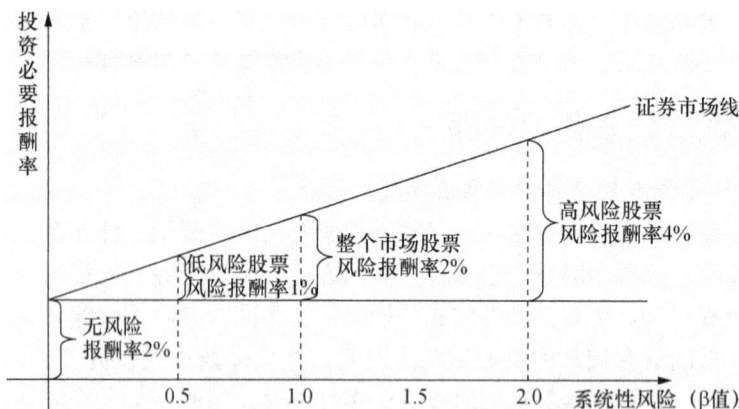

图 3 – 18　证券投资必要报酬（收益）率与 β 系数的关系

由图 3 – 18 可知，无风险收益率为 2%，β 系数不同的股票有不同的风险收益率，当 β = 0.5 时，风险收益率为 1%；当 β = 1.0 时，风险收益率为 2%；当 β = 2.0 时，风险收益率为 4%。也就是说，β 值越高，要求的风险收益率越高，在无风险收益率不变的情况下，投资必要收益率也就越高。β 系数反映了股票收益对于系统性风险的反应程度。

从投资者的角度来看，无风险收益率是其投资的收益率，但从筹资者的角度来看，则是其支出的无风险成本，或称无风险利息率。现在市场上的无风险利率由两方面构成：一是无通货膨胀的收益率，这是真正的时间价值部分；二是通货膨胀贴水，它等于预期的通货膨胀率。这样，在图 3 – 18 中无风险收益率为 2%，假设包括 1% 的真实收益率和 1% 的通货膨胀贴水。

如果预期通货膨胀率上升 2%，这将使无风险利率上升到 4%，如图 3 – 19 所示。通货膨胀率的增加也会引起所有股票收益率的增加，例如，市场上股票的平均收益率从 2% 增加到 4%。

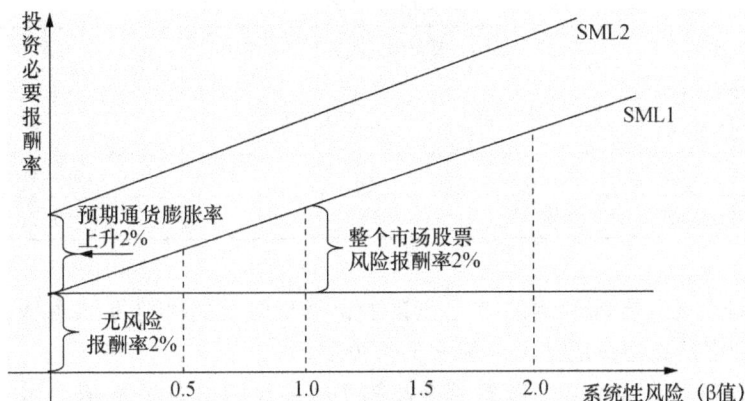

图 3 – 19　通货膨胀对证券收益的影响

证券市场线（SML）反映了投资者回避风险的程度——直线越陡峭，投资者越回避风险。也就是说，在同样的风险水平上，要求的收益更高；或者在同样的收益水平上，要求的风险更小。如果投资者不回避风险，为 2%，各种证券的收益率也是 2%，这样，证券市场线将是水平的；当风险回避增加时，风险收益率随之增加，证券市场线的斜率也变大。图 3 – 20 说明了风险回避增加的情况，市场风险收益率从 2% 上升到 4%，必要收益率也从 6% 上升到 8%，风险回避的程度对风险影响较大。

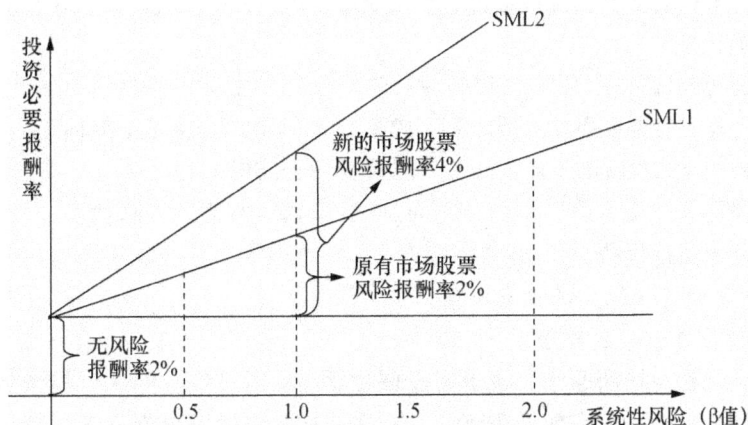

图 3 – 20　风险回避程度对证券收益的影响

[**例3-20**] 目前无风险收益率为10%，市场组合的期望收益率为15%，市场分析师对四种股票的收益率和β的预测如下：

表3-10　预测必要报酬率和β系数

股票	预测必要报酬（收益）率（%）	预测β
锌矿公司	17	1.3
油漆公司	14.5	0.8
汽车公司	15.5	1.1
电子公司	18	1.7

（1）若市场分析师预测的β是正确的，每只股票的必要报酬率是多少？哪些股票的价格被高估或低估了（哪些值得投资）？

（2）如果对值得投资的股票等金额购买，该投资组合的β值是多少？投资组合必要报酬率是多少？

（3）若无风险收益率突然升至12%，市场对风险的态度不变，则股票的必要报酬率是否有所改变，怎样改变？

解　（1）锌矿公司 = 10% + 1.3 × （15% - 10%） = 16.5% < 17% 高估

油漆公司 = 10% + 0.8 × （15% - 10%） = 14% < 14.5% 高估

汽车公司 = 10% + 1.1 × （15% - 10%） = 15.5% = 15.5%

电子公司 = 10% + 1.7 × （15% - 10%） = 18.5% > 18% 低估

汽车公司和电子公司值得投资。

（2）β = 0.5 × （1.7 + 1.1） = 1.4

汽车公司和电子公司投资组合必要报酬率 = 10% + 1.4 × （15% - 10%） = 17%

（3）有改变。

锌矿公司 = 12% + 1.3 × （15% - 12%） = 15.9% < 17% 高估

油漆公司 = 12% + 0.8 × （15% - 12%） = 14.4% < 14.5% 高估

汽车公司 = 12% + 1.1 × （15% - 12%） = 15.5% = 15.5%

电子公司 = 12% + 1.7 × （15% - 12%） = 17.1% < 18% 高估

汽车公司值得投资。

（二）最优证券组合的投资决策

1. 有效投资组合的概念

根据风险收益均衡原则，投资者希望收益高、风险低，因此，投资者只希望投资于有效投资组合。有效投资组合是指在任何既定的风险程度上，提供的预期收益率最高的投资组合；也可以是在任何既定的预期收益率水平上，带来的风险最低的投资组合。

一个有效的证券投资组合中不会仅仅包括两项资产。当然，列示出所有可能的资产组合也是不可能的。只要先估计出各股票实际收益率的数值，就能用图形表示出各组合的风险收益率对应点的集合是什么形状。图3－21说明了所有可能投资组合的收益率情况。

当投资者面对包含多种可选择投资方案时，该如何选择？如果选择投资组合N，则可以发现，点E的预期收益率与其相同，但风险更小；点F的风险与其相同，但预期收益更高。

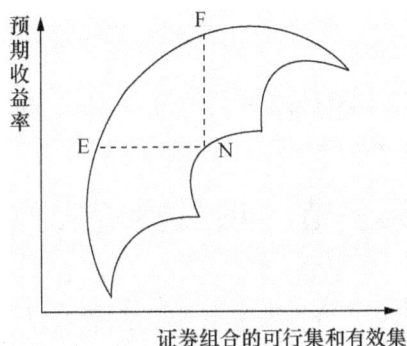

图3－21 风险资产的所有可能组合的预期收益率

从点E到点F这条曲线上的各点才是最有意义的，它们或者在既定收益率水平上风险更低，或者在既定风险水平上收益率更高。所以，从点E到点F的这一段曲线就称为有效投资曲线。

2. 最优投资组合的建立

要建立最优投资组合，还必须加入一个新的因素——无风险资产。一个投资组合不可能只包括风险资产，还包括无风险资产。有了无风险资产，就能说明投资者是如何选择投资组合的。简言之，无风险资产的标准差为零。也就是说，它的未来收益率没有不确定性，实际收益率永远等于预期收益率。从严格意义上讲，完全没有风险的资产是不存在的。但一般情况下，一些标准差非常小，或者说风险非常小的资产可以视为无风险资产，比如政府发行的国库券。

当能够以无风险利率借入资金时，可能的投资组合对应点所形成的连线就是资本市场线（Capital Market Line，CML），资本市场线可以看作所有资产，包括风险资产和无风险资产的有效集，用图形表示就是图3－22中以R_F为起点的斜线。资本市场线在点A与有效投资组合曲线相切，点A就是最优投资组合，该切点代表了投资者所能获得的最高满意度。

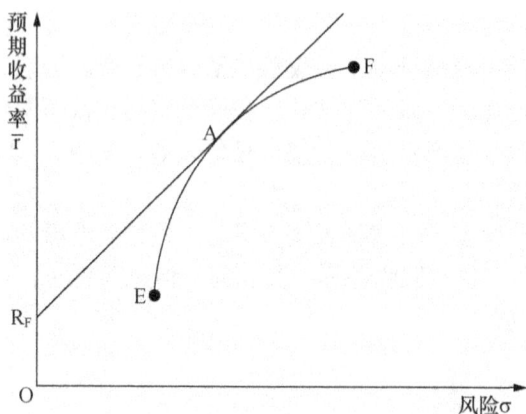

图 3-22　最佳风险性投资组合和无风险借贷构成的可选择组合

第三节　项目投资决策

企业的投资项目主要可以分为新建项目和更新改造项目两大类，前者指以新增生产能力为目的的扩大再生产项目，后者则指以恢复或改善生产能力为目的的简单再生产或内涵式扩大再生产项目。而新建固定资产项目还可以进一步细分为单纯固定资产投资项目和完整工业投资项目，区别在于前者只发生为取得固定资产而发生的资本投入，而不考虑周转资本的投入；而后者不仅包括固定资产投资还涉及流动资金的垫付，甚至包括其他长期资产项目如无形资产和递延资产的投资。本节对与企业项目投资有关的概念、评价指标体系及有关问题作较全面的论述。

一、项目寿命期的构成与现金流量分析

（一）项目寿命期的构成

企业项目投资的寿命期为自投资建设期开始到项目投资清理结束之间的整个期间，以图 3-23 具体表示为：

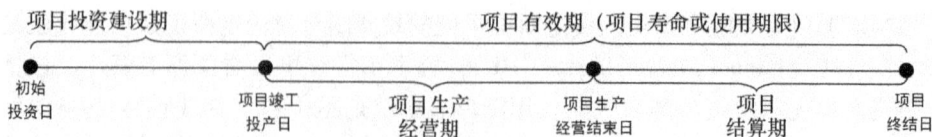

图 3-23　项目寿命期示意图

项目建设期自项目建设之日起至投产日为止，是工程施工，设备购置、安装的时期；从投产日到项目生产经营期终止的时间段为项目生产经营期；待项目终了，还需进行固定资产的清理和垫付资金的回收，即进入项目投资的最后阶段——项目清理期。

（二）现金流量分析

1. 长期投资决策中要分析现金流量的原因

财务会计按权责发生制计算企业的收入和成本，并以收入减去成本后的差额作为利润，用来评价企业的经济效益。在长期投资决策中则不能以权责发生制计算的收入和成本作为项目投资决策的依据，而应以收付实现制计算的现金流入、现金流出和净现金流量作为项目投资决策的依据。项目投资决策之所以要以收付实现制计算的现金流量为依据，其主要原因如下：①采用现金流量有利于科学地考虑时间价值因素；②采用现金流量使项目投资决策更符合客观实际；③采用现金流量考虑了项目投资的逐步回收问题。

2. 现金流量预测的原则

（1）实际现金流量原则。

实际现金流量原则是指计量投资项目的成本和收益时，应使用现金流量而不是会计收益。其另一个含义是项目未来的现金流量必须用预期的未来的价格和成本来计算，而不是用现在的价格和成本计算，因此，要充分考虑通货膨胀的影响。

（2）增量现金流量原则。

增量现金流量是根据"有无"原则确认有这项投资与没有这项投资的现金流量之间的差额。判断增量现金流量要注意以下几个方面：

1）附加效应：在估计项目现金流量时，要以投资企业所有经营活动产生的整体效果为基础进行分析，而不是孤立地考察某一项目。

2）沉没成本。

3）机会成本。

4）制造费用。

比如设备购置成本、每年的操作成本均属于相关成本，对设备投资决策会产生影响，因此要参与计算。投资前的调研费就属于沉没成本，它发生在过去，无论企业是否进行设备投资，前期设备支出的发生已无法改变，对设备投资决策没有影响，因此不参与计算。

（3）税后原则。

如果公司需向政府纳税，在评价投资项目时所使用的现金流量应当是税后现金流量，因为只有税后现金流量才与投资者的利益相关。

3. 项目现金流量具体分析过程

现金流量是指投资项目从筹建、设计、施工、正式投产使用至报废为止的整个期间内形成的现金流入与流出；流入量与流出量之间的差额，称作净现金流量。正确估计各个投资项目的现金流入、流出的数量及时间分布，确定各个期间的净现金流量，是正确评价项目效益的必要条件。

项目投资的现金流出量主要由投资支出构成，具体包括固定资产的购置与安装支出等初始投资支出、正式投产后发生的经营性支出以及发生在流动资产（存货、应收款项等）上的资金垫付。

现金流出 = 初始投资支出总计 + 流动资金垫付 + 经营性现金支出合计

投资项目的现金流入量主要指投资的收益，具体又包括经营性现金收入、固定资产报废时的残值收入、项目结束时与项目有关垫付流动资金的回收。

现金流入 = 经营性现金收入合计 + 固定资产残值收入 + 垫付资金回收

净现金流量可以按项目总计，也可以分年计算。考虑到应计制与现金收付制之间的差异，项目净现金流量和年净现金流量以公式表示分别为：

项目净现金流量 = 投资额（含固定资产、流动资产投资）+ 各年经营利润之和 + 各年折旧之和 + 固定资产残值收入 + 流动资产投资回收

年净现金流量 = 当年经营利润 + 当年计提的折旧 + 固定资产残值收入 + 流动资产投资回收 − 投资额（含固定资产、流动资产投资）

（1）项目建设期（初始投资期）的现金流量构成。

初始投资期限可以超过 1 年，开始投资发生的现金流出包括固定资产（设备厂房）购置安装等现金流出，流动资产垫支（现金存货应收款）增加现金流出，流动负债（应付款）减少现金流出，其他费用如职工培训费、注册费增加现金流出，所得税增加现金流出以及减少所得税减少现金流出，因投资而放弃其他机会获得的收益即机会成本。但初始投资前期发生的调研费等费用是沉没成本，决策时无须考虑。

（2）项目生产经营期现金流量。

就是项目竣工投入使用后发生的营业现金流 NCF。

营业现金流 = 营业收入 − 付现成本 − 所得税

其中付现成本 = 营业成本 − 折旧费

因此营业现金流 = 营业收入 − 营业成本 − 所得税 + 折旧 = 净利 + 折旧费 =（营业收入 − 付现成本 − 折旧费）×（1 − 所得税税率）+ 折旧费 =（营业收入 − 付现成本）×（1 − 所得税税率）+ 折旧费 × 所得税税率

但要考虑因新项目开发对原有项目的交叉影响。

（3）项目清理期即项目终结现金流入。

包括固定资产残值、变价收入、固定资产清理费用、流动资产垫支回收。

[例3－21] 你的企业正在进行一条生产线的投资决策，在这之前企业已经进行了市场调研和技术分析，共花费了3万元，并且企业根据估计，项目开始一次性投资额为6 000万元，其中固定资产5 000万元，采用直线法折旧，项目结束后无残值；流动资金投入1 000万元，项目结束后收回用于其他项目。项目使用闲置的厂房（售价1 500万元，账面价值1 200万元），项目期限5年，各年度的收入、成本费用状况如表3－11所示。企业所得税率为25%。请问你如何确定各阶段现金流？

表3－11　生产线5年经营的现金收入和费用状况

单位：千万元

时间	第1年	第2年	第3年	第4年	第5年
现金收入	10	11	12	12	10
现金费用	6.5	7	7	8	7

解　初始投资第一年年初现金流出 = －6 000－厂房机会成本 = －6 000－1 425 = －7 425（万元）

其中，厂房机会成本 = 1 500－300×25% = 1 425（万元）

市场调研和技术分析共花费了3万元为沉没成本不考虑。

项目生产经营期共5年每年经营现金流通过表3－12计算如下：

每年折旧额 = 5 000/5 = 1 000万元，根据 NCF = 净利润＋折旧可得到下表结果：

表3－12　生产线5年经营期各年营业现金流计算表

单位：千万元

时间	第1年	第2年	第3年	第4年	第5年
现金收入	10	11	12	12	10
现金费用	6.5	7	7	8	7
折旧	1	1	1	1	1
税前利润	2.5	3	4	3	2
所得税25%	0.625	0.75	1	0.75	0.5
税后利润	1.875	2.25	3	2.25	1.5
折旧	1	1	1	1	1
现金流量	2.875	3.25	4	3.25	2.5

二、项目投资决策的经济评价指标

项目投资方案的主要经济评价指标，按照其是否按货币时间价值进行统一换算，可分为静态指标与动态指标两大类。

（一）静态指标

静态指标，是不按货币时间价值进行统一换算，而直接按项目形成的现金流进行计算的指标，又称非贴现现金流量指标。常用的静态指标包括平均报酬率、投资回收期。

1. 平均报酬率

（1）数学表达式。

平均报酬率的数学表达式如下：

平均报酬率 = 各年现金流量和/初始投资额

［例 3 - 22］ 生产线投资各年的现金流量构成如表 3 - 13 所示。

表 3 - 13　生产线投资各年的现金流量表

单位：千万元

时间	第 0 年	第 1 年	第 2 年	第 3 年	第 4 年	第 5 年
现金流量	- 7.425	2.875	3.25	4	3.25	3.51

则

$$平均报酬率 = \frac{2.875 + 3.25 + 4 + 3.25 + 3.51}{7.425} = 2.27$$

（2）判断依据。

平均报酬率的决策依据是，投资项目的平均报酬率越高越好，低于无风险投资利润率的方案为不可行方案。平均报酬率指标计算简单明了，容易被实际操作者掌握。不过由于没有考虑货币的时间价值，把各年的现金流量等值视之，难以反映考虑项目建设期长短及收益流时间分布对项目的影响。

2. 投资回收期

投资回收期简称回收期，指以投资项目净现金流入抵偿初始投资总额所需要的时间，一般以年为单位计算。

（1）数学表达式。

如果项目投资每年营业现金流 NCF 相等，则投资回收期 = 初始投资总额/NCF。

如果项目投资每年营业现金流 NCF 不等，则投资回收期 = 第 N 年 + 第 N 年末尚未收回的初始投资/第 N + 1 年的 NCF。

[**续例 3 - 22**] 根据表 3 - 13 计算投资回收期 $= 2 + \dfrac{7.425 - 2.875 - 3.25}{4} = 2.325$。

（2）判断依据。

投资回收期越短，则该项目承受的风险也越小。多个方案中，投资回收期越短的方案越好。将方案的投资回收期与基准回收期相比，只有小于或等于基准回收期的方案是可行的。考虑到建设期的影响，投资回收期还可以分为包括建设期的投资回收期和不包括建设期的投资回收期，而实务中，前者的运用更广一些。

投资回收期的主要不足也在于没有考虑货币时间价值，既没有考虑资金的时间价值，也没有考虑回收期满后的现金流量状况。

（二）动态指标

动态指标，是在对项目形成的现金流量按货币时间价值进行统一换算的基础上进行计算的各项指标，又称贴现现金流量指标。常用的动态指标包括净现值 NPV、获利指数 PI 和内部报酬率 IRR。

1. 净现值 NPV（Net Present Value）

净现值，是项目各年净现金流量折现到 0 年之值的总和，以 NPV 表示。净现值 = 未来每年的营业净现金流量的总现值 - 初始投资总现值

（1）数学表达式。

净现值指标的数学表达式如下：

$$\text{净现值 NPV} = \sum_{t=1}^{n+m-1} \frac{NCF_{m+t}}{(1+k)^{m+t}} - \sum_{l=0}^{m-1} \frac{C_l}{(1+k)^l} \qquad (3-25)$$

式中，n 表示项目竣工到项目清算日的期限即项目寿命期限；m 表示项目初始投资期；C_l 表示 l 时间点投资现金流出量；NCF_{m+t} 表示 m + t 时间点营业净现金流量；k 表示贴现率，等于投资必要报酬率或筹资的资金成本。

当项目初始投资期 m = 1 时，式（3 - 25）可以转换为：

$$\text{净现值 NPV} = \sum_{t=1}^{n} \frac{NCF_t}{(1+k)^t} - C_0 \qquad (3-26)$$

式中，C_0 表示初始投资额。

仍以表 3 - 13 中的数据为例，假设企业使用 40% 的银行借款，利率为 10%，5 年末项目结束时归还。使用 60% 的股权资本，股东必要回报率为 40%。企业所得税率为 25%，计算项目的净现值：

贴现率等于资本成本，即 k = 40% × 10%（1 - 25%）+ 60% × 40% = 27%
则

$$NPV = \left[\frac{NCF_1}{(1+k)^1} + \frac{NCF_2}{(1+k)^2} + \cdots + \frac{NCF_n}{(1+k)^n} \right] - C = \sum_{t=1}^{n} \frac{NCF_t}{(1+k)^t} - C_0$$

$$= 2.875 \times (PVIF, 27\%, 1) + 3.25 \times (PVIF, 27\%, 2) + 4 \times (PVIF, 27\%, 3)$$
$$\quad + 3.25 \times (PVIF, 27\%, 4) + 3.51 \times (PVIF, 27\%, 5) - 7.425$$
$$= 2.2637 + 2.015 + 1.8527 + 1.2493 + 1.062 - 7.425$$
$$= 8.5427 - 7.425 = 1.1177$$

或运用 Excel 中的财务函数 NPV 计算每年年末现金收入现值总和，如图 3 – 24 所示。

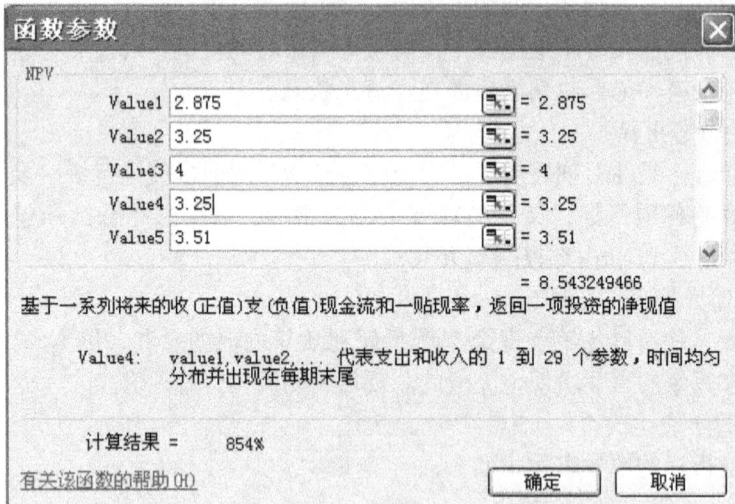

图 3 – 24　利用 Excel 计算每年年末现金收入现值总和

则

NPV = 8.54 – 7.425 = 1.115

（2）判断依据。

当拟建设项目的净现值大于或等于 0 时，说明该方案可实现的收益率大于所要求的折现率，该项目可行；反之，若项目的净现值小于 0，说明项目的收益率尚未达到企业所要求的折现率，不可行。

2. 获利指数 PI（Profit Index）

净现值指标是最常采用的项目投资决策的经济评价指标之一。但净现值有一个主要的缺点，就是如果不同项目的投资额不同，单纯看净现值的绝对量并不能作出正确判判、对比。为消除这一不便，可以净现值率又称获利指数 PI 指标进行参照。

获利指数又称利润指数（Profitability Index，PI），是投资项目未来报酬的总现值与初始投资额的现值之比。

（1）数学表达式。

获利指数的计算公式为：

$$\text{获利指数 PI} = \sum_{t=1}^{n+m-1} \frac{NCF_{m+t}}{(1+k)^{m+t}} \div \sum_{l=0}^{m-1} \frac{C_l}{(1+k)^l} \qquad (3-27)$$

当项目初始投资期 m = 1 时，式（3 - 27）可以转换为：

$$\text{获利指数 PI} = \sum_{t=1}^{n} \frac{NCF_t}{(1+k)^t} \div C_0 \qquad (3-28)$$

仍以表 3 - 13 中的数据为例，假设企业使用 40% 的银行借款，利率为 10%，5 年末项目结束时归还；使用 60% 的股权资本，股东必要回报率为 40%；企业所得税率为 25%，计算项目的获利指数：

贴现率等于资本成本，即 k = 40% × 10%（1 - 25%）+ 60% × 40% = 27%

则

$$NPV = \left[\frac{NCF_1}{(1+k)^1} + \frac{NCF_2}{(1+k)^2} + \cdots + \frac{NCF_n}{(1+k)^n}\right] \div C = \sum_{t=1}^{n} \frac{NCF_t}{(1+k)^t} \div C_0$$

$$= [2.875 \times (PVIF, 27\%, 1) + 3.25 \times (PVIF, 27\%, 2) + 4 \times (PVIF, 27\%, 3)$$

$$+ 3.25 \times (PVIF, 27\%, 4) + 3.51 \times (PVIF, 27\%, 5)] \div 7.425$$

$$= [2.2637 + 2.015 + 1.8527 + 1.2493 + 1.062] \div 7.425$$

$$= 8.4427 \div 7.425 = 1.137$$

（2）判断依据。

在只有一个备选方案的采纳与否决策中，获利指数大于或等于 1 时 NPV 大于等于 0，则采纳；获利指数小于 1 时 NPV 小于 0 就拒绝。在有多个方案的互斥选择决策中，应采用获利指数超过 1 最多的投资项目。在本例中，该方案的获利指数大于 1 时 NPV 大于 0，故可以进行投资。

获利指数可以看作 1 元的原始投资渴望获得的现值净收益。相对于 NPV 指标而言，获利指数指标是用相对数来表示的，所以有利于在初始投资额不同的投资方案之间进行对比。但获利指数只代表获得收益的能力而不代表实际可能获得的财富，它忽略了互斥项目之间投资规模上的差异，所以在多个互斥项目的选择中，可能会得到错误的答案。

3. 内部报酬率 IRR

内部报酬率又称内含报酬率（Internal Rate of Return，IRR），它实际上反映了投资项目的真实报酬，目前越来越多的企业使用该项指标对投资项目进行评价。

（1）数学表达式。

内部报酬率就是使项目的净现值等于零的一个特殊的折现率，它表示的是项目可以达到的具体的投资收益率。其计算公式为：

$$净现值 NPV = \sum_{t=1}^{n+m-1} \frac{NCF_{m+t}}{(1+IRR)^{m+t}} - \sum_{l=0}^{m-1} \frac{C_l}{(1+IRR)^l} = 0 \qquad (3-29)$$

当项目初始投资期 $m=1$ 时，式 $(3-29)$ 可以转换为

$$净现值 NPV = \sum_{t=1}^{n} \frac{NCF_t}{(1+IRR)^t} - C_0 = 0 \qquad (3-30)$$

仍以表 $3-13$ 中的数据为例，计算项目的内部报酬率：

$$NPV = \left[\frac{NCF_1}{(1+IRR)^1} + \frac{NCF_2}{(1+IRR)^2} + \cdots + \frac{NCF_n}{(1+IRR)^n} \right] - C_0 = \sum_{t=1}^{n} \frac{NCF_t}{(1+IRR)^t} - C_0 =$$

$$0 = \frac{2.875}{(1+IRR)^1} + \frac{3.25}{(1+IRR)^2} + \frac{4}{(1+IRR)^3} + \frac{3.25}{(1+IRR)^4} + 3.51 \times \frac{3.51}{(1+IRR)^5} - 7.425$$

通过 Excle 中财务函数 IRR（Values，Guess）计算得到 IRR = 34%。

计算步骤：首先在 Excel 工作表中输入数据系列，然后插入财务函数 IRR，具体计算如图 $3-25$ 所示。

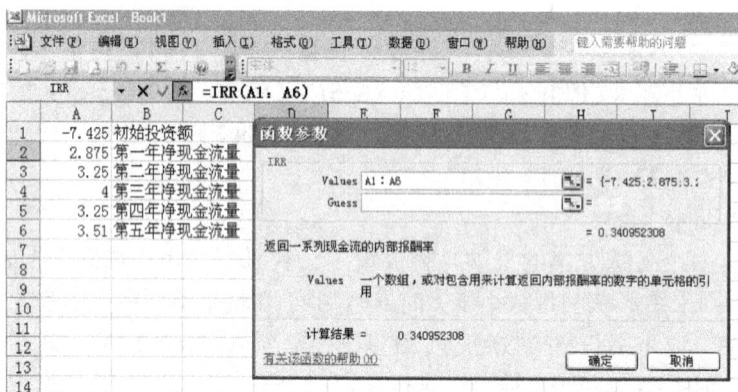

图 $3-25$　利用 Excel 计算 IRR

（2）判断依据。

项目的内部报酬率大于资金成本时，该项目可行；否则不可行。本例中该项目内部报酬率为 34%，大于资金成本 27%，因此该项目投资可行。

内部报酬率与净现值指标之间关系密切。对于大部分的项目，如果项目的内部报酬率大于计算净现值所选定的贴现率，净现值大于 0；如果选定的贴现率大于项目的内部报酬率，计算出来的净现值小于 0。

净现值和内部报酬率决策结果是否总是一致的？

[例 $3-23$] 已知 A、B 各个项目现金流量构成以及计算出来的两个项目的 NPV 和 IRR 如表 $3-14$ 所示。

表 3 – 14　项目 A、B 现金流和 NPV、IRR 指标

项目	0	1	2	3	NPV（k = 10%）	IRR（%）
A	– 1 000	0	0	3 375	1 536	50
B	– 1 000	2 000	0	0	818	100

此时选择 NPV 大的还是选择 IRR 大的项目投资？如选择 NPV 大的应投资 A 项目，如选择 IRR 大的应投资 B 项目。两个指标得出的结果不一致。现依据上表数据绘出贴现率和 NPV 的关系图，如图 3 – 26 所示。

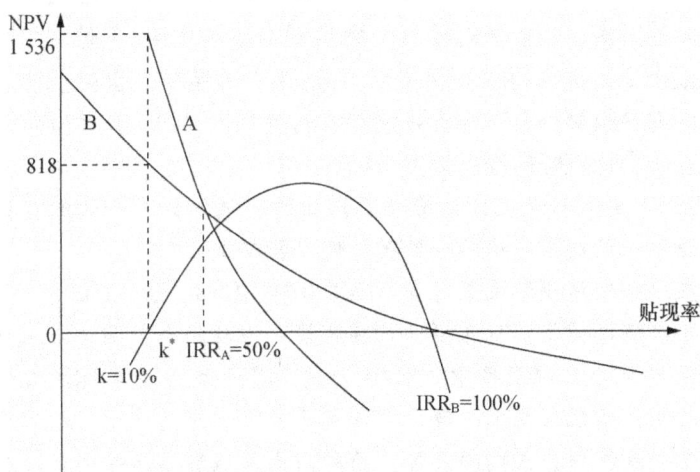

图 3 – 26　NPV、IRR 两指标的关系

NPV、IRR 两个指标得到的决策结果不一致原因主要有以下两点：第一，投资规模不同。当一个项目的投资规模大于另一个项目时，规模较小的项目的内含报酬率可能较大但净现值可能较小。例如，项目 A 的内含报酬率为 50%，净现值为 1 536 万元，而项目 B 的内含报酬率为 100%，净现值为 818 万元。在这两个互斥项目之间进行选择，实际上就是在更多的财富和更高的内含报酬率之间进行选择，很显然，决策者将选择财富。所以，当互斥项目投资规模不同并且资金可以满足投资规模时，净现值决策规则优于内含报酬率决策规则。

第二，现金流量发生的时间不同。B 项目早期现金流入量比较大，而 A 项目早期现金流入量比较小。之所以会产生现金流量发生时间的问题，是因为"再投资率假设"，即两个指标假定投资项目使用过程中产生的现金流量进行再投资时会产生不同的报酬率。净现值假定产生的现金流入量重新投资会产生相当于企业资本成本的利润率，而内含报酬率却假定现金流入量重新投资产生的利润率与此

项目特定的内含报酬率相同。如果依据内含报酬率，应拒绝项目 A 而采纳项目 B；如果依据净现值，则应采纳项目 A 而拒绝项目 B。产生上述差异的根本原因是内含报酬率假定项目 A 前两期产生的现金流量（第 1 年和第 2 年的 0 万元）若进行再投资，则会产生与 50% 相等的报酬率，而项目 B 前两期的现金流量（第 1 年 2000 万元和第 2 年的 0 万元）若进行再投资，则得到 100% 的报酬率。与此相反，净现值假定前两期产生的现金流量若进行再投资，报酬率应相当，在本例中是 10%，即资本成本。如图 3 - 26 所示，在资金成本为 10% 时项目 A 的净现值大于项目 B，即项目 A 优于项目 B。因此，在资本成本为 10%，且没有资金限量的情况下，项目 A 和项目 B 虽然投资相等，但项目 A 的净现值高于项目 B，可为企业带来较多的财富，是较优的项目。而当资本成本大于 k^* 时，不论用净现值还是用内含报酬率，都会得出项目 B 优于项目 A 的结论。也就是说，净现值总是正确的，而内含报酬率有时却会导致错误的决策。因而，在无资金限量的情况下，净现值是一个比较好的经济评价指标。

思考：NPV、IRR、PI 在什么情况下得出的决策结论是一致的，在什么情况下得出的结论不一致？当结论不一致时，哪个指标更好？

回答：在单个项目投资决策时当 NPV≥0 即 PI≥1，IRR≥k 时，接受项目否则放弃，三个经济评价指标都能得出正确决策。但在两个或两个以上项目投资决策时尤其是互斥和非常规项目中，选择 NPV（PI）大的还是 IRR 大的，用这三个指标得出的决策结果可能不一致，在没有资金限制的情况下，利用净现值在所有的投资评价中都能作出正确的决策，而利用内含报酬率和获利指数在互斥选择决策或非常规项目中有时会得到错误的结论。因而，在这三种评价指标中，净现值仍然是最好的评价指标。

（三）动态指标和静态指标比较

（1）静态指标把不同时间点上的现金收入和支出当作毫无差别的资金进行对比，忽略了资金的时间价值因素，这是不科学的。动态指标则把不同时间点收入或支出的现金按照统一的折现率折算到同一时间点上，使不同时期的现金具有可比性，这样才能作出正确的投资决策。

（2）静态指标中的投资回收期只能反映投资的回收速度，不能反映投资的主要目标——净现值的多少。同时，由于回收期没有考虑时间价值因素，因而高估了投资的回收速度。

（3）投资回收期、平均报酬率等静态指标对使用寿命不同、资金投入的时间和提供收益的时间不同的投资方案缺乏鉴别能力。动态指标则可以通过净现值、报酬率和获利指数等指标，有时还可以通过净现值的年均化方法进行综合分析，从而作出正确合理的决策。

（4）静态指标中的平均报酬率、平均会计报酬率等指标，由于没有考虑资金的时间价值，实际上是夸大了项目的盈利水平。而动态指标中的报酬率是以预计的现金流量为基础，考虑了货币的时间价值以后计算出的真实报酬率。

（5）在运用投资回收期这一指标时，标准回收期是方案取舍的依据，但标准回收期一般都是以经验或主观判断为基础来确定的，缺乏客观依据。而折现指标中的净值和内含报酬率等指标实际上都是以企业的资本成本为取舍依据的，任何企业的资本成本都可以通过计算得到，因此，这一取舍标准符合客观实际。

（6）管理人员水平的不断提高和电子计算机的广泛应用，加速了动态指标的推广使用。在 20 世纪五六十年代，只有很少企业的财务人员能真正了解折现现金流量动态指标的真正含义，而今天，几乎所有大企业的高级财务人员都明白这一方法的科学性和正确性。电子计算机的广泛应用使折现指标中的复杂计算变得非常容易，加速了折现现金流量动态指标的推广应用。

三、项目投资决策实务

（一）单个项目投资决策

[例 3 - 24] E 公司某项目投资期为两年，每年投资 200 万元。第 3 年开始投产，投产开始时垫支流动资金 50 万元，项目结束时收回。项目有效期 6 年，净残值 40 万元，按直线法折旧。每年营业收入 400 万元，付现成本 280 万元。公司所得税税率 30%，资金成本 10%。请用 NPV、PI、IRR 经济评价指标判断项目可行性。

解　每年折旧 = （200 + 200 - 40） ÷ 6 = 60（万元）

则每年营业现金流量 = 销售收入 × （1 - 税率） - 付现成本 × （1 - 税率） + 折旧 × 税率 = 400 × （1 - 30%） - 280 × （1 - 30%） + 60 × 30% = 102（万元）

项目在投资期间现金流量构成如表 3 - 15 所示。

表 3 - 15　项目投资期间现金流量构成

时间	第 0 年	第 1 年	第 2 年	第 3 年	第 4 年	第 5 年	第 6 年	第 7 年	第 8 年
初始投资	-200	-200							
垫支流动资金			-50						
营业现金流量				102	102	102	102	102	102
收回流动资金									50
残值									40
合计	-200	-200	-50	102	102	102	102	102	192

$$NPV = = 192 \times PVIF_{10\%,8} + 102 \times PVIFA_{10\%,5} \times PVIF_{10\%,2} - 50 \times PVIF_{10\%,2} - 200 \times$$

$$PVIF_{10\%,1} - 200 = 192 \times 0.467 + 102 \times 3.791 \times 0.826 - 50 \times 0.826 - 200 \times 0.909 - 200 =$$

89. 664 + 319. 399 - 41. 3 - 181. 8 - 200 = - 14. 04（万元）

PI = 367. 763/381. 8 = 0. 96

IRR 可通过试算法得到，具体计算如下：

当 i = 10% 时，NPV = - 14. 04（万元）

当 i = 9% 时，NPV = 192 × $PVIF_{9\%,8}$ + 102 × $PVIFA_{9\%,2}$ × $PVIF_{9\%,2}$ - 50 × $PVIF_{9\%,2}$ - 200 × $PVIF_{9\%,1}$ - 200 = 67. 6（万元）

采用内插法得到内部报酬率 IRR = 9% +（67. 66/14. 04 + 67. 66）× 1% = 9. 83%

因为 NPV 小于 0，PI 小于 1，IRR 小于资金成本 10%，所以投资该项目不可行。

［例 3 - 25］某公司进行大型项目投资，项目概算总投资 37 085 万元，其中建设投资 29 700 万元，流动资金 7 385 万元，建设投资中 2 999 万元由中央预算内投资解决，26 393 万元由企业自筹解决。项目现金流量构成如表 3 - 16 所示。

表 3 - 16　项目投资现金流量表

单位：万元

序号	项目	合计	计算期											
			第1年	第2年	第3年	第4年	第5年	第6年	第7年	第8年	第9年	第10年	第11年	第12年
一	现金流入	347 712			27 282	34 103	34 103	34 103	34 103	34 103	34 103	34 103	34 103	47 606
1	销售收入(不含增值税)				27 282	34 103	34 103	34 103	34 103	34 103	34 103	34 103	34 103	34 103
2	补贴收入（设备抵扣税）													
3	回收固定、无形资产余值	6 118												6 118
4	回收流动资金	7 385												7 385
二	现金流出	307 703	11 880	18 698	27 860	29 009	27 532	27 532	27 532	27 532	27 532	27 532	27 532	27 532
1	新增建设投资	29 700	11 880	17 820										
2	利用原有固定资产	878		878										
3	流动资金	7 385			5 908	1 477								
4	经营成本	259 612			21 193	26 491	26 491	26 491	26 491	26 491	26 491	26 491	26 491	26 491
5	销售税金及附加	3 067			250	313	313	313	313	313	313	313	313	313
6	调整所得税	7 061			509	728	728	728	728	728	728	728	728	728

计算每年营业净现金流量和 NPV、IRR 指标并以此决策。

解　依据表 3 - 16 计算营业净现金流量 = 现金流入 - 现金流出，计算结果如表 3 - 17 所示。

表 3 - 17　每年营业净现金流量

时间	合计	第1年	第2年	第3年	第4年	第5年	第6年	第7年	第8年	第9年	第10年	第11年	第12年
营业净现金流量	40 009	- 11 880	- 18 698	- 578	5 094	6 571	6 571	6 571	6 571	6 571	6 571	6 571	20 074

采用 Excel 财务函数计算 NPV、IRR，计算结果如图 3 - 27 所示。

NPV = 5 038.17（资金成本 10%），IRR = 13.015% > 10%，该项目可行。

（二）互斥项目投资决策：固定资产更新决策

固定资产更新是对技术上或经济上不宜继续使用的旧资产，用新的资产更换，或用先进的技术对原有设备进行局部改造。固定资产更新决策就是对这种投资进行分析并作出决策。

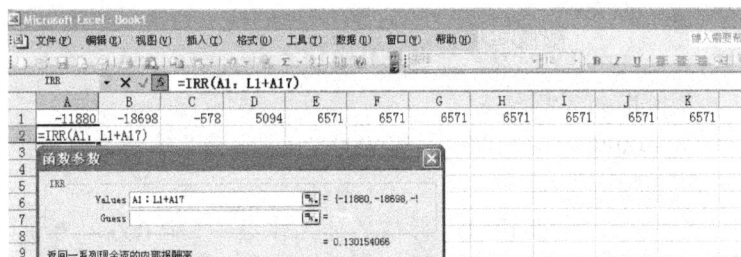

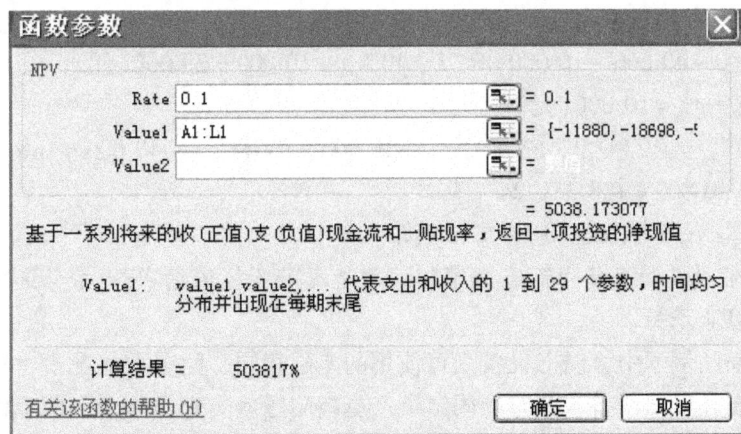

图 3 - 27　利用 Excel 计算 NPV、IRR

1. 新旧设备尚可使用寿命相同的情况下可以依据 NPV 指标来决策

[例 3 - 26] 某公司考虑使用一台新的、效率更高的设备来代替旧设备，以减少成本，增加收益。旧设备原购置成本为 40 000 元，使用 5 年，估计还可以使用 5 年，已提折旧 20 000 元，假定使用期满后无残值，如果现在出售可得价款 20 000 元，使用该设备每年可获收入 50 000 元，每年的付现成本为 30 000 元，该公司现准备用一台新设备来代替原有的旧设备，新设备的购置成本为 60 000 元，估计可以使用 5 年，期满有残值 10 000 元，使用新设备后，每年收入可达 80 000 元，每年付现成本为 40 000 元。假设该公司的资本成本为 10%，所得税率为 40%，新、旧设备均用直线折旧法计提折旧。该公司是否应该更新。

解 两个互斥方案选择，一是继续使用旧设备，二是卖掉旧的买新的。

方案一：继续使用旧设备。

初始投资 = 0

尚可使用 5 年每年折旧 = （40 000 - 20 000）/5 = 4 000 （元）

尚可使用 5 年每年经营净现金流量 = （50 000 - 30 000 - 4 000）× （1 - 40%）+ 4 000 = 13 600 （元）

旧设备残值 = 0

则 $NPV_{旧}$ = = 13 600 × $PVIFA_{10\%,5}$ = 51 554.7 （元）

方案二：卖掉旧的买新设备。

初始投资 = - 60 000 + 20 000 = - 40 000 （元）（因为旧设备出售价格等于账面价值因此不考虑税收影响）

5 年内每年折旧 = （购买价格 - 残值）/使用年限 = （60 000 - 10 000）/5 = 10 000（元）

5 年内每年净现金流量 = （销售收入 - 付现成本 - 折旧）× （1 - 所得税率）+ 折旧 = （80 000 - 40 000 - 10 000）× （1 - 40%）+ 10 000 = 28 000（元）

5 年末残值 = 10 000（元）

则 $NPV_{新}$ = = 28 000 × $PVIFA_{10\%,5}$ + 10 000 × $PVIF_{10\%,5}$ - 40 000 = 106 142.03 + 6 209.21 - 40 000 = 108 351.24

因为 $NPV_{新}$ > $NPV_{旧}$，所以应该更新。

2. 新旧设备尚可使用而寿命不相同的情况下不能依据 NPV 指标来决策，而应借助 ANPV 指标

在上面的例子中，新旧设备尚可使用的年限相同。而多数情况下，新设备的使用年限要长于旧设备，此时的固定资产更新问题就演变成两个或两个以上寿命不同的投资项目的选择问题。对于寿命不同的项目，不能对它们的净现值进行直接比较。为了使投资项目的经济评价指标具有可比性，要设法使其在相同的寿命

期内进行比较。此时可以采用的指标为年均净现值 ANPV。

[续例 3 - 26] 估计新设备可使用 8 年，残值为 0.4 万元，其他条件不变，此时是否更新？

解

方案一：继续使用旧设备。

$NPV_旧 = 13\ 600 \times PVIFA_{10\%,5} = 51554.7$ （元）

方案二：卖掉旧的买新设备。

初始投资 $= -40\ 000$ （元）

5 年内每年折旧 = （购买价格 - 残值）/使用年限 = （$60\ 000 - 4\ 000$）/8 = $7\ 000$ （元）

5 年内每年净现金流量 = （销售收入 - 付现成本 - 折旧）×（1 - 所得税率）+ 折旧 = （$80\ 000 - 40\ 000 - 7\ 000$）×（$1 - 40\%$）+ $7\ 000 = 26\ 800$ （元）

5 年末残值 = $7\ 000$ （元）

则 $NPV_新 = 26\ 800 \times PVIFA_{10\%,5} + 7\ 000 \times PVIF_{10\%,5} - 40\ 000 = 142\ 976.02 + 3\ 265.55 - 40\ 000 = 106\ 241.57$ （元）

$ANPV_旧 = NPV_旧/PVIFA_{10\%,5} = 13\ 600$ （元）

$ANPV_新 = NPV_新/PVIFA_{10\%,8} = 19\ 932.75$ （元）

因为新设备每年净现值大于旧设备每年净现值，所以应该更新。

（三）多阶段项目风险投资决策：决策树法

决策树法也是对不确定性投资项目进行分析的一种方法。可用于分析各期现金流量彼此相关的投资项目。决策树直观地表示了一个多阶段项目决策中每一个阶段的投资决策和可能发生的结果及其发生的概率，所以决策树法可用于识别净现值分析中的系列决策过程。

决策树分析的步骤如下：

（1）把项目分成明确界定的几个阶段。

（2）基于当前可以得到的信息，列出各个阶段可能发生的结果的概率及净现金流量。

（3）根据前面阶段的结果及其对现金流量的影响，从决策树决策点出发，由前往后计算每一分支联合概率及净现值 NPV。

（4）基于联合概率以及 NPV 计算期望 NPV，依此决策第一阶段应采取的最佳行动。

[例 3 - 27] 某公司准备投资一项目，投资金额 300 万元，如投资成功，可得现金净流量 500 万元，投资成功概率是 0.75，相应地投资失败概率是 0.25，失败后现金净流量是 - 100 万元，但无论投资成功或失败都将继续投资，现金流

和发生概率可用图 3-28 决策树描绘出来，要求作出公司投资该项目的可行性分析。

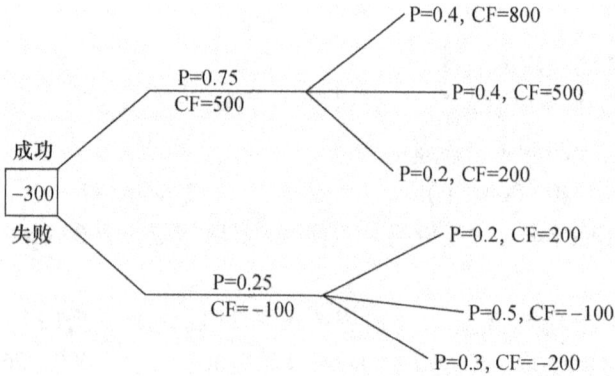

图 3-28 某公司项目投资决策树：图中方框表示决策点

解 计算各种结果的期望净现值及联合概率列示于图 3-28 中相应的现金流量序列之后。假设资金成本等于 10%，见图 3-29。

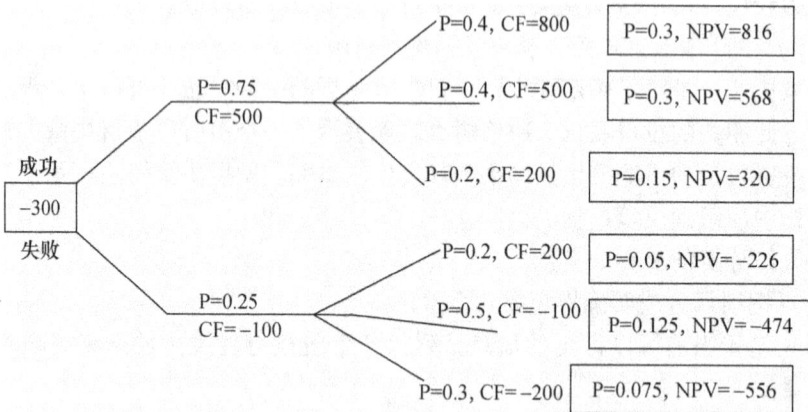

图 3-29 决策树各分支的净现值及联合概率

决策树是从后向前进行决策。采用从左往右顺推的方法来确定决策树各分支的联合概率和净现金流量。比如：第一个分支联合概率 $P = 0.3 = 0.75 \times 0.4$，净现金流量 $NPV = 816 = 800 \times PVIF_{10\%,2} + 500 \times PVIF_{10\%,1} - 300$。其他分支联合密度和 NPV 可以类似得到。

对第一阶段作出决策。通过以上的决策树，可以计算出目前投资的期望净现值等于 $0.3 \times 816 + 0.3 \times 568 + 0.15 \times 320 - 0.05 \times 226 - 0.125 \times 474 - 0.075 \times 556 = 350.95$ 万元 >0

故投资该项目可行。

第四节　期货和期权

在很长一段时间内，世界经济以小农经济为主，人们的生活完全可以自给自足，只存在着极其少量的物物交换。在这种情况下，经济模式极其单一，但有一个特点：它很稳定。随着生产力不断提升，物质的交换不断丰富，经济形势也变得越来越复杂，从而引发了不小的问题，人们也在不停地寻求解决的办法，衍生出了大量的经济产物，期货和期权就是其中的两种。

一、期货

（一）期货投资的发展历程

1. 早期期货的产生及其意义

商品经济出现早期，供货渠道的周期缓慢，由时间产生的价格差异往往使得商人血本无归，为了规避风险，商人之间签订的未来合同被称为期货，这就是早期的期货交易。它的产生极大地稳定了市场，使得市场风险降低，从而吸引了大量的商业行为，经济越来越发达，人民生活得以富足。

2. 现代期货投资

这种契约行为日益复杂化，需要有中间人担保，以便监督买卖双方按期交货和付款，于是便出现了商品远期合同交易所。交易所的产生规范了市场，也让很多人开始认识到期货并参与其中，借以规避风险。还有一部分人看准了期货交易价格与现实价格的不同，进行投资，低买高卖，赚取差价。由于交易所只收取5%或更低的保证金，对于本金的要求很小，几乎是暴利，但同样风险巨大，在期货投资中血本无归者占了绝大多数，巨大的经济利益，是实体经济的几十倍甚至上百倍，所以期货市场的发展迅速，期货规避风险的作用相对使用较少，这就形成了现在我们所见到的期货市场。

3. 我国期货市场的发展

我国期货市场产生的背景是粮食流通体制的改革。随着国家取消农产品统购统销政策、放开大多数农产品价格，市场对农产品生产、流通和消费的调节作用越来越大，农产品价格的大起大落和现货价格的不公开以及失真现象、农业生产的忽上忽下和粮食企业缺乏保值机制等问题日益凸显。为了防范价格波动造成市场风险，我国也开展了对期货市场的研究和建设。

我国原本是社会主义计划经济，但是随着经济发展的大潮袭来、改革开放的推进，市场对物价的影响越来越大，我国的期货上马是必然的趋势，但是在不断的探索过程中依然遭受了巨大的损失。法律法规的建设滞后和不健全，期货品种上市机制的烦琐复杂，交易所独立性不强、更像是行政机构而不是市场经营的企业，以上种种弊端遏制了期货市场的交易需求，削弱了期货市场的自主创新，交易所的行政机构化剥夺了交易所对品种资源的平等开发权利，有违公开、公平、公正的市场原则，助长了期货市场的垄断行为。

因此中国的期货还是有待不断发展和完善的。

（二）股指期货

1. 股指期货与股票

期货可以大致分为两大类，商品期货与金融期货，股指期货属于金融期货。股票作为最大的金融产品对世界经济的发展具有重大的影响，而股指期货巨大的杠杆作用对股票有着不小的影响，甚至可以操纵股票。

股指期货是指以股价指数为标的物的标准化期货合约，双方约定在未来的某个特定日期，可以按照事先确定的股价指数的大小，进行标的指数的买卖。股指期货把本来就是金融产品的股票，进行了第二次的经济化，其中的巨大利益可想而知，中国股票受挫，进行股指期货投资却可以做空大量买卖谋取暴利，因此操控股价就显得有极大的诱惑力了，严重影响了公平公正，挫伤了整个市场的信心，严重时会引起市场大萧条。股指期货和股票息息相关、密不可分，研究股指期货对把握国家经济发展有着重要的意义。

2. 股指期货的利用

股指期货基本被用于以下三点：①对股票投资组合进行风险管理，通常我们使用套期保值来管理我们的股票投资风险。②利用股指期货进行套利，通过买入股指期货标的指数成份股并同时卖出股指期货，或者卖空股指期货标的指数成份股并同时买入股指期货，来获得无风险收益。这种方法操纵股市可大量获利但有很大的不良影响。③作为一个杠杆性的投资工具。由于股指期货通过保证金交易，所以只要判断方向正确，就可能获得很高的收益。当然如果判断方向失误，也会发生同样的亏损。这种投机操作获利与风险并存，是现在市场上交易最多的一种。

3. 由股指期货看中国期货市场

股指期货是股票市场发展到一定阶段的必然结果，是管理股市风险的有力工具。但它实际是一把"双刃剑"，在具有管理股市风险功能的同时自身也蕴含着相当大的风险。

首先，作为股指期货的交易主体——股票，它的本身发展就不健全。2008年的股市萧条，2014年底到2015年上半年股市的短暂攀升充分说明：中国股票市场经不起打击，弹性太低，股民明显缺乏信心、盲目投资。其次，现货市场的交易机制有缺陷。最后，还有一点非常重要，也是中国市场的通病，即政府干预带来的风险很大程度上使人无法接受。由于中国市场存在着宏观调控与市场调节的微妙平衡，当市场波动过大时，政府会通过一些政策的发布来调节市场，这样可以使得市场趋于稳定。然而这对于市场经济的发展是不利的，逆市调控，让市场的走向不甚明朗，使市场的复杂度加大，给投资者带来了风险。

中国市场要不断地发展壮大，需要中国在各个领域里，都取得长足的进步，克服计划经济带来的不利影响，这样才能发展出具有中国特色的期货市场。

（三）商品期货：郑州绿豆期货多空惨烈搏杀纪实

1999年1月18日下午，郑交所发布（中郑商交字［1999］第10号）文宣布："1999年1月18日闭市后，交易所对绿豆9903、9905、9907合约的所有持仓以当日结算价对冲平仓。"这意味着，这些合约的所有交易将在一夜之间全部对冲为零，并终止一切现货交割。

郑交所这一中盘毁局、交易销零的做法，使场内众多中小散户损失惨重，做套期保值的空头也将因不能交货而蒙受损失。当天闭市后，全场先是绝望愕然，紧接着交易所便被指责叫骂声所淹没了。

期货市场的参与者是相互对立的多方（买）和空方（卖），交易所是非营利性中介机构，因为它负责提供市场并监管市场，只有将自身利益置于市场之外，交易所的监管才能真正做到公平。但多年来，虽然中国的期货交易所一直在调整自己在市场中的位置，却一直没有到位，此次事件便是一个极端的恶果。

"中国的期货交易所一直有解不开的多头情结，以为钱总比货多，在买方市场下价格上涨是必然，所以总是纵容上演多逼空，还屡屡成功。他们完全忽视了一点：中国的期货市场是在买方市场的环境下建立发展起来的，但现在中国的经济已逐渐进入了卖方市场，现货价格一直在跌，期货价格又能涨到哪里呢？这便是此次绿豆多头必败的大环境。但郑交所并未真正认识到这一点，才走到今天无法收拾的地步。"

事实上，这种现象是所有交易所都存在的。郑交所"1·18"事件是中国期货10年发展的可悲结局，必须对中国的期货市场进行彻底的反省。

从总体上看，1999年的绿豆运行有以下几个特点：

（1）总体上看，绿豆走势以上涨为主，这基本反映了基本面的现状。

（2）由于绿豆交易时间长且波幅较大，由此在市场上形成了浓重的绿豆情结。

（3）1999年多空双方多次展开大战，市场风险陡然放大，期货市场应有的价格发现和回避风险的功能因而也受到一定的影响。

1999年郑州绿豆交易某张姓大户在交易所的帮助下，杀掉空头大户广东广发，使行情成功走牛，绿豆由2 700点左右涨到3 500点，该大户在此价位联合另一李姓大户打空，开了将近4万张空单，将价位最低砸到3 390点左右，浙江帮趁机大举开多，在行情突破3 450点后失控，被迫斩仓出局，损失巨大。从此绿豆进入无空头时代，一路飙升至4 000点以上，其间交易所数次干预，并单方追加多头保证金，也未能使涨势停止，直到被证监会叫停。后来其价格曾到过4 200点以上。

这名张姓大户现关在大狱里，命运待决，李姓大户从此告别期市，去上海做了寓公，他是中国重开期货十年之中，赚了大钱而又部分保存了胜利果实的为数不多的几个人之一。

（四）期货市场"逼仓"案例分析

逼仓是指交易一方利用资金优势或仓单优势，主导市场行情向单边运动，导致另一方不断亏损，最终不得不平仓的交易行为。逼仓是一种市场操纵行为，它主要通过操纵两个市场即现货市场和期货市场逼对手就范，以达到获取暴利的目的。

逼仓大致可分为两种方式，一种是通过做多头实现，另一种是通过做空头实现。

1. 空逼多

操纵市场者利用资金或实物优势，在期货市场上大量卖出某种期货合约，使其拥有的空头持仓大大超过多方能够承接实物的能力，从而使期货市场的价格急剧下跌，迫使投机多头以低价位卖出持有的合约认赔出局，或出于资金实力不能接货而受到违约罚款，从而牟取暴利。

2. 多逼空

在一些小品种的期货交易中，当操纵市场者预期可供交割的现货商品不足时，即凭借资金优势在期货市场建立足够的多头持仓以拉高期货价格，同时大量收购和囤积可用于交割的实物，于是现货市场的价格同时升高。这样当合约临近交割时，迫使空头会员和客户要么以高价买回期货合约认赔平仓出局，要么以高价买入现货进行实物交割，甚至因无法交出实物而受到违约罚款，这样多头头寸持有者即可从中牟取暴利。

我国逼仓产生的原因是：①交割制度存在缺陷；②市场结构存在不合理性，这种不合理主要表现于套期保值者发育不足，我国是世界上重要的商品生产消费大国，有发展套期保值的巨大潜力，然而挖掘潜力的重要工作却为当时人们急功近利的思想所忽略。期货市场发展初期执行限量交割制度，也许是出于国情考虑，交易制度设计者有意无意地忽略了达到小量交割必须经历的过程，一味要求在交割量上一开始就达到国际市场上的理想状态，通过限量交割制度设计追求小量交割效果，并借此抑制套期保值活动以活跃市场。事实证明，这种做法是行不通的，它为逼仓行为提供了制度上的支持，也使小量交割成为泡影。

逼仓使期货的正常功能难以发挥，而且使中小投资者的利益受损，如图 3 - 30 和图 3 - 31 所示。

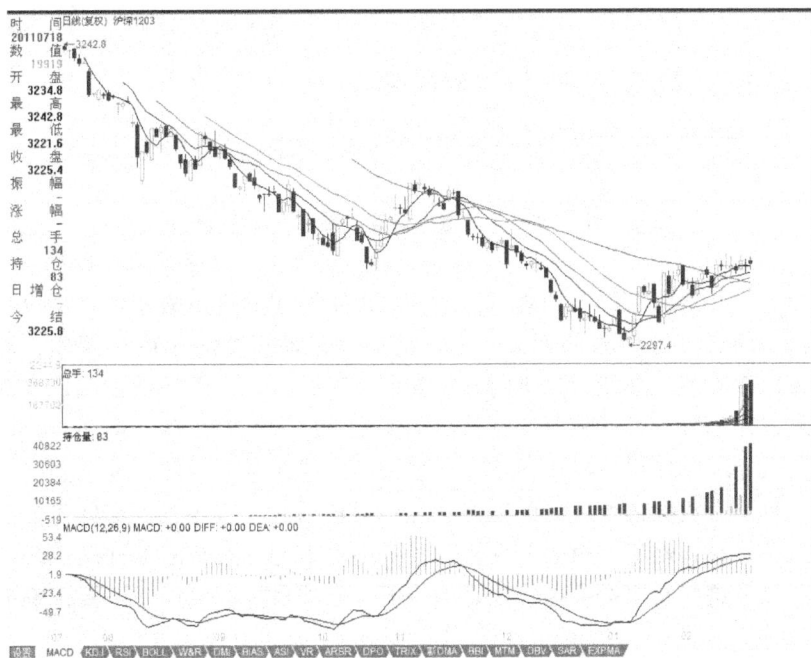

图 3 - 30　逼仓案例（股指期货 IF1203 合约一路下跌 1 000 点，做空者 1 手盈利 30 万元）

二、期权

期权是最常见的金融衍生产品，它不仅可以成为公司用于规避风险的有效工具，而且公司的许多投融资以及日常经营决策都隐含着期权。本部分主要介绍期权的基本知识和定价方法，以及资本预算中实物期权的价值分析和评估方法。

在金融创新层出不穷的现代经济中，期权已不再是一个陌生、充满神秘色彩的词语。它不仅频繁地出现在交易所大厅中，而且渗透到公司理财活动的各个方

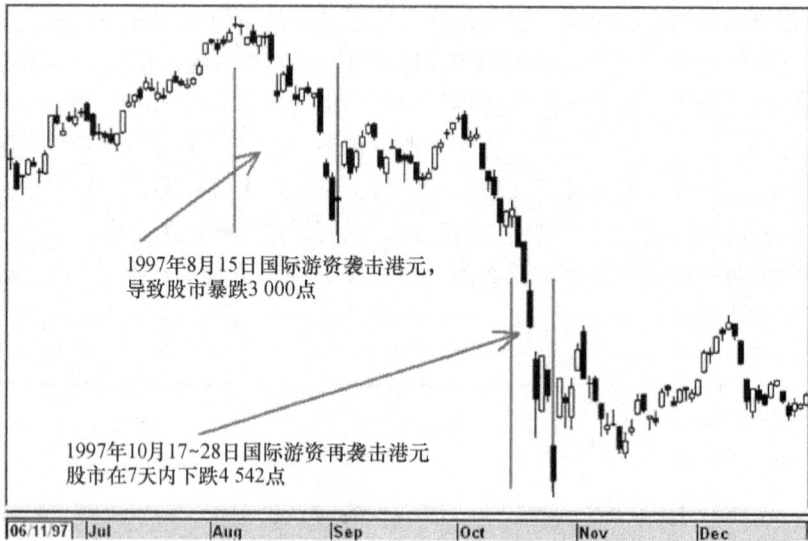

图 3-31　1998 年香港保卫战，股市暴跌 8 000 点

面。可以说，几乎所有的公司理财活动都可以用期权的观点来审视。不仅公司发行的股票和债券具有期权的特征，公司的风险管理需要运用商品期权、货币期权、利率期权以及汇率期权来进行套期保值以降低风险，而且很多项目投资都隐含着期权，比如等待的期权、扩张机会的期权、放弃的期权等。例如，公司往往会投资某项专利以获得一项新技术的开发权利，或在城市的新开发区购买一块楼盘，以便将来有权根据开发区的发展状况决定其用途。这些投资都称为公司购买未来的发展机会，是扩张机会的期权。投资项目本身所具有的各种期权统称为实物期权，显然这些期权都会增加项目的价值，在项目投资决策中需要正确地评估这些期权的价值。

（一）期权的基本概念

1. 期权

期权（option）是一种赋予持有人在某个给定日期或该日期之前的任何时间以固定价格购进或售出一种资产的权利的合约。例如，一座建筑物的期权可以赋予持有者在 2010 年 1 月 1 日或之前的任何时间，以 100 万元的价格购买该建筑物，而不论购买时该建筑物的市场价格是多少。

期权是一种独特类型的金融合约，它赋予持有人的是进行某项交易或处置某项实物的权利而非义务。例如，上例中持有某建筑物期权的人只有在进行期权对他有利时才行使这项权利，否则这项权利将被弃之不顾。

作为一种衍生债券，期权的价值依赖于其基础资产（underlying assets），通常称为标的资产。基础资产或者标的资产就是合约中规定的按照固定价格购买或者出售的资产。

期权合约规定的购买或出售标的资产的固定价格称为执行价格（striking）或敲定价格（exercise price）。

期权到期的那一天称为到期日（maturing date or expiration date），在那一天后，期权失效。

通过期权合约购进或出售标的资产的行为称为执行期权（exercising the option）。

期权有美式期权和欧式期权之别。美式期权允许持有者在到期日之前的任何一天行使权利，而欧式期权只允许持有者在到期日当天或到期日之前的某一有限的时间内行使其权利。在交易所中交易的大多数期权为美式期权。欧式期权比美式期权更容易分析，并且美式期权的很多性质都可以由欧式期权的性质推导出来。

购买或出售期权的价格称为期权费（option premium）或期权价格（option price），这是人们为了获得期权所付出的成本。任何一个期权都同时存在买者和售者。期权的购买者称作多头（buyer），他付出期权费，获得权利，但他也可以放弃这种权利，也就是没有义务必须执行期权；期权的出售者又称作空头（writer），他接受了期权费，就必须按合约规定执行期权，没有权利选择执行或是不执行期权，只有在期权持有者执行期权时按合约处置的义务。

为了更好地理解期权的概念，来看下面一个例子。

假设 2006 年 1 月 20 日思科公司股票的市场价格为 19 美元，而此时你拥有一项权利，可以按 20 美元的价格在 2006 年 7 月 20 日从王先生手中购买一股思科公司的股票，当然你也可以不购买，这取决于你自己。因此，你就是这个期权的买方，即多头，拥有购买思科公司股票的权利但是并没有必须购买的义务。王先生就是这个期权的买方，即空头，他只有执行期权的义务而没有权利。也就是说如果你购买，他就必须把股票卖给你；如果你不购买，他没有权利要求你购买。假如在 2006 年 7 月 20 日到期日这一天，思科公司的股票价格为 25 美元，虽然你预计股价还会上升，但过了这一天，期权将失效。因此，你执行了期权，即按 20 美元的价格从王先生手中买了一股思科公司的股票。当然，你也不会白白得到这个权利，当初为得到这个权利，你向王先生支付了 2 美元。这 2 美元就是期权费或期权价格，思科公司的股票则为标的资产。

2. 看涨期权

最普通的一类期权是看涨期权（call option），又称为买权。看涨期权赋予持有人在一个特定时期以某一固定价格购进标的资产的权利。看涨期权在到期日的价值究竟是多少呢？为了简单起见，分析中暂不考虑货币的时间价值和交易成本，并假定标的股票在持有期间不发放股票红利。

看涨期权在到期日的价值取决于标的资产在到期日的价值。定义 ST 为标的资产普通股到期日的市场价格，当然在到期日之前可能不是这个价格；定义 K 为标的资产普通股的执行价格。若该普通股在到期日的市场价格高于执行价格，即有 $S_T > K$，则该期权的价值是二者之差，即 $S_T - K$，此时，这个差额是大于零的，称该期权是实值期权（in - the - money option）。当然，在到期日，普通股的股价可能低于执行价格，即有 $S_T < K$，此时标的资产的价格与执行价格之差小于零，则称看涨期权为虚值期权（out - of - money option）。显然，此时，看涨期权持有人没有理由也不会执行该期权，这时期权的价值为零。如果在到期日普通股的股价等于执行价，则称看涨期权为平均价期权（at - the - money option）。

例如，到期日标的资产普通股的股价是 60 元，执行价格是 50 元，则看涨期权的持有人以 50 元买进股票。然后他可以在市场上按 60 元的价格卖出股票，这样他就可以获得 10 元的收益。因此，该期权的价值就是 10 元。如果到期日普通股的股价是 40 元，显然，持有人没有理由用 50 元买一只仅值 40 元的股票，其他人当然也不会花钱买入这样一个期权，此时看涨期权的价值为零。

定义看涨期权在到期日的价值，它可以表示为：$P_C = \max(0, S_T - K)$，如图 3 - 32 所示。

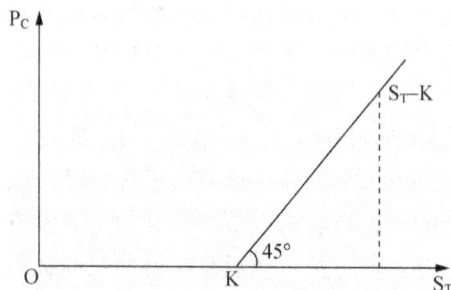

图 3 - 32　看涨期权到期日价值

3. 看跌期权

看跌期权（put option）又称为卖权，它赋予持有者在一个特定时期以某一固定价格卖出标的资产的权利。

看跌期权的价值与看涨期权相反。若在到期日，标的资产的价格高于执行价格，即 $S_T > K$，那么持有人没有理由也不会按照低于市价的执行价格出售资产，这种情况下，看跌期权为虚值期权，其价值为零；反之，若标的资产市价低于执行价格，即 $S_T < K$，持有人就会按照执行价格卖出资产，其价值等于 $K - S_T$，称

实值期权。

　　例如，到期日标的资产普通股的股价是 60 元，执行价格是 50 元，看跌期权的持有人可以 50 元的价格出售股票，当然他不会这样做，也没有人愿意花钱买入这样一个看跌期权，因此，该看跌期权的价值为零；若在到期日，标的资产普通股股价为 40 元，看跌期权的持有人就会执行其权利，他可以从市场上按 40 元的价格买入普通股，然后按 50 元的价格卖出普通股，这样他就可以获得 10 元的收益，因此该期权的价值就是 10 元。

　　定义 P_P 为看跌期权在到期日的价值，它可以表示：$P_P = \max(0, K - S_T)$，如图 3 - 33 所示。

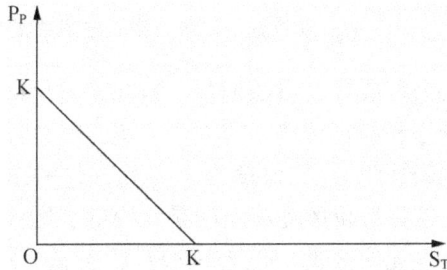

图 3 - 33　看跌期权到期日价值

（二）期权的基本损益状态

　　每一个期权合约都有两方：一方是持有期权的多头，即购买期权的一方；另一方是期权的空头，即出售期权或承约期权的一方。同时，期权又分为看涨期权和看跌期权，因此就有四种基本的期权头寸（position），即看涨期权的多头和看涨期权的空头、看跌期权的多头和看跌期权的空头。

　　1. 看涨期权的多头和空头

　　仍以以股票为标的资产的欧式期权为例来分析看涨期权多头和空头的基本损益状态。持有看涨期权多头头寸的投资者，意味着曾以一定的价格买入该期权，若当初以 C 的价格买进期权，则在到期日，看涨期权的多头最大的净损失为 C，只有当 $S_T - K > C$ 时，才开始盈利。从理论上讲，其盈利水平没有上限。看涨期权多头在到期日的损益状态如图 3 - 34（a）所示。

　　而对于持有看涨期权空头头寸的投资者而言，他在获得期权费的同时拥有了出售标的资产的义务。在到期日，若标的资产股票的价格低于执行价格，由于多头不会执行期权，持有空头头寸的投资者所获得的期权费就是其净收益。但若到期日股价高于执行价，就可能产生损失，其净损失为 $S_T + C - K$，同样，从理论上看其亏损也是没有下限的。看涨期权空头在到期日的损益状态如图 3 – 34（b）所示。

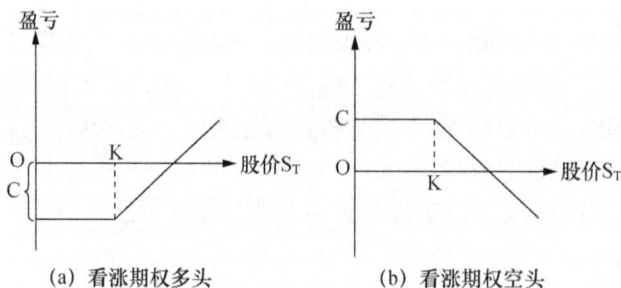

(a) 看涨期权多头   (b) 看涨期权空头

图 3 – 34 看涨期权到期日多、空头寸损益状态

仍假设你持有思科公司股票的看涨期权。若当初这个期权是你花费 2 美元买来的，则只有当股票价格和执行价格之差大于 2 美元时，你才开始获利。若执行日股价是 25 美元，则该看涨期权的价值为 5 美元，你的净收益是 3 美元，这正好是空头方的净损失。假设股价的上涨空间是无穷的，则你的获利空间是无穷大的，而空头方的亏损也是无穷大的。但若执行日股价低于 20 美元，则这个期权一文不值，你的最大损失是 2 美元，空头方的最大收益也就是 2 美元。显然，在期权买卖中，多头和空头之间是一种零和博弈。

2. 看跌期权的多头和空头

购买并持有看跌期权的多头，曾经付出了价值为 P 的期权费购买看跌期权，得到了按固定价格卖出标的资产的权利。当标的资产股票的价格小于执行价格时，他将执行期权。当 $|S_T - K| > P$ 时，才开始盈利。从理论上看，股票价格最低为零，所以看跌期权的多头盈利的最大值为 K – P。如果标的资产股票的价格高于执行价格，看跌期权的多头将选择不执行期权，这时他最大的损失就是购买期权的费用 P。看跌期权多头在到期日的损益状态如图 3 – 35（a）所示。

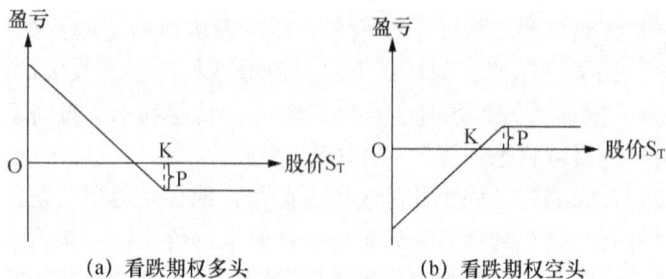

(a) 看跌期权多头   (b) 看跌期权空头

图 3 – 35 看跌期权多、空头寸到期日损益状态

而看跌期权的空头，有义务在多头执行期权内，按执行价格买入股票。看跌期权多头的盈利就是空头的亏损。看跌期权空头在到期日的损益状态如图3－35（b）所示。

（三）期权组合与买卖权平价

1. 期权组合

看涨期权和看跌期权可以与其标的资产或其他金融资产组合以实现风险规避。

（1）投资组合Ⅰ——买入看跌期权的同时购进股票。

图3－36描述了购买看跌期权的同时购入标的资产普通股的投资组合在到期日的价值。若到期日的股价高于执行价格，看跌期权毫无价值，此时投资组合的价值等于到期日股票的市场价值。若到期日股价低于执行价格，股价的下降恰好被看跌期权价值的增加所抵消。显然，无论到期日普通股市价多么低，股票总是可以按执行价格卖出，组合就好像为股票购买了一份保险。这种买进看跌期权的同时购买股票的策略被称为保护性看跌期权。

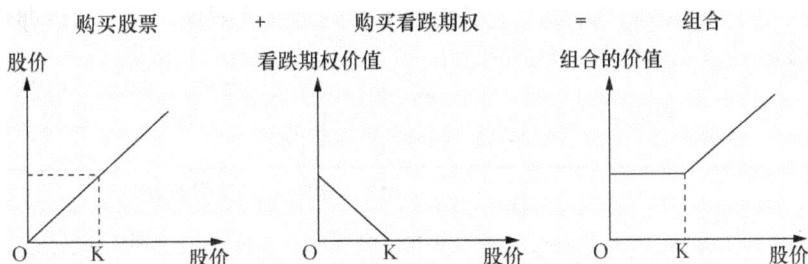

图3－36　买入看跌期权与购进股票的组合在到期日的价值

（2）投资组合Ⅱ——买入看涨期权的同时购进零息债券，组合中的零息债券的到期日与看涨期权的到期日相同，其面值也与看涨期权的执行价格相同。

图3－37描述了购买看涨期权与购买金融资产零息债券的投资组合在到期日的价值。在到期日，若股价低于看涨期权的执行价格，看涨期权则毫无价值，组合的价值等于零息债券的价值；若到期日股价高于看涨期权，期权将被执行，组合的价值等于期权的价值与零息债券的价值之和。

看涨期权或看跌期权与普通股或其他金融资产还可以组成其他组合，例如，可以在购进普通股的同时卖出看涨期权。总之，通过组合很好地达到了规避风险的目的。

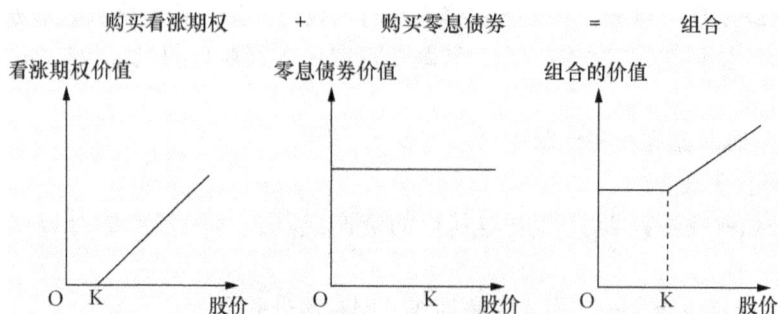

购买看涨期权 ＋ 购买零息债券 ＝ 组合

图 3 – 37　买入看涨期权与购入零息债券的组合在到期日的价格

[例 3 – 28]　假设某公司股票的看涨期权和看跌期权的执行价格都是 55 元（欧式期权，只能在到期日执行），从现在起一年为到期日。目前该股票的市场价格是 44 元。假定在到期日该股票的价格将是 58 元或者 34 元。市场上无风险证券的收益率为 10%。试构造期权组合进行风险回避。

解　采用对抵策略构造组合：购进股票，购进看跌期权；售出看涨期权。该组合到期日的价值如表 3 – 18 所示。

表 3 – 18　组合到期日的价值

投资策略	组合的未来价值（未扣除购买成本）	
	股价升至 58 元	股价跌至 34 元
购入普通股	58	34
购入看跌期权	0（不执行期权）	21
售出看涨期权	–3	0（持有人不执行期权）
合计	55	55

由于当股票价格下跌时，看跌期权是实值的，而看涨期权因持有人不执行而终止；当股票上涨时，看涨期权是实值的，看跌期权终止。这样在任何一种情况下都实现了 55 元的到期日价值。

2. 买权卖权平价

对比图 3 – 36 和图 3 – 37 中投资组合 I 和投资组合 II 在到期日的价值，不难看出，两种投资策略完全一样。根据无套利原理，它们的成本也应该完全相同；否则，投资者就会追求低成本的投资策略而放弃高成本的组合。投资组合 I 和投资组合 II 的成本及其关系可用以下公式表示：

标的股票的价格＋看跌期权的价格＝看涨期权的价格＋执行价格的现值　　（3-31）
　　　（组合Ⅰ的成本）　　　　　　　　（组合Ⅱ的成本）

公式（3-31）就是买权卖权平价，又称为看涨期权—看跌期权平价（call - put parity）。这是非常精确的期权关系等式，但它有严格的限制条件：首先，它是具有相同到期日、相同执行价格的欧式期权；其次，它要求零息债券的面值等于期权的执行价格。

在［例3-28］中，行权价的现值恰好等于零息债券的现值，也就是零息债券的购买成本。

例如，为构造［例3-28］的投资组合，假设当初花了44元买股票，7元买看跌期权，而售出看涨期权得到1元，市场的无风险利率为10%。由于你支付了50元买到了一年后收入55元的保证，你将赚得10%的利息；相反，若你能以6元买入看跌期权，你的组合成本是49元，用49元换来了55元的保证，那么你获得了12.2%的收益。只要有套利存在，这种收益就不会持久。在没有套利存在的情况下，你的初始头寸必须符合以下基本关系：

$$44 + 7 = 1 + 55/1.1$$

定义 P 为卖权的价格，C 为买权的价格，S 为标的股票现价，K 为无风险资产在到期日的价值（它等于执行价），则买权卖权平价关系式可以表示为如下形式：

$$P + S = C + K/(1 + r_f)^t \qquad (3-32)$$

买权卖权平价关系是最基础的期权关系，它还可以有多种表达形式。每一种表达形式都隐含着两个具有相同投资结果的投资策略。例如，如果想了解看跌期权的价值，只需将式（3-32）变换成：

$$P = C + K/(1 + r_f)^t - S \qquad (3-33)$$

（四）期权的价值

期权的价值就是如何决定买卖期权即期权在到期日前的价值。

1. 看涨期权价值的上下限

假设目前 AOL 股票的市场价格为35美元，其看涨期权的执行价格为30美元，那么该期权肯定不能以低于5美元的价格售出。原因很简单，如果期权的价格为4美元，聪明的人就会以4美元的价格买入该期权，再花30美元执行期权。也就是说，通过这一操作，仅用了34美元（4美元＋30美元）就获得了一股 AOL 股票，在市场上以35美元的价格出售后就可以轻松获利1美元（35美元－34美元）。在无套利的市场上，这种套利机会很快就会消失。因此，期权价格至少要等于5美元。如图3-38所示，在到期日前，期权的价格不会低于右边的那条黑色斜线。

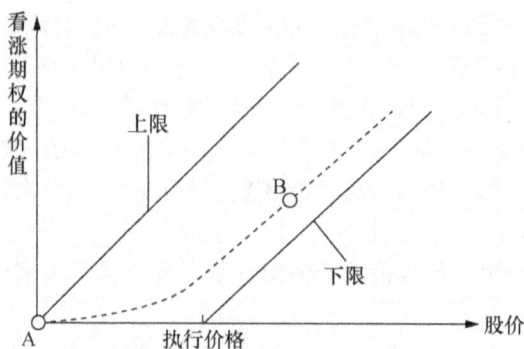

图 3 - 38 到期前看涨期权的价值

思考: 期权价格有上限吗?

回答: 有,这个上限就是标的股票本身。例如,如果 AOL 公司看涨期权的价格高于普通股股票,投资者就会以较低的价格直接购买普通股,而不必采用通过购买期权的方法来购买普通股。如图 3 - 38 所示,在到期日前,看涨期权的价值不可能高于其标的资产股票的价格。

2. 影响期权价值的因素

有两类基本因素影响期权的价值:一类是期权合约本身的特征,包括到期日和执行价格;另一类是股票价格和市场因素。

(1)看涨期权的影响因素。

1)执行价格。当其他条件不变时,执行价格越高,看涨期权的价值就越低。但只要标的资产的价格在到期日之前能够超过执行价格,期权就有价值。

假设价格为 30 美元的 IBM 股票有两个看涨期权,第一个看涨期权的执行价格为 25 美元,第二个看涨期权的执行价格为 20 美元,你会选择哪一个呢?毫无疑问,第二个期权对你更有吸引力。那么,第二个看涨期权的价格就要高一些。因此,执行价格的降低会提高看涨期权的价值。

2)到期日。对于同类的美式期权,距到期日长的期权的价值至少与距到期日短的一样。这是因为距到期日越长,标的资产发生有利于期权持有者变化的机会越多。考虑其他条件一样的两个美式期权,一个还有 3 个月到期,另一个还有 6 个月到期。虽然还有 6 个月到期的美式期权不仅与还有 3 个月到期的美式期权相同的权利,它还有另外 3 个月获取价值的权利。因此,6 个月到期的美式期权更有价值。另外,离到期日越长,未来支付执行价格的现值就越低。

3)股票价格。如果股票一文不值,期权到期时肯定不会被执行。因此,今天的期权价值也必然为零,如图 3 - 38 虚线 A 点所示。如果股价涨得很高,说明股价比执行价高得多，期权最终被执行的可能性就越大，同时股价在到期日前跌至执行价之下的可能性也就越小。股价涨得足够高，则期权肯定在到期日行权，因此看涨期权的价值就等于股价与执行价格现值的差额，如图3-38虚线的B点所示。例如，股票价格是50美元，执行价格是100美元的期权，显然值不了几个钱；但若股票价格狂升到150美元，则该期权就有很高的价值了。

图3-38的虚线描述了到期日前看涨期权价值与股价之间的关系，股价越高，看涨期权的价值也就越高，但它们之间的关系并不是线性的，而是一条凸曲线，也就是说，对应于给定的股票价格增加值，看涨期权的价格在股票价格高时的增加幅度比在股票价格低时的增加幅度大。

4）股价的波动性。决定图3-38中虚线高度（即期权的实际价值与下限价值之间的差额）最重要的因素就是标的资产价格的变异性。倘若一种股票的价格变化不超过1%，这种股票对应的期权价值就很低；倘若一种股票的价格可能翻倍也可能折半，这种股票对应的期权价值就极高。

例如，A、B两只股票价格的概率分布如表3-19所示，假定股票A和股票B的期权的执行价格都为45元。

表3-19　到期日股票A与股票B价格的概率分布

概率	0.07	0.10	0.18	0.30	0.18	0.10	0.07
股票A的价格（元）	35	40	45	50	55	60	65
股票B的价格（元）	20	30	40	50	60	70	80

对于欧式看涨期权，这个关系不一定必然成立。例如，一家公司有两种等同的欧式期权，一种在5月底到期，另一种在10月份到期。再假定6月初有大量的股利支付。若第一种期权在5月底执行，其持有人将收到标的股票，此后不久他就会得到大量股利。然而，第二种看涨期权的持有人将在股利支付之后通过执行期权得到股票。由于市场知道这种看涨期权的持有人将失去股利，因此第二种看涨期权的价值可能小于第一种看涨期权的价值。

如果一只股票未来还可能有价值，投资者今天就会愿意为之有所付出，虽然数目可能很小。

容易算得，两种股票在到期日的期望价格都是50元，而期权在到期日的预期价值为：

期权 $A = 0 \times 0.07 + 0 \times 0.10 + 0 \times 0.18 + 5 \times 0.30 + 10 \times 0.18 + 15 \times 0.10 + 20 \times 0.07 = 6.2(元)$

期权 $B = 0 \times 0.07 + 0 \times 0.10 + 0 \times 0.18 + 5 \times 0.30 + 15 \times 0.18 + 25 \times 0.10 +$

$35 \times 0.07 = 9.15(元)$

由于股票 B 的价格比股票 A 的价格变动的幅度大，即股价的波动率较大，使得股票 B 的期权的预期价值高于股票 A 的期权。这是因为，股票价格波动率越大，期权持有者的收入为正的可能性就越大，从而使得期权的价值就越大。在这一问题上，持有标的资产与持有标的资产的期权有着根本的区别。若市场上的投资者都是风险厌恶型，股票波动率的增加只会使股票的市场价值减少，期权的持有人却从股票的波动中获取收益，因此股票波动率的增加反而会使期权的价值增加。

5）市场利率。看涨期权的价格也是利率水平的函数。如果你拥有一份已经确定将被执行的看涨期权，可以认为你已经持有了股票，唯一的差别是你只需首先以看涨期权的价格支付一笔定金，而在执行时才以执行价格付款。如果距到期日很远，市场利率又很高，延迟付款就越有价值。因此，看涨期权的价值与利率正相关。

（2）看跌期权的影响因素。

影响看涨期权的五个因素也是看跌期权的影响因素，但其中执行价格、股价和市场利率这三个影响因素对看跌期权作用的方向与看涨期权不同。

1）执行价格。由于当其他条件不变时，执行价格越小，股价低于执行价的可能性就越大，看跌期权的持有者就更有可能按高于股票市场价格的执行价出售股票。因此，与看涨期权相反，看跌期权的价值随着执行价格的增加而增加。

2）股票价格。由于当股票以低于执行价格的价格出售时看跌权是实值的，因此，当其他条件不变时，股价越高，看跌期权的价值越低。看跌期权的市场价格随股价的增加而减少。

3）市场利率。看跌期权的持有者只有在执行期权时才收到按执行价出售股票的收入，因此，在其他条件不变的前提下，较高的市场利率将降低延迟售出股票的价值。

将以上影响因素总结后，得到表 3 - 20。

表 3 - 20　影响美式期权价值的因素

影响因素及其变化	看涨期权的价值	看跌期权的价值
股票价格增加	增加	减少
执行价格增加	减少	增加
股票波动率增加	增加	增加
市场利率增加	增加	减少
距到期日的时间增加	增加	增加

美式期权同时具有以下四种关系：

看涨期权的价格不能高于股价（上限）；

看涨期权的价格不能小于0，也不能小于股价与执行价格之差（下限）；

如果股价等于0，那么看涨期权的价值为0；

当股价远远大于执行价时，看涨期权的价格接近于股价与执行价现值之差。

3. 期权定价的基本原理

人们最早也曾试图用现金流量贴现的方法评价期权的价值。遗憾的是，很难找到一个合适的贴现率。期权的风险取决于标的资产价格与执行价格之间的差额大小，而标的资产的价格在不断变化，因此虽然可以知道期权的风险要比标的资产大，却不能确切地判断期权的风险究竟是多少。显然，为了求出期权价格，需要另辟蹊径。

设想在一个绝无套利可能的市场上，如果能够构造出一个收益状况与期权相同但由其他金融资产构成的组合，那么就可以由该组合来得出期权的价格。

[例3-29] 假设股票Z当前的市场价格是100元，预计在6个月后的价格可能是120元或者80元。目前市场上出售一种以股票Z为标的资产的看涨期权，期限也是6个月，执行价格是100元。再假设投资者可以按10%的半年期无风险利率借款。试估计该期权的价格。

解 首先，需要找出与期权到期日价值相同但由其他金融资产构成的组合。考虑以下两种策略：策略1是购进股票Z的看涨期权；策略2是买进0.5股股票，同时借入36.36元。两种策略在期权到期日时的价值如表3-21所示。

表3-21　两种投资策略在到期日的价值

初始交易	到期日收益	
	若股票的价格120元	若股票的价格80元
购进看涨期权	120-100=20	0
合计	20	0
购进0.5股股票	120×0.5=60	80×0.5=40
借贷36.36元	-36.36×1.1=-40	-36.36×1.1=-40
合计	20	0

上述购进看涨期权的盈利结构被策略2复制，也就是说，从投资者所关心的盈利方面看，两种投资策略是等价的。在无套利的市场上，这两种策略一定有相同的成本。策略2的成本很容易估计：100×0.5-36.36=13.64(元)。

由此得到看涨期权的价格为13.64元。也就是说，上述看涨期权必须按13.64元定价，否则就会出现无风险套利。

为了更好地理解和应用上述策略，进一步讨论以下两个问题：

（1）如何得知在复制策略中应该购入多少股票？如［例3-29］中购入0.5股股票而不是其他的任何数量。

由于已经预计到股票在到期日的价值可能是120元或者80元，潜在的波动幅度是40元，据此，推算出期权在期末的价值可能是20元或者0元，相应的波动幅度为20元，刚好是股价波动幅度的1/2。也就是说，股价涨落1元会带来看涨期权0.5元的涨落。将以上关系一般化，可以得到以下比率：

期权的Delta=看涨期权的变化范围/股价的变化范围

这个被称为期权Delta的比率，提供了在复制策略中应该购入的股票数量的信息。

（2）如何得知在复制策略中应该借贷多少资金？如［例3-29］中借入36.36元，而不是其他的任何数量。

已知买0.5股股票的期末价值为60元或者40元，比看涨期权的两种可能的期末价值分别多40元。为了能够保证复制组合与看涨期权有相同的期末价值，就应该借入数量为在期末能够恰好偿还40元借款本息的资金。因此，借款数量就应为36.36元（40元/1.1）。也就是说，借款额应该等于复制组合中股票的期末价值与看涨期权价值的差额的现值。

在已知复制策略所需购入的股票数量和借款量的基础上，通过以下公式就可以容易地估计出看涨期权的价值：

看涨期权的价值=股价×Delta-借款量　　　　　　　　　　　（3-34）

看跌期权的价值可以通过（看涨期权-看跌期权平价关系）计算。

4. 二叉树期权定价模型

上述方法要求我们在评估期权价值时，每次都要构造一个复制组合。是否有一个更简单的方法呢？建立在上述方法基础之上的二叉树模型就是一个简便的方法。

（1）单期状态。

设股票当前的市场价格为S_0，一年后可能上升S_H，或下降为S_L，相对地，一个与此股票对应的看涨期权在到期日可能价值为C_H或C_L。它们的价格变化的二叉树如图3-39所示。

风险中立者判断效用的唯一标准是期望值，因此股票当前的价格由下式决定：

$$S_0 = \frac{1}{(1 + r_f)} [w_H + (1 - w_H) S_L] \qquad (3-35)$$

式中，w_H为股票上升的概率，当然它并非真正意义上的概率，只是其特征和作用类似于概率，也被称为伪概率。根据式（3-35）可以得到：

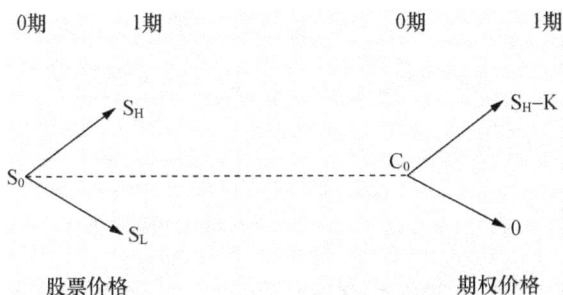

图 3 - 39 股原价格、期权价格变化的单期二叉树图

$$w_H = \frac{S_0(1 + r_f) - S_L}{S_H - S_L} \qquad (3-36)$$

相应地，一个与此股票对应的看涨期权在零期的价值为：

$$C_0 = \frac{1}{(1 + r_f)}[w_H C_H + (1 - w_H)C_L] \qquad (3-37)$$

[例 3 - 30] 已知某股票当前的价格为 70 元，6 个月后的价格可能为 100 元或者 50 元，市场无风险年利率为 8%，求以这一股票为标的股票、执行价格为 75 元、期限 6 个月的看涨期权的价格。

解 首先求解 w_H：

$$w_H = \frac{S_0(1 + r_f) - S_L}{S_H - S_L} = \frac{70 \times 1.04 - 50}{100 - 50} = 0.456$$

然后将计算结果代入式（3 - 37）：

$$C_0 = \frac{1}{(1 + r_f)}[w_H C_H + (1 - w_H)C_L] = \frac{1}{1.04} \times [0.456 \times 25 + (1 - 0.456) \times 0]$$

$$= 10.96$$

得到上述期权的价格为 10.96 元。

（2）多期状态。

在一个多期的二叉树估价过程中，估价必须交互进行，即从最后的时点开始向前追溯，直到当前时点。每一步都要估计标的资产的价格，从而得到各时点期权的价格。

[例 3 - 31] 某股票的现价为 55 元，预计股价在未来 6 个月中每 3 个月将上涨或下跌 10%。设每期的无风险利率为 1%，以该股票标的资产、执行价格为 58 元的买权的价值是多少？

解 这是一个二期的资产价格运动，其股票价格和期权价格变化的二叉树如图 3 - 40 所示。

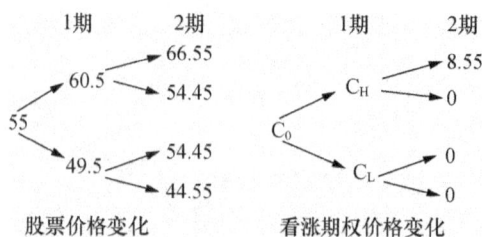

图3-40　股票价格、看涨期权价格变化的二期二叉树图

定义1期至2期股价变化的概率分别为 w_{HH} （1期上升，2期也上升），w_{HL}（1期上升，2期下降），w_{LH}（1期下降，2期上升），w_{LL}（1期下降，2期也下降）。应用式（3-36）得到：

$$w_{HH} = \frac{S_H(1 + r_f) - S_{HL}}{S_{HH} - S_{HL}} = \frac{60.5 \times 1.01 - 54.45}{66.55 - 54.45} = \frac{6.655}{12.1} = 0.55$$

$$w_{HL} = 1 - w_{HH} = 1 - 0.55 = 0.45$$

$$w_{LH} = \frac{S_L(1 + r_f) - S_{LL}}{S_{LH} - S_{LL}} = \frac{49.5 \times 1.01 - 44.55}{54.45 - 44.55} = \frac{5.445}{9.9} = 0.55$$

$$w_{LL} = 0.45$$

$$w_H = w_{HH} = 0.55$$

将以上数据代入式（3-37），得到各期的期权价值：

$$C_H = \frac{1}{(1 + r_f)}[w_{HH}C_{HH} + (1 - w_{HH})C_{HL}] = \frac{1}{1.01} \times (0.55 \times 8.55 + 0.45 \times 0)$$

$$= 4.66$$

$$C_L = \frac{1}{(1 + r_f)}[w_{LH}C_{LH} + (1 - w_{LH})C_{LL}] = 0$$

$$C_0 = \frac{1}{(1 + r_f)}[w_H C_H + (1 - w_H)C_L] = \frac{1}{1.01} \times (0.55 \times 4.66 + 0.45 \times 0) = 2.54$$

计算结果表明，该看涨期权在当前的价值为2.54元。

5. Black - Scholes 期权定价模型

显然，二叉树模型是有缺陷的，模型假定股票在期末的价格仅取于两个值，这不符合现实。事实上，股票在到期日的价格是有多种可能的。不过，价格的可能数目会随着时间的缩短而减少，因此，对于无限短的瞬间来说，二叉树的假设是合理的。换句话说，二叉树模型虽然是一个描述股票价格运动的离散时间模型，但随着期权有效期被拆分成越来越多的时段，即当时间间隔 t 趋于无穷小时，股票价格将服从对数正态分布。Black - Scholes 期权定价模型的创立者 Black 和 Scholes 运用期权定价的基本原理，在假定股票价格连续变化等前提下，推导出的期权定价模型如下：

$$C = SN(d_1) - Ke^{-rt}N(d_2) \qquad (3-38)$$

$$d_1 = \frac{\ln(S/K) + (r + \sigma^2/2)t}{\sqrt{\sigma^2 t}}$$

$$d_2 = d_1 - \sigma\sqrt{t} \qquad (3-39)$$

式中，S 是股票的当前价格；K 是欧式看涨期权的执行价格；r 是无风险利率，年连续复利率；t 是距到期日的时间，以年为单位；σ^2 是股票连续收益的方差；N（d）是标准正态分布随机变量小于或者等于 d 的概率。

注：Black – Scholes 期权定价公式的推导方法很多，也较复杂。其基本思路是复制与期权具有同样到期价值的股票与债券的组合，将时间间隔缩小，在每一时点上，都假定资产价格的变化只有两种状态，从最后的时点追溯至初始时期期权的价格。当时间间隔 t 趋于无穷大时，股票价格运动的二叉树模型转变为几何布朗模型。有兴趣的读者可以参考相关书籍，本书不进行详细推导。但如何理解 Black – Scholes 定价公式背后的含义呢？不妨对比期权定价基本方法中，通过复制的购买股票和借款的策略来确定期权的价值的公式（3 – 34）：看涨期权的价值 = 股价 × Delta – 借款量。可以证明，Delta 就是 Black – Scholes 定价模型中的 $N/(d_1)$，$Ke^{-rt}N(d_2)$ 则是投资者为了复制看涨期权所需要的借款量。

Black – Scholes 定价模型的推导虽然较复杂，但其应用起来很容易。下面举例说明 Black – Scholes 定价模型的应用。

[**例 3 – 32**] 假设 PEC 公司 1990 年 10 月 4 日的股票的收盘价为 50 美元，其以股票为标的资产的看涨期权距到期日还有 199 天，执行价格为 49 美元。市场的无风险利率为 7%（按连续复利计算的年利率），该公司股票收益的方差为 0.09。求该看涨期权的价值。

解 （1）求出正态分布的临界值：

$$d_1 = \frac{\ln(S/K) + (r + \sigma^2/2)t}{\sqrt{\sigma^2 t}}$$

$$= \frac{\ln(50/49) + (0.07 + 0.5 \times 0.09) \times 199/365}{\sqrt{0.09 \times 199/365}}$$

$$= 0.3742$$

$$d_2 = d_1 - \sigma\sqrt{t} = 0.1527$$

（2）查标准正态分布表得到：

$$N(d_1) = N(0.3742) = 0.6459$$

$$N(d_2) = N(0.1527) = 0.5607$$

（3）计算看涨期权的价值：

$$C = SN(d_1) - Ke^{-rt}N(d_2)$$
$$= 50 \times 0.6459 - 49 \times e^{-0.07 \times 199/356} \times 0.5607$$
$$= 5.85(美元)$$

Black - Scholes 期权定价模型所确定的是看涨期权的价值，看跌期权的价值可以通过买权卖权平价推出。

与假设可能结果有限的二叉树方法相比，Black - Scholes 定价方法考虑到可能结果的连续分布，从而更加现实。不仅如此，它所得到的结果也比二叉树方法更加准确、更加方便。只要给定若干参数就可以计算期权的价值。

（五）实物期权

期权对公司财务决策具有十分重要的意义。期权是一种选择权，而公司财务决策实质上就是一种选择的过程，因此，公司财务决策的很多问题都可以用期权的观点来分析。例如，假设公司的资产价值为 A，它等于股票价值 S 和债券价值 D 之和（A = S + D）。用看涨期权描述公司股票、公司债券和公司价值，其三者关系如图 3 - 41 所示。

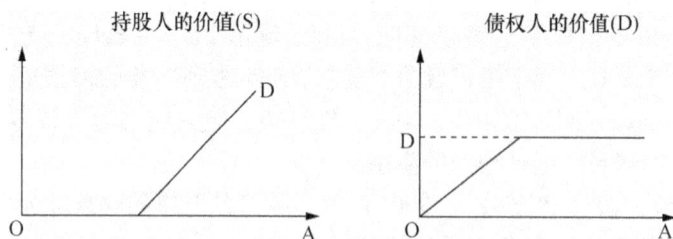

图 3 - 41 公司股东、债券持有人与公司价值的关系

注：股东可被看作对公司持有看涨期权。如果公司价值 A 超过债券价值 D，股东将执行期权，支付行权价格 D，拥有公司；若公司价值低于 D，股东将放弃公司。而债券持有人可被看作拥有公司但卖出这个看涨期权。若公司价值超过 D，股东执行期权，收回债务本息；若公司价值低于价值 D，则债权人拥有公司（通过清算收回部分本息）。

不仅公司的股票和债券可以被视为期权，公司的资本结构、资本预算和兼并收购等决策中都隐含着期权的价值。在用现金流量贴现的方法来评估项目价值，或者通过适当的风险贴现率调整项目净现值，甚至是以更复杂的决策树或者情境分析等方法处理项目风险时，都忽略了项目决策中的主动性。实际上，当项目投入运行后，公司可以根据未来形势的发展变化重新作出决策。这种调整项目的选择权被称为实物期权（real option）。实物期权主要包括扩张期权、等待期权和放弃期权。下面将主要讨论这些期权及其价值的确定。

1. 扩张期权

扩张期权价值等于后续投资机会的价值。

[例 3 – 33] 星烁公司是一家大型计算机制造商，2002 年，公司考虑投入自行研制的闪光 Ⅰ 型微机项目。该项目的初始投资额为 4.5 亿元，未来五年预计现金流量如表 3 – 22 所示，当前市场的无风险利率为 10%，但考虑到项目的风险状况，公司要求的必要收益率为 20%。由于市场竞争激烈，公司如果现在不进行闪光 Ⅰ 型微机项目的投资，将来就没有机会进入微机市场。而且在闪光 Ⅰ 型微机项目的基础上，公司还可以开发闪光 Ⅱ 型微机项目，估计在 2005 年能够投入生产（这里假定 90 亿元的资金如果不投入闪光 Ⅱ 型微机项目，就只能用于无风险投资，获得无风险报酬）。

闪光 Ⅱ 型微机项目的风险与闪光 Ⅰ 型微机项目相似，其现金流量变动的标准差预计为 0.35，但其投资额和现金流量是闪光 Ⅰ 型微机项目的两倍，预计的现金流量如表 3 – 23 所示。目前是否应该投资闪光 Ⅰ 型微机项目？

表 3 – 22 闪光 Ⅰ 型微机项目的现金流量

单位：百万元

	2002	2003	2004	2005	2006	2007
初始投入	450					
税后经营现金流量		110	159	295	185	0
运营资本增加		50	100	100	– 125	– 125
净现金流量	– 450	60	59	195	310	125

表 3 – 23 闪光 Ⅱ 型微机项目的现金流量

单位：百万元

	2005	2006	2007	2008	2009	2010
初始投入	900					
税后经营现金流量		220	318	590	370	0
运营资本增加		100	200	200	– 250	– 250
净现金流量	– 900	120	118	390	620	250

解 （1）若不考虑闪光 Ⅰ 型微机项目所具有的后续投资机会的价值，其净现值为：

$$NPV_1 = -450 + 60/1.2 + 59/1.2^2 + 195/1.2^3 + 310/1.2^4 + 125/1.2^5$$

$= -46.5$（百万元）

（2）闪光Ⅱ型微机项目在 2005 年的净现值为：

$$NPV_{Ⅱ,2005} = -900 + 120/1.2 + 118/1.2^2 + 390/1.2^3 + 620/1.2^4 + 250/1.2^5$$
$$= -900 + 805.7 = -94.3（百万元）$$

（3）闪光Ⅱ型微机项目在 2002 年的净现值为：

$$NPV_{Ⅱ,2002} = 900/1.1^3 + 805.7/1.2^3 = -676.2 + 466.3 = -209.9（百万元）$$

显然，从目前来看，无论是现在进行闪光Ⅰ型微机项目投资，还是三年后进行闪光Ⅱ型微机项目投资，从财务上看都是无利可图的。但是闪光Ⅱ型微机项目是一个三年后才需投入的项目，具有较大的不确定性，存在着市场发生变化、净现值大于零的可能。如果现在不进行闪光Ⅰ型微机项目，就失去了未来发现闪光Ⅱ型微机项目可以盈利时再进行投资的机会。所以闪光Ⅰ型微机项目不仅是一个未来三年可以带来现金流量的项目，而且该项目包含了在 2005 年选择是否进行闪光Ⅱ型微机项目的选择权。这个期权的标的资产就是闪光Ⅱ型微机项目，标的资产的价值就是闪光Ⅱ型微机项目的现值，而执行价格就是闪光Ⅱ型微机项目的投资额。

（4）用 Black – Scholes 期权定价模型估计闪光Ⅰ型微机项目所含有的期权价值。

已知：

$r_f = 10\%$，$\sigma = 0.35$，$t = 3$，$K = 900$（百万元），标的资产价格 $S = 466.3$（百万元）

则：

$$d_1 = \frac{\ln(S/K) + (r_f + \sigma^2/2)t}{\sqrt{\sigma^2 t}}$$

$$= \frac{\ln(466.3/900) + (0.1 + 0.5 \times 0.35^2) \times 3}{0.35 \times \sqrt{3}} = -0.287$$

$$d_2 = d_1 - \sigma\sqrt{t} = -0.287 - 0.35 \times \sqrt{3} = -0.893$$

查正态分布表可得：

$$N(d_1) = N(-0.287) = 0.387$$

$$N(d_2) = N(-0.893) = 0.786$$

$$C = SN(d_1) - Ke^{-n}N(d_2)$$

$$= 466.3 \times 0.387 - 900e^{-0.3} \times 0.786$$

$$= 56.45（百万元）$$

（5）考虑了闪光Ⅰ型微机项目所具有的期权价值后，其净现值为：

$$NPV = -46.5 + 56.45 = 9.95（百万元）$$

由于接受闪光Ⅰ型微机项目能够得到闪光Ⅱ型微机项目的扩张期权，此扩张期权的价值约为 5645 万元，据此对闪光 I 型微机项目的净现值进行调整，得到项目净现值约为 995 万元。

2. 等待期权

等待期权又称延迟时间选择期权，在不确定情况下，选择投资时机是很有意义的，即便项目具有正的净现值也并不意味着就应该立即投资。假如未来市场状况的不确定性都很大，延迟一段时间也不会失去进入市场的机会，那么等待相关市场发展变化后再做决定会更有把握。在这种情况下，投资者相当于拥有一个尚未到期的买权，其持有者可以选择立即执行还是等待。

[例 3 - 34] 某公司可以选择马上对一个新项目投资还是一年后投资，不论是当前投资还是一年后投资，其投资额都是 1.8 亿元。如果产品市场情况好，项目每年能够产生 2 500 万元的净现金流量；如果市场情况不好，每年只能产生 1 600 万元的净现金流量。该项目目前预计的价值为 2 亿元，项目的机会成本为 10%，市场无风险收益率为 5%。对该项目的投资时机应作何选择？

解　该项目在市场状况好时投资可带来 7 000 万元（25 000 万元 - 18 000 万元）净现金，而在市场状况不好时的净现值为 - 200 万元。由于项目可以等待一年再开发，因此，该公司相当于拥有期限为一年的看涨期权，可在一年后根据市场状况决定是否投资该项目，即决定是否执行买权。为了找出买权的价值，可对项目的现金流量分解如下：如果市场情况好，项目在第一年将带来 25 00 万元的净现金流量和 25 000 万元的终值；如果市场情况不好，项目在第一年将带来 16 00万元的净现金流量和 16 000 万元的终值。根据上述数据可画出二叉树图形（如图 3 - 42 所示）。

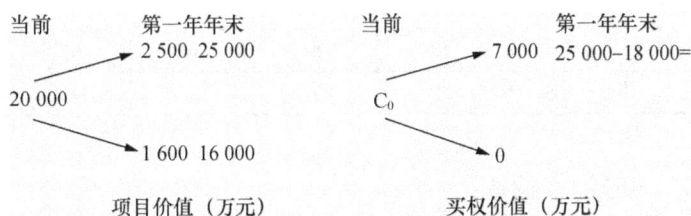

图 3 - 42　某项目等待期权的二叉树图

根据二叉树模型计算买权价值得到：

$$\omega_H = [S_0(1 + r_f) - S_L]/(S_H - S_L)$$
$$= [20\ 000 \times (1 + 0.05) - 17\ 600]/(27\ 500 - 17\ 600)$$
$$= 0.343$$
$$C_0 = 1/(1 + r_f)[\omega_H C_H + (1 - \omega_H)C_L]$$

$$= 1/1.05 \times (0.343 \times 7\,000 + 0)$$

$$= 2\,287(万元)$$

如果立即投资，相当于马上执行买权，得到的价值就是项目当前的净现值 2 000万元（20 000 万元 – 18 000 万元）；但若继续保持这份期权，其价值则为 2 287万元。

3. 放弃期权

放弃期权的价值等于转作他用的卖权价值，在以往项目投资所涉及的资本预算中，总是假设一旦实施某个项目，中途就不会放弃，也不会改变，但是在现实中，有些项目是可以根据运行情况在中途重新作出选择的，对于这样的项目，就应该估计其期权的价值。

[例 3 – 35] 某企业生产一种新产品可以选用两种不同的设备，A 设备是专用设备，不能转作他用；B 设备是通用设备，生产效率不如 A 设备，但可以用作其他产品的生产，两种设备的价格都是 65 万元，使用期限均为 5 年。预计新产品未来第一年的销售状况不理想，随后各年的销售状况也不理想。该项目的机会成本为 12%，市场无风险收益率为 5%，两种设备预期的净现金流量如表 3 – 24 所示。新产品究竟应该选用哪一种设备进行生产？

表 3 – 24　某企业新项目预期净现金流量

单位：万元

	时间	0	1	2	3	4	5
A 设备	情况好	– 65	19	27	35	43	51
	情况差	– 65	4	8	12	16	20
B 设备	情况好	– 65	18	26	34	42	50
	情况差	– 65	3	7	11	15	19

解　（1）若选用 A 设备：

（a）未来第 2～5 年净现金流量在第一年年末的价值为：

情况好：

$$PV_{AG,1} = \frac{27}{1.12} + \frac{35}{1.12^2} + \frac{43}{1.12^3} + \frac{51}{1.12^4} = 115(万元)$$

情况差：$PV_{AB,1} = \dfrac{8}{1.12} + \dfrac{12}{1.12^2} + \dfrac{16}{1.12^3} + \dfrac{20}{1.12^4} = 40.8(万元)$

（b）项目当前的价值是情况好与情况不好现值的期望值，扣除初始投资为净现值。

$$PV_{A,0} = \frac{\left[(115+19)+(40.8+4)\right] \times 0.5}{1.12} = 79.8$$

$$E(NPPV_{A,0}) = 79.8 - 65 = 14.8(万元)$$

上述计算过程可用图 3 - 43 描述。

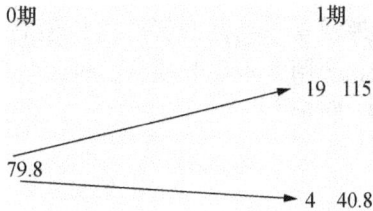

图 3 - 43 选用设备 A 的现金流量及其价值的二叉树图

(2) 若选用 B 设备：

(a) 未来第 2～5 年净现金流量在第一年年末的价值为：

情况好：

$$PV_{BG,1} = \frac{26}{1.12} + \frac{34}{1.12^2} + \frac{42}{1.12^3} + \frac{50}{1.12^4} = 112(万元)$$

情况差：

$$PV_{BB,1} = \frac{7}{1.12} + \frac{11}{1.12^2} + \frac{15}{1.12^3} + \frac{19}{1.12^4} = 37.8(万元)$$

(b) 项目现金流量在当前价值情况好与情况不好的期望值，扣除初始投资为项目净现金流量的净现值。图 3 - 44 描述了分析过程。

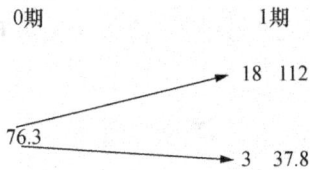

图 3 - 44 选用设备 B 的现金流量及其价值的二叉树图

$$PV_{B,0} = \frac{\left[(112+18)+(3+37.8)\right] \times 0.5}{1.12}$$

$$= \frac{(130+40.8) \times 0.5}{1.12} = 76.3$$

$E(NPPV_{B,0}) = 76.3 - 65 = 11.3(万元)$

（c）上述结果表明，选用 A 设备的净现值比较大（14.8 > 11.3）。但是，若选用 B 设备，设备可以转作他用，如果第一年销售不好，则可放弃此项目，将设备按账面净值 52 万元出售。因此，选用 B 设备相当于持有一个期限为一年、执行价格为 52 万元的卖权。当作为标的资产的价值低于执行价 52 万元时，卖权有实值，则放弃该项目，卖掉设备；当标的资产的价值高于执行价 52 万元时，卖权为虚值，则放弃该卖权。选用 B 设备时项目的价值与其卖权价值之间的关系可用二叉树描述，如图 3-45 所示。

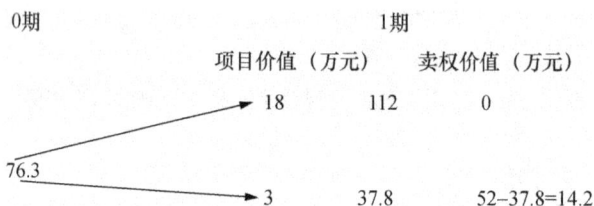

图 3-45　选用设备 B 项目卖权的二叉树图

根据二叉树定价原理，计算得到：

$$w_H = \frac{S_0(1 + r_f) - S_L}{S_H - S_L} = \frac{76.3 \times (1 + 0.05) - 40.8}{130 - 40.8} = 0.44$$

卖权的价值 $= 1/1.05 \times (0 \times 0.44 + 14.2 \times 0.56) = 7.57(万元)$

显然，选用 B 设备的净现值应加上卖权的价值，即：

$E(NPPV_{B,0}) = 11.3 + 7.57 = 18.87(万元)$

（3）由于选用设备 B 带来的项目净现值（18.87 万元）大于选用设备 A 所带来的项目净现值（14.8 万元），因此，应选用设备 B 来生产新产品。

练习题

一、单项选择题

1. 将 100 元钱存入银行，利息率为 10%，计算 5 年后的终值应用（　　）来计算。

A. 复利终值系数　　　　　　　　B. 复利现值系数

C. 年金终值系数　　　　　　　　D. 年金现值系数

答案：A

2. 每年年底存款 1 000 元，求第 10 年年末的价值，可用（　　）来计算。

A. PVIF　　　　　　B. FVIFA　　　　　　C. PVIFA　　　　　　D. FVIF

答案：B

3. 下列项目中的（　　）称为普通年金。

A. 先付年金　　　B. 后付年金　　　C. 延期年金　　　D. 永续年金

答案：B

4. A 方案在 3 年中每年年初付款 100 元，B 方案在 3 年中每年年末付款 100 元，若利率为 10%，则 A、B 两方案在第 3 年年末时的终值之差为（　　）。

A. 33.1　　　　　　B. 31.3　　　　　　C. 133.1　　　　　　D. 13.31

答案：A

5. 已知某证券的 β 系数等于 2，则该证券（　　）。

A. 无风险

B. 有非常低的风险

C. 与金融市场所有证券的平均风险一致

D. 是金融市场所有证券平均风险的 2 倍

答案：D

6. 当两种股票完全负相关时，将这两种股票合理地组合在一起，则（　　）。

A. 能适当分散风险　　　　　　　　B. 不能分散风险

C. 能分散掉一部分市场风险　　　　D. 能分散掉全部可分散风险

答案：D

7. 如果向一个 β = 1.0 的投资组合中加入一只 β = 1.0 的股票，则下列说法中正确的是（　　）。

A. 投资组合的 β 值上升，风险下降　　B. 投资组合的 β 值和风险都上升

C. 投资组合的 β 值下降，风险上升　　D. 投资组合的 β 值和风险都下降

答案：B

8. 下列关于证券投资组合的说法中，正确的是（　　）。

A. 证券组合投资要求补偿的风险只是市场风险，而不要求对可分散风险进行补偿

B. 证券组合投资要求补偿的风险只是可分散风险，而不要求对市场风险进行补偿

C. 证券组合投资要求补偿全部市场风险和可分散风险

D. 证券组合投资要求补偿部分市场风险和可分散风险

答案：A

9. 无风险利率为 6%，市场上所有股票的平均报酬率为 10%，某种股票的 β

系数为 1.5，则该股票的报酬率为（　　　）。

    A. 7.5%   B. 12%   C. 14%   D. 16%

    答案：B

10. 甲公司对外流通的优先股每季度支付股利每股 1.2 元，年必要报酬率为 12%，则该公司优先股的价值是每股（　　　）元。

    A. 20   B. 40   C. 10   D. 60

    答案：C

11. 有关企业投资的意义，下列叙述中不正确的是（　　　）。

    A. 企业投资是实现财务管理目标的基本前提

    B. 企业投资是发展生产的必要手段

    C. 企业投资有利于提高职工的生活水平

    D. 企业投资是降低风险的重要方法

    答案：C

12. 某企业欲购进一套新设备，要支付 400 万元，该设备的使用寿命为 4 年，无残值，采用直线法计提折旧。预计每年可产生税前利润 140 万元，如果所得税税率为 4000，则回收期为（　　　）年。

    A. 4.5   B. 2.9   C. 2.2   D. 3.2

    答案：C

13. 当折现率与内含报酬率相等时（　　　）。

    A. 净现值小于零   B. 净现值等于零

    C. 净现值大于零   D. 净现值不一定

    答案：B

14. 某企业准备新建一条生产线，预计各项支出如下：投资前费用 2 000 元，设备购置费用 8 000 元，设备安装费用 1 000 元，建筑工程费用 6 000 元，投产时需垫支营运资本 3 000 元，不可预见费按总支出的 5% 计算，则该生产线的投资总额为（　　　）元。

    A. 20 000   B. 21 000   C. 17 000   D. 17 850

    答案：B

15. 某企业原有一套生产甲产品的设备，装置能力为年产甲产品 2 万吨，6 年前投资额为 500 万元，现该企业欲增加一套年产甲产品 3 万吨的设备，装置能力指数为 0.8，因通货膨胀因素，取调整系数为 1.3，则该套新设备的投资额为（　　　）万元。

    A. 975   B. 470   C. 899   D. 678

    答案：C

16. 当一项长期投资的净现值大于零时，下列说法中不正确的是（   ）。

A. 该方案不可投资

B. 该方案未来报酬的总现值大于初始投资的现值

C. 该方案获利指数大于1

D. 该方案的内含报酬率大于其资本成本率

答案：A

17. 下列各项中不属于终结现金流量范畴的是（   ）。

A. 固定资产折旧   B. 固定资产残值收入

C. 垫支在流动资产上资金的收回   D. 停止使用的土地的变价收入

答案：A

18. 投资决策评价指标中，对于互斥方案来说，最好的评价指标是（   ）。

A. 净现值   B. 获利指数   C. 内含报酬率   D. 平均报酬率

答案：A

19. 下列关于投资决策指标的说法中，正确的是（   ）。

A. 净现值法不但能够反映各种投资方案的净收益，还能揭示各个投资方案本身能达到的实际报酬率

B. 在只有一个备选方案的采纳与否决策中，净现值法与内含报酬率法得出的结果总是一致的

C. 获利指数可以看作1元的原始净投资渴望获得的现值净收益

D. 在资本有限，但是投资机会比较充足的情况下，净现值法也是优于获利指数法的

答案：C

20. 若净现值为负数，表明该投资项目（   ）。

A. 投资报酬率小于零，不可行

B. 为亏损项目，不可行

C. 投资报酬率不一定小于零，因此也有可能是可行方案

D. 投资报酬率没有达到预定的折现率，不可行

答案：D

21. 下列说法中不正确的是（   ）。

A. 当净现值大于零时，获利指数小于1

B. 当净现值大于零时，说明该方案可行

C. 当净现值为零时，说明此时的折现率为内含报酬率

D. 净现值是未来现金流量的总现值与初始投资额现值之差

答案：A

22. 营业现金流量是指投资项目投入使用后，在其寿命周期内由于生产经营所带来的现金流入和流出的数量。这里现金流出是指（　　）。

A. 营业现金支出　　　　　　　　B. 缴纳的税金

C. 付现成本　　　　　　　　　　D. 营业现金支出和缴纳的税金

答案：D

23. 下列说法中不正确的是（　　）。

A. 内含报酬率是能够使未来现金流入量现值等于未来现金流出量现值的折现率

B. 内含报酬率是方案本身的投资报酬率

C. 内含报酬率是使方案净现值等于零的折现率

D. 内含报酬率是使方案获利指数等于零的折现率

答案：D

24. 计算营业现金流量时，每年净现金流量可按公式（　　）来计算。

A. NCF = 每年营业收入 − 付现成本

B. NCF = 每年营业收入 − 付现成本 − 所得税

C. NCF = 税后净利 + 折旧 + 所得税

D. NCF = 税后净利 + 折旧 − 所得税

答案：A

25. 下面不是期权定价模型的是（　　）。

A. 二叉树期权定价模型　　　　　B. Black − Scholes 模型

C. 净现值模型　　　　　　　　　D. Cox 期权定价模型

答案：C

二、多项选择题

1. 下列关于时间价值的说法中正确的有（　　）。

A. 并不是所有货币都有时间价值，只有把货币作为资本投入生产经营过程才能产生时间价值

B. 时间价值是在生产经营中产生的

C. 时间价值是资本投入生产过程所获得的价值增加

D. 时间价值是扣除风险报酬和通货膨胀贴水后的真实报酬率

E. 银行存款利率可以看作投资报酬率，但与时间价值是有区别的

答案：ABDE

2. 下列关于年金的说法中，正确的有（　　）。

A. n 期先付年金现值比 n 期后付年金现值的付款次数多一次

B. n 期先付年金现值与 n 期后付年金现值付款时间不同

C. n 期先付年金现值比 n 期后付年金现值多折现一期

D. n 期后付年金现值比 n 期先付年金现值多折现一期

E. n 期先付年金现值等于 n 期后付年金现值乘以折现率

答案：BD

3. 下列关于期限为 n、利率为 i 的先付年金 A 的终值和现值的计算公式中正确的有（   ）。

A. $V_n = A\ (FVIFA_{i,n+1} - 1)$

B. $V_n = A \times FVIFA_{i,n} \times (1+i)$

C. $V_0 = A\ (PVIFA_{i,n-1} + 1)$

D. $V_0 = A \times PVIFA_{i,n} \times (1+i)$

E. $V_0 = A \times PVIFA_{i,n} \div (1+i)$

答案：ABCD

4. 关于风险的度量，以下说法中正确的有（   ）。

A. 利用概率分布的概念，可以对风险进行衡量

B. 期望报酬的概率分布越集中，则该投资的风险越小

C. 期望报酬的概率分布越集中，则该投资的风险越大

D. 标准差越小，概率分布越集中，相应的风险也就越小

E. 标准差越大，概率分布越集中，相应的风险也就越小

答案：ABD

5. 关于证券组合的风险，以下说法中正确的有（   ）。

A. 利用某些有风险的单项资产组成一个完全无风险的投资组合是可能的

B. 由两只完全正相关的股票组成的投资组合与单只股票具有相同的风险

C. 若投资组合由完全正相关的股票组成，则无法分散风险

D. 由两只完全正相关的股票组成的投资组合具有比单只股票更小的风险

E. 当股票报酬完全负相关时，所有的风险都能被分散掉

答案：ABCE

6. 下列各项中属于可分散风险的是（   ）。

A. 国家财政政策的变化

B. 某公司经营失败

C. 某公司工人罢工

D. 世界能源状况的变化

E. 宏观经济状况的改变

答案：BC

7. 资本资产定价模型是建立在一系列严格假设基础之上的，主要包括（   ）。

A. 投资者对期望报酬率、方差以及任何资产的协方差评价一致，即投资者有相同的期望

B. 没有交易费用

C. 没有税收

D. 所有投资者都是价格接受者

E. 卖空资产有严格限制

答案：ABCD

8. 关于证券市场线的理解，以下说法中正确的有（　　）。

A. 证券市场线是对资本资产定价模型的图示

B. 证券市场线说明必要报酬率与不可分散风险 a 系数之间的关系

C. 证券市场线反映了投资者规避风险的程度，直线越平滑，投资者越规避风险

D. 当风险规避增加时，风险报酬率也随之增加，证券市场线的斜率也变大

E. 当风险规避增加时，风险报酬率也随之减小，证券市场线的斜率也变小

答案：ABD

9. 下列关于 β 系数的说法中正确的有（　　）。

A. β 系数度量了股票相对于平均股票的波动程度

B. β = 2，则说明股票的风险程度也将为平均组合的 2 倍

C. β = 0.5，则说明股票的波动性仅为市场波动水平的一半

D. 证券组合的 β 系数是单个证券 β 系数的加权平均，权数为各种股票在证券组合中所占的比重

E. β 系数一般不需投资者自己计算，而由一些投资服务机构定期计算并公布

答案：ABCDE

10. 下列关于证券估值的说法中正确的有（　　）。

A. 任何金融资产的估值都是资产期望创造现金流的现值

B. 带息债券在发行时，票面利率一般会设定在使债券市场价格等于其面值的水平

C. 带息债券在发行时，票面利率一般会设定在使债券市场价格高于其面值的水平

D. 普通股估值时考虑的现金收入由两部分构成：一部分是在股票持有期间收到的现金股利，另一部分是出售股票时得到的变现收入

E. 债券的估值方法也可用于优先股估值

答案：ABDE

11. 下列关于企业投资的说法中正确的有（　　）。

A. 企业投资是提高企业价值的基本前提

B. 企业投资仅指将闲置资金用于购买股票、债券等有价证券

C. 直接投资是指把资金投放于证券等金融资产，以便取得股利或利息收入的投资

D. 企业投资是降低风险的重要方法

E. 按投资与企业生产经营的关系，投资可分为直接投资和间接投资

答案：ADE

12. 下列费用中属于企业内部长期投资前费用的有（　　）。

A. 市场调查费用　B. 勘察设计费　　　C. 设备安装费　　　D. 土地购入费

E. 建筑工程费

答案：ABD

13. 下列各项中影响内含报酬率的有（　　）。

A. 银行存款利率　　　　B. 银行贷款利率　　　C. 企业必要投资报酬率

D. 投资项目有效年限　　E. 初始投资额

答案：DE

14. 在单一方案决策中，与净现值评估结论可能发生矛盾的评价指标有（　　）。

A. 获利指数　　　B. 平均报酬率　　　C. 投资回收期　　　D. 内部报酬率

E. 内含报酬率

答案：BCDE

15. 对于同一投资方案，下列说法中正确的有（　　）。

A. 资本成本率越高，净现值越低

B. 资本成本率越高，净现值越高

C. 资本成本率相当于内含报酬率时，净现值为零

D. 资本成本率高于内含报酬率时，净现值小于零

E. 资本成本率高于内含报酬率时，净现值大于零

答案：ACD

16. 在投资决策分析中使用的贴现现金流量指标有（　　）。

A. 净现值　　　　B. 内含报酬率　　　C. 投资回收期　　　D. 获利指数

E. 平均报酬率

答案：ABD

17. 长期投资决策中的初始现金流量包括（　　）。

A. 固定资产上的投资　　　　　　　B. 流动资产上的投资

C. 原有固定资产的变价收入　　　　D. 其他投资费用

E. 营业费用

答案：ABCD

18. 下列关于对净现值、内含报酬率和获利指数这三种指标比较的说法中正确的有（　　）。

A. 在多数情况下，运用净现值和内含报酬率得出的结论是相同的

B. 在互斥选择决策中，净现值有时会得出错误的结论

C. 在这三种指标中，净现值是最好的评价指标

D. 一般来说，内含报酬率只能用于有资本限量的情况

E. 这三种指标在单个项目采纳与否的决策中都能得出正确的结论

答案：BCE

19. 利润与现金流量的差异主要表现在（　　）。

A. 购置固定资产付出大量现金时不计入成本

B. 将固定资产的价值以折旧或折耗的形式计入成本时，不需要付出现金

C. 现金流量一般来说大于利润

D. 计算利润时不考虑垫支的流动资产的数量和回收的时间

E. 只要销售行为已经确定，就应计入当期的销售收入

答案：ACD

20. 期权价格的影响因素是（　　）。

A. 股票价格　B. 到期日　C. 市场利率　D. 执行价格　E. 股价波动性

答案：ABCDE

三、判断题

1. 货币的时间价值原理，正确地揭示了不同时点上资金之间的换算关系，是财务决策的基本依据。（　　）

答案：√

2. 由现值求终值，称为折现，折现时使用的利息率称为折现率。（　　）

答案：×

3. n期先付年金与n期后付年金的付款次数相同，但由于付款时间的不同，n期先付年金终值比n期后付年金终值多计算一期利息。因此，可先求出n期后付年金的终值，然后再乘以（1+i），便可求出n期先付年金的终值。（　　）

答案：√

4. n期先付年金现值与n期后付年金现值的付款次数相同，但由于付款时间不同，在计算现值时，n期先付年金比n期后付年金多折现一期。因此，可先求出n期后付年金的现值，然后再乘以（1+i），便可求出n期先付年金的现值。（　　）

答案：×

5. 永续年金没有终值只有现值。（　　）

答案：√

6. 复利终值系数和现值系数互为倒数。（　　）

答案：√

7. 优先股价格等于永续年金现值。（　　）

答案：√

8. 普通股价格等于普通年金现值和复利现值之和。（　　）

答案：×

9. 一次到期还本付息债券或无息债券价格等于复利现值。（　　）

答案：√

10. 一笔资金存入银行，按复利计息。在年利率和存期一定的情况下，计息期越短，到期本利和越少。（　　）

答案：×

11. 决策者对未来的情况不仅不能完全确定，而且对其可能出现的概率也不清楚，这种情况下的决策为风险性决策。（　　）

答案：×

12. 利用概率分布的概念，我们能够对风险进行衡量，即期望报酬率的概率分布越集中，则该投资的风险越大。（　　）

答案：×

13. 如果两个项目期望报酬率相同、标准差不同，理性投资者会选择标准差较小，即风险较小的那个。（　　）

答案：√

14. 在其他条件不变时，证券的风险越大，投资者要求的必要报酬率越高。（　　）

答案：√

15. 如果组合中股票数量足够多，则任意单只股票的可分散风险都能够被消除。（　　）

答案：√

16. 经济危机、通货膨胀、经济衰退以及高利率通常被认为是不可分散的市场风险。（　　）

答案：√

17. 平均风险股票的 β 系数为 10%，这意味着如果整个市场的风险报酬上升了 10%，通常而言此类股票的风险报酬也将上升 10%，如果整个市场的风险报酬下降了 10%，该股票的风险报酬也将下降 10%。（　　）

答案：√

18. 证券组合的风险报酬是投资者因承担可分散风险而要求的，超过时间价值的那部分额外报酬。（   ）

答案：×

19. 在其他因素不变的情况下，风险报酬取决于证券组合的β系数，β系数越大，风险报酬就越小。（   ）

答案：×

20. 有效投资组合是指在任何既定的风险程度上，提供的期望报酬率最高的投资组合。（   ）

答案：√

21. 市场的必要报酬是无风险资产的报酬率加上因市场组合的风险所需的补偿。（   ）

答案：√

22. 债券到期时间越长，其风险也越大，债券的票面利率也越高。（   ）

答案：√

23. 利率随时间上下波动，利率的下降会导致流通在外的债券价格的下降。（   ）

答案：×

24. 普通股股东与公司债权人相比，要承担更大的风险，其报酬也有更大的不确定性。（   ）

答案：√

25. 可以将资本市场线看作所有风险资产的有效集。（   ）

答案：×

26. 原有固定资产的变价收入是指固定资产更新时变卖原有固定资产所得的现金收入，不用考虑净残值的影响。（   ）

答案：×

27. 在互斥选择决策中，净现值法有时会作出错误的决策，内含报酬率法则始终能得出正确的答案。（   ）

答案：×

28. 进行长期投资决策时，如果某备选方案净现值比较小，那么该方案内含报酬率也相对较低。（   ）

答案：×

29. 由于获利指数是用相对数来表示，因此获利指数法优于净现值法。（   ）

答案：×

30. 固定资产投资方案的内含报酬率并不一定只有一个。(　　)

答案：√

31. 某些自然资源的储量不多，由于不断开采，价格将随储量的下降而上升，因此对这些自然资源越晚开发越好。(　　)

答案：×

32. 某公司 2006 年想新建厂房，之前已经支付了 10 000 元的咨询费，这 10 000 元是公司进行新建厂房决策时的沉没成本。(　　)

答案：√

33. 在计算营业现金流量时，应将机会成本视为现金流出。(　　)

答案：√

34. 如果一项新产品的上市会减少公司原有产品的销量或者价格，那么在计算新项目现金流量时应将这部分减少的现金流扣除。(　　)

答案：√

35. 在新旧设备使用寿命不同的固定资产更新决策时运用 NPV 得出的决策结果不一定正确。

答案：√

36. 固定资产更新决策中旧设备变价收入 10 000 元，其账面价值 20 000 元，如果企业所得税率是 25%，则旧设备变价带来的现金流入量是 7 500 元，如不考虑税收影响，变价带来现金流入是 10 000 元。

答案：√

37. 决策树法适用于现金流不确定的多阶段项目决策。(　　)

答案：√

38. 期货和期权都是金融衍生产品。(　　)

答案：√

39. 美式期权可以在到期日前执行，欧式期权必须在到期日执行。

答案：√

40. 期权思想在公司财务决策中的运用就是实物期权。

答案：√

四、计算题

1. 时代公司需用一台设备，买价为 9 万元，可用 8 年。如果租用，则每年年初需付租金 15 000 元。除此以外，买与租的其他情况相同。假设利率为 12%，用数据说明购买与租用何者为优。

[答案要点]

租赁设备耗费资金相当于先付年金现值，

$$XPVA = A \times (1 + 12\%) \ PVIFA_{12\%,8}$$
$$= 15\ 000 \times (PVIFA_{12\%,7} + 1) = 74\ 514.6\ (元)$$

而购买设备需耗费 9 万元,因此选择租用。

2. 某企业向银行借入一笔款项,银行贷款的年利率为 1 000,每年复利计息一次。银行规定前 10 年不用还本付息,但从第 11 年至第 20 年每年年末偿还本息 5 000 元。

要求:用两种方法计算这笔借款的现值。

[答案要点]

该问题属于递延年金现值问题,m = 10,n = 10。

第一种方法:$V_0 = A \times PVIVA_{i,10} \times PVIF_{i,10} = 5\ 000 \times 6.145 \times 0.386 = 11.860$(元)

第二种方法:$V_0 = A \times (PVIVA_{i,20} - PVIFA_{i,10}) = 5\ 000 \times (8.514 - 6.145) = 11.845$(元)

3. 某股票投资者拟购买甲公司的股票,该股票刚支付的每股股利为 2.4 元,现行国库券的利率为 12%,股票市场的平均风险报酬率为 16%,该股票的 β 系数为 1.5。

回答以下问题:

(1) 假设股票在未来时间里股利保持不变,当时该股票的市价为 15 元/股,该投资者是否应购买?

(2) 假设该股票股利固定增长,增长率为 4%,则该股票的价值为多少?

[答案要点]

(1) 股票投资必要报酬率 R = 12% + 1.5 × (16% - 12%) = 18%

则股票实际价值 = 2.4/18% = 13.33(元),而市场价格为 15 元高估了其真实价值,因此不购买。

(2) $d_0 = 2.4$,$d_1 = 2.4 \times (1 + 4\%) = 2.496$,g = 4%

则股票实际价值 = 2.496/(18% - 4%) = 17.83(元),而市场价格为 15 元低估了其真实价值,因此要购买。

4. C 公司在 2003 年 1 月 1 日发行 5 年期债券,面值 1 000 元,票面利率 10%,于每年 12 月 31 日付息,到期一次还本。

回答以下问题:

(1) 假定 2003 年 1 月 1 日金融市场上与该债券同类风险投资的利率是 9%,该债券的发行价应定为多少?

(2) 假定 1 年后该债券的市场价格为 1 049.06 元,该债券 2004 年 1 月 1 日的到期报酬率是多少?

[答案要点]

（1）该债券利息＝1 000×10%＝100（元），因为付息时间在每年年末，期限 n＝5，则该债券价格等于普通年金现值加复利现值和＝100×PVIFA$_{9\%,5}$＋1 000×PVIF$_{9\%,5}$＝1 038.87（元），大于面值10 000元，因此债券是溢价发行。

（2）1 049.06＝100×PVIFA$_{i,4}$＋1 000×PVIF$_{i,4}$

当 i＝9%时，右式＝1 032

当 i＝8%时，右式＝1 066.2

采用内插法得 i＝8%＋（1 049.06－1 066.2）/（1 066.2－1 032）＝8.5%

5. 一家公司正考虑投资1 000万元购买一种自动化设备。该设备的使用寿命为4年，预计每年能为公司节省人工成本400万元。假设公司所得税税率为40%，并采用直线法计提折旧，4年后无残值。计算：

（1）如果投资于该设备，则1~4年的税后（增量）现金流量是多少？

（2）如果公司所要求的最低回报率为15%，该项目是否值得投资？

[答案要点]

（1）1~4年各年的税后增量现金流量＝400×（1－40%）＋1 000/4×40%＝340（万元）

（2）各年现金流量现值之和＝340×PVIFA$_{15\%,4}$＝970.69（万元）＜初始投资1 000（万元），因此，该投资项目不值得投资。

6. 大岛航空公司需要重置一条较繁忙航线的短程往返飞机。市场上有A、B两种型号的飞机能够满足此航线的一般要求。其中B型比A型贵，但由于有更好的燃料效率和承载能力，使得它有更强的长期获利能力。两种飞机的有效使用期均为7年。两种飞机的预测现金流量如表3-18所示。

表3-18 A、B两种型号飞机预测现金流量表

机型 项目	A型飞机	B型飞机
初始投资（万元）	775 000	950 000
现金流入（第1~第7年）（万元）	154 000	176 275

回答以下问题：

（1）根据投资回收期法，应选择哪种机型？

（2）根据IRR准则，应选择哪种机型？

（3）比较（1）和（2）的结果是否一致？

（4）假定资本成本是6%，计算每个项目的NPV和PI。根据净现值法应选

择哪种机型？使用获利指数法呢？

（5）假定资本成本提高到8%和10%，计算每种机型的 NPV 和 PI。在每个资本成本下净现值法和获利指数法是否会选择同一种机型？

（6）使用（2）和（5）的结果，在同一坐标轴上画出两种机型的 NPV 曲线。NPV 法和 IRR 法是否会得出相反的结果？为什么？

[答案要点]

（1）两种机型的投资回收期分别为：

投资回收期$_A$ =775 000/154 000 =5（年）

投资回收期$_B$ =950 000/176 275 =5.4（年）

因此，按投资回收期准则，应当选择 A 机型。

（2）A 机型的内部收益率：

当 i=8%时，NPV =26 785.6；当 i=10%时，NPV = -25 266.4。

采用插值法，可求出 IRR$_A$ =9%。

B 机型的内部收益率：

当 i=8%时，NPV = -32 241.84；当 i=6%时，NPV =34 037.56。

采用插值法，可求出 IRR$_B$ =7%。

因此，应当选择 A 机型。

（3）根据投资回收期法和内部收益率法得出的结论是一致的。

（4）当折现率=6%时：

NPV$_A$ =154 000 × （P/A, 6%, 7） -775 000 =84 686.74

NPV$_B$ =176 275 × （P/A, 6%, 7） -950 000 =34 034.29

PI$_A$ = （84 686.74 +775 000）/775 000 =1.11

PI$_B$ = （34 037.56 +950 000）/950 000 =1.04

根据净现值法和获利指数法，均应当选择 A 机型。

（5）当折现率=8%时：

NPV$_A$ =154 000 × （P/A, 8%, 7） -775 000 =26 785.6

NPV$_B$ =176 275 × （P/A, 8%, 7） -950 000 = -32 241.84

PI$_A$ = （26 785.6 +775 000）/775 000 =1.03

PI$_B$ = （ -32 241.84 +950 000）/950 000 =0.97

根据净现值法和获利指数法，均应当选择 A 机型。

当折现率=10%时：

NPV$_A$ =154 000 × （P/A, 10%, 7） -775 000 = -25 266.4 <0

NPV$_B$ =176 275 × （P/A, 10%, 7） -950 000 = -91 822.79 <0

PI$_A$ = （ -25 266.4 +775 000）/775 000 =0.97 <1

$PI_B = (-91\ 822.79 + 950\ 000) / 950\ 000 = 0.90 < 1$

根据净现值法和获利指数法，A、B 两个机型均不应当选择。

可见，在每个资本成本下，采用净现值法和获利指数法会得到相同的结论。

(6) 在每个资本成本下，NPV 法和 IRR 法也会得出相同的结论。

7. 张先生打算投资 70 万元开办一家风味餐厅，估计有 50% 的可能会受到人们的欢迎。如果经营业绩不好，几年内就可能倒闭；如果经营业绩好，就可以扩张，开办新的分店。经过深思熟虑，他估计了餐厅未来的净现金流量，如表 3 - 19 所示。

表 3 - 19　餐厅未来净现金流量

	第一年	第二年	第三年	第四年	所有未来年份
净现金流量（万元）	-15	-7	6.5	24	25

张先生认为，他需要三年的时间经营第一家餐厅，待经营顺畅后，再决定是否扩张。如果经营业绩好的话，准备在第四年开始开张另外 29 家连锁餐厅，每家餐厅的投资额都是 70 万元。显然是否要投资第一家餐厅的决定十分重要。张先生认为该项目的贴现率为 20%，但其净现值应该包括扩张的期权，为了估计该期权的价值，他搜集了三个参数：四年期零息债券的利率为 3.5%；餐厅类上市公司的平均标准差为 0.45，但他认为自己经营的是特色的风味餐厅，因此风险更大些，标准差为 0.5 更合适些。根据上述资料对是否要开设第一家餐厅做出判断。

[答案要点]

参见 [例 3 - 30] 的解答过程可以很容易得到结果（略）。

案例讨论题

一、南方公司包装机设备更新

南方公司有一台包装机，购于 3 年前，目前正在考虑是否需要更新该包装机。有关资料如下：

(1) 该公司目前正在使用的包装机原价为 60 000 元，税法规定残值率为 10%，预计最终报废残值收入为 7 000 元，预计使用年限为 6 年，已使用 3 年，因日常精心使用并定期保养和维护，工厂的工程师估计该包装机尚可使用 4 年。目前使用的包装机采用直线法计提折旧。

(2) 新包装机每台购置价格为 50 000 元，税法规定残值率为 10%，预计最终报废残值收入为 10 000 元，预计使用年限为 4 年，预计新包装机每年操作成本为 5 000 元。新包装机拟采用年数总和法计提折旧。

（3）目前正在使用的包装机每年操作成本为 8 600 元，预计两年后将发生大修，成本为 28 000 元。该公司估计，目前每台旧包装机能以 10 000 元的价格卖出。

（4）该公司的所得税税率是 40%，该公司测算的综合资本成本为 10%，新、旧包装机的生产能力相同。

[案例思考]

公司经理希望财务部帮助做出有关数据的分析和计算，并提交一份报告。

[答题要点]

财务部的分析和计算过程如下：

（1）因为旧包装机的原始购置成本发生在过去，无论企业是否进行这个项目，前期设备支出的发生已无法改变，对旧包装机的重置决策没有影响，因而，它是沉没成本，不参与计算。

（2）当新、旧包装机的生产能力相同，并且预计未来使用年限相同时，可以通过比较其现金流出的总现值，来判断方案优劣。

（3）相关现金流量的分析。

继续使用旧包装机的相关现金流量的分析如下：

1）若公司决定继续使用旧包装机，则旧包装机的变现价值无法获得，视同现金流出。旧包装机的变现价值现金流量为 -10 000 元。

2）旧包装机变现损失减税现金流量：

$\{10\ 000 - [60\ 000 - 60\ 000 \times (1 - 10\%) \times 3 \div 6]\} \times 40\% = -9\ 200$（元）

3）每年付现操作成本现金流量：$-8\ 600 \times (1 - 40\%) = -5\ 160$（元）

4）每年折旧抵税现金流量：$9\ 000 \times 40\% = 3\ 600$（元）

5）两年后大修成本现金流量：$-28\ 000 \times (1 - 40\%) = -16\ 800$（元）

6）残值变现收入现金流量：7 000（元）

7）残值变现净收入纳税现金流量，即残值变现净收入超过税法规定部分发生的所得税的现金流出：$-(7\ 000 - 60\ 000 \times 10\%) \times 40\% = -400$（元）

更新使用新包装机的相关现金流量的分析如下：

1）新包装机投资现金流量：-50 000（元）

2）每年付现操作成本现金流量：$-5000 \times (1 - 40\%) = -3\ 000$（元）

3）每年折旧抵税现金流量：

第 1 年：$50\ 000 \times (1 - 10\%) \times 40\% \times 4 \div 10 = 7\ 200$（元）

第 2 年：$50\ 000 \times (1 - 10\%) \times 40\% \times 3 \div 10 = 5\ 400$（元）

第 3 年：50 000 × （1 - 10%）×40% ×2 ÷10 =3 600 （元）

第 4 年：50 000 × （1 - 10%）×40% ×1 ÷10 =1 800 （元）

4）残值收入现金流量：10 000 （元）

5）残值变现净收入纳税现金流量，即残值变现净收入超过税法规定部分发生的所得税的现金流出：- （10 000 - 50 000 ×10%）×40% = -2 000 （元）

（4）分别确定继续使用旧包装机和更换新包装机的现金流出的总现值。

1）继续使用旧包装机的现金流出的总现值：

（- 10 000）+ （- 9 200）+ （- 5 160）× （P/A, 10%, 4）+3 600 × （P/A, 10%, 3）+ （- 16 800）× （P/F, 10%, 2）+7 000 × （P/F, 10%, 4）+ （- 400）× （P/F, 10%, 4） = - 35 973（元）

2）更新使用新包装机的现金流出的总现值：

NPV = （- 50 000）+ （- 3 000）× （P/A, 10%, 4）+7 200 × （P/F, 10%, 1）+ 5 400 × （P/F, 10%, 2）+3 600 × （P/F, 10%, 3）+1 800 × （P/F, 10%, 4）+ 10 000 × （P/F, 10%, 4）+ （- 2 000）× （P/F, 10%, 4） = - 39 107.8（元）

（5）由以上计算结果可知，更新使用新包装机的现金流出的总现值比继续使用旧包装机的现金流出的总现值要多出 3 134.8 元，因此继续使用旧包装机比较有利。

二、绿远公司经营芦荟项目可行性分析

绿远公司由某进出口总公司和云南某生物制品公司共同投资成立，准备合作开发经营芦荟生产项目。该项目是一个芦荟深加工项目，属于农产品或生物资源的开发利用，符合国家生物资源产业发展方向，是政府鼓励的投资项目。公司正组织相关专家对该项目进行深入细致的可行性论证，以下是该项目可行性分析报告的主要内容：

1. 芦荟产品的市场预测

20 世纪 90 年代我国化妆品工业销售额的平均年增长率为 27% ~ 35%，即使在受到东南亚经济危机的影响和国内经济通货紧缩的情况下，仍以高于国民经济增长的速度发展。根据化妆品工业协会与国际咨询公司 Datamonitor 的预测，中国化妆品市场今后几年仍将以 10% ~ 20% 的年均增长率发展，其中，作为化妆品新生力量的芦荟化妆品，将以高于整个化妆品产业的发展速度增长。

......

2. 项目生产能力设计

......

3. 厂址选择

......

4. 生产工艺方案

……

5. 项目总投资估算

项目总投资 3 931.16 万元，其中，建设投资 3 450.16 万元，占总投资的 87.76%；流动资金 481.00 万元，占总投资的 12.24%。总投资构成如表 3-20 所示：

表 3-20 投资分析总表

投资内容	金额（万元）	占总投资百分比（%）
总投资	3 931.16	100.00
建设投资	3 450.16	87.76
工程费用	2 710.10	68.94
其中：设备购置	2 197.50	55.90
建设工程	512.60	13.04
其他费用	469.05	11.93
预备费用	271.01	6.89
流动资金	481.00	12.24

以上工程费用和其他费用形成固定资产，其中芦荟浓缩液车间、冻干粉车间和管理部门使用的固定资产分别为 1 914.38 万元、1 197.38 万元和 67.39 万元；预备费用形成开办费用。

6. 资金的筹集与使用

本项目总投资 3 931.16 万元，其中，1 572.46 万元向商业银行贷款，贷款利率为 10%；其余 2 358.7 万元自筹，投资者期望的最低报酬率为 22%。这一资本结构也是该企业的目标资本结构。

本项目建设期为一年。在项目总投资中，建设性投资 3 450.16 万元应在建设期期初一次全部投入使用，流动资金 481.00 万元，在投产第一年年初一次投入使用。项目生产期为 15 年。

7. 财务成本测算

（1）产品成本估算。

1）材料消耗。

材料消耗按工艺定额和目前价格估算，如表 3-21 和表 3-22 所示。

表3-21 芦荟浓缩液消耗定额及价格表

项目	规格	单位	单价（元）	单位消耗定额（吨）	单位直接材料成本（元）
原材料					22 488.91
原料					21 668.38
鲜芦荟	0.8~1.2kg	吨	1 080.00	20.0	21 600.00
添加剂		千克	136.75	0.5	68.36
包装材料					820.53
无菌袋		个	42.74	5.0	213.70
铁桶		个	119.66	5.0	598.30
塑料桶		个	1.71	5.0	8.53
燃料及动力					832.30
水		吨	1.00	60.0	60.00
电		度	0.28	1 000.0	280.00
煤		吨	136.75	3.6	492.30
合　计					23 321.21

表3-22 芦荟冻干粉消耗定额及价格表

项目	规格	单位	单价（元）	单位消耗定额（吨）	单位直接材料成本（元）
原材料					528 612.50
原料					527 586.50
浓缩液	10:1	吨	26 379.33	20.0	527 586.50
包装材料					1 026.00
复合膜	25kg	个	8.55	40.0	342.00
包装桶	25kg	个	17.10	40.0	684.00
燃料及动力					29 209.20
水		吨	1.0	2 600.0	2 600.00
电		度	0.28	88 000.0	24 640.00
煤		吨	136.75	14.4	1 969.20
合　计					557 821.70

2）工资及福利费。

工资按定员与岗位工资标准估算。总定员120人，人均年工资6 420元。福利费按工资总额的 14% 计提。根据全厂劳动定员，计入芦荟浓缩液、冻干粉成本中的工资及福利费分别为 321 480 元和 116 280 元。其余部分计入管理费用和销售费用，已包含在下面的预计中。

3）制造费用。

预计芦荟浓缩液、冻干粉的年制造费用（含折旧费）分别为 2 125 012.94 元和 1 375 747.94 元。折旧年限按 15 年、残值率按 5% 计算。除折旧外，其余均为变动成本。

4）管理费用。

开办费按 5 年摊销；折旧费按 15 年、残值率按 5% 计算；其他管理费用估算为 80 万元/年（含工资），其中 60 万元为固定成本。

5）销售费用。

销售费用估算为 388 万元，包括人员工资及福利费、广告费、展览费、运输费、销售网点费等，其中 200 万元为固定成本。

该项目总成本费用如表 3 - 23 所示：

表 3 - 23　总成本费用　　　　　　　　　　　单位：万元

项目	2 ~ 6 年	7 ~ 16 年
（1）原材料	1 801.16	1 801.16
（2）燃料及动力	125.00	125.00
（3）直接人工	43.78	43.78
（4）制造费用	350.08	350.08
其中：折旧费	197.08	197.08
（5）制造费用合计：[（1）+（2）+（3）+（4）]	2 320.02	2 320.02
（6）管理费用	138.47	84.27
其中：折旧费用	4.27	4.27
摊销费	54.20	
（7）销售费用	288.00	288.00
（8）总成本：[（5）+（6）+（7）]	2 746.49	2 692.29
（9）固定成本	515.55	461.35
（10）可变成本：[（8）-（9）]	2 230.94	2 230.94

（2）销售价格预测。

国外报价：浓缩液为 121 550 元/吨，冻干粉为 2 340 000 元/吨。

本项目销售价格按国外报价的 50% 计算，即浓缩液 60 000 元/吨、冻干粉 1 200 000 元/吨。

（3）相关税率。

为简便起见，本案例假设没有增值税，城建税和教育费附加等已考虑在相关费用的预计中，所得税税率按 33% 计算。

[案例思考]

请分别运用年平均报酬率法、投资回收期法、净现值法、内含报酬率法对项目可行性进行论证。

[答题要点]

根据上述资料，本公司在进行了技术工艺可行性研究的基础上，根据确定的生产方案进行了财务可行性分析。

（1）现金流量测算。

1）投资期现金流量。

$NCF_0 = -3\ 450.16$（万元）

$NCF_1 = -481.00$（万元）

2）经营期现金流量。

经营期现金流量测算如表 3 - 23 所示。

浓缩液总成本 = 23 321.21 × 800 + 321 480 + 2 125 012.94

$\qquad\qquad$ = 21 103 460.94（元）

浓缩液单位成本 = 21 103 460.94 ÷ 800 = 26 379.33（元/吨）

冻干粉总成本 = 557 821.7 × 20 + 116 280 + 1 375 747.94

$\qquad\qquad$ = 12 648 461.94（元）

冻干粉单位成本 = 12 648 461.94 ÷ 20 = 632 423.10（元/吨）

公司经营期现金流量测算表如表 3 - 24 所示。

表 3 - 24　经营期现金流量测算表

单位：万元

项　　目	2 ~ 6 年	7 ~ 16 年
销售收入	4 800.00	4 800.00
减：总成本	2 746.49	2 692.29
利润成本	2 053.51	2 107.71
减：所得税（33%）	677.66	695.54
净利润	1 375.85	1 412.17
加：折旧等非付现成本	255.55	201.35
经营现金净流量	1 631.40	1 613.52

3）终结期现金流量。

$NCF_{16} = 481 + (1\,914.38 + 1\,197.38 + 67.39) \times 5\% = 3\,179.15$（万元）

（2）折现率的确定。

由于该项目总投资额 3 931.16 万元，其中，向商业银行贷款 1 572.46 万元，贷款利率 10%；发行股票筹资 2 358.7 万元，投资者期望的最低报酬率为 22%。根据目标资本结构和个别资本成本计算确定折现率如下（见表 3 - 25）：

表 3 - 25　折现率测算表

项目	资本成本	资本结构	综合资本成本
负债	10% × (1 − 33%) = 6.67%	1 572.46 ÷ 3 931.16 = 40%	6.67% × 40% = 2.67%
股权	22%	60%	22% × 60% = 13.2%
合计			2.67% + 13.2% = 16%

所以，本项目选择 16% 作为折现率和基准收益率。

（3）固定资产投资评价指标计算。

本项目计算了四个指标作为投资方案财务可行性判断的依据，其中前两个指标属于静态指标，后两个指标属于动态指标。

1）年平均报酬率法。

本项目的年平均报酬率为：

年平均报酬率 = （1 631.40 × 5 + 1 613.52 × 10）÷ 15 ÷ 3 931.16 × 100% = 41.19%

2）投资回收期法。

本项目投资回收期计算如表 3 - 26 所示：

表 3 - 26　投资回收期测算表

单位：万元

时间	现金净流量	累计现金净流量
第 0 年	− 3 450.16	− 3 450.16
第 1 年	− 481.00	− 3 931.16
第 2 年	1 631.40	− 2 299.36
第 3 年	1 631.40	− 668.36
第 4 年	1 631.40	963.04

因此，投资回收期 = 3 + 668.36 ÷ 1 631.40 = 3.41（年）

3）净现值法。

通过上述现金流量的分布可以看出 2~6 年和 7~16 年的现金流量是递延年金，可按年金的方法折现；其他现金流量可用复利现值的方法折现。

$$NPV = 1\ 631.40 \times (3.685 - 0.862) + 1\ 613.52 \times (5.669 - 3.685)$$
$$+ 3\ 179.15 \times 0.093 - 3\ 450.16 - 481 \times 0.862$$
$$= 4\ 605.44 + 3\ 201.22 + 295.66 - 3\ 450.16 - 414.62$$
$$= 4\ 237.54\ (万元)$$

NPV 大于 0，方案可行。

4）内含报酬率法。

采用逐次测试法和插值法求内含报酬率。

当 i = 40% 时：

$$NPV = 1631.40 \times (2.168 - 0.714) + 1\ 613.52 \times (2.489 - 2.168)$$
$$+ 3179.15 \times 0.005 - 3\ 450.16 - 481 \times 0.714$$
$$= 2\ 372.06 + 517.94 + 15.9 - 3\ 450.16 - 343.43$$
$$= -887.69\ (万元)$$

当 i = 36% 时：

$$NPV = 1\ 631.40 \times (2.339 - 0.735) + 1\ 613.52 \times (2.785 - 2.339)$$
$$+ 3\ 179.15 \times 0.007 - 3\ 450.16 - 481 \times 0.735$$
$$= 2\ 616.77 + 719.63 + 22.25 - 3\ 450.16 - 353.54$$
$$= -445.05\ (万元)$$

当 i = 32% 时：

$$NPV = 1\ 631.40 \times (2.534 - 0.758) + 1\ 613.52 \times (3.088 - 2.534)$$
$$+ 3\ 179.15 \times 0.012 - 3\ 450.16 - 481 \times 0.758$$
$$= 2\ 897.37 + 893.89 + 38.15 - 3\ 450.16 - 364.6$$
$$= 14.65\ (万元)$$

可见，IRR 处于 32% 和 36% 之间，运用插值法，则：

$$IRR = 32\% + 14.65 \div (445.05 + 14.65) = 32.14\%$$

IRR > 16%，方案可行。

由于本方案的净现值远远大于 0，内含报酬率 32.12% 远远大于基准收益率 16%，说明本方案经济效益良好，值得投资。

第四章　企业营运资金管理

学习要点：

(1) 理解营运资金概念及营运资金投融资的三种政策

(2) 理解现金最优持有量、存货最优订货量以及应收账款管理政策

(3) 理解短期筹资方式及其资金成本计算

第一节　营运资金管理概述

一、营运资金的概念和特点

(一) 营运资金的概念

营运资金是指公司生产经营活动中投入在流动资产上的现金。流动资产是指可以在一年或超过一年的一个营业周期内变现或运用的资产，包括现金、短期投资、应收及预付款、存货等，是公司从购买原材料开始直至收回货款这一生产经营过程中所必需的资产，具有占用时间短、周转快、易变现的特点。

一般情况下，公司流动资产所占用的资金一部分来源于长期负债和股东权益，但更多地来源于流动负债，包括短期借款、应付及预收款等，具有成本低、偿还期短的特点。

流动资产减流动负债称为净营运资金，它代表用以支持生产经营活动的净投资，其变化会影响公司的收益和风险。

(二) 营运资金的特点

营运资金一般具有如下特点：

(1) 周转期短。多数公司的生产经营周期都在一年以内，营运资金从现金开始到收回现金经历了采购、生产、销售的全过程，但这个过程的时间较短。如果营运资金周转循环的时间很长，则公司的日常经营很可能出现了问题。

（2）形式多样性。营运资金投入生产经营，在现金、原材料、在产品、半成品、产成品、应收账款和现金之间顺序转化，其形式不断发生变化。

（3）数量具有波动性。公司流动资产的数量通常会随着公司内、外部条件的变化而变化，时高时低，波动很大，季节性、非季节性企业均如此，流动负债的数量则随着流动资产的变动而相应发生变动。倘若不能很好地预测和控制这种波动，就会影响公司正常的生产经营活动。

（4）营运资金的来源灵活多样。营运资金需求不仅可以通过短期融资满足，而且可以部分通过长期融资满足。而在短期融资中，又有应付账款和票据、预收款和预提费用等自然性流动负债以及银行借款等多种融资方式。

二、营运资金管理的特点和要求

（一）营运资金管理的特点

营运资金管理是对公司流动资产和流动负债即短期筹资的管理。公司的营运资金管理主要包括两个方面：一是确定流动资产的最佳水平，包括流动资产中现金、应收账款、存货等各项资产的最佳持有量；二是决定维持最佳流动资产水平而进行的短期筹资和长期筹资的组合。与公司的长期投筹资决策相比，营运资金管理具有如下特点：

（1）营运资金管理决策多为短期决策。由于营运资金具有短期性特征，而营运资金决策所涉及的对象又都是流动资产和流动负债项目，因此，通常只需要根据近期的生产经营状况作出决定，决策的影响也是短期的。

（2）营运资金管理决策是一种经常性决策。这是由营运资金的短期性、多样性和波动性特征所决定的。这种短期的经常性的营运资金决策往往要耗费财务经理大量的时间和精力。首先，流动资产在公司的总资产中占据较大的比重，对典型的制造业而言，流动资产所占的比重达一半以上；对销售业而言，这一比例更高。过高的流动资产水平降低了公司的投资回报率，但流动资产太少，又会给公司的稳定经营造成困难，进行营运资金决策需要在收益和风险之间进行权衡。其次，随着公司经营内、外部条件的变化，公司的流动资产和流动负债也要相应调整。调整时不仅要考虑流动资产和流动负债在数量上的匹配，还要考虑它们在期限上的匹配。这些都需要管理人员付出很大的努力。

（3）营运资金管理决策一旦失误会很快影响到公司的现金周转，而长期投融资决策对公司现金运用的影响通常会有一个滞后期。营运资金的特点是周转快、变现快，但很容易沉淀和流失。所谓沉淀，是指营运资金停滞在周转的某个阶段不再循环周转。如原材料、产成品等存货积压，应收账款长期收不回来，这些都会使本应该不断循环流动的资金停滞不动。营运资金在周转过程中也容易流失。比如，由于管理不善造成现金被贪污，存货被盗窃、损毁；由于对客户缺乏了解，交易上当受骗，应收账款变成坏账损失，预付货款付出后却收不到货物；公司内部缺乏科学的财务管理制度和严密的财务控制体系造成资金的浪费和流失等。因此，营运资金相当于企业的血液，从货币形态开始到货币形态结束，处于不断的循环周转过程中，在这个过程中如果管理不善而使得现金周转不灵，则会立即影响企业的支付能力和债务的偿还，损害公司的信誉，使公司陷入财务困境，严重时可能导致公司破产清算。

（二）营运资金管理决策的要求

基于上述特点，营运资金决策应满足下述要求：

（1）合理确定营运资金的需要量，节约资金占用。由于营运资金与公司的生产经营状况密切相关，因此，要根据生产经营状况的变动合理预测营运资金的需要量，在各项流动资产上合理地配置资金数额，节约资金占用，提高投资报酬率。

（2）加速资金周转，提高营运资金的经营效率。在其他条件不变的前提下，加速了营运资金的周转，也就相应地提高了营运资金的利用效果。加速营运资本的周转可以通过加速存货的周转、缩短应收款的收款期和延长应付款的周转期实现，也可以通过制定一些营运资金决策的规范以提高决策的质量和效率。例如，在决定是否向客户提供商业信用方面可以制定一些商业信用标准，在决定现金规模和存货规模方面可以提供一些简便合适的模型等，作为决策的依据，并将这些有了依据的决策下放到更接近生产经营活动一线的管理层，这样既可以降低管理费用，又可以提高决策的时效性。需要注意的是，这些规则需要根据环境的变化及时调整和修改。

（3）合理安排流动资产与流动负债的比例关系，保证足够的短期偿债能力。流动资产与流动负债的比例关系不仅直接影响公司的短期偿债能力，而且直接影响公司的资金成本，进而影响公司的盈利能力。因此，不仅需要考虑合理的营运资金来源的构成，还要考虑利用廉价的短期融资（如应付账款等自然性短期负债）和偿债风险之间的平衡，以最大限度地减少破产清算的风险。因此，在营运资金决策中应注意安排好流动资产与流动负债之间的平衡与合理搭配。营运资金决策直接关系到公司的偿债能力和信誉，特别需要强调安全性。

（4）防止过度增长与营运资金短缺。公司经营规模的扩大往往伴随着营运资本需求的增长，虽然由于规模经济效应的存在，经营规模的扩大并非与营运资本的需求增加同比例地增长，但在大规模扩张的情况下，必然导致营运资金需求的大幅度增长。问题在于，人们总是忽视大规模扩张下对营运资金的需求，从而导致项目建成后，营运资金无法满足生产经营的需求。这样的增长是难以维持的，可称之为过度增长。错误地认为规模扩大所产生的新增利润会成为新增的营运资金，是资本预算中忽视营运资金需求，从而导致过度增长的原因之一。事实上，新项目要产生预期的现金流量需要先垫付营运资金。过度增长的后果无疑是严重的，轻者导致投资前功尽弃，重者可能引起公司陷入财务危机，需要引起高度的重视。

三、营运资金投融资政策

公司在筹集营运资金和安排流动资产时，需要考虑如何配置短期资产与长期资产的比例以及如何根据长、短期资产的比例配置长、短期资金的比例。营运资金投融资政策就是公司在营运资金的筹集和运用时所采取的策略。

（一）营运资金融资政策

公司的营运资金融资政策所要解决的最主要的问题就是如何合理地配置流动资产与流动负债。根据公司负债结构与公司资产的寿命之间的配置情况，公司营运资金融资政策可以分为匹配型、激进型和稳健型三种。

1. 匹配型

如果按在公司持续的生产经营过程中，流动资产占用资本的时间长短对流动资产进行重新分类的话，可以分为临时性的流动资产和永久性的流动资产。临时性的流动资产是指受季节性或周期性以及一些临时性因素影响而变动的流动资产，如季节性的存货、销售淡季和旺季的应收账款等。永久性的流动资产是指保证公司正常稳定经营最低需求的流动资产数量，如即使在销售淡季也会存在的应收账款规模和存货量等，虽然这些存货或应收账款在形式上不断变换着，但它们所占用的资金却是长期的。永久性的流动资产在两个重要方面与固定资产相似：一是尽管从资产的变现时间看被称为流动资产，但对投入资本的占用是长期性的；二是处于成长过程中的公司所需要的永久性资产会随着时间的推移而增长。

匹配的营运资金融资政策用长期资本满足固定资产和永久性流动资产对资本的需求，用短期资本满足临时性流动资产对资本的需求，从而使债务的期限结构与资产寿命相匹配。在这种政策下，淡季时，公司的流动资产水平相当于公司永久性的流动资产，除了自然性的流动负债外，公司没有其他的流动负债；旺季时，公司才筹集短期债务满足临时性的资产需求。图4-1描述了匹配的营运资本融资政策。

我们也可以利用管理资产负债表来分析公司的营运资金融资政策。

[例4-1] 嘉嘉公司是一家经营办公设备和用品的分销商，其生产经营不存在季节性和周期性的变化，销售收入和利润十分稳定。表4-1是嘉嘉公司近三年的资产负债情况。根据这些资料分析嘉嘉公司的营运资金融资政策。

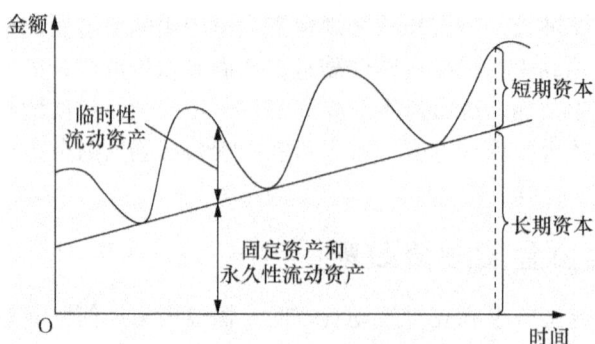

图 4 - 1　匹配型的营运资金融资政策

表 4 - 1　嘉嘉公司 2001～2003 年简化的资产负债表

单位：百万元

资产	2001 年 12 月 31 日	2002 年 12 月 31 日	2003 年 12 月 31 日
资产			
流动资产	104.0	119.0	137.0
现金	6.0	12.0	8.0
应收账款	44.0	48.0	56.0
存货	52.0	57.0	72.0
预付账款	2.0	2.0	1.0
长期投资	0.0	0.0	0.0
固定资产			
固定资产原值	90.0	90.0	93.0
累计折旧	(34.0)	(39.0)	(40.0)
固定资产净值	56.0	51.0	53.0
总资产负债和所有者权益	160.0	170.0	190.0
流动负债	54.0	66.0	75.0
短期借款	7.0	14.0	15.0
应付账款	37.0	40.0	48.0
应付费用	2.0	4.0	4.0
一年到期的长期负债	8.0	8.0	8.0
长期借款	42.0	34.0	38.0
负债合计	96.0	100.0	113.0
所有者权益	64.0	70.0	77.0
负债和所有者权益合计	160.0	170.0	190.0

注：（1）2002 年没有处置或购置固定资产。2003 年为扩建仓库花费 1 200 万元成本，并把原来值 900 万元的固定资产以其净值 200 万元出售。

（2）长期借款以年 800 万元的速度偿还，2002 年无新的长期借款，2003 年为建仓库抵押贷款 1 200 万元。

（3）三年间没有发行或购买新的股票。

解 首先编制管理资产负债表。

公司所筹集的资本通常投入到三个项目上：①现金和现金等价物；②营运资本需求，代表用以支持营业活动的净投资；③土地、厂房、设备等固定资产、无形资产和对外长期投资等。

营运资金需求可通过以下关系式求出：

营运资金需求 = （应收账款 + 存货 + 预付费用）－（应付账款 － 应付费用）

由于现金与现金等价物已经单独列为一个项目，所以营运资金需求就是不包括现金在内的流动资产减去自然性的流动负债（生产经营过程中自发形成的应付账款、应付费用等）的差额。对于大多数公司而言，流动资产大于流动负债，即营运资金需求是正的。营运资金需求为负的公司多数属于零售业或服务业。这些公司的收款业务在付款前发生，销售量大而存货少，同时，它们对供货商的欠款数额巨大，供货条款非常宽松，产生了很多的应付账款，从而造成现金流入大于流出，大型超市就是其中的典型。

由于自然性的流动负债抵减了一部分流动资产投资所需的资金，所以，生产经营中所投入的资本就包括现金、营运资金需求和固定资产投资，它应该等于公司所筹集的资本总额。将投入的资本作为资产方、筹集的资本作为资本来源方，重新整理普通的资产负债表后，就可以得到管理资产负债表。根据表4－1整理得到的嘉嘉公司的管理资产负债表如表4－2所示。

表4－2 嘉嘉公司2001～2003年的管理资产负债表

单位：百万元

投入资本	2001 年	2002 年	2003 年	资本来源	2001 年	2002 年	2003 年
现金	6.0	12.0	8.0	短期借款	15.0	22.0	23.0
营运资金需求	59.0	63.0	77.0	长期资本	106.0	104.0	115.0
固定资产净值	56.0	51.0	53.0	长期负债	42.0	34.0	38.0
				所有者权益	64.0	70.0	77.0
投入资本总额	121.0	126.0	138.0	资本来源总额	121.0	126.0	138.0

管理资产负债表清晰地表明了公司经营与筹资之间的关系，据此可以进一步分析公司的营运资金融资政策。从表面上看，营运资金需求应该通过短期融资满足，因为它是由流动资产减去流动负债得出的。但假如公司的经营不存在季节性或周期性变化，则营运资金需求实质上代表的是永久性流动资产对资本的需求，因此，按照匹配的原则，它应该通过筹集长期资本来满足。嘉嘉公司的管理资产负债表显示，公司的一部分营运资金需求来自短期借款，由于嘉嘉公司的经营并不存在季节性或周期性变化，于是我们可以判断嘉嘉公司并未严格遵循匹配的

策略。

此外，公司的销售额既有长期增长趋势又有季节性或周期性波动，那么其营运资金需求也会表现出同样的变动趋势。若严格按照匹配的策略，则其营运资金需求中长期增长部分应由长期资金支持，而季节性或周期性波动部分应由短期资金支持。

采取匹配的营运资金融资政策，使得短期负债的借入和偿还与扣除自然负债后的流动资产的波动一致，减少了资产与负债之间不协调的风险，并能够较好地平衡收益和风险。例如，长期债务的利息率通常高于短期债务。若长期负债被用于满足季节性营运资金需求，那么，在淡季时公司不再需要这部分资金，却因仍持有这部分债务而继续支付较高的利息，从而增加了公司的资本成本。而如果采取匹配的策略，公司在出现季节性需求时借入短期债务，并随着季节性的周期变动，用临时性资产的减少释放出来的现金来偿还这些债务，就能够降低成本，提高收益。反之，若短期负债被用于满足永久性营运资金需求，由于在短期内不能产生足够的还本付息的现金流量，公司就要承担再融资的风险，包括续借的风险和利率变动的风险。

2. 激进型

激进型的营运资金融资政策是指短期融资不仅需要支持临时性流动资产，而且需要支持部分甚至全部永久性的流动资产（如图 4-2 所示）。采用这种政策的公司将承担较大的再融资风险，但其资本成本较低，收益率较高。

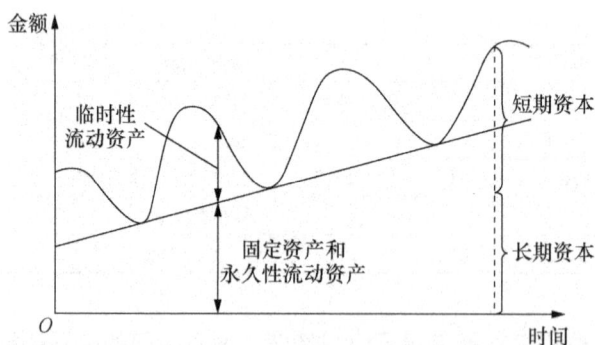

图 4-2　激进型的营运资金融资政策

3. 稳健型

采取稳健型营运资金融资政策的公司不仅用长期资本支持永久性的流动资产，而且用长期资本支持部分或全部临时性的流动资产，如图 4-3 所示。例如，公司借入长期负债满足高峰期营运资金的季节性需求，这使得公司的净营运资本较大，偿债能力强，风险小；但在流动资产波动的低谷期，长期资本过剩，却仍需支付利息，加大了公司的资本成本，降低了收益。

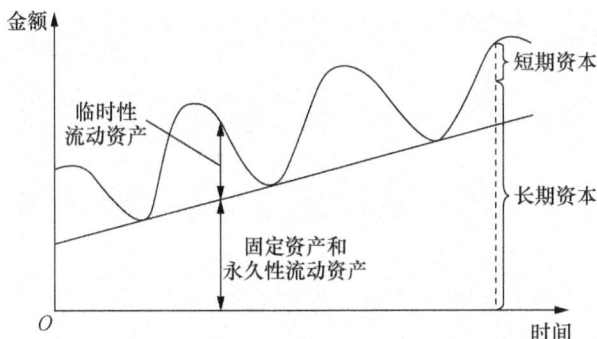

图 4 - 3　稳健型的营运资金融资政策

（二）营运资金投资政策

营运资金投资政策所要解决的主要问题是如何合理地确定流动资产在总资产中的比例。影响流动资产比例的因素很多，有公司的获利能力和风险、经营规模、公司所处的行业等诸多因素。在其他因素既定的前提下，由于不同的流动资产比例体现了不一样的风险与收益关系，因此，公司在决定营运资金投资政策时，主要是在收益和风险之间进行权衡。

所需投入的流动资产数量是与特定的产出量相关的，不过对应每一种产量，企业仍可以选择多种不同的流动资产水平。产出与流动资产水平的关系如图 4 - 4 所示。从图中可以看出，产量越大，为支持这一产量所需投入的流动资产也越多，但由于规模经济效应的存在，产出与流动资产投入量之间并非线性关系。而对应于同一产量可以有不同的流动资产水平。显然，在同一产出水平下，流动资产越多，单位产品的成本越高，收益就越低。但同时，资产的流动性越强，风险就越小。

与营运资金融资政策一样，营运资金投资政策根据其所反映的收益与风险的关系，也可以分为匹配型、激进型和稳健型三种类型。

1. 匹配型

匹配型的营运资金投资政策在安排流动资产时，根据一定的产出水平或销售规模安排适中的流动资产，既不过高，也不过低。也就是说，在生产和销售计划确定的情况下，尽量将流动资产和流动负债在期限上衔接起来，保证流入的现金刚好满足支付的需要，存货也恰好满足生产和销售所用，使得流动资产保持最佳数量。如果以图 4 - 4 中的三条曲线分别代表营运资金投资的三种政策，则政策

B 曲线可代表匹配型的营运资金投资政策。

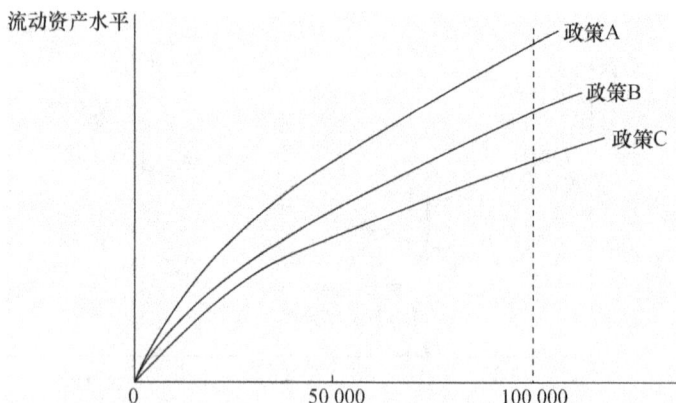

图 4 - 4　产出与流动资产关系

2. 激进型

激进型的营运资金投资政策在安排流动资产时，根据产出水平或销售规模安排尽可能少的流动资产，这样可降低流动资产对资金的占用，降低成本，增加收益。但同时也加大了公司由于现金不足而拖欠货款，或不能及时采购供货以及不能按期清偿债务的风险。相对于匹配型和稳健型而言，激进型的营运资金投资政策的特点是收益高、风险大。如果以图 4 - 4 中的三条曲线分别代表营运资本投资的三种政策，则政策 C 曲线可代表激进型的营运资金投资政策。

3. 稳健型

稳健型的营运资金投资政策在安排流动资产时，根据产出水平或销售规模安排较多的流动资产。例如，在正常生产经营需要量和正常保险储备量的基础上，再加上一部分额外的储备量，以便降低风险。与激进型和匹配型相比，在同样的销售规模下，采取稳健型的营运资金投资政策可使公司拥有较多的现金、有价证券和存货，而宽松的信用政策使应收账款增多，同时也促进了销售增长，从而能够较自如地支付到期债务，提供生产和销售所需的货物。但较高的流动资产比重会降低运营效率，加大成本，降低收益。所以，该政策的特点是收益低、风险小。图 4 - 4 中的政策 A 曲线可代表稳健型的营运资金投资政策。

第二节　流动资产管理

一、现金管理

（一）现金管理的目的

在生产经营过程中公司往往需要持有一定数量的现金。持有现金最基本的目的有两个：一是为满足交易的需要；二是为满足补偿性余额的要求。

由于企业在生产经营活动中不可能始终保持现金收入与现金支出之间在时间和数量上相等，因此，需要保持一定的现金余额以应付各种支付。一般情况下，公司的业务规模越大，所要保持的现金余额也越大。此外，许多意外事件的发生会影响和改变公司正常的现金需要量。例如，自然灾害、生产事故、客户款项不能如期支付以及国家政策的某些突然变化等，都会打破公司原先预计的现金收支平衡。因此，公司还需要保持一定的额外现金余额以应付意外事件。这一部分现金持有量的多少主要取决于：现金收支预测的可靠程度；公司临时的借款能力；其他流动资产的变现能力；公司对意外事件可能性大小的判断和风险承受能力等。

补偿性余额是银行由于向公司提供贷款服务而提出的要求。

然而，持有现金是有成本的，其成本就是损失投资收益的机会成本。因此，现金管理最根本的目的就是通过有效的现金收支使公司的现金持有量达到最小。而要实现上述目的，关键的问题是要准确地预测现金的需求量，并尽量做到现金收支的匹配。由此决定了现金管理的主要内容就是：编制现金预算、确定最佳的现金持有量以及控制日常现金收支。

（二）现金预算

现金预算是在对未来现金收支状况合理预测的基础上，安排和平衡未来一定时期内现金收入与支出的计划。

现金预算建立在销售预测的基础上，通常按月编制，也可以按季、周、日编制。表4-3至表4-9列示了现金预算的编制过程。

表4-3　长江公司20××年预计现金收入计算表

单位：元

季度		1	2	3	4	合计
预计销售额	（1）	60 000	120 000	80 000	90 000	350 000
收到上季应收货款	（2）＝上季度（1）×30%	18 000	18 000	36 000	24 000	96 000
收到本季销货款	（3）＝（1）×70%	42 000	84 000	56 000	63 000	245 000
现金收入合计	（4）＝（2）＋（3）	60 000	102 000	92 000	87 000	341 000

表4-4 长江公司20××年生产预算

单位：件

季度		1	2	3	4	合计
预计销售量	（1）	300	600	400	450	1 750
加：预计期末存货	（2）＝下季预计销售量×10%	60	40	45	40	40
减：期初存货量	（3）＝上季预计期末存货量	50	60	40	45	45
预计生产量	（4）＝（1）＋（2）－（3）	310	580	405	445	1 740
单位产品材料消耗定额	（5）	4	4	4	4	4
生产需要量	（6）＝（4）×（5）	1 240	2 320	1 620	1 780	6 960
加：期末存量	（7）＝下季（6）×30%	696	486	534	500	500
减：期初存量	（8）＝上季（7）	510	696	486	534	510
材料采购量	（9）＝（6）＋（7）－（8）	1 426	2 110	1 668	1746	6 950

表4-5 长江公司20××年材料采购现金支出计算表

单位：元

季度		1	2	3	4	合计
材料采购量	（1）	1 426	2 110	1 668	1 746	6 950
材料单价	（2）	12	12	12	12	12
预计材料采购额	（3）＝（1）×（2）	17 112	25 320	20 016	20 952	83 400
应付上季赊购款	（4）＝上季（3）×40%	6 000	6 844.8	10 128	8 006.4	30 979.2
应付本季现购款	（5）＝（3）×60%	10 267.2	15 192	12 009.6	12 571.2	50 040
现金支出	（6）＝（4）＋（5）	16 267.2	22 036.8	22 137.6	20 577.6	81 019.2

表4-6 长江公司20××年直接人工预算表

单位：元

季度		1	2	3	4	合计
预计生产量	（1）	310	580	405	445	1 740
单位产品定额工时	（2）	3	3	3	3	3
总工时用量	（3）＝（1）×（2）	930	1 740	1 215	1 335	5 220
单位工时工资率	（4）	5	5	5	5	5
预计直接人工成本	（5）＝（3）×（4）	4 650	8 700	6 075	6 675	26 100

表4-7　长江公司20××年间接制造费用预计现金支出计算表

单位：元，件

季度		1	2	3	4	全年
预计生产	（1）	310	580	405	445	1 740
变动间接制造费支出	（2）＝（1）×18	5 580	10 440	7 290	8 010	31 320
固定间接制造费用	（3）＝46 980/4	11 745	11 745	11 745	11 745	46 980
减：折旧	（4）＝20 000/4	5 000	5 000	5 000	5 000	20 000
间接制造费现金合计	（5）＝（2）＋（3）－（4）	12 325	17 185	14 035	14 755	58 300

注：（1）变动间接制造费用分配率＝变动间接制造费用/预算期生产总量＝31 320/1 740＝18；

（2）全年变动间接制造费用31 320元，其中，间接人工10 000元，间接材料8 000元，水电费12 000元，维修费1 320元；

（3）固定间接制造费用46 980元，其中，管理人员工资12 000元，维护费4 980元，保险费10 000元，设备折旧费20 000元。

表4-8　长江公司20××年期间费用预计现金支出计算表

单位：元，件

季度		1	2	3	4	全年
预计销售量	（1）	300	600	400	450	1 750
变动销售及管理费分配率	（2）＝3 500/1 750	2	2	2	2	2
变动销售及管理费现金支出	（3）＝（2）×（1）	600	1 200	800	900	3 500
固定销售及管理费现金支出	（4）＝13 600/4	3 400	3 400	3 400	3 400	13 600
现金支出总额	（5）＝（3）＋（4）	4 000	4 600	4 200	4 300	17 100

表4-9　长江公司20××年现金收支预算表

单位：元

季度	1	2	3	4	合计
期初现金余额	45 000	26 257.8	58 236	86 288.4	45 000
加：现金收入（见表4-3）	60 000	102 000	92 000	87 000	341 000
可动用现金合计	105 000	128 257.8	150 236	173 288.4	386 000
减：现金支出					
直接材料（见表4-5）	16 267.2	22 036.8	22 137.6	20 577.6	81 019.2
直接人工（见表4-6）	4 650	8 700	6 075	6 675	26 100
间接制造费用（见表4-7）	12 325	17 185	14 035	14 755	58 300
销售和管理费用（见表4-8）	4 000	4 600	4 200	4 300	17 100
购置设备	94 000				94 000
支付所得税	175 000	175 000	175 000	175 000	70 000
现金支出合计	148 742.2	70 021.8	63 947.6	63 807.6	346 519.2
现金结余或不足	－43 742.2	58 236	86 288.4	109 480.8	39 480.8

在编制现金预算时，首先，需要根据公司以往的销售经验和对未来市场状况的预测估计未来的销售额，并根据公司销售的信用政策确定销售现金收入。如示例中长江公司预计的季度销售现金收入中有30%来自于上季度的销售，70%来自于本季度的销售。其次，需要根据预计销售额估计发生的各项成本和费用，包括原材料成本、人工费、销售及管理费等各项现金支出额。例如，估计原材料现金支出时，必须根据产品库存的情况首先确定生产量，再根据生产量、原材料库存和消耗定额预计采购量，最后根据采购量和公司所接受的购货信用政策，确定原材料采购的现金支出。间接费用必须按照生产量和分配率进行分摊后确定。最后，综合各项现金收入和现金支出，得到现金收入和支出总额的预测值，并估计出现金结余的情况。若现金不足，则要提前安排融资计划弥补现金缺口；若现金剩余，则要考虑如何充分利用剩余现金增加收益。

（三）现金收支的日常管理

现金收支日常管理的目的就是要提高现金的使用效率。根据现金循环周转的规律，实现有效现金管理的途径一是加速现金回收；二是控制现金支出，改善付款过程；三是调整现金流量，提高收支的匹配程度。

1. 加速收款

缩短赊账购货的期限和缩短收账延迟的时间等方法可以加速收款。

例如，在不影响未来销售额的前提下，如果现金折扣在经济上可行，应尽量采用，以便缩短应收账款回收的时间。公司从供货到收到货款通常需要经历邮寄、处理账务和清算等延迟时间，如果能够减少客户开出支票到公司收到货款并存入银行账户的时间，则可因收账延迟时间的缩短而使得收款加速。锁箱系统、集中银行账户等都是公司在实践中发展出来的缩短收账延迟时间的有效方法。

2. 控制付款

控制付款是指公司在管理现金支出时，应在不影响公司信用的前提下尽量地延缓现金支出的时间。如在购货时尽量地享受供应商给予的信用条件，在信用期限的最后一天付款；在付款时，尽量延迟从开出支票到对方收到支票存入对方银行账户的时间。

由于公司在收款与付款时都存在着时间延迟，因此，公司银行的存款账户上的现金余额与公司会计账面上的现金余额之间就会产生一定的差额，这个差额称为现金浮差。如果一个公司办理收款和控制付款的效率都很高，银行存款账户现金余额就会大大高于公司会计账面现金余额，公司将拥有正浮差，这相当于使用了一笔无息贷款。不过，随着支付的逐渐电子化，公司利用现金浮差的机会已显著减少。

3. 提高收支的匹配程度

公司应当考虑现金流入的时间来安排现金支出，尽量使现金流出与现金流入同步，这样可以减少现金持有量，并减少有价证券转换的次数。

此外，还要注意对闲置资金的充分利用。如果公司有暂时的剩余资金，应及时投资于短期有价证券。

（四）理想现金余额的确定

现金管理最核心的任务就是要确定理想的现金余额或最佳现金持有量。所谓理想现金余额或最佳现金持有量，是指合理权衡风险与收益之后的现金持有量。确定理想现金余额的模型很多，企业可以根据自身的现金收支特点来选择。下面介绍几种常用的模型。

1. 存货模型

存货模型又称为鲍曼模型（Baumol Model）。存货模型假定公司的现金流入与流出的数量是稳定的，这样公司每日（或每周、每月）所需的现金数量是确定的。例如，某公司期初的现金余额为 50 万元，每周现金流出超出现金流入 10 万元，那么在第五周末公司的现金余额为零，这时可通过出售有价证券或贷款补充现金，使现金余额恢复到期初的持有量水平。如此周而复始。由于公司持有现金的目的是满足正常生产经营对现金的需要，就像公司持有存货一样，都存在着一个最经济的持有量，而上述现金余额变动的规律也与存货的耗用和补充一样，因此，在上述假定前提下推导出来的确定现金余额的模型称为存货模型。图 4-5 描述了现金余额变化的特征和过程。

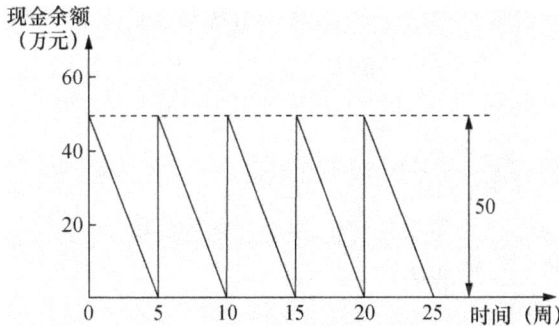

图 4-5　理想现金余额的存货模型

上述运作可能产生的成本是：①现金的持有成本，这种成本可用有价证券的收益率或贷款的利息率来衡量，现金余额越多，持有成本越高。②现金转换成本，即现金与有价证券转换时所发生的固定成本，如经纪人费用、缴纳的税费及其他的管理成本等。这种成本与交易的次数有关，而与现金金额的大小无关。显然，两种成本合计最低时的现金余额是最经济的，即理想的现金余额。其原理如

图4－6所示。

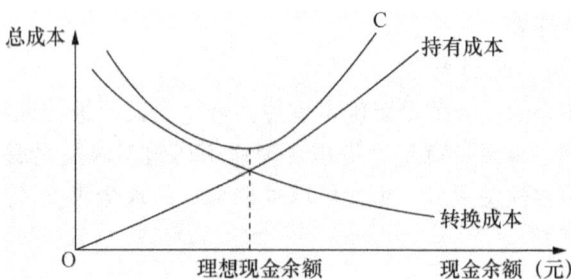

图4－6　理想现金余额图

设 TC 为总成本，F 为现金转换成本，T 为特定期间现金需求量，r 为短期有价证券收益率，C 为理想现金余额，则总成本可用以下关系式表示：

$$TC = \frac{C}{2}r + \frac{T}{C} \times F \qquad\qquad (4-1)$$

对式（4－1）中的 C 求导数，求出当 TC′为 0 时的最小点，有：

$$TC' = \left(\frac{r}{2} - \frac{T}{C^2} \times F \right) = 0 \Rightarrow C = \sqrt{\frac{2TF}{r}} \qquad\qquad (4-2)$$

式（4－2）就是确定理想现金余额的存货模型。

[例4－2] J公司预计每月的现金需求量为 300 000 元，每次转换有价证券的固定成本为 100 元，有价证券的月收益率为 1%，J公司理想的现金余额是多少？

解　$C = \sqrt{\dfrac{2 \times 100 \times 300\,000}{1\%}} = 77\,500$（元）

按上述现金余额，J公司每月有价证券的交易次数为：

300 000/77 500 = 3. 87（次）

2. 米勒—奥尔模型

由于存货模型假定公司的现金支出是均匀分布的，这与公司实际的现金支出情况不完全相符。将日常生产经营中现金流入量和流出量的不确定性纳入考虑后，米勒—奥尔模型假定每日的净现金流量具有正态分布的性质，且会随着时间而随机波动。当这种波动在一定的界限之间时，表明现金储备量处于合理范围，无须调整；若超过界限，就需要进行调整。米勒—奥尔模型所描述的现金余额变动如图4－7所示。

按照米勒—奥尔模型，虽然现金收支的随机波动难以预知，但可以根据公司

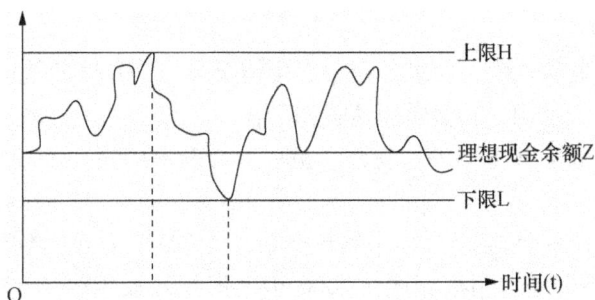

图 4 - 7 理想现金余额的米勒—奥尔模型

的历史经验数据和现实需要，测算出服从正态分布的现金余额的控制范围，即现金余额的上限和下限。若在某时刻，现金余额超过了上限，表明现金持有量超出了合理范围，这时可将现金转化为短期有价证券，使现金余额恢复到均衡点 Z。当现金余额在某时刻达到下限 L 时，表明现金持有量太少，需要将数量等于 Z－L 的有价证券转变为现金。给定公司管理层所设定的最低现金持有量，米勒—奥尔模型所确定的理想现金余额 Z 和最高现金持有量 H 可以由以下计算公式得到：

$$Z = \left(\frac{3F\sigma^2}{4r}\right)^{\frac{1}{3}} + L \tag{4-3}$$

$$H = 3\left(\frac{3F\sigma^2}{4r}\right)^{\frac{1}{3}} + L = 3Z - 2L \tag{4-4}$$

式中，Z 为理想现金余额，即现金返回点；H 为上限，即最高现金持有量；L 为下限，即最低现金持有量，由公司管理层根据每日的最低现金需要、现金不足的风险以及银行要求的最低限额等因素决定；F 为每次转换有价证券的固定成本，即为持有现金的机会成本，也是短期投资的日收益率；σ^2 为每日净现金流量的方差。

[例 4 - 3] A 公司有价证券的年利率为 9%，每次转换有价证券的固定成本为 50 元，根据以往经验数据测算出现金余额波动的标准差为 800，公司现金余额不能低于 1 000 元。根据米勒—奥尔模型，公司的理想现金余额是多少？现金余额的上限是多少？

解 $Z = \sqrt{\dfrac{3 \times 50 \times 800^2}{4 \times 0.09/360}} + 1\,000 = 5\,579$ （元）

$H = 3 \times 5\,579 - 2 \times 1\,000 = 14\,737$ （元）

注：米勒—奥尔模型与存货模型一样，理想现金余额的确定，也需要建立成本函数并通过对其成本函数求最小值而得到。

3. 经验模型

经验模型根据公司上一年度的现金占用情况和下一年度的销售预计来估计下一年度的理想现金余额，其数学表达式如下：

理想现金余额 = （上年平均现金余额 - 不合理占用额） × （1 ± 预计销售收入的变化率）　　　　　　　　　　　　　　　　　　　　　　　　　　（4 - 5）

[例 4 - 4] 佳禾公司 2005 年平均现金余额为 2 000 万元，经财务人员分析约有 80 万元属于不合理占用额。预计 2006 年销售收入较 2005 年增长 12%。2006 年理想的现金余额应该是多少？

解　根据经验模型可以确定，2006 年佳禾公司的理想现金余额为：

（2 000 - 80） × （1 + 12%） = 2 150.4（元）

由于理想现金余额的多少受公司内、外部许多因素的共同影响，因此很难准确地用某一个数学模型计量。上述三种模型各有特点，如存货模型和米勒—奥尔模型都需要满足一定的假设条件，而且对数据有较高的要求，经验模型则太多地依赖于分析者个人的主观判断。因此，在实际运用中，需要根据各公司自身的特点和决策者的经验对计算出来的结果进行适当调整。

二、短期有价证券管理

公司除了试图保持一定水平的现金外，通常还会持有一定量的短期有价证券。短期有价证券具有较高的流动性和较强的变现能力，而且在保持高流动性的同时还提供比现金高的收益率，因此，公司持有短期有价证券的主要目的一方面是将其作为现金的替代品，随时满足公司预防性和季节性的现金需求，另一方面是充分利用闲置现金取得一定的收益。

（一）短期有价证券的选择

公司在进行短期有价证券投资时，需要考虑多种因素，所有这些因素其实都可以概括为风险因素和收益因素，公司选择短期有价证券的过程实质上就是风险与收益的权衡过程。

短期有价证券的风险主要表现为：违约风险、利率风险、通货膨胀风险、流动性风险和意外性事件的风险。这些风险的含义和表现我们在前面章节的学习中已经有所了解。考虑到持有短期有价证券的主要目的是作为现金的替代品，因此，特别要强调投资的安全性和变现性，特别注意有价证券的违约风险与流动性风险。如果短期有价证券的发行人不能履约或经营失败倒闭，致使公司所持有价证券的价格下降或不能兑现，就会影响公司的现金支付。而违约风险低的有价证券并不意味着其流动性必然高。如果公司所持有的短期有价证券不能随时按预期的价格出售，同样不能实现短期有价证券作为准现金的功能。

通过短期有价证券投资取得一定的收益也是持有短期有价证券的目的，因此，有价证券的收益率也是在选择短期有价证券时需要考虑的重要因素。

（二）短期有价证券的种类

可供公司选择的短期有价证券的种类很多。短期国债、短期融资券、股票和公司债券、大额可转让存单等都是常见的短期投资品种。

短期国债是货币市场上最主要的投资品种。其风险低、流动性强，既安全又灵活，很适合企业进行短期投资。

短期融资券是金融机构和工商企业发行的无担保本票，其风险和收益的状况取决于发行票据的金融机构和企业的信誉及财务状况。虽然安全性低于国债，但利率高于国债。

大额可转让存单是银行提供的主要投资品种。大额可转让存单通常被称为CD（Certificate of Deposit）。它与银行定期存款的性质基本相同，所不同的是它可以在二级市场上转让出售。在发达的金融市场上，它是一种非常活跃、流动性很强的短期投资品种。

公司股票和公司债券属于长期有价证券，从它可以在证券市场上自由买卖、在需要时随时卖出这一点看，也可以作为短期的投资品种。但与其他短期投资工具相比，股票和债券的风险较高。公司将其作为短期有价证券持有，需特别谨慎。

思考：持有短期有价证券的目的和其种类是什么？

回答：作为现金替代品并取得一定收益。短期有价证券有短期国库券、大额可转让定期存单、货币市场基金、商业票据、证券化资产等。

三、应收账款管理

（一）应收账款管理的目标

应收账款主要是由企业赊销产品所导致的。激烈的市场竞争迫使企业以各种手段扩大销售，对于价格、质量和售后服务都相同的同类产品而言，采取赊销的方法能够扩大销售额，减少存货。当然，销售和收款的时间差距也会产生应收账款，结算手段越落后，结算所需时间越长，所导致的应收账款就会越多。不过，销售和收款的时间差距并不是导致应收账款的主要原因，尤其是在结算手段越来越先进的现代经济中。

应收账款在促进销售、减少存货从而增加利润的同时，也会带来相应的成本。主要的成本有坏账成本、管理成本和机会成本。坏账成本是指应收账款收不回来的损失。由于客户的信用程度和支付能力不同，且会发生变化，因此，难免有部分应收账款因客户无力偿付而不能收回。管理成本是指与应收账款有关的管理费用，包括公司对信用政策制定和实施过程中所发生的一切费用。如对客户信用状况的调查、对信用政策制定过程的分析、对应收账款的簿记和账龄的分析、催款和收账方案的制订和实施等。机会成本是指由于应收账款占有资金所引起的利用该笔资金创造收益的机会损失。

由此可见，应收账款管理的目的就是要权衡利弊，在成本收益分析的基础上，制定有效的信用政策，并通过有效的管理来实现收益的最大化。

（二）信用政策的制定

信用政策包括信用标准、信用条件和收账政策。制定信用政策的过程实质上就是成本收益分析的过程。

1. 信用标准

信用标准是客户获得公司商业信用所必须具备的条件。如果客户达不到信用标准的要求就不能享受公司提供的商业信用，或只能享受较低的信用优惠。信用标准严格，意味着只有信誉很好、坏账损失率很低的顾客能够得到赊销优惠，从而使得公司的应收账款减少，应收账款成本降低，但不利于销售额的扩大。信用标准宽松，意味着较多的客户可以享受到赊销优惠，公司的销售额会增加，但应收账款及其成本也相应增加。公司到底要选择什么样的应收账款政策，需要权衡利弊。

［例4－5］宏远机械有限公司原来的信用标准是只对坏账损失率在6%以下的客户提供商业信用。公司认为目前的信用标准太严格了，不利于销售额的扩大。于是考虑放松原来的信用标准。表4－10所列是新提出的两种信用标准方案。宏远公司应该选择哪一种方案？已知当前短期有价证券的年收益率为12%，公司的销售利润率为20%。

表4－10 宏远公司拟采用的新的信用标准

项目	方案A	方案B
信用标准（预计坏账损失率）（%）	7.5	12.5
销售收入（全部为赊销）（元）	1 000 000	1 500 000
应收账款的平均收款期（天）	60	70
应收账款的管理成本（元）	1 000	1 500

解 根据表4－10所提供的信息进行成本收益分析，分析结果如表4－11所示。

表 4 - 11   不同信用标准对利润的影响

单位：元

项目	方案 A	方案 B
销售利润	1 000 000 × 20% = 200 000	1 500 000 × 20% = 300 000
应收账款机会成本	1 000 000 × 12% × 60/365 = 19 726	1 500 000 × 12% × 70/365 = 34 521
应收账款管理成本	1 000	1 500
坏账成本	1 000 000 × 7.5% = 75 000	1 500 000 × 12.5% = 187 500
应收账款成本总额	19 726 + 1 000 + 75 000 = 95 726	34 521 + 1 500 + 187 500 = 223 521
不同信用标准的利润额	200 000 - 95 726 = 104 274	300 000 - 223 520 = 76 480

计算结果表明，宏远公司应该选择方案 B 的信用标准。

2. 信用条件

信用条件是指支付赊销货款的具体优惠条件，包括信用期限、折扣期限和现金折扣率。信用期限规定了客户延期付款的天数。信用期限太短，不足以吸引客户；信用期限太长，虽然有足够的吸引力，但会增加应收账款的收款期，增加应收账款的相关成本。现金折扣率是在顾客提前付款时所给予的优惠，折扣期限是可享受折扣优惠的付款期限。折扣率高，折扣期限长，能够促使客户提前付款，但同时会引起成本的增加。确定信用条件同样需要在现金折扣所带来的加速收款收益与折扣所带来的成本之间进行比较。

[**例 4 - 6**] 假设宏远公司决定只对坏账损失率在 7.5% 以下的客户提供赊销，表4 - 12 是公司财务人员拟定的两种信用条件。宏远公司应该选择哪一种？

表 4 - 12   宏远公司拟采用的新的信用条件

项目	30 天内付清，无现金折扣	1/10, n/40
销售收入（元）	1 000 000	1 200 000
平均收款期（天）	40	30
需付现金折扣占销售收入的比重（%）	0	50
应收账款的管理成本（元）	1 000	1 500

解   已知宏远公司的销售利润率为 20%，资金的机会成本为 12%，因此可根据表 4 - 12 提供的信息进行成本收益分析，分析结果如表 4 - 13 所示。

计算结果表明，虽然提供现金折扣会产生一定的现金损失，但能够缩短平均

表 4 – 13　宏远公司在不同信用条件下的成本与收益

单位：元

项目	30 天内付清，无现金折扣	1/10，n/40
销售利润	1 000 000 × 20% = 200 000	1 200 000 × 20% = 240 000
应收账款机会成本	1 000 000 × 12% × 40/365 = 13 151	1 200 000 × 12% × 30/365 = 11 836
现金折扣成本	0	1 200 000 × 50% × 1% = 6 000
应收账款管理成本	1 000	1 500
应收账款成本总额	13 151 + 1 000 = 14 151	11 836 + 6 000 + 1 500 = 19 336
不同信用条件的利润额	200 000 – 14 151 = 185 849	240 000 – 19 336 = 220 664

收款期，减少机会成本，因此应该采用允许 40 天付清货款但 10 天内付清可享受货款 1% 的现金折扣的优惠，即"1/10，n/40"的信用条件。

3. 收账政策

应收账款发生后，公司应采取各项措施尽量争取按期收回货款，否则会因拖欠而发生坏账损失。收账政策是指信用条件被违反时，公司采取的收账策略。客户违反信用条件拖欠货款的情况主要有两种：一是客户本身的信用品质差，没有偿还能力；二是客户具有良好的信用品质，但临时发生财务困难。公司需根据不同的情况制定和采取不同的收账政策。但不论采取何种收账政策都要付出一定的成本。如收账发生的通信费用、收账人员的差旅费、法律诉讼费等。采取积极的收账政策可能加大收账成本，但能够减少坏账损失。因此，公司制定收账政策时需要在减少的坏账损失和增加的收账成本之间权衡。

[例 4 – 7] 川江化工厂现行收账政策下年平均收账费用为 10 000 元，应收账款平均收款期为 60 天，坏账损失率为 4%。厂财务科建议采取一套新的收账政策，估计年平均收账费用为 15 000 元，平均收款期为 30 天，坏账损失率为 2%。该工厂当年的销售额为 1 200 000 元（全部赊销），应收账款的机会成本为 10%。川江化工厂应采取哪一种收账政策？

解　对川江化工厂现行和建议实行的收账政策所可能发生的成本和减少的坏账损失进行分析，计算结果如表 4 – 14 所示。

由于建议的收账政策比现行的收账政策节省了成本，因此应该采用财务人员所建议的收账政策。

公司在催收货款过程中应采取的步骤和具体方法应根据账款过期时间长短、客户拖欠货款原因等灵活选用。例如，对过期较短的客户，不予采取严厉的催收方法；对因临时发生财务困难的客户表示一定的理解并给以一定的宽限期，以便稳定客户；对过期很长、没有还款诚意的客户则频繁催款，措辞严厉，甚至付诸法律。典型的收款过程通常遵循以下步骤：措辞温和的信件、电话、个人拜访、

表4-14 川江化工厂不同收账政策的成本和收益

单位：元，天

	当前的收账政策	建议的收账政策
（1）年销售收入	1 200 000	1 200 000
（2）应收账款平均收款期	60	30
（3）应收账款的机会成本	20 000	10 000
（4）坏账成本	48 000	24 000
（5）收账费用	10 000	15 000
（6）不同收账政策下的总成本	78 000	49 000
（7）建议的收账政策节约的成本	—	29 000

注：（1）收账政策的机会成本 = 年销售收入 × 10% × 平均收款期/360。

（2）坏账损失 = 年销售收入 × 坏账率。

求助专门的收款公司、诉诸法律。

需要提醒读者注意的是，以上我们在讨论如何制定公司的信用政策时，为了讨论问题的方便，将信用标准、信用条件和收账政策分开单独进行成本收益分析。但实际上这三方面的信用政策会共同发生作用，影响公司的销售收入和应收账款成本。因此，在制定信用政策时，应把信用标准、信用条件和收账政策结合起来，综合考虑这些政策变化对销售额、应收账款的机会成本及收账成本的影响。分析的基本思路仍然遵循成本收益分析的原则。由于综合分析所涉及的变量多是预计的，有相当大的不确定性，因此，信用政策的制定除了依靠数量分析外，在很大程度上还要由决策者的经验来判断决定。

（三）客户的信用调查和评估

公司的信用政策制定后，还需要通过对客户的信用状况进行调查和评估来对客户的信用品质进行评估，判断其是否达到信用标准，能否享受公司所提供的信用优惠条件。客户的信用调查和评估是应收账款管理的重要依据。

1. 信用调查

信用调查是指对客户的信用品质、偿债能力、财务状况等信用状况进行调查，搜集客户的信用记录。信用调查的方法可以概括为两类：一是直接调查；二是间接调查。直接调查是通过访问、观察等与客户直接接触的方法来获取客户信用有关的资料。这种方法的优点是能够获得第一手的资料，保证资料的准确性和适用性，但如果得不到被调查单位的配合，就难以得到全面的资料。间接调查是指从各种渠道搜集所需的信息资料，比如，通过客户的财务报表了解客户的资本实力、盈利状况、偿债能力等财务状况的信息；通过信用评估机构获得客户信用评级的资料；通过与客户往来的金融机构、商业伙伴、税务部门等获得客户信用的相关信息。

2. 信用评估

信用评估是在信用调查的基础上，通过各种资料的分析来评估客户的信用状况。

（1）五 C 评估法。

五 C 评估法从品德、能力、资本、抵押和条件五个方面评估客户的信用，由于这五个方面的第一个英文字母都是 C，所以称为五 C 分析法。

品德（Character）是指客户的信誉，即客户是否有履行偿债义务的诚意。这一点被视为评价客户信用的首要因素。要判断客户是否具备良好的品德，必须设法了解客户过去的付款记录，调查客户与其他供货企业的关系等。能力（Capacity）是指客户的偿债能力，可以通过客户资产的流动性、流动资产与流动负债的比例等情况判断。资本（Capital）是指顾客的财务实力和财务状况，表明顾客可能偿还债务的经济背景。抵押（Collateral）是指客户为获取商业信用提供抵押担保的能力。这对于那些初次交往不知底细或信用状况有争议的客户而言特别重要。条件（Conditions）是指客户偿付能力对条件变化的反应。例如，万一出现经济不景气，会对客户的付款产生什么影响。

（2）信用评分法。

信用评分法通过以下计算公式来得到被评估客户的信用分值：

$$Y = \sum_{i=1}^{n} w_i X_i \qquad\qquad (4-6)$$

式中，Y 为信用分值；w_i 为信用分析指标的权重；X_i 为信用分析指标值。

通常选择财务比率和信用品质作为信用分析指标，并根据被评估的客户所处的行业环境、公司经营状况等具体状况确定各信用分析指标的权重。例如，表 4-15 所列的是某公司信用评估中所选择的评估指标和权重，以及对其某一大客户的信用评估分数。

表 4-15　某公司对其大客户的信用评分

项目	信用分析指标值（1）	分数（2）	权数（3）	加权平均数（4）=（2）×（3）
流动比率	2.0	90	0.2	18.0
资产负债率（%）	35	80	0.1	8.0
销售净利率（%）	20	85	0.1	8.5
流动资产周转率	6.8	90	0.1	9.0
信用评估等级	AA	85	0.2	17.0
付款历史	良好	80	0.2	16.0
未来财务状况预计	良好	80	0.05	4.0
其他因素	一般	70	0.05	3.5
合计	—	—	1.00	84.0

（四）应收账款的日常管理

应收账款日常管理最主要的任务就是对应收账款进行监控，以便及时发现问题，防止恶化。对应收账款的控制主要通过账龄分析来实现。

1. 确定应收账款的平均收款期

应收账款的平均收款期也就是应收账款的周转天数，其计算公式为：

平均收款期 = 全部应收款/平均日赊销额　　　　　　　　　　　　　（4-7）

式（4-7）中，平均日赊销额可以是月度的日赊销额，也可以是季度或年度的平均日赊销额。平均收款期不仅能够反映应收账款的质量，还可以从另一个角度反映公司的信用政策和收账政策的宽松情况。信用政策宽松，则货款回收慢，平均收款期长。

2. 编制账龄分析表

平均收款期综合反映公司所有应收账款的平均回收速度，但无法反映每笔具体的应收账款回收期间的差异。编制账龄分析表的目的就是更具体、更详细地反映应收账款的质量。账龄分析表将所有的应收账款按账龄分为若干类别，反映不同账龄的应收账款的总额及其比重，为应收账款的监控提供更为详细的信息。应收账款账龄分析表如表4-16所示。

表4-16　某公司账龄分析表

应收账款账龄	账户数量	金额（万元）	百分比（%）
信用期内	200	8	40
超过信用期1~20天	100	4	20
超过信用期21~40天	50	2	10
超过信用期41~60天	30	2	10
超过信用期61~80天	20	2	10
超过信用期81~100天	15	1	5
超过信用期100天以上	5	1	5
合计	420	20	100

通过账龄分析可以了解有多少欠款仍在信用期内，有多少欠款已超过信用期，有多少欠款拖欠时间太久而可能成为坏账。在账龄分析的基础上，就可以根据欠款的拖欠时间采取不同的收账方法，对可能的坏账损失提前作出准备。

[例4-8] 设甲、乙公司是生产同类产品的两个公司，各自的应收账款账龄如表4-17所示。哪一个公司的应收账款质量较好？

表 4 - 17 甲、乙公司应收账款账龄分析表

20××年 12 月 31 日

应收账款账龄（天）	甲公司应收账款金额（元）	比重（%）	乙公司应收账款金额（元）	比重（%）
0 ~ 10	1 500 000	75.0	1 000 000	50.0
11 ~ 30	300 000	15.0	300 000	15.0
31 ~ 45	200 000	10.0	200 000	10.0
46 ~ 60	0	0.0	300 000	15.0
60 以上	0	0.0	200 000	10.0
应收账款总计	2 000 000	100.0	2 000 000	100.0

表 4 - 17 中的数据显示，尽管甲、乙两公司的应收账款总额相等，但乙公司的"高龄"应收账款高于甲公司，由于"高龄"应收账款发生坏账的可能性要高于"低龄"应收账款，因此，乙公司应收账款的质量显然不如甲公司。如果两个公司的信用政策相同，则说明乙公司在应收账款管理方面可能存在着某些问题。可能是对客户的信用调查和评估工作不够深入细致，致使一些不符合信用标准的客户享受了公司的信用优惠，也可能是由于收账政策过于宽松等，具体原因有待进一步查明。

3. 确认坏账损失，建立坏账准备制度

既然有应收账款就难免发生坏账损失，为了更准确地反映公司应收账款的规模和质量，需要计提坏账损失和坏账准备。坏账损失需要按照财务制度的规定确认和计提。比如，我国财务制度规定确认坏账准备的标准是：①债务人破产或死亡，依法清偿后，确实无法收回的应收账款；②债务人逾期未履行偿债义务，账龄超过 3 年，有明显证据证明无法收回的应收账款。至少符合以上条件之一的方可确认为坏账损失。

坏账准备是指按一定的比例估计坏账损失，预先计提，等坏账发生时再冲减计提的准备金，可以按应收账款的账龄长短计提，账龄越长，计提比例越高；也可以按销货额的百分比计提。例如，我国财务制度规定按照期末应收账款余额的 3‰ ~ 5‰计提坏账准备。

思考：应收账款管理目标和应收账款政策的内容？

回答：应收账款管理的基本目标在于：通过应收账款管理发挥应收账款强化竞争、扩大销售的功能，同时，尽可能降低投资的机会成本、坏账损失与管理成本，最大限度地提高应收账款投资的效益。

应收账款政策主要包括信用标准、信用条件、收账政策三个部分。信用标准是企业同意向顾客提供商业信用而提出的基本要求。通常以预期的坏账损失率作为判别标准。信用条件是指企业要求顾客支付赊销款项的条件，包括信用期限、折扣期限和现金折扣。信用期限是企业为顾客规定的最长付款时间，折扣期限是为顾客规定的可享受现金折扣的付款时间，现金折扣是在顾客提前付款时给予的优惠。收账政策是指信用条件被违反时，企业所采取的收账策略。

四、存货管理

（一）存货管理的目标

公司的存货主要有原材料、在制品、半成品和产成品等。公司之所以必须保持一定量的存货，一方面是由于原材料的供应速度与生产过程中原材料的消耗速度不完全相同，此外，还由于大量采购可以享受数量折扣，可以获得较低采购价格的好处；另一方面是由于市场对公司产品的需求难以准确预测。如果公司能够保证从它的供应商那里源源不断地得到原料，并且其供应速度与生产过程中的原料消耗速度完全相同，那就完全不用储存任何原料了。如果公司能够准确地预测交货期、生产周期以及客户对产品需求的数量和时间，那么也就不用保持产成品存货了。但上述因素难以控制和预测，况且还有许多其他的因素，使得企业必须储备足够的原材料及产成品，以防不能及时供货和交货的风险。但是，存货由于占有资金而会产生机会成本，存货还会增加仓储费、保险费、维护费、管理人员工资等费用。因此，存货管理的目标就是要在存货所产生的效益和成本之间作出权衡，合理地控制存货水平，在保证生产经营正常进行的前提下，尽量降低存货成本。

（二）存货的控制

围绕着存货管理的目标，存货管理最基本的任务就是对存货进行控制。在公司的实际管理活动中，通常采用多种方法对存货进行有效控制，如存货经济订货批量法、ABC 控制法、定额管理法和归口分级管理法等。下面主要介绍经济订货批量法和 ABC 控制法。

1. 经济订货批量法

经济订货批量法是在综合考虑存货可能引起的各种成本的基础上所确定的使存货总成本最低的进货数量。

（1）存货的成本。

存货的成本是指因为采购、存储而引起的各项费用，可分为生产或购置成本、订货成本、储存成本和缺货成本几种类型。

1）生产或购置成本。生产或购置成本是指存货本身的价值。在确定订货批量中，表现为存货采购的成本，包括买价、运杂费等。采购成本通常与采购数量成正比。一定时期内，在存货的市场价格稳定和存货需求量固定的情况下，存货的总采购成本也是固定的,与采购批数和每批的采购量无关。

2）订货成本。订货成本是指公司由于对外采购存货而发生的各种费用支出,包括填制订单、发出订单、订购追踪、到货验收、进库等各项开支,以及办公费、差旅费、邮资、通信费、专设采购机构的经费等支出。订货成本可以分为变动成本与固定成本。变动成本是与订货次数有关但与订货数量关系不大的费用,如差旅费、邮资、谈判费等。固定成本是与订货次数关系不大的费用,如维持采购部门日常运行的经费支出。

3）储存成本。储存成本是指为持有存货而发生的成本,包括存货占用资金而产生的机会成本、仓储费用、保险费用、存货的毁损和变质损失等。储存成本随着平均存货量的增加而上升,通常与存货的订购次数无关,而与存货的订购数量有关。

4）缺货成本。缺货成本是指由于存货短缺而引起的生产中断、销售不畅所带来的损失。例如,由于缺货导致停工而发生的损失,因延迟交货而支付的罚金,由于丧失销售机会而蒙受的收入损失和信誉损失等。

（2）经济订货批量。

经济订货批量就是使上述存货总成本最小时的订货批量。由于在上述四种存货成本中,采购成本与存货的订购批量无关,而在不允许缺货的前提下,可以不必考虑缺货成本;又由于订货成本与订货批量负相关,而存储成本与订货批量正相关,因此,经济订货批量与存货总成本之间的关系可以用图4-8描述。

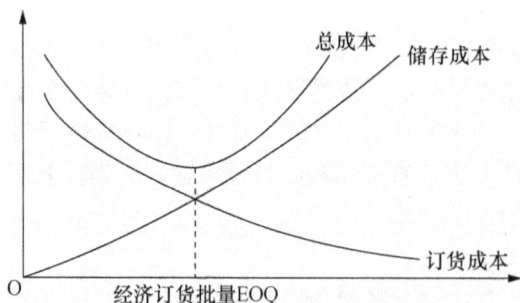

图4-8 经济订货批量下的存货总成本

令TC代表存货的总成本,D代表一定时期内对存货的总需求,C代表存货的采购成本,F代表每次订货发生的订货成本,H代表单位存货储存成本,Q代表一批订购的存货数量,则在不考虑缺货成本时,存货的总成本为:

$$TC = (D/Q) \times F + (Q/2) \times H + DC \qquad (4-8)$$

对上式求总成本 TC 对一次订购的存货量的导数，有：

$$\frac{dTC}{dQ} = \frac{H}{2} - \frac{D}{Q^2}F$$

令上式为 0，求解出来的订货批量即为经济订货批量 EOQ：

$$EOQ = \sqrt{\frac{2DF}{H}} \qquad\qquad (4-9)$$

[例 4 - 9] 罗艺印染厂每年耗用某种染料 3 600 公斤，每次订货的成本为 25 元，单位燃料的存储成本为 2 元，每次订货的变动成本为 25 元。罗艺印染厂对该种染料的经济订货批量是多少？

解　$EOQ = \sqrt{\dfrac{2 \times 25 \times 3\ 600}{2}} = 300$（公斤）

（3）订货点确定。

由于从发出订货指令到存货可投入使用之间需要有一段时间，因此，必须在存货耗用完之前发出订货指令，发出订货指令时的存货量称为订货点。确定订货点需要考虑平均每日存货的正常耗用量和预计最大耗用量、正常情况下发出订货指令到货物入库所需的时间及意外情况发生时所需的时间、保险储备量等因素。

以 R 表示订货点，d 表示每日存货的正常消耗量，T 表示正常的提前订货时间，S 表示保险储备量，可用以下公式计算存货的订货点：

$$R = d \times T + S \qquad\qquad (4-10)$$

保险储备量可以根据预计最大存货耗用和最长提前订货时间等不确定因素确定。假如以 U 代表存货最大的耗用量，L 代表最长的提前订货时间，则保险储备量 S 可由以下计算公式求出：

$$S = (U \times L - d \times T) / 2$$

假如罗艺印染厂某种染料正常的提前订货时间为 5 天，正常的每日消耗量为 10 公斤，保险储备量为 25 公斤，则可以确定该染料的订货点为：

$$R = 10 \times 5 + 25 = 75 \text{（公斤）}$$

即当该染料的库存剩下 75 公斤时就该发出订货指令了。

2. ABC 控制法

很多公司都拥有品种繁多的存货，有些大企业的存货品种可多达上万种。其中，有些存货的价值很高，占用资金很多，有些存货的价值很低，占用资金很少，显然，公司没有必要对所有的存货都采取同样的方法管理，那样不仅费时费力，而且也难以做到面面俱到，反而可能因事无巨细、头绪太多而主次不分，忽视了对重要货物的控制。基于存货的上述特点，ABC 控制法根据存货价值或存货对公司生产经营活动的重要性，将所有的存货分为 A、B、C 三类。最重要的存货为 A 类，其品种不多但价值高，是存货控制的重点，需要加强管理；C 类存货是不重要的存货，通常种类繁多但价值低、重要性不大，不需详加管理，其数量控制可以采用定期订货和保持较高的安全存货方式；B 类存货的重要性介于 A 类和 C 类存货之间，重要性一般，其价值在存货价值中占有一定的比例，对这类存货在管理中可给予适当的重视，进行次重点控制。

ABC 控制法是一种突出重点的管理方法，因此，有助于提高存货管理的效率。

如今，随着计算机和网络技术在存货管理中的广泛应用，存货控制的效率大大提高。例如，配置了比较简单的计算机库存控制系统以后，当库存数据输入存储器时，计算机就会开始工作。此后，每当有货物取出时，计算机都会及时作出记录并修正库存余额。当库存量下降到订货点时，计算机会自动发出订货单，并在收到订货时记录新的库存量。

第三节　短期筹资方式及成本

短期筹资是支持公司流动资产的资金来源。与长期筹资相比，短期筹资合同期限短、手续简便、弹性大、筹资速度快、资本成本低，但必须承担较高的利率风险和还款压力。短期筹资的方式灵活多样，每种方式都各有利弊，短期筹资管理需要根据生产经营活动的需要，权衡利弊，平衡供需，以保证营运资金的正常运转。

一、短期银行借款方式及成本

短期银行借款的期限为一年以内，通常是 90 天或 180 天。贷款到期后，借款人必须偿还或提出延期偿还的请求，银行则根据借款人的财务状况酌情考虑是否延期。

（一）短期银行借款的信用条件

银行在提供短期借款时，通常都会附加一些信用条件，主要有信用额度、周转信用协议和补偿性余额。

1. 信用额度

信用额度是银行与借款人之间达成的一种非正式协议，它规定了借款人向银行借入资金的最高额度。例如，某银行同意给某家公司一年 8 000 万元的信用额度，公司在年初取得了第一笔贷款 3 000 万元，此后可以根据需要在剩余的额度内向银行申请增加借款额，银行将自动给付资金。不过由于是非正式协议，银行并不承担保证按信用额度贷款的法律义务。信用额度的高低取决于银行对借款公司财务状况和信用风险的评估。

2. 周转信用协议

周转信用协议是银企之间关于信用额度的正式协议。由于银行具有在协议规定的期间内按规定的最高额度借款给企业的法律义务，因此，借款人必须支付一定的承诺费以保证履行借入规定金额的资金的义务。如果借款企业没有按信用额度借款，则承诺费归银行所有。承诺费通常是按照未使用贷款额的一定百分比计算的。例如，某银行与某家公司签订的一个两年期的周转信用协议规定的信用额度是1亿元，承诺费为未使用信用额度的0.35%。若该公司在两年内只借了6 000万元，则需支付14万元（4 000万元×0.35%）的承诺费。

周转信用协议与信用额度虽然都是银企之间关于贷款额度的协议，但两者具有很大的不同：信用额度是非正式的协议，没有法律约束，银行可以根据实际情况的变化不执行信用额度，企业不按信用额度借款也不需支付补偿费；而周转信用协议是正式的、具有法律约束力的协议，因此，银行有义务按最高限额借款给企业，若企业没有按限额借款则需支付补偿费。

3. 补偿性余额

有时，银行要求借款公司将贷款额的一部分保持在银行的活期存款账户上，这种存款余额称为补偿性余额。补偿性余额有利于银行降低风险，但实质上等于提高了贷款公司的实际利率，加大了公司的资本成本。

（二）短期银行借款的利弊

从借款公司的角度看，短期银行借款相对于其他短期筹资方式而言具有以下两个主要优点：一是借款手续较为简便，能够较快取得所需资金；二是作为专业的贷款机构，银行不仅资金实力雄厚，能够随时为企业提供较多的短期贷款，而且能够提供专业的贷款服务，在借款金额和借款时间等方面具有较大的灵活性。短期银行借款的主要缺点是资本成本较高，限制较多。

由于好的银行不仅能够为贷款企业提供资金，还能够在许多方面为企业的经营活动提供专业性服务和帮助，因此，企业在利用短期银行借款筹集资金时，应该根据自己的情况选择合适的银行。银行的资金实力、贷款的能力和专业性、对待风险的态度、对待客户的忠诚度以及所能够提供的咨询和服务等都是重要的选择标准。

（三）短期银行借款的成本

短期银行借款的成本即借款的利息率，其高低因借款企业的风险、借款金额的大小和时间长短而不同。银行贷款利率有多种方式，它们对贷款的实际利率会产生不同的影响。

多数银行按单利收取短期贷款利息。按单利计算的贷款，借款人到期需支付的利息等于贷款额乘以利率和贷款时间，到期时一次性偿还本金和利息。贷款利率通常以年利率表示。在贷款的名义利率不变的情况下，一年里支付利息的次数越多，实际利率就越高，贷款的实际成本也就越大。

在银行提供短期借款时，有时会要求借款公司在期初支付利息，这种利息称为贴现利息。由于借款公司在得到贷款额之初就扣除了利息，因此所得到的实际贷款金额少于贷款面值，此时贷款的实际利率高于名义利率。贴现利率的计算公式为：

贴现利率＝利息支出／（借款总额－利息）　　　　　　　　　　（4－11）

当然，如果银行以复利计息，则意味着存在对利息计息的情况，借款人承担的实际利率必然高于名义利率。

[例4－10] 某公司打算向银行借入一年期的短期贷款100万元，名义年利率12%。①如果银行要求到期时一次还本付息，这笔贷款的实际年利率是多少？②如果银行要求按季付息，这笔贷款的实际年利率是多少？③如果银行要求公司在取得贷款时就一次性支付利息，到期时还本，那么这笔贷款的实际年利率又是多少？④假如银行同意连本带利到期一次偿还，但要求公司保留贷款额的20%作为补偿性余额，那么公司实际负担的利率又是多少？

解　①到期时一次还本付息，其名义年利率就是实际年利率，因此公司承担的实际利率是12%。

②按季付息，则一年需支付四次利息，其实际利率为：$(1 + 12\% \div 4)^4 = 12.55\%$。

③这种情况需要计算贴现利率，其实际利率等于贴现利率。

$$贴现利率 = \frac{1\ 000\ 000 \times 12\%}{1\ 000\ 000 - 1\ 000\ 000 \times 12\%} = 13.64\%$$

④由于有补偿性余额的要求，公司实际上可运用的贷款额度减少，按简单利率计算，其实际利率为：

$$实际利率 = \frac{利息支出}{实际借款额} = \frac{名义利率}{1 - 补偿性余额比例} = \frac{12\%}{1 - 20\%} = 15\%$$

二、商业信用方式及筹资成本

（一）商业信用的概念

商业信用是指商品交易中由于延期付款或预收货款而形成的企业之间的借贷关系，主要包括应付账款、应付票据和应计费用。商业信用筹资是企业在日常交易活动中自然形成的资金来源，其数量多少取决于公司的经营规模。一般来说，公司的经营规模越大，由商业信用形成的负债资金就越多。

（二）商业信用筹资的利弊

商业信用筹资的优点主要表现在以下三个方面：

（1）商业信用是企业在日常交易活动中自然产生的资金来源，不需要安排筹资计划，也不需要办理借贷手续，因此使用起来方便自然。

（2）商业信用筹资不需要承担筹资费，在没有优惠条件的情况下，也不会发生隐性成本。

（3）与银行借款等短期筹资方式相比，商业信用筹资在资金的使用上不受限制，因此资金使用的弹性大。

当然，商业信用筹资也存在一些不足。与其他短期筹资方式相比，其最主要的缺点在于期限短，数额受交易规模约束，在有优惠条件的情况下，需承担较高的成本，在经济不景气或市场信用环境不好的情况下，企业之间很可能会因相互拖欠货款而引起不良连锁反应。

（三）商业信用筹资的成本

商业信用筹资的成本与商业信用条件直接相关。在规范的商业信用行为中，债权人为了保证货款的及时回笼都会向负债方提出一定的信用条件。信用条件通常包括信用期限和提前付款的折扣优惠等。例如，在公司的购销业务中，"1/10，n/40"就是一种规范的商业信用条件，它表示信用期是 40 天，优惠期是 10 天，优惠折扣率是 1%，即发票开出后 10 天付款可享受 1% 的现金折扣，超过 10 天则没有折扣，40 天必须付清货款。

由商业信用形成的自然负债通常不需要支付利息，如果没有优惠条件，则不存在筹资成本。但如果有优惠条件，此时放弃优惠条件就需要考虑这笔自然负债隐含的利息成本。隐含的利息成本的近似计算公式为：

$$隐含利息成本 = \frac{优惠折扣率}{1 - 优惠折扣率} \times \frac{360}{信用期 - 折扣期} \qquad (4-12)$$

[**例 4-11**] 放弃信用条件"2/10，n/30"隐含的利息成本是：

$$\frac{2\%}{1-2\%} \times \frac{360}{30-10} = 36.7\%$$

可见，放弃现金折扣，有时付出的成本是很高的。当然，成本的高低取决于信用条件，但如果隐含利息成本高于银行贷款利率，放弃现金折扣显然是不合算的。而且企业随便放弃现金折扣的优惠，往往说明该企业的财务状况不佳，这会给公司的信用带来十分不利的影响，因此，许多企业只要有可能，宁可向银行或其他机构借款也要保证在折扣期内付款。

在公司销售的商品供不应求或产品生产周期长、价值高的情况下，公司往往会要求客户预付货款。此外，当已知买方信用差、违约风险大时，卖方也会坚持要求买方预付货款，从而形成公司的预收货款。预收货款与延期付款一样，也是一种商业信用，是卖方从买方获得的商业信用。如果客户在预付货款时没有附加任何条件，则公司相当于无偿占用客户的资金，不发生任何成本；但若客户要求给予一定的优惠条件，如要求享受一定比例的折扣，这时公司就要付出成本，其成本的计算原理与式（4-12）相同，不过考虑到预付款通常只占货款的一部分，所以可调整为以下计算公式：

$$隐含利息成本 = \frac{销售折扣两次}{1-销售折扣率} \times \frac{产品售价总额}{预付货款额} \times \frac{360}{预付货款期} \qquad (4-13)$$

[例4-12] 买方愿意提前30天全额支付货款，但希望享受0.9%的折扣，则卖方企业为获得此笔商业信用的隐含利息成本为：

$$\frac{0.9\%}{1-0.9\%} \times \frac{1}{1} \times \frac{360}{30} = 10.898\%$$

思考： 存货管理解决的主要问题？

回答： 存货管理所要解决的主要问题是企业怎样采购存货，包括两个方面的内容，一是应当订购多少存货；二是何时开始订货。即确定存货的经济批量和再订货点。经济批量是指一定时期储存成本和订货成本总和最小的采购批量，再订货点就是订购下一批存货时本批存货的储存量。

三、短期融资券方式及成本

（一）短期融资券的概念

短期融资券又称为商业票据或商业本票，是大型工商企业或金融企业为筹措短期资金发行的无担保短期本票。

短期融资券源于商业票据。商业票据是随商品交易和劳务交易而签发的一种远期付款的债务凭证，在票据上列有付款的金额和时间、收款方和付款方的名称。持有票据的公司如在约定付款期前需要现金，可以向商业银行或贴现公司贴现。有时，贴现票据的银行或贴现公司因为资金周转的需要，也将贴现过的票据再次贴现。根据商业票据所具有的这种融资特点，一些大公司就凭借自己的信誉，开始脱离商品交易过程签发商业票据，并逐渐演变为一种在货币市场上融资的票据。这种票据体现的是发行人与投资者之间纯粹的债权债务关系，票据上也不再列明收款人，只是列出付款人，成为单名票据。这种区别于传统商业票据的单名票据就称为短期融资券。

短期融资券可以由发行人直接销售给最终投资者，也可以由承销商代销。发行短期融资券通常也需要进行信用评级，其评级方法和评级程序与发行长期债券相似，不过发行人的短期偿债能力对债券级别的影响较大。

（二）短期融资券融资的利弊

短期融资券作为一种直接融资方式，最主要的优点就是具有较低的融资成本。通常情况下，短期融资券的利率加上发行费用要低于银行同期贷款的利率。另外，发行短期融资券可以筹集到的资金数额比较大。但发行短期融资券也会加大企业的还款压力和财务风险。短期融资券不能提前或延期偿还，必须按期如数偿还，缺少灵活性，而一旦不能按期偿还将给企业信用造成严重的不良影响。另外，发行短期融资券的条件比较严格，一般的企业难以利用这种筹资方式。

（三）短期融资券的成本

短期融资券的利息就是短期融资券的成本 k 由于其利息按贴的方式支付，所以其资本成本可以按以下公式确定：

$$k = \frac{r}{1 - r \times \frac{n}{360}} \qquad\qquad (4-14)$$

式中，k 为资本成本或实际利率；r 为名义利率即票面利率；n 为短期融资券的付款期。

[例 4-13] 某公司发行了为期 180 天的短期融资券，其票面利率是 10%，则该短期融资券的资本成本是多少？

解 按式（4-14）计算可以得到该短期融资券的资本成本为：

$$k = \frac{10\%}{1 - 10\% \times \frac{180}{360}} = 10.53\%$$

为了保证短期融资券的偿还，发行短期融资券的公司通常都会保持备用的信用额度，以备到期无力偿还短期融资券之时动用。但由于银行对信用额度都是收取费用的，故短期融资券的成本将会因此而增加。

[例 4-14] 某公司发行了期限为 90 天、票面利率为 12% 的优等短期融资券 10 亿元，其备用的信用额度的成本是 0.25%。公司短期融资券的总成本是多少？

解 短期融资券利息成本为：

$$\frac{12\%}{1 - 12\% \times \frac{90}{360}} = 12.37\%$$

考虑信用额度的成本后，公司短期融资券的总成本为：
12.37% + 0.25% = 12.62%

练习题

一、单项选择题

1. 下列各项中属于流动资产的特点的是（ ）。

A. 占用时间长、周转快、易变现

B. 占用时间短、周转慢、易变现

C. 占用时间短、周转快、易变现

D. 占用时间长、周转快、不易变现

答案：C

2. 在资产总额和筹资组合都保持不变的情况下，如果固定资产增加，则流动资产减少，而企业的风险和盈利（　　）。

　　A. 不变　　　　　B. 增加　　　C. 一个增加，另一个减少　　　D. 不确定

答案：B

3. 下列关于现金的说法中，不正确的是（　　）。

A. 现金是指可以立即用来购买物品、支付各项费用或用来偿还债务的交换媒介或支付手段

B. 现金主要包括库存现金和银行活期及定期存款

C. 现金是流动资产中流动性最强的资产，可直接支用，也可立即投入流通

D. 拥有现金较多的企业具有较强的偿债能力和承担风险的能力

答案：B

4. 紧缩的短期资产持有政策要求企业在一定的销售水平上保持（　　）的流动资产，这种政策的特点是（　　）。

　　A. 较多；报酬高，风险大　　　　　B. 较少；报酬高，风险大

　　C. 较多；报酬低，风险小　　　　　D. 较少；报酬低，风险小

答案：B

5. 在采用 5C 评估法进行信用评估时，最重要的因素是（　　）。

　　A. 品德　　　　　B. 能力　　　　　C. 资本　　　　　D. 抵押品

答案：A

6. 下列关于信用期限的描述中，正确的是（　　）。

A. 缩短信用期限，有利于销售收入的扩大

B. 信用期限越短，企业坏账风险越大

C. 信用期限越长，表明客户享受的信用条件越优越

D. 信用期限越短，应收账款的机会成本越高

答案：C

7. 下列各项中，属于应收账款机会成本的是（　　）。

　　A. 坏账损失　　　　　　　　　B. 收账费用

　　C. 对客户信用进行调查的费用　　　D. 应收账款占用资金的应计利息

答案：D

8. 信用条件"2/10，n/30"，表示（　　）。

A. 信用期限为 10 天，折扣期限为 30 天

B. 如果在开票后 10~30 天付款可享受 2% 的折扣

C. 信用期限为 30 天，现金折扣为 2%

D. 如果在 10 天内付款，可享受 2% 的现金折扣

答案：D

9. 现金余缺是指（　　）与最佳现金余额相比之后的差额。

A. 预计现金收入   B. 预计现金支出

C. 计划期现金期末余额   D. 计划期现金期初余额

答案：C

10. 下列关于信用标准的说法中，不正确的是（　　）。

A. 信用标准是企业同意向顾客提供商业信用而提出的基本要求

B. 信用标准主要是规定企业只能对信誉很好、坏账损失率很低的顾客给予赊销

C. 如果企业的信用标准较严，则会减少坏账损失，减少应收账款的机会成本

D. 如果信用标准较宽，虽然会增加销售，但会相应增加坏账损失和应收账款的机会成本

答案：B

11. 企业如果采用较积极的收账政策，可能会（　　）应收账款投资，（　　）坏账损失，（　　）收账成本。

A. 增加，增加，减少   B. 减少，减少，增加

C. 增加，减少，减少   D. 减少，增加，增加

答案：B

12. 经济批量是指（　　）。

A. 采购成本最低的采购批量   B. 订货成本最低的采购批量

C. 储存成本最低的采购批量   D. 存货总成本最低的采购批量

答案：D

13. 在对存货采用 ABC 法进行控制时，应当重点控制的是（　　）。

A. 数量较大的存货   B. 占用资金较多的存货

C. 品种多的存货   D. 价格昂贵的存货

答案：B

14. 某公司每天正常耗用甲零件 10 件，订货提前期为 10 天，预计最大日耗量为 20 件，预计最长收货时间为 20 天，则该公司的保险储备和再订货点分别为（　　）件。

A. 150；250　　　　B. 100；400　　　　C. 200；250　　　　D. 250；150

答案：A

15. 当公司采用宽松的流动资产持有政策时，采用（　　）短期筹资政策，可以在一定程度上平衡公司持有过多短期资产带来的低风险、低报酬。

A. 配合型　　　　B. 激进型　　　　C. 稳健型　　　　D. 任意一种

答案：B

16. 一般来说，如果公司对营运资本的使用能够达到游刃有余的程度，则最有利的短期筹资政策是（　　）。

A. 配合型　　　　B. 激进型　　　　C. 稳健型　　　　D. 自发型

答案：A

17. 下列等式中，符合稳健型短期筹资政策的是（　　）。

A. 临时性流动资产－临时性短期负债

B. 临时性流动资产＋部分永久性短期资产－临时性短期负债

C. 部分临时性流动资产－临时性短期负债

D. 临时性流动资产＋固定资产－临时性短期负债

答案：C

18. 下列关于商业信用的说法中，错误的是（　　）。

A. 商业信用产生于银行信用之后

B. 利用商业信用筹资，主要有赊购商品和预收货款两种形式

C. 企业利用商业信用筹资的限制条件较少

D. 商业信用属于一种自然性筹资，不用作非常正式的安排

答案：A

19. 如果某企业信用条件是"2/10，n/30"，则放弃该现金折扣的资金成本率为（　　）。

A. 36%　　　　B. 18%　　　　C. 35.29%　　　　D. 36.73%

答案：D

20. 现金折扣一般为发票金额的（　　）。

A. 2%～6%　　　　B. 2%～4%　　　　C. 1%～5%　　　　D. 1%～7%

答案：C

21. 下列关于信用借款的说法中，正确的是（　　）。

A. 信用借款是指信用额度借款

B. 信用借款一般都是由贷款人给予借款人一定的信用额度或双方签订循环贷款协议

C. 信用额度的期限，一般半年签订一次

D. 信用额度具有法律的约束力，构成法律责任

答案：B

22. 抵押借款中的抵押物一般是指借款人或第三人的（　　　）。

A. 动产　　　　　　B. 不动产　　　　　　C. 权利　　　　　　D. 财产

答案：D

23. 关于票据贴现，下列说法中错误的是（　　　）。

A. 票据贴现是商业信用发展的产物

B. 银行在贴现商业票据时，所付金额与票面金额的差额是银行收取的手续费

C. 采用票据贴现方式，企业既可以给购买单位提供临时资金融通，又可以在自身需要资金时及时得到资金

D. 贴现息与票面金额之比，等于贴现率

答案：B

24. 借款数额、借款方式和还款期限应在借款合同的（　　　）中规定。

A. 保证条款　　　B. 违约条款　　　C. 其他附属条款　　　D. 基本条款

答案：D

25. 下列关于银行短期借款的说法中，错误的是（　　　）。

A. 银行资金充足，实力雄厚，能随时为企业提供比较多的短期贷款

B. 银行短期借款的限制条件比较多，会构成对企业的限制

C. 银行短期借款的弹性较差，借款期限太短

D. 银行短期借款的资本成本比较高

答案：C

26. 下列关于循环协议借款的说法中，错误的是（　　　）。

A. 循环协议借款的持续时间可以超过一年

B. 循环协议借款具有法律约束力

C. 采用循环协议借款，一般不需要支付协议费

D. 企业和银行之间要协定借款的最高限额

答案：C

27. 下列关于短期融资券的说法中，错误的是（　　　）。

A. 短期融资券筹资数额比较大，适合需要巨额资金的企业

B. 短期融资券筹资的成本比较低

C. 发行短期融资券的条件比较严格

D. 短期融资券筹资的弹性比较大，但一般不能提前偿还

答案：D

二、多项选择题

1. 下列关于营运资金的说法中正确的有（　　）。

A. 营运资金有广义和狭义之分

B. 通常所说的营运资本多指广义营运资金

C. 广义的营运资金是指在生产经营活动中的短期资产

D. 狭义的营运资金是指短期资产减去短期负债后的余额

E. 营运资金的管理既包括短期资产的管理，又包括短期负债的管理

答案：ACDE

2. 企业进行营运资金管理，应该遵循的原则有（　　）。

A. 认真分析生产经营状况，合理确定营运资本的需要数量

B. 在保证生产经营需要的前提下，节约使用资金

C. 企业应准确确认短期资产和短期负债的数量，以正确确认营运资本的数量

D. 加速营运资本周转，提高资金的利用效率

E. 合理安排短期资产与短期负债的比例关系，保证企业有足够的短期偿债能力

答案：ABDE

3. 现金管理的内容包括（　　）。

A. 编制现金收支计划，以便合理地估计未来的现金需求

B. 节约使用资金，从暂时闲置的现金中获得最多的利息收入

C. 对日常的现金收支进行控制，力求加速收款，延缓付款

D. 既保证企业交易所需资金，降低风险，又不使企业有过多的闲置资金，以增加收益

E. 用特定的方法确定最佳现金余额，当企业的实际现金余额与最佳现金余额不一致时，设法达到理想状况

答案：ACE

4. 为了提高现金的使用效率，企业应尽量加速收款，为此，必须满足的要求有（　　）。

A. 尽量使顾客早付款

B. 尽量使用预收账款等方法

C. 减少顾客付款的邮寄时间

D. 减少企业收到顾客开来支票与支票兑现之间的时间

E. 加快资金存入自己往来银行的过程

答案：CDE

5. 有效的现金管理方法主要有（　　）。

A. 现金流动同步化　　　　　　　B. 合理估计"浮存"

C. 加快应收账款收现速度　　　　D. 提高转账效率

E. 采用最严格的信用政策

答案：ABC

6. 在收支预算法下，现金预算的步骤有（　　）。

A. 编制预计利润表，求出预算期的净收益

B. 计算预算期内现金收入

C. 计算预算期内现金支出

D. 计算现金不足或结余

E. 现金融通

答案：BCDE

7. 下列各项中，属于"五 C"评估法中所包含的因素的是（　　）。

A. 品德（Character）　　　　　　B. 成本（Cost）

C. 资本（Capital）　　　　　　　D. 情况（Condition）

E. 现金流（Cashflow）

答案：ACD

8. 下列对信用政策的叙述中正确的是（　　）。

A. 信用标准越严，企业坏账风险越小

B. 信用期限越长，应收账款的机会成本越高

C. 信用期限越长，越有利于销售收入规模的扩大

D. 现金折扣越高，应收账款平均收账期越短

E. 收账政策越严，对企业越有利

答案：ABCD

9. 现金折扣是在顾客提前付款时给予的优惠，"2/10，n/30"的含义是（　　）。

A. 如果在发票开出 10 天内付款，可以享受 2% 的折扣

B. 如果在发票开出 10 天内付款，可以享受 20% 的折扣

C. 信用期限为 30 天，这笔货款必须在 30 天内付清

D. 信用期限为 10 天，这笔货款必须在 10 天内付清

E. 折扣期限为 10 天，这笔货款必须在 10 天内付清

答案：AC

10. 下列关于收账费用与坏账损失关系的说法中，正确的有（　　）。

A. 收账费用支出越多，坏账损失越少，两者呈反比例的线性关系

B. 收账费用支出越多，坏账损失越少，但两者不一定存在线性关系

C. 在一定范围内，坏账损失随着收账费用的增加而明显减少，但当收款费用增加到一定限度后，坏账损失的减少就不再明显了

D. 在制定信用政策时，要权衡增加收款费用和减少坏账损失之间的得失

E. 为了减少坏账损失，可以不断增加收账费用

答案：BCD

11. 确定再订货点，需要考虑的因素有（　　　　）。

A. 平均每天的正常耗用量 　　　　B. 预计每天的最大耗用量

C. 提前时间 　　　　D. 预计最长收货时间

E. 保险储备

答案：ABCDE

12. 关于订货成本，下列说法中正确的有（　　　　）。

A. 订货成本是指为订购材料、商品而发生的成本

B. 订货成本一般与订货数量无关，而与订货次数有关

C. 订货成本与订货数量和订货次数均有关

D. 要降低订货成本，需要大批量采购，以减少订货次数

E. 要降低订货成本，需要小批量采购，以减少储存数量

答案：ABD

13. 关于保险储备，下列说法中正确的有（　　　　）。

A. 保险储备是为防止存货使用量突增或交货期延误等不确定情况所持有的存货储备

B. 保险储备的存在会影响经济批量的计算

C. 保险储备的存在会影响再订货点的确定

D. 保险储备的水平由企业预计的最大日消耗量和最长收货时间确定

E. 当保险储备增加所带来的缺货成本下降的幅度大于储存成本上升的幅度时，增加保险储备是有利的

答案：ACDE

14. 某公司全年需要甲零件 1 200 件，每次订货成本为 600 元，每件年储存成本为 4 元，则下列各项中正确的有（　　　　）。

A. 经济订货批量为 300 件 　　　　B. 经济订货批量为 600 件

C. 经济订货批数为 2 　　　　D. 经济订货批数为 4

E. 经济总成本为 2 400 元

答案：ABCE

15. 某公司有价证券的年利率为 10.800，每次证券交易的成本为 5 000 元，公司认为任何时候其银行活期存款及现金余额不能低于 2 000 元，又根据以往经

验测算出现金余额波动的标准差为 100 元。关于公司的最佳现金持有量和现金持有量的最高上限以及有价证券收益率计算正确的是（　　）。

A. 最佳经济持有量是 7 000 元　　B. 现金持有量的最高上限 17 000 元

C. 有价证券收益率是 0.03%　　D. 最佳经济持有量是 7 500 元

E. 现金持有量的最高上限 17 500 元

答案：ABC

16. 风险与报酬都得到中和的短期筹资政策与流动资产政策的配合方式有（　　）。

A. 紧缩的持有政策与稳健型筹资政策

B. 宽松的持有政策与稳健型筹资政策

C. 宽松的持有政策与激进型筹资政策

D. 紧缩的持有政策与激进型筹资政策

E. 紧缩的持有政策与配合型筹资政策

答案：AC

17. 下列各项中属于商业信用筹资形式的有（　　）。

A. 分期收款销货　　　　　　B. 赊购商品

C. 委托代销商品　　　　　　D. 预收货款

E. 预付货款

答案：BD

18. 下列关于商业信用的叙述中，正确的有（　　）。

A. 商业信用有赊购商品和预收货款两种形式

B. 商业信用与商品买卖同时进行，属自然性筹资

C. 无论企业是否放弃现金折扣，商业信用的资本成本都较低

D. 商业信用是企业之间的一种间接信用关系

E. 信用条件"1/10，n/30"表明企业如在 10 天付款，则可享受 10% 现金折扣

答案：AB

19. 关于商业信用筹资的优缺点，下列说法中正确的有（　　）。

A. 商业信用筹资使用方便

B. 商业信用筹资限制少且具有弹性

C. 商业信用筹资成本较高

D. 商业信用可以占用资金的时间一般较长

E. 如果没有现金折扣，或公司不放弃现金折扣，则利用商业信用筹资没有实际成本

答案：ABE

20. 银行接到企业提出的借款申请书后，应对申请书进行认真的审查，这主要包括（　　）。

A. 审查借款的用途和原因，作出是否贷款的决策

B. 审查借款单位的信誉和还款情况

C. 审查企业的产品销售和物资保证情况，决定贷款的数额

D. 审查借款申请书是否条款齐全、字迹清楚

E. 审查企业的资金周转和物资耗用状况，确定借款的期限

答案：ACE

21. 关于短期借款的归还，下列说法中正确的有（　　）。

A. 借款企业应按借款合同的规定按时、足额支付借款本息

B. 不能按期归还借款的，借款人应该在借款到期日向贷款人申请贷款展期

C. 只要借款人申请贷款展期，银行一般都会同意

D. 贷款银行在短期贷款到期一个星期之前，应当向借款企业发送还本付息通知单

E. 申请保证借款、抵押借款、质押借款展期的，应当由保证人、抵押人、出质人出具同意的书面证明

答案：ADE

22. 关于短期借款的优缺点，下列说法中正确的有（　　）。

A. 银行短期借款具有较好的弹性，可以根据需要增加或减少借款

B. 短期借款的资本成本较高

C. 向银行借款的限制较少

D. 与商业信用筹资相比，短期借款的资本成本较低

E. 当企业需要资金时，随时都能得到银行的短期借款

答案：AB

23. 下列各项中属于担保借款的有（　　）。

A. 保证借款　　　　　　　　　　B. 信用额度借款

C. 抵押借款　　　　　　　　　　D. 循环协议借款

E. 质押借款

答案：ACE

24. 利用短期融资券筹集资金的优点有（　　）。

A. 资本成本较低　　　　　　　　B. 发行风险较小

C. 筹资数额较大　　　　　　　　D. 能提高企业信誉

E. 筹资弹性较大

答案：ACD

25. 利用短期融资券筹资的缺点有（　　　）。

A. 发行风险较大　　　　　　　　B. 发行成本较高

C. 筹资数额不大　　　　　　　　D. 筹资弹性较小

E. 发行条件比较严格

答案：ADE

26. 按发行方式，可将短期融资券分为（　　　）。

A. 国内融资券　　　　　　　　　B. 经纪人代销融资券

C. 国际融资券　　　　　　　　　D. 金融企业融资券

E. 直接销售融资券

答案：BE

27. 企业在发行短期融资券申请书及其附件中必须提供的内容包括（　　　）。

A. 营业执照　　　　　　　　　　B. 发行融资券备案报告

C. 律师出具的法律意见书　　　　D. 主承销商推荐函

E. 信用评级报告

答案：ABCDE

28. 短期融资券票面一般要载明的内容包括（　　　）。

A. 企业名称、地址　　　　　　　B. 收款人名称、地址

C. 融资券票面金额　　　　　　　D. 票面利率

E. 还本期限和方式

答案：ACDE

29. 在承销发行方式下，短期融资券的主要发行步骤包括（　　　）。

A. 发行融资券的企业与经纪人协商融资券的有关事项，并签订委托发行
协议

B. 企业的财务部门按协议中的有关条件和承销方式发布公告并进行其他的
宣传活动

C. 投资者购买融资券，资金存入企业的账户

D. 经纪人将资金划转到发行融资券的企业的账户中

E. 经纪人按协议中的规定处理未售完的融资券

答案：ADE

三、判断题

1. 营运资金有广义和狭义之分，狭义的营运资金又称净营运资金，指流动
资产减去短期负债后的余额。（　　　）

答案：√

2. 营运资本具有流动性强的特点，但是流动性越强的资产其收益性就越差。

（　　　）

答案：√

3. 拥有大量现金的企业具有较强的偿债能力和承担风险的能力，因此，企业单位应该尽量多地拥有现金。（　　　）

答案：×

4. 如果一个企业的短期资产比较多，短期负债比较少，说明短期偿债能力较弱。（　　　）

答案：×

5. 企业持有现金的动机包括交易动机、补偿动机、预防动机、投资动机。一笔现金余额只能服务于一个动机。（　　　）

答案：×

6. 现金预算管理是现金管理的核心环节和方法。（　　　）

答案：√

7. 当企业实际的现金余额与最佳的现金余额不一致时，可采用短期筹资策略或投资于有价证券等策略来达到理想状况。（　　　）

答案：√

8. 宽松的流动资产持有政策要求企业在一定的销售水平上保持较多的短期资产，这种政策的特点是报酬高、风险大。（　　　）

答案：×

9. 在资产总额和筹资组合都保持不变的情况下，如果长期资产减少而流动资产增加，就会减少企业的风险，但也会减少企业的盈利。（　　　）

答案：√

10. 浮存是指企业账簿中的现金余额与银行记录中的现金余额之差。这个差异是由于企业支付、收款与银行转账业务之间存在时滞，在判断企业现金持有情况时可以不用考虑。（　　　）

答案：×

11. 现金持有成本与现金余额成正比例变化，而现金转换成本与现金余额成反比例变化。（　　　）

答案：×

12. 在存货模型中，使现金持有成本和现金转换成本之和最小的现金余额即为最佳现金余额。（　　　）

答案：√

13. 企业控制应收账款的最好方法是拒绝向具有潜在风险的客户赊销商品，或将赊销的商品作为附属担保品进行有担保销售。（　　　）

答案：√

14. 赊销是扩大销售的有力手段之一，企业应尽可能放宽信用条件，增加赊销量。（　　）

答案：×

15. 应收账款管理的基本目标，就是尽量减少应收账款的数量，降低应收账款投资的成本。（　　）

答案：×

16. 企业加速收款的任务不仅是要尽量使顾客早付款，而且要尽快地使这些付款转化为可用现金。（　　）

答案：√

17. 收账费用支出越多，坏账损失越少，两者是线性关系。（　　）

答案：×

18. 要制定最优的信用政策，应把信用标准、信用条件、收账政策结合起来，考虑其综合变化对销售额、应收账款机会成本、坏账成本和收账成本的影响。（　　）

答案：√

19. 订货成本的高低取决于订货的数量。（　　）

答案：×

20. 在进行存货规划时，保险储备的存在会影响经济订货批量的计算，同时会影响再订货点的确定。（　　）

答案：×

21. 存货的ABC控制法把数量最多的存货划为A类，进行重点管理；把数量其次多的存货划为B类，进行次重点管理；把数量最少的存货划为C类，进行一般管理。（　　）

答案：×

22. 短期融资券起源于商品或劳务交易过程中的商业票据，但在发展过程中逐渐脱离了商品或劳务的交易过程，成为单纯的筹资工具。（　　）

答案：×

23. 信用额度是指商业银行和企业之间商定的在未来一段时间内银行必须向企业提供的无担保贷款。（　　）

答案：×

24. 循环协议借款是一种特殊的信用额度借款，企业和银行要协商确定贷款的最高限额，在最高限额内，企业可以借款、还款，再借款、再还款，不停地周转使用。（　　）

答案：√

25. 信用额度借款和循环协议借款的有效期一般为一年。（　　）

答案：×

26. 循环协议借款不具有法律约束力，不构成银行必须给企业提供贷款的法律责任，而信用额度借款具有法律约束力，银行要承担额度内的贷款义务。（　　）

答案：×

27. 企业采用循环协议借款，除支付利息之外，还要支付协议费，而在信用额度借款的情况下，一般无须支付协议费。（　　）

答案：√

28. 质押借款是指按《中华人民共和国担保法》规定的质押方式，以借款人或第三人的不动产或权利作为质押物而取得的借款。（　　）

答案：×

29. 票据贴现是银行信用发展的产物，实为一种商业信用。（　　）

答案：×

30. 贴现率是指贴现息与贴现金额的比率。（　　）

答案：×

31. 赊购商品和预付贷款是商业信用筹资的两种典型形式。（　　）

答案：×

32. 商业信用筹资的优点是使用方便、成本低、限制少，缺点是时间短。（　　）

答案：√

33. 银行短期借款的优点是具有较好的弹性，缺点是资本成本较高，限制较多。（　　）

答案：√

34. 由于放弃现金折扣的机会成本很高，因此购买单位应该尽量争取获得此项折扣。（　　）

答案：√

35. 利用商业信用筹资的限制较多，而利用银行信用筹资的限制较少。（　　）

答案：×

36. 直接销售的融资券是指发行人直接销售给最终投资者的融资券。（　　）

答案：√

37. 金融企业的融资券一般都采用间接发行的形式。（　　）

答案：×

38. 目前我国短期融资券的利率一般要比银行借款利率高，这是因为短期融资券筹资的成本比较高。（   ）

答案：×

39. 我国企业短期融资券的发行必须由符合条件的金融机构承销，企业自身不具有销售融资券的资格。（   ）

答案：√

40. 短期融资券筹资数额比较大，而银行一般不会向企业发放巨额的流动资金借款，因此对于需要巨额资金的企业而言，短期融资券更适用。（   ）

答案：√

四、计算题

1. 某公司有 A、B 两种备选的现金持有方案。A 方案现金持有量为 2 000 元，机会成本率为 12%，短缺成本为 300 元；B 方案现金持有量为 3 000 元，机会成本率为 12%，短缺成本为 100 元。要求：确定该公司应采用哪种方案。

[答案要点]

方案 A 持有现金成本 = 2 000 × 12% + 300 = 540（元）

方案 B 持有现金成本 = 3 000 × 12% + 100 = 460（元）

故选择方案 B。

2. 某公司的销售全部为赊销，销售毛利率保持不变，应收账款机会成本率为 15%，当前信用政策以及建议的信用政策相关情况分别如下：

当前信用政策	建议信用政策
销售毛利 40 000 元	享受现金折扣 60%
平均坏账损失率 8%	平均坏账损失率 6%
平均收款期 50 天	平均收款期 25 天
销售收入 200 000 元	销售收入 250 000 元
信用条件付款 30 天	信用条件 2/10，n/30

要求：试判断建议的信用政策是否可行。

[答案要点]

销售毛利率 = 40 000/200 000 = 20%

建议信用政策与当前信用政策销售毛利增加额 =（250 000 − 200 000）× 20% = 10 000（元）

建议信用政策与当前信用政策机会成本增加额 =

$$\left[(250\,000 - 200\,000) \times \frac{25}{360} + 200\,000 \times \frac{25 - 50}{360} \right] \times 15\% = -1\,600（元）$$

建议信用政策与当前信用政策折扣成本增加额 $= 250\,000 \times 60\% \times 2\% = 3\,000$（元）

建议信用政策与当前信用政策坏账成本增加额 $= 250\,000 \times 6\% - 200\,000 \times 8\% = -1\,000$（元）

建议信用政策与当前信用政策净利润增加额 $= 10\,000 + 1\,600 - 1\,000 + 3\,000 = 13\,600$（元）

故建议的信用政策可行。

3. 某公司每年需要某种原材料600吨，每次订货的固定成本为8 000元，每吨原材料年储存保管费用为6 000元。每吨原材料的价格为800元，但如果一次订购超过50吨，可得到2%的批量折扣。要求：计算该公司应以多大批量订货。

[答案要点]

经济订货量 $Q = \sqrt{\dfrac{2 \times 8\,000 \times 600}{6\,000}} = 40$（吨）

（1）如果按经济订货批量订货，放弃折扣，总成本为：

$TC = 600 \div 40 \times 8\,000 + 40 \div 2 \times 6\,000 + 600 \times 800 = 720\,000$（元）

（2）如果不按经济订货批量订货，享受折扣，总成本为：

$TC = 600 \div 50 \times 8\,000 + 50 \div 2 \times 6\,000 + 600 \times 800 \times (1 - 2\%) = 716\,400$（元）

因此该公司应以50吨批量订货。

案例讨论题

一、莲花味精公司巨额应收账款案例

成立于1983年的河南莲花味精股份有限公司（以下简称"莲花味精公司"）是国务院最早确定的520家重点企业之一，也是国家农业产业化重点龙头企业。莲花味精公司以食品安全经营为主营业务，并于1998年8月在上交所挂牌上市，2010年年末资产总额达到32.77亿元，年产销味精30万吨，长期占据中国市场主导地位，号称中国味精生产龙头企业。2010年4月25日，一则出人意料的消息使得这家模范企业受到了广泛的关注。河南莲花味精公司因"非正常调查发现公司涉嫌虚增会计利润、重大事项未披露等原因，涉嫌违反证券法律法规"，收到证监会正式立案通知书。

事实上，证监会作出上述调查与莲花味精公司应收账款结构以及坏账准备计提比例异常不无联系。年报表示，自2007年起公司连续几年银行借款逾期，资金链处于持续紧张的状态。莲花味精公司短期借款 2007 年年末为 6.10 亿元，2008 年年末为 7.29 亿元，2009 年年末为 6.9 亿元，2010 年年末为 8.32 亿元，以上短期借款均在年末逾期并且未办理展期手续。2011 年，占据莲花味精公司应收账款前几位的公司为项城科茂谷杭粉有限公司、昆明市官渡区苏明辉干菜经营部、福建省福州福成味精食品有限公司、杭州利清副食品经营部等非关联方，以上公司应收账款总计达到应收账款总额的 8.02%。

让人困惑的是，尽管莲花味精公司处于资金严重紧张状态，公司的应收账款、其他账款等却居高不下。截至 2010 年，莲花味精公司应收账款总额为 7.36 亿元，其中一年内到期的应收账款为 1.80 亿元，占应收账款总额的 25.12%；三年期以上的应收账款达 4.33 亿元，占应收账款总额的 61.90%。一般上市公司一年内到期应收账款占总应收账款比例均为 70% 左右，莲花味精公司应收账款结构与同行业竞争者相比差距很大。尽管莲花味精公司大部分应收账款账龄较长，公司却未对此部分应收账款采取与同行业竞争者相似的高比例计提坏账准备。莲花味精公司的计提方法为：账龄在 1 年以内的计提 5%，1~2 年的计提 7%，2~3 年的计提 10%，3 年以上的应收账款按 50%~100% 计提坏账准备。若按此计算，2010 年年末莲花味精公司应至少计提坏账准备 1.59 亿元，是 2010 年莲花味精公司净利润（0.22 亿元）的 7 倍多。若按照常规方式处理应收账款，巨额的坏账不但会导致莲花味精公司的巨额亏损，甚至极有可能使企业面临破产危险。莲花味精公司无疑在资产运作上存在很多问题。

[案例思考]

（1）莲花味精公司的应收账款管理可能出现了什么问题？

（2）你认为莲花味精公司可以从哪几个方面加强应收账款管理？

[答题要点]

（1）莲花味精公司的应收账款管理可能出现的问题有：

1）没有制定合理的信用政策，在赊销时，没有实行严格的信用标准，也没有对客户的信用状况进行调查和评估，从而对一些信誉不好、坏账损失率高的客户也实行赊销，因而给公司带来巨额的坏账损失。

2）没有对应收账款进行很好的监控，对逾期的应收账款没有采取有力的收账措施。

3）坏账损失计提比例异常低于同业竞争者，存在虚增利润的可能性。

（2）莲花味精公司可以从以下几个方面加强应收账款的管理：

1）事前：对客户进行信用调查和信用评估，制定严格的信用标准。

2）事中：制定合理的信用政策，采用账龄分析表等方法对应收账款进行监控。

3）事后：制定合理有效的收账政策催收拖欠款项，减少坏账损失。

4）加强风险控制，有计划地提高坏账损失计提比例，保证应收账款的真实。

二、华侨城短期负债管理案例

隶属于国务院国资委的华侨城集团成立于 1985 年 11 月 11 日，是一家跨区域、跨行业经营的大型中央国有企业集团。旗下拥有华侨城控股（000069. SZ）、华侨城（亚洲）控股（3366. HK）、康佳集团（000016. SZ）三家境内外上市公司，连续 6 年入选中国 500 强，连续多年入选"世界旅游景区集团八强"。

华侨城是最早被列为国务院国资委大力扶持发展房地产业的全国五大中央企业之一。华侨城以旅游和房地产业为主营业务，在二十多年的发展中形成了"以旅游主题地产为特色的成片综合开发和运营"模式，发展成为"中国旅游主题地产第一品牌"。华侨城集团坚持市场导向、客户至上和科技领先，做强做大三项核心业务，各项业务均位居行业前列，培育了主题公园品牌——锦绣中华、中国民俗文化村、世界之窗、欢乐谷等，主题酒店品牌——华侨城洲际大酒店、华侨城茵特拉根酒店、威尼斯皇冠假日酒店、城市客栈等，大型发展项目品牌——深圳东部华侨城、北京华侨城、上海华侨城等。

2010 年 4 月，号称史上最严厉的"限购令"实施，房地产和银行信贷持续收紧，房地产行业进入了一个"量跌价滞"的阶段。华侨城控股 2010 年中报显示，其短期借款为 78.72 亿元，远超过 45.08 亿元的货币资金结余；经营活动现金流入 62.7 亿元，现金流出 121.3 亿元，经营活动产生的现金流量净额 −58.6 亿元，经营现金流量明显紧张，流动负债占总负债的 71.84%。高盛高华证券分析师认为，因为华侨城的开发重点是高端市场，更易受到政府紧缩政策的冲击。在项目销售吃紧的情况下，华侨城资金捉襟见肘，公司日常经营所需流动资金不得不依赖银行借款和资金周转中形成的应付账款等短期负债，"举新债还旧债"成为华侨城一项重要的财务举措。

而在 2010 年 2 月 11 日，华侨城以 70.2 亿元拍得上海苏河湾 1 号地块，创下当年全国单价"地王"。根据中国指数研究院的监测，华侨城 2010 年在上海、天津、深圳等地拿地的总价约为 133 亿元。"受地产调控政策影响，且地产产品结构与上年同期有所区别，经营业绩略有下降。"在土地储备方面，截至 2010 年，华侨城旅游综合业务配套地产储备面积 662.8 万平方米，房地产业务储备面积 233.76 万平方米。随着大量项目同时开发、土地储备的大幅增加，再加上房地产调控政策的影响，项目销售难度加大，华侨城的资金压力将不断增大。

[案例思考]

（1）2010 年华侨城的控股短期负债管理可能存在什么隐患？

（2）结合华侨城控股的行业特点分析该公司利用银行借款和应付账款进行

流动资金筹资的利弊。

［答题要点］

（1）华侨城短期负债管理可能存在的隐患是作为房地产企业，公司流动资金主要依赖于银行借款和资金周转中形成的应付账款等流动负债，流动负债占总负债的71.84%，若资金周转出现困难，公司将面临一定的短期偿债压力，进而影响公司进一步债务筹资的能力。所以，公司的财务风险较高。

（2）利：银行短期借款可以迅速获得所需资金，也具有较好的弹性，对于季节性和临时性的资金需求，采用银行短期借款尤为方便；而采用应付账款进行筹资也很方便，成本较低，限制也很少。

华侨城主营旅游业和房地产开发业务，经营中需要大量的流动资金，而且项目具有明显的周期性，通过银行短期借款，可以迅速地获得所需资金。另外，公司要采购大量的建筑材料等，通过应付账款可以从供应商那里获得资金，而且成本低、限制少。因此，公司通过银行短期借款和应付账款，可以以较低的成本迅速地获得经营所需流动资金。

弊：银行借款的资本成本相对较高，而且限制也相对较多，使用期限也较短，公司现金流紧张的情况下还款压力大；而应付账款筹资的期限也很短，在不能到期偿还时，会使公司声誉下降，而且当存在现金折扣时，放弃它要付出很高的资本成本。当银行短期借款到期或集中向供应商支付货款时，公司可能面临资金周转不畅的状况。而且当这些债务偿还日期在房地产公司面临销售不畅的情况下时，由于公司现金流入较少，公司很难偿还这些到期债务，从而会降低公司的声誉，影响以后的筹资能力。

第五章　企业利润分配管理

学习要点：
（1）理解企业利润分配的程序、股利类型及发放流程
（2）理解股利理论、政策以及影响股利政策的主要因素
（3）理解股票股利、股票分割和股票回购以及对股价的影响

第一节　企业利润分配的程序

企业利润分配就是对企业所实现的经营成果进行分割与派发的活动。企业利润分配的基础是净利润，即企业缴纳所得税后的利润。利润分配既是对股东投资回报的一种形式，也是企业内部融资的一种方式，对企业的财务状况会产生重要影响。利润分配必须依据法定程序进行，按照我国《公司法》、《企业财务通则》等法律法规的规定，股份有限公司实现的税前利润，应首先依法缴纳企业所得税，税后净利润应当按照下列基本程序进行分配。

1. 弥补以前年度亏损

根据现行法律法规的规定，公司发生年度亏损，可以用下一年度的税前利润弥补，下一年度税前利润不足以弥补时，可以在5年内延续弥补，5年内仍然不足以弥补的亏损，可用税后利润弥补。

2. 提取法定公积金

公司在分配当年税后利润时，应当按税后利润的10%提取法定公积金，但当法定公积金累计额达到公司注册资本的50%时，可以不再提取。

3. 提取任意公积金

公司从税后利润中提取法定公积金后，经股东大会决议，还可以从税后利润中提取任意公积金。

法定公积金和任意公积金都是公司从税后利润中提取的积累资本，是公司用

于防范和抵御风险、提高经营能力的重要资本来源。公积金属于公司的留存收益，从性质上看属于股东权益。公积金可以用于弥补亏损、扩大生产经营或者转增公司股本，但转增股本后，所留存的法定公积金不得低于转增前公司注册资本的25%。

4. 向股东分配股利

公司在按照上述程序弥补亏损、提取公积金之后，所余当年利润与以前年度的未分配利润构成可供分配的利润，公司可根据股利政策向股东分配股利。

按照现行制度规定，股份有限公司依法回购后暂未转让或者注销的股份，不得参与利润分配；公司弥补以前年度亏损和提取公积金后，当年没有可供分配的利润时，一般不得向股东分配股利。

一、股利的种类

股份有限公司分派股利的形式一般有现金股利、股票股利、财产股利和负债股利等。后两种形式应用较少，我国有关法律规定，股份有限公司只能采用现金股利和股票股利两种形式。下面主要介绍这两种股利形式。

1. 现金股利

现金股利是股份有限公司以现金的形式从公司净利润中分配给股东的投资报酬，也称"红利"或"股息"。现金股利是股份有限公司最常用的股利分配形式。优先股通常有固定的股息率，在公司经营正常并有足够利润的情况下，优先股的年股利额是固定的。例如，某公司发行的优先股面值为1元，固定股息率为10%，那么在正常情况下，每股优先股可分得0.1元的现金股利。普通股没有固定的股息率，发放现金股利的次数和金额主要取决于公司的股利政策和经营业绩等因素。西方国家的许多公司按季度发放现金股利，一年发放4次。我国公司一般半年或一年发放一次现金股利。由于现金股利是从公司实现的净利润中支付给股东的，支付现金股利会减少公司的留存收益，因此发放现金股利并不会增加股东的财富总额。但是，不同的股东对现金股利的偏好是不同的，有的股东希望公司发放较多的现金股利，有的股东则不愿意公司发放过多的现金股利。现金股利的发放会对股票价格产生直接的影响，在除息日之后，一般来说股票价格会下跌。例如，某公司宣布每股发放1.25元现金股利，如果除息日的前一交易日收盘价为18.75元/股，则除息日股票除权后的价格应为17.50元/股。

证监会上调上市公司现金分红标准将成为资本市场基础性制度建设的重要内容。一方面，这将使股票报酬率趋于稳定，降低风险溢价，对旨在长期投资、获得稳定回报的大型机构投资者来说，不但可以吸引更多的长期资金入市，也会相应减少单纯以获取股票价差为目的的二级市场操作行为，对减少市场波动、维护市场稳定具有重要作用。另一方面，对一般投资者而言，如果能获得长期、稳定的现金分红回报，有利于稳定投资者心态，对培育和形成长期价值投资理念有重要意义。

现金分红的多少对公司的影响，应从企业所处的生命周期来考虑。企业按照业务发展的情况可以分为导入期、成长期、成熟期及衰退期四种。在这四种不同的阶段，公司对现金的需求是不同的，所以不能笼统地说现金分红就是有利或者有害。在导入期和成长期，一般需要大量的投资，比如建厂房、购买设备、市场推广等活动，这时候，一般不应该进行大比例的现金分派；而在成熟期，现金流比较稳定，可以根据企业的发展方向，选择是否进行现金分派；到了衰退期以后，企业如果没有更好的项目投入，则应该把现金分给股东，由股东自己进行选择。所以，大比例的现金分派对于那些刚处于导入期和成长期的企业来说是不利的，对于成熟期的企业需综合考虑，对于衰退期的企业则是明智的。

现金分红的多少对股东的影响，主要应从长期来看。如果现金在上市公司手中所产生的现金流折现值大于分派给股东所产生的收益，那么就不应该分红；反之，则应该进行分派。

2. 股票股利

股票股利是股份有限公司以股票的形式从公司净利润中分配给股东的股利。股份有限公司发放股票股利，须经股东大会表决通过，根据股权登记日的股东持股比例将可供分配利润转为股本，并按持股比例无偿地向各个股东分派股票，增加股东的持股数量。发放股票股利不会改变公司的股东权益总额，也不影响股东的持股比例，只是公司的股东权益结构发生了变化，未分配利润转为股本，因此会增加公司的股本总额。例如，海信公司发放股票股利之前的股本总额为 20 000 万股，公司按每 10 股送 4 股的比例发放股票股利，则发放股票股利后公司的股本总额增加到 28 000 万股。在公司发放股票股利时，除权后股票价格会相应下降。一般来说，如果不考虑股票市价的波动，发放股票股利后的股票价格，应当按发放的股票股利的比例而成比例下降。例如，海信公司发放股票股利前的股价为每股 21 元，公司按照每 10 股送 4 股的比例发放股票股利，在除权日之后的海信公司的股票价格应降至每股 15 元（21÷1.4）。可见，分配股票股利，一方面扩张了股本，另一方面起到了股票分割的作用。处于高速成长阶段的公司可以利用分配股票股利的方式来进行股票分割，以使股价保持在一个合理的水平，避免因股价过高而影响股票的流动性。

对于公司来说，分配股票股利不会增加其现金流出量，如果公司现金紧张或者需要大量的资本进行投资，可以考虑采用股票股利的形式。但应当注意的是，一直实行稳定的股利政策的公司，因发放股票股利而扩张了股本，如果以后继续维持原有的股利水平，势必会增加未来年度的现金股利支付。在公司净利润的增长速度低于股本扩张速度时，公司的每股利润就会下降，就可能导致股价下跌。对于股东来说，虽然分得股票股利没有得到现金，但是，如果发放股票股利之后，公司依然维持原有的股利水平，则股东在以后可以得到更多的股利收入，或者股票数量增加之后，股价走出了填权行情，股东的财富也会随之增长。

二、股利发放流程

股份有限公司股利发放必须遵循法定的程序，一般是先由董事会提出股利发放预案，然后提交股东大会决议通过才能进行发放。股东大会决议通过股利发放预案之后，要向股东宣布发放股利的方案，并确定股权登记日、除息日和股利发放日，这几个日期对发放股利是非常重要的。

1. 宣布日

宣布日就是股东大会决议通过并由董事会宣布发放股利的日期。公司董事会应先提出利润分配预案，并提交股东大会表决，利润分配方案经股东大会表决通过之后，董事会才能对外公布。在宣布股利分配方案时，应明确股利分配的年度、分配的范围、股利分配的形式、分配的现金股利金额或股票股利的数量，并公布股权登记日、除息日和股利发放日。

2. 股权登记日

股权登记日（Holder – of – recorddate）是有权领取本期股利的股东资格登记截止日期。公司规定股权登记日是确定股东能否领取本期股利的日期界限。因为股票是经常流动的，所以确定这个日期是非常必要的。凡是在股权登记日这一天登记在册的股东才有资格领取本期股利，在这一天没有登记在册，即使是在股利发放日之前买入股票的股东，也无权领取本次分配的股利。在信息技术环境下，股权登记极其方便、快捷，一般在股权登记日交易结束的当天即可打印出股东名册。

3. 除息日

除息日（Ex – dividenddate），也称除权日，是指从股价中除去股利的日期，即领取股利的权利与股票分开的日期。在除息日之前的股票价格中包含了本次股利，在除息日之后的股票价格中不再包含本次股利，因此投资者在除息日之前购买股票，才能领取本次股利，在除息日当天或以后购买股票，则不能领取本次股利。除息日对股票价格有重要的影响，除息日股票价格因除权而相应下降，除息日股票的开盘参考价为前一交易日的收盘价减去每股股利。在西方国家，按照证券业的传统惯例，除息日一般确定在股权登记日的前2个工作日，之所以如此规定，是因为股票交易之后，办理股票过户登记手续需要几天的时间，为了保证在股权登记日办理完过户登记手续，投资者必须在除息日之前买入股票。而在除息日之后，股权登记日之前购买的股票，公司不能保证及时地得到股票所有权已经转让的通知，可能无法在股权登记日办理过户登记。但是，目前先进的计算机结算登记系统为股票的交割过户提供了快捷的手段，股票买卖交易的当天即可办理完交割过户手续，在这种交易结算条件下，除息日可确定为股权登记日的下一个工作日。

4. 股利发放日

股利发放日，也称股利支付日，是公司将股利正式支付给股东的日期。在这一天，公司应通过邮寄等方式将股利支付给股东。目前公司可以通过中央结算登记系统将股利直接打入股东在证券公司开立的保证金账户。

[例5-1] 2008年6月18日，青岛海尔股份有限公司董事会发布了2007年利润分配实施公告：

青岛海尔股份有限公司2007年利润分配方案已经于2008年5月20日召开的公司2007年股东大会审议通过，利润分配方案为：

（1）发放年度：2007年。

（2）发放范围：截止到2008年6月24日下午上海证券交易所收市，在中国证券登记结算有限责任公司上海分公司登记在册的全体股东。

（3）本次分配以1 338 518 770股为基数，向全体股东每10股派发现金红利2.00元（含税），代扣个人所得税（税率为10%）后每10股派发现金红利1.80元，共计派发股利267 703 754元。

（4）实施日期：股权登记日为2008年6月24日，除息日为2008年6月25日，现金股利发放日为2008年7月1日。

（5）实施办法：无限售条件的流通股股东的现金红利委托中国证券登记结算有限责任公司上海分公司通过其资金清算系统向股权登记日登记在册并在上海证券交易所各会员单位办理了指定交易的股东派发，投资者可于股利发放日在其指定的证券营业部领取现金红利。有限售条件的流通股股东的现金红利由本公司直接发放。

从青岛海尔公司利润分配公告中可知，只有在6月24日登记在册的股东才有资格领取2007年的股利，6月25日除息日之后再购买青岛海尔的股票则不能领取本期股利。按照我国税法规定，股东分得的现金股利需要缴纳个人所得税，税法规定的税率为20%。为了促进资本市场发展，2005年6月13日，财政部和国家税务总局批准个人投资者从上市公司取得的股息红利所得减半征收个人所得税，所以，青岛海尔公司须按10%的税率代扣个人所得税。

第二节　股利理论及政策

一、股利理论

（一）MM 股利无关论

莫迪利亚尼和米勒（1961）对股利的支付也进行了研究，明确地提出了股利无关论。该理论建立在严格的假设基础之上：

（1）没有个人所得税和公司所得税；

（2）没有股票的发行成本与交易成本；

（3）投资者对股利收益与资本利得收益具有同样的偏好；

（4）没有信息不对称，投资者与公司管理人员对公司未来的投资机会具有同样的信息；

（5）公司的投资政策已知且不变，即投资政策与股利政策无关。

上述假设实质上是完善资本市场、理性行为、信息对称以及完全确定性（对未来的投资和利润情况是完全确定的）的假设。

MM 股利无关论的基本观点是：在给定企业投资政策和资本结构的前提下，公司的价值完全由投资政策所决定的获利能力决定，而与盈利的分割方式无关，股利政策只影响公司的筹资方式。在将来的所有时期，股东对盈余是用于留存公司还是通过股票融资来满足所需资金的问题并不关心。可见，公司普通股的价值不受现在和将来股利政策的影响，而是完全取决于公司未来的收益状况。

对于股票定价模型所揭示的股价是所有未来预期股利现值这一本质特征，MM 股利无关论认为，股利政策改变的只是股利的发放时间，但其现值保持不变。该理论并非不支持发放股利，只是认为对于股票价值而言，推迟股利的发放无关紧要。关于这一点，可以用下面的例子说明。

［例 5 - 2］假设 U 公司无负债，2006 年年底时发行在外的普通股为 50 000 股，股票总价值为 4 000 000 元。假设公司还将继续经营两年，两年后将关闭清算。公司股东权益收益率为 25%，预计 2007 年的净收益为 1 000 000 元、2008 年的净收益为 1 200 000 元。公司有一个项目需要在 2007 年年底时投资 800 000 元，该项目在 2008 年年底即可收回全部投资并获得 25% 的投资回报率。公司可以采取以下两种筹资方案：方案一，2007 年的净收益首先用于满足投资，余下的再用于股利发放，即股东可得到 200 000 元的现金股利；方案二，2007 年的净收益中一半用于投资，一半用于发放股利，投资资金不足的部分通过发行新股筹措。

解 根据上述资料，可以计算出不同筹资方案下，新老股东所得的收益，计算结果如表 5 - 1 所示。

表 5 - 1　U 公司筹资方案

单位：元

	方案一		方案二	
	总额	每股股利	总额	每股股利
2007 年年底现金股利	200 000	4.00	500 000	10.00
2008 年年底				
（1）初始投资额				
老股东	4 000 000		4 000 000	
新股东	0		300 000	
（2）2007 年留存收益	800 000		500 000	
（3）2008 年净收益	1 200 000		1 200 000	
全部可分配现金	6 000 000		6 000 000	
减：分配给新股东的现金				
（1）初始投资	0		300 000	
（2）投资收益	0		75 000	
老股东可得现金	6 000 000	120.00	5 625 000	112.50

如果公司采用方案一，则根据股票定价模型可得到公司在 2006 年年底时的股票价值为：

$$V = \frac{4.00}{1 + 0.25} + \frac{120}{(1 + 0.25)^2} = 80 \ （元）$$

如果公司采用方案二，公司在 2006 年年底的股票价值为：

$$V = \frac{10}{1 + 0.25} + \frac{112.5}{(1 + 0.25)^2} = 80 \ （元）$$

两种不同的融资方案虽然影响了当年的股利发放数额，但没有影响公司的股票价格。这说明股利政策改变的只是股利的发放时间，不会影响其现值，因此，公司的股票价值与股利政策无关。

MM 股利无关论还说明了支付现金股利和股票回购这两种股利分配政策是无差异的。为了理解这一结论，考虑以下简单的例子。

[例 5 - 3] 设 C、D 为两家除了股利分配政策外完全相同的公司。期末分配

股利时，C 公司打算回购 1 000 万元的股份，D 公司打算分配 1 000 万元的现金股利。两家公司在期末股利分配政策完成时的价值是相等的，都为 1.9 亿元，两家公司期初发行在外的股份都为 100 万股。

解 首先考虑 C 公司。假设回购时的股价为 P_C，1 000 万元可回购 M 股，则有 $P_C M = 1 000$（万元）。由于回购结束时，C 公司的价值为 1.9 亿元，所以 C 公司的股价应满足：联合以上两个关系式可以解出：P_C（100 万股 – M）= 1.9（亿元）。$P_C = 200$ 元，M = 50 000 股，也就是说，C 公司以每股 200 元的价格回购 5 万股完成股利分配，此时流通在外的股份变为 95 万股，C 公司的股东所拥有的股票价格为 200 元。同时，股东在年底没有得到股利，所获得的现金股利为 0 元。

再来看 D 公司。D 公司的股东每股可获得 10 元的股利，同时，期末股票价格为：$P_D = 19 000/100 = 190$（元），D 公司股东拥有的股票价值加上所获得的股利价值等于 200 元，正好与 C 公司的股东从股票价值或者股票出售中所得到的现金收入是一样的。可见，只要公司的期末价值相等，股份回购与现金股利对股东而言并无差异，这两种分配现金的方式实质上是等价的。因此，仅仅股利分配政策不同的两家公司，应该具有相同的价值。违背了上述规律就可能出现无风险套利。

假定 C 公司和 D 公司期初的股票价格不一样，$P_C = 180$ 元，$P_D = 175$ 元，则投资者可以在期初买入 D 公司股票的同时卖空 C 公司股票，可实现无风险收益 5 元。而期末持有 D 公司股票可获得每股值 190 元再加上 10 元的股利，正好补偿卖空 C 公司股票的每股价值 200 元。投资者的这种无风险套利行为会导致股票的价格保持一致。

MM 股利无关论成立的关键在于完善的资本市场的假定。正如资本结构中有关公司财务杠杆的分析一样，如果两公司所有其他方面都相同，仅仅是股利支付率不同，那么投资者就能自制任何一种公司应该支付但当期没有支付的股利水平。例如，如果股利水平低于投资者预期的水平，投资者可以出售部分股票以获取期望现金收入；如果股利水平高于投资者预期的水平，投资者可以利用股利购买一些该公司的股票。而所有这些交易以及其他的套利活动在完善的资本市场上不需要支付任何交易费用。否则，MM 的理论就不能成立。

对于现实中股票价格会随股利发放额的增减而变动这一事实，MM 股利无关论的解释是，股利增减所引起的股价变动，并不能归因于股利政策，而应归因于股利发放所包含的有关公司未来盈利状况的信息内容。股利增发传递给市场的信息是公司未来的盈利会更高，而股利减发传递的信息是公司未来的盈利会下降，是这种信息效应影响了股票价格，而不是股利支付模式本身。另外，MM 股利无关论还指出，投资政策与股利政策相互交织，使人们很难分辨股票价格变动是因投资政策改变而引起的，还是因股利政策引起的。如企业撤掉不盈利的项目，将收回的资金用于发放股利，在这种情况下，股价上升与其说是股利政策的影响，不如说是投资政策的影响。

思考： 在完全资本市场条件下，如果公司的投资决策和资本结构保持不变，那么公司价值取决于公司投资项目的盈利能力和风险水平，而与股利政策不相关。请分两种情况讨论。

回答： 第一，公司的投资决策和资本结构确定之后，需要向股东支付现金股利，但是，为了保证投资所需资本和维持现有资本结构不变，公司需要发行新股筹集资本。公司在支付现金股利后，老股东获得了现金，但减少了与现金股利等值的股东权益，股东的财富从对公司拥有的股东权益形式转化为手中持有的现金形式，二者价值相等，因而老股东的财富总额没有发生变化。同时，为了保持现有资本结构不变，公司必须发行新股筹集与现金股利等值的资本，以弥补因发放现金股利而减少的股权资本，新股东投入了现金，获得了与其出资额等值的股东权益。这样，公司支付股利而减少的资本刚好被发行新股筹集的资本所抵补，公司价值不会发生变化。

第二，公司的投资决策和资本结构确定之后，公司决定将利润全部作为留用利润用于投资项目，不向股东分配现金股利。如果股东希望获得现金，可以将部分股票出售给新的投资者来换取现金，这种交易即自制股利。自制股利交易的结果相当于第一种情况中发放股利和发行新股两次交易的结果，原有股东将部分股权转让给新的投资者获得了现金，其股东财富不变，公司价值也不会发生变化。

因此，无论是哪一种情况，公司股东财富和公司价值都不会发生变化，这说明在完全资本市场条件下，股利政策不会对公司价值产生影响，即股利政策与股价无关。

（二）股利更安全：一鸟在手论

MM 股利无关论的一个重要基础是股利政策不影响股东权益要求的回报率，这一结论引起了激烈的争论。约翰·林特纳（1962）认为股东权益要求的回报率会随股利支付率的增加而减少。由于资本利得取决于留存收益的经营状况和股票价格，而股票的价格起伏不定，留存收益的经营状况也很难预计，因此，资本利得不如股利收益确定。对于投资者来说，股利就像囊中之物，其风险要比资本利得的风险小得多，按风险与收益匹配的原则，投资者对资本利得应要求更高的收益，从而使得红利收益的现值高于等额的资本利得收益的现值。

对此观点，莫迪利亚尼和米勒的反驳是，约翰·林特纳的观点属于"一鸟在手荒谬"（Dird‐in‐the‐handfallacy），假如真是如此，为什么绝大多数投资者往往把到手的股利重新投资于同一家或相似公司的股票，因此公司的现金流量对投资者的长期风险取决于公司的经营风险等级，而不是公司的股利支付政策。

一鸟在手论的缺陷在于，它无法推翻股利并不能减少股票的基本风险的事实。从长期来看，不论是股利收益还是资本利得收益都取决于公司的预期经营现金流量，如果公司的投资政策和融资政策不受股利政策的影响，股利政策也就不能影响公司的预期经营现金流量。既然股利政策对公司整体现金流量的变动没有影响，当然就不会影响公司的风险水平。

（三）税收偏好理论

有三个税收方面的原因会造成投资者偏好较低的股利政策：①资本收益的个人所得税税率一般来说要比股利低，因此对于富有的投资者来说，他们更偏好于公司留存收益，留存收益的增加导致股价上升，能在一定程度上减轻他们的税收负担。②资本利得税的缴纳是在股票被出售时，因此股东就有时间作出对自己有利的选择；同时，由于资金时间价值的影响，股东还可享受延迟纳税的好处。③如果股票被赠送给慈善机构或者投资者死亡，资本利得税也就被免除了。鉴于这些原因，投资者显然更偏好于实行低股利支付率的公司的股票。

由于 MM 股利无关论、一鸟在手论和税收偏好理论三种股利理论都建立在同样严格却又有所不同的前提假设之上，因此得出了相互矛盾的结论。MM 股利无关论假定股票价格和权益成本都不受股利分配政策的影响；一鸟在手论假定投资者偏爱股利，因此，公司分配的股利越多，股价就越高，相应地权益资本成本就越低；税收偏好理论则假定投资者更偏好于公司保留盈余，因此，股利分配率越高，股价就越低，相应地权益成本就越高。对三种理论实证检验的结果并未说明哪种理论的解释力度更强一些。因为人们很难找到除了股利分配政策外几乎完全一样的大量公司作为样本，也无法准确地衡量公司的权益成本。

（四）信号理论

MM 股利无关论得以成立的重要假设之一是：每个人对公司未来盈利的潜在不确定性和股利支付水平的预期是完全相同的，也就是说，外部投资者和公司内部高管层对公司的未来发展和收益状况有相同的了解和预期。但实际上，公司内部高管人员往往比外部投资者拥有更多的关于公司的信息。长久以来，人们已经观察到，每当公司提高股利的发放时，公司的股票价格就会上涨，反之亦反。这就是由信息不对称引起的。一般来说，投资者只能通过公司的财务报告和其他公开发布的信息来了解公司的经营状况和盈利能力，并据此来判断股票价格是否合理。由于公司的财务报告可以在一定程度内调整和润色，甚至某些提供虚假信息的财务报告也可能逃过独立审计机关的检查，因此，人们对公司的财务报告的信任程度是有限的，这就需要从其他渠道获取信息。公司的现金股利分配就是一条极为重要的信息渠道。从长期看，盈利能力不足和资金匮乏的企业是无法按期按量支付现金股利的，公司现金股利的发放数额在很大程度上反映了公司的盈利能力和现金获取能力。通常，增加现金股利发放被看作是经营状况良好、盈利能力强和现金充足的象征，能够刺激股价上升；而减少股利发放则被看作是公司经营状况恶化、前途不乐观和现金不足的象征，会引起股价下降。因此，市场上股价对股利发放变化的反应不是说明投资者偏好于股利，而是对股利分配所蕴藏着的信息的反应。

股利分配的信号理论建立在信息不对称的基础上，这与资本结构理论中提到的信号作用原理相似，但研究发现，股利的信息作用更重要。

（五）顾客效应假说

根据税收偏好理论，不同的投资者由于税负不同，其对公司的股利政策会有不同的偏好。例如，类似养老金这样的机构投资者由于免税，所以很喜欢分发股利的股票；富有的投资者则可能对不分发股利的股票情有独钟。如果公司不发放股利而利用留存收益进行投资，那么对那些希望获得股利进行消费的投资者来说就很不利，虽然其持有的股票会增值，但需支出成本来卖掉股票并缴纳资本利得税；但如果公司发放股利的话，对富有的投资者就较为不利，因为他们的股利收入需要支付很高的边际税率，并且他们不需要依靠股利收益进行消费。既然不同的投资者具有不同的股利偏好，公司在制定或调整股利政策时就应该注意到这一点。如果公司股利政策变动导致现有投资者卖掉手中的股票，就会引起股价下跌；如果公司股利政策只能吸引到非常少的投资者，股价就会一直在低位运行；当然，如果公司股利政策能吸引到更多更大的买家，股票价格就会上涨。上述观点就是所谓的股利分配的顾客效应（Clienteffect）假说，这种效应的存在是公司制定股利政策时的一个不可忽视的因素。

（六）代理理论

现代企业理论认为，企业是一组契约关系的联结。契约关系的各方成为企业的利益相关者，各利益相关者之间的利益和目标并不完全一致，在信息不对称的情况下，企业各利益相关者之间形成诸多委托—代理关系。在经济学上，"委托—代理关系被定义为一种契约关系，在这种契约下，一人或多人（即委托人）聘用另一人（即代理人）代表他们来履行某种服务，包括把若干决策权托付给代理人。"在委托—代理关系中，委托人与代理人之间存在信息不对称，代理人拥有内部信息，处于信息优势地位，委托人处于信息劣势地位，在双方利益不一致的情况下，代理人可能会利用其信息优势损害委托人利益，这就产生了代理问题。代理问题会降低企业的效率，增加企业的成本，这种成本在经济学领域被称为代理成本。经济学将研究委托—代理关系下代理问题及代理成本的理论称为委托—代理理论或代理理论。

股利分配作为公司一种重要的财务活动，也会受到各种委托—代理关系的影响。与股利政策有关的代理问题主要有以下三类：①股东与经理之间的代理问题；②股东与债权人之间的代理问题；③控股股东与中小股东之间的代理问题。这三类代理问题都会产生代理成本。代理成本理论认为，公司分派现金股利可以有效地降低代理成本，提高公司价值，因此，在股利政策的选择上主要应考虑股利政策如何降低代理成本。下面分别探讨这三类代理问题对公司股利政策的影响。

1. 股东与经理之间的代理问题

在股份有限公司中，股东作为公司的投资者并不直接参与公司的经营管理活动，而是聘用经理从事经营管理活动，这样，在股东和经理之间便形成了委托—代理关系。经理作为代理人比股东更了解公司的经营状况和发展前景，并且掌握公司的经营决策权，经理在进行经营决策时并非总是以股东的利益最大化为目标，他们可能会出于自身的利益作出有违股东利益的行为，例如将大量的现金浪费在追求个人奢侈的在职消费、盲目地扩张企业规模、进行缺乏效率的并购等，这就增加了公司的代理成本。詹森在研究股东与经理之间的代理问题时，提出了自由现金流量假说。他将自由现金流量定义为公司所持有的超过投资所有净现值为正的项目所需资本的剩余现金，自由现金流量留在公司内部并不能为公司创造价值，也不能给股东带来收益，理所当然要以现金股利的形式支付给股东。而代理理论认为，公司经理一般不愿意将自由现金流量以股利的形式分配给股东，而是倾向于将其留在公司内部，或者用于投资一些效率低下的项目以从中获得私人利益，因此，发放现金股利有利于降低这种代理成本。通过提高现金股利可以带来三方面的好处：①减少了公司的自由现金流量，股东获得这些股利收入后可以寻找新的投资机会，有利于增加股东的财富；②减少了经理利用公司资源牟取个人私利的机会；③由于留存收益减少，当公司未来有好的投资机会而需要资本时，必须从外部资本市场筹集资本，这样就加强了资本市场对经理的监督约束。

2. 股东与债权人之间的代理问题

由于股东拥有公司控制权，而债权人一般不能干涉公司的经营活动，这样股东会利用其控制权的优势影响债权人的利益，以使自身利益最大化，例如，股东可能会要求公司支付高额现金股利，从而减少了公司的现金持有量，增加了债权人的风险。这种代理问题也会产生代理成本，通常债权人可能会要求在借款合同中规定限制性条款，或者要求公司对债务提供担保，从而增加了公司的成本费用。这种代理问题也会影响到公司的股利政策，股东和债权人之间会在债务合同中达成一个双方都能接受的股利支付水平。

3. 控股股东与中小股东之间的代理问题

公司股权比较集中的情况下就存在控股股东，控股股东利用其持股比例的优势会控制公司的董事会和管理层，而中小股东在公司中的权利常常被忽视。控股股东的存在会带来两方面的影响：一方面，控股股东有强烈的动机对管理层进行监督，并对公司的经营决策施加影响，这样有利于减少经理的利益侵占；另一方面，产生了控股股东与中小股东之间的代理问题，控股股东可能利用其在公司中的控制权侵占公司的利益，例如，大股东占用公司资产以牟取私利，这样就损害了中小股东的利益。针对这一问题，施莱费尔（Shleifer）等学者提出了掏空假说，将掏空定义为公司控股股东为了自己的利益将公司的资产或者利润转移出去的行为。代理理论认为，通过提高现金股利可以减少控股股东可支配的资本，降低掏空对公司利益的损害，从而保护中小股东的利益。

由此可见，代理理论主张高股利支付率政策，认为提高股利支付水平可以降低代理成本，有利于提高公司价值。但是，这种高股利支付率政策也会带来外部筹资成本增加和股东税负增加的问题。所以，在实践中，需要在降低代理成本与增加筹资成本和税负之间权衡，以制定出最符合股东利益的股利政策。

思考：与股利政策有关的代理问题是什么。

回答：公司在确定股利分配政策时，会受到各种委托—代理关系的影响。与股利政策有关的代理问题主要有以下三类：①股东与经理之间的代理问题；②股东与债权人之间的代理问题；③控股股东与中小股东之间的代理问题。

这三类代理问题都会产生代理成本。代理成本理论认为，公司分派现金股利可以有效地降低代理成本，提高公司价值，因此，在股利政策的选择上，主要应考虑股利政策如何降低代理成本。代理理论主张高股利支付率政策，认为提高股利支付水平可以降低代理成本，有利于提高公司价值。但是，这种高股利支付率政策也会带来外部筹资成本增加和股东税负增加的问题。所以，在实践中，需要在降低代理成本与增加筹资成本和税负之间权衡，以制定出最符合股东利益的股利政策。

在我国，上市公司比较普遍地存在低股利支付率的股利政策，许多公司即使有能力支付现金股利，也不愿意支付或者支付的水平较低，这里可能存在一定的代理问题。

二、股利政策

股利政策是关于股利分配的决策。从股票定价模型看，公司的股利政策会影响公司股票的市场价值。但是，由于公司的股利政策总是与投资决策和融资决策交织在一起，从而使得这种影响表现得十分复杂。公司股利发放的多少或股利支付率的高低直接影响公司留存收益数额的大小。一些公司的股利之所以较低，是因为公司希望将更多的盈余留下来以实现公司的扩张和发展，这种情况下，减少股利发放的公告反而引起股价上升；而一些公司的股利之所以较高，是由于没有更好的投资机会，此时，增发股利的公告反而可能引起股价下跌。上述情况下，公司的股利政策显然成为投资决策的副产品，那么，我们如何才能区别股价的变动是受到股利政策的影响还是受到投资机会的影响？还有一些公司通过对外借债融资来满足资本预算对资金的需求，从而保证了股利发放的稳定性，这时，公司的股利政策又表现为融资决策的副产品，我们又该如何区别股价的变动是由于融资决策的信号作用还是股利政策的影响？

（一）股利政策的主要影响因素

稳定的股利政策通常比较受欢迎，因为它起码能给投资者一个比较稳定的预期，这里的稳定是指股利支付水平不应该与大多数投资者的预期相差甚远。但是，影响公司股利支付水平及其稳定性的因素错综复杂，公司需要在综合考虑各种约束因素的基础上制定其最优的股利政策。以下是影响公司股利政策制定的最主要的五个因素。

1. 公司的现金流量

股利的发放需要资金，现金流量便成为决定股利政策的重要因素。制定股利政策时，公司一般都要对未来几年的现金流量进行预测，以便能制定出比较稳定的股利政策。

公司的盈利能力是现金流量的主要保证，长期亏损的公司很难制定出令投资者比较满意的股利政策，只有盈利，才是股利的根本保证。盈利能力较强的公司可以考虑采取较高的现金股利政策。

公司的偿债能力和筹资能力直接影响现金流量。如果公司有较强的筹资能力，可随时筹集到所需资金，那么就有较强的支付股利的能力。规模较大、获利丰厚的企业一般有较强的筹资能力，可以采取高现金股利的政策；而规模小、新创办的公司，往往要限制现金股利的发放，而较多地保留盈余。借债同样会给公司带来现金流量，在必要的条件下，借债能够在短期内缓解公司现金流量不足的问题。但公司在借入长期债务时，债务合同对公司发放现金股利通常都有一定的限制，如对每股现金股利最高数额的限制，对发放现金股利时公司流动比率、速动比率的限制等，公司的股利政策必须受到债务契约的约束。另外，由于大量的股利分配会影响公司的偿债能力，因此，具有较高债务负担且偿债能力较弱的公司通常不能采取高股利支付的股利政策。

总之，影响公司现金流量的因素都是公司在制定股利政策时需要考虑的因素。

2. 公司的投资机会

投资机会是公司制定股利政策时考虑的重要因素之一。如果公司有大量的可以获利的投资机会，它就应该把这种信息传达给投资者，适当地降低股利支付水平，以保证公司发展的需要。不过，有时公司为了保持比较稳定的股利政策，也需要变通地对待投资机会，如加速或推迟项目的投资等。从企业的生命周期看，处于上升期的公司由于投资机会多，资金需求量大，因此其现金股利分配额通常较少；而处于成熟期或是衰退期的公司，由于投资机会减少，资金需求量降低，利润又较为丰厚，因此股利发放额通常较高。

3. 法律法规的约束和限制

对于现金股利支付，各国都有法律法规约束。例如，对现金股利支付不能减少公司资本金的要求；对公司只有在支付了优先股股息的基础上，才能发放普通股股利的要求；对若公司因支付现金股利可能影响其正常的偿债能力时不准或限制支付现金股利的限制；对积累不足的限制以及惩罚性税收约束等。

4. 信号作用

如前文所述，公司的股利政策通常向市场传递着某种信息。在信息不对称的情况下，信号的作用不能忽视，公司在制定股利政策时需要充分考虑股利分配的信息效应，考虑外界对此可能产生的反应。

5. 公司的控制权

股东的意见对公司的股利政策起着关键作用。有的公司由少数大股东控制，如果这些大股东较为看重对公司的控制权，则通常不愿意发行新股融资，而倾向于采用公司内部积累，这种情况下公司的股利支付水平就会较低。

（二）股利政策的类型

通过前面的分析可知，公司在制定股利政策时会受到多种因素的影响，并且不同的股利政策也会对公司的股票价格产生不同的影响。因此，对于股份公司来说，制定一个合理的股利政策是非常重要的，股利政策是公司财务管理的一项重要政策，公司如何分配利润对股东财富具有现实的影响。股利政策的选择既要符合公司的经营状况和财务状况，又要符合股东的长远利益。在实践中，股份公司常用的股利政策主要有五种类型：剩余股利政策、固定股利政策、稳定增长股利政策、固定股利支付率股利政策和低正常股利加额外股利政策。

1. 剩余股利政策

在制定股利政策时，公司的投资机会和筹资能力是两个重要的影响因素，剩余股利政策就反映了股利政策与投资、筹资之间的关系。在公司有良好的投资机会时，为了降低资本成本，公司通常会采用剩余股利政策。实证研究表明，公司的成长机会较多，由于可支配的现金流量相对较少，公司就会采取低股利支付率股利政策，而将较多的留用利润用于投资项目。也就是说，成长机会与股利支付水平负相关。所谓剩余股利政策，就是在公司确定的最佳资本结构下，税后净利润首先要满足项目投资所需要的股权资本，然后若有剩余才用于分配现金股利。剩余股利政策是一种投资优先的股利政策。采用这种股利政策的先决条件是公司必须有良好的投资机会，并且该投资机会的预期报酬率要高于股东要求的必要报酬率，这样才能为股东所接受。如果公司投资项目的预期报酬率不能达到股东要求的必要报酬率，则股东会更愿意公司发放现金股利，以便他们自己寻找其他的投资机会。

采取剩余股利政策的公司，因其有良好的投资机会，投资者会对公司未来的获利能力有较好的预期，因而其股票价格会上升，并且以留用利润来满足最佳资本结构下对股东权益资本的需要，可以降低企业的资本成本，也有利于提高公司价值。但是，这种股利政策不会受到希望有稳定的股利收入的投资者的欢迎，如那些依靠股利生活的退休者，因为剩余股利政策往往会导致各期股利忽高忽低。

实行剩余股利政策，一般应按以下步骤来确定股利的分配额：

（1）根据选定的最佳投资方案，测算投资所需的资本数额；

（2）按照公司的目标资本结构，测算投资所需要增加的股东权益资本的数额；

（3）税后净利润首先用于满足投资所需要增加的股东权益资本的数额；

（4）在满足投资需要后的剩余部分用于向股东分配股利。

目标资本结构可视为公司的最佳资本结构，剩余股利政策要符合目标资本结构的要求，才能使公司的综合资本成本最低。如果破坏了最佳资本结构，就不能取得使公司的综合资金成本达到最低的效果。下面举例说明剩余股利政策的应用。

海虹股份有限公司是一家生产家用电器的公司，近年来一直处于快速成长时期。2008 年该公司普通股股数为 10 000 万股，实现税后净利润为 6 800 万元，目前的资本结构为：负债资本 40%，股东权益资本 60%。该资本结构也是其下一年度的目标资本结构（即最佳资本结构）。2009 年该公司有一个很好的投资项目，需要投资总额为 9 500 万元。该公司采用剩余股利政策，首先用留用利润来满足投资所需股权资本额，留用利润不能满足的由外部筹资来解决。请计算分析海虹公司应该如何融资？如何分配股利？

对于投资需要的 9 500 万元资本，海虹公司可以有多种融资方法，但若利用留用利润的内部融资方式，可以有如表 5 - 2 所示的两种股利分配方案。

表 5 - 2　海虹公司股利分配方案

单位：万元

项目	股利分配方案一	股利分配方案二
税后净利润	6 800	6 800
折旧及其他非付现成本	1 000	1 000
可供投资或支付股利的现金量	7 800	7 800
投资所需资本总额	9 500	9 500
目标资本结构（负债/股东权益）	4:6	不考虑资本结构
投资所需股权资本额	5 700	7 800
现金股利总额	2 100	0
普通股股数（万股）	10 000	10 000
每股股利（元）	0.21	0
投资项目需要借款金额	3 800	1 700

股利分配方案一：公司根据目标资本结构的要求，需要筹集 5 700 万元的股东权益资本和 3 800 万元的负债资本来满足投资的需要。这样，公司将净利润的 5 700 万元作为留用利润用于项目投资，还有 2 100 万元的剩余现金可用于分配股利，再通过举债筹集 3 800 万元资金来满足投资项目所缺资本。

股利分配方案二：公司留用全部净利润用于该投资项目，投资所需的资本缺口 1 700 万元通过借款来筹集，这样，公司就没有剩余现金用于分配股利。因此，本年度不发放现金股利。

第二种方案中，虽然公司需向外部筹资的金额少，但是这种方法破坏了最佳资本结构，会使公司的综合资金成本上升，因此不是最优筹资方案。而第一种方案，虽然需要向外部筹集较多的资本，但是它保持了公司的最佳资本结构，此时公司的综合资金成本才是最低的。因此，剩余股利政策应采用第一种股利分配方案，而不是第二种股利分配方案。

2. 固定股利政策

固定股利政策是指公司在较长时期内每股支付固定股利额的股利政策。固定股利政策在公司盈利发生一般的变化时，并不影响股利的支付，而是使其保持稳定的水平；只有当公司对未来利润增长确有把握，并且这种增长被认为不会发生逆转时，才会增加每股股利额。实行这种股利政策者都支持股利相关论，他们认为公司的股利政策会对公司股票价格产生影响，股利的发放是向投资者传递公司经营状况的某种信息。

实施固定股利政策的理由是：

（1）固定股利政策可以向投资者传递公司经营状况稳定的信息。如果公司支付的股利稳定，则说明该公司的经营业绩比较稳定，经营风险较小，这样可使投资者要求的必要报酬率降低，有利于股票价格上升；如果公司的股利政策不稳定，股利忽高忽低，则会给投资者传递公司经营不稳定的信息，从而导致投资者对风险的担心，会使投资者要求的必要报酬率提高，使股票价格下降。

（2）固定股利政策有利于投资者有规律地安排股利收入和支出。那些希望每期能有固定收入的投资者非常欢迎公司采取固定股利政策，这样，他们就可以有计划地安排其日常开支，而忽高忽低的股利政策可能会降低他们对这种股票的需求，从而会使股票价格下降。

（3）固定股利政策有利于股票价格的稳定。公司采取固定股利政策，为了维持稳定的股利水平，有时可能会使某些投资方案延期，或者使公司资本结构暂时偏离目标资本结构。但是，持固定股利政策观点的公司认为，即便这样，也比减少股利有利于股票价格的稳定。因为突然降低股利，会使投资者认为公司的经营出现了困难，业绩在下滑，从而可能使股票价格快速下跌，这对公司和股东更不利。

然而也应当看到，尽管这种股利政策有股利稳定的优点，但它仍可能会给公司造成较大的财务压力，尤其是在公司净利润下降或现金紧张的情况下，公司为了保证股利的照常支付，容易导致现金短缺、财务状况恶化。在非常时期，可能不得不降低股利额。因此，这种股利政策一般适合经营比较稳定的公司采用。

3. 稳定增长股利政策

稳定增长股利政策是指在一定的时期内保持公司的每股股利额稳定增长的股利政策。采用这种股利政策的公司一般会随着公司盈利的增加，保持每股股利平稳地提高。公司确定一个稳定的股利增长率，实际上是给投资者传递该公司经营业绩稳定增长的信息，可以降低投资者对该公司风险的担心，从而有利于股票价格上升。公司在采取稳定增长股利政策时，要使股利增长率等于或略低于利润增长率，这样才能保证股利增长具有可持续性。稳定增长股利政策适合于处于成长或成熟阶段的公司，在公司的初创阶段或衰退阶段则不适合采用这种股利政策。行业特点和公司经营风险也是影响公司是否要采用稳定增长股利政策的重要因素。通常，公共事业行业的公司经营活动比较稳定，受经济周期影响较小，比较适合采用稳定增长股利政策，而一些竞争非常激烈的行业，由于公司经营风险较大，经营业绩变化较快，一般不适合采用这种股利政策。

4. 固定股利支付率股利政策

固定股利支付率股利政策是一种变动的股利政策，公司每年都从净利润中按固定的股利支付率发放现金股利。持这种股利政策者认为，只有维持固定的股利支付率，才算真正公平地对待每一位股东，他们信守的格言是"公司赚2元，1

元分给股东，1 元留存公司"。这种股利政策使公司的股利支付与盈利状况密切相关：盈利状况好，则每股股利额增加；盈利状况不好，则每股股利额下降。股利随公司的经营业绩"水涨船高"。这种股利政策不会给公司造成较大财务负担，但是，公司的股利水平可能变动较大、忽高忽低，这样可能给投资者传递该公司经营不稳定的信息，容易使股票价格产生较大波动，不利于树立良好的公司形象。有的人认为这种股利政策不可能使公司价值达到最大，所以反对这种股利政策。但在实践中，许多公司都有一个长期稳定的目标股利支付率，虽然实际股利支付率可能会偏离这个目标股利支付率，但基本都是在一定的范围内变动，不会相差太大。

5. 低正常股利加额外股利政策

低正常股利加额外股利政策是一种介于固定股利政策与变动股利政策之间的折中的股利政策。这种股利政策每期都支付稳定的较低的正常股利额，当企业盈利较多时，再根据实际情况发放额外股利。这种股利政策具有较大的灵活性；在公司盈利较少或投资需要较多资本时，可以只支付较低的正常股利，这样既不会给公司造成较大的财务压力，又能保证股东定期得到一笔固定的股利收入；在公司盈利较多且不需要较多投资资本时，可以向股东发放额外的股利。低正常股利加额外股利政策，既可以维持股利的一贯稳定性，又有利于使公司的资本结构达到目标资本结构，使灵活性与稳定性较好地结合，因而为许多公司所采用。

（三）股利政策制定的程序

股份有限公司在制定股利政策时，应遵循一定的程序，不同股利政策的制定程序有所不同。下面以固定股利支付率股利政策为例来说明股利政策制定的基本程序。

1. 测算公司未来剩余的现金流量

公司在制定股利政策时，首先应当预测公司未来年度的盈利和现金流量，预测的期限一般应为 5 年左右，这样才能保证经营活动的长期规划得以实现。预测未来的盈利和现金流量是一项比较复杂的工作，宏观经济形势、市场变化和公司自身经营状况都会影响对盈利和现金流量预测的准确性。因此，在做公司的经营预算和资本预算时，必须保持一定的弹性空间，公司要从股东的利益出发，在确保重要的经营活动和投资项目能够顺利完成的情况下，充分利用现金，提高资本利用效率。

2. 确定目标股利支付率

确定目标股利支付率是公司股利政策的一项重要内容。公司在确定股利支付率时，应考虑其发展阶段、经营规模、财务状况和股东构成等因素，并参照同行业具有可比性公司的股利支付率。在国外，同行业的公司通常具有"习惯性的股利支付率范围"，大多数公司在确定股利支付率时都会参照同类公司的股利政策。目标股利支付率一旦确定，通常在较长的时期内不宜变动太大。

3. 确定年度股利额

理论上，公司支付的现金股利额应等于投资于所有净现值为正的投资项目之后的剩余现金数量，但在实践中，考虑到投资预算的不确定性、股东的偏好、融资的约束等因素，现金股利额应在此基础上进行适当的调整。出于谨慎性考虑，公司一般会适当地增加留存收益，以预防盈利和现金流量的不确定性。如果公司该年盈利大幅度增加，根据信号传递理论，也应当参考以往年度的股利额来确定该年度股利支付数量，尽量保持股利政策的稳定性，以使投资者有稳定的预期。

4. 确定股利分派日期

在西方国家，许多公司按季度支付股利，我国公司大多半年或一年支付一次股利。现金股利分派会发生大量的现金流出，何时分派对公司财务状况会产生较大影响。公司确定了年度股利额之后，应当根据其经营预算、投资项目进展情况和现金流确定股利分派日期。

思考：在实践中，公司的股利政策主要包括的内容。

回答：①股利分配的形式，即采用现金股利还是股票股利；②股利支付率的确定；③每股股利额的确定；④股利分配的时间，即何时分配和多长时间分配一次。

其中，每股股利与股利支付率的确定是股利政策的核心内容，它决定了公司的净利润中有多少以现金股利的形式发放给股东，有多少以留用利润的形式对公司进行再投资。一般来说，投资者对每股股利的变动会比较敏感，如果公司各年度之间的每股股利额相差较大，就会给市场传递公司经营业绩不稳定的信号，不利于公司股票价格的稳定。因此，对于一家上市公司来说，在经营正常的情况下应当选择比较稳定的股利政策。

用来评价公司股利政策的指标主要有两个：股利支付率和股利报酬率。股利支付率是公司年度现金股利总额与净利润总额的比率，或者是公司年度每股股利与每股利润的比率。股利支付率用来评价公司实现的净利润中有多少用于给股东分派红利。股利支付率反映了公司所采取的股利政策是高股利政策还是低股利政策。根据股利理论可知，股利支付率的高低并不是区分股利政策优劣的标准。基于各种原因，不同的公司会选择不同的股利支付率。股利报酬率是公司年度每股股利与每股价格的比率，它反映了投资者进行股票投资所取得的红利收益，是投资者判断投资风险、衡量投资报酬的重要标准之一。较高的股利报酬率说明公司股票具有较好的投资回报，投资者通常倾向于购买高股利报酬率的股票。

（四）我国上市公司股利分配政策的特点

我国上市公司股利分配政策的主要特点是：

1. 股利分配的形式多样化，公司不分配的现象逐渐减少

随着上市公司业绩的提高，不进行股利分配的公司所占的比例在逐年降低，我国的证券市场产生了转增、同时派现和送股、同时派现和转增、同时转增和送股、派现和送股转增三者结合等多种形式。但是我国的上市公司中有相当多的公司，即使拥有进行分配的能力，也不进行利润分配，尤其是业绩增长一般和业绩有一定程度下降的公司。

2. 借较好的分配方案进行股本扩张的现象普遍

在进行分配（包括转增和配股）的上市公司中，往往伴随着股本的扩张行为，公司送股、转增和配股的比例增大，公司股本不断扩张。

3. 分配行为不规范，随意性大

为了维持股价的相对稳定，保证股东的利益，国外的上市公司倾向于稳定的股利支付水平。但是我国证券市场的上市公司频繁变动股利支付水平和股利支付的具体方式，其股利政策稳定性和连贯性较差，而且不把维护全体股东的利益放在首位。

在完全的资本市场中，是否分配股利与公司价值及股东财富无关，即股利无关论。然而，由于存在信息、权利的不对称以及税负、交易成本的差异，在不完全市场中股利政策不仅反映了不同股东的意志，受到各利益相关主体的影响，而且也是股东和管理层之间的矛盾之一，最终影响到不同股东的利益和公司价值。我国资本市场尚不完善，在现实的市场环境下，公司的股利分配会影响公司价值和股票价格，因此，股利分配与股票价格之间存在相关性。

第三节　股票股利、股票分割与股票回购

一、股票股利

股票股利是以赠送股票的形式向股东发放的股利，在我国通常被称为送红股。例如，"10 送 3"，就是指股东每持有 10 股股票将得到 3 股股票作为投资回报。"10 送 3 派 0.6"，则是指在"10 送 3"的基础上，再每股分发 0.6 元人民币的现金股利。

股票股利实际上是将企业用于分配的利润转换成普通股，公司资产的价值和股东财富价值均未发生变化，每个股东所拥有的公司所有权也没有改变。从会计角度看，只是资金在股东权益账户之间进行了转移，并不导致公司现金的流出或流入。

[**例 5 - 4**] 设盈讯公司发行在外的普通股数为 100 000 股，每股面值为 2 元，每股市价为 20 元，现决定每 10 股股票送 2 股增发的股票，即增加 20 000 股的普通股。公司现有保留盈余 1 000 000 元。发行股票股利前后的股东权益账面价值变化如表 5 - 3 所示。

表 5 - 3　盈讯公司发放股票股利前后股东权益账面价值

项目	发放股票股利前	发放股票股利后
普通股股数	100 000	120 000
股本（面值）（元）	200 000	240 000
发行溢价（资本公积）（元）	400 000	760 000
保留盈余（元）	1000 000	600 000
权益资本总计（元）	1 600 000	1 600 000
每股账面价值（元/股）	16	13.33

随着股票股利的发放，按照每股市价，保留盈余中有 40 000 元资金转入普通股股本，360 000 元转入股票发行溢价（资本公积）账户，公司的资产净值并未发生变化。但由于流通在外的股数增加了 20%，每股账面价值和每股盈余也将按比例减少。假设预计公司当年税后利润为 120 000 元，则发放股票股利之前每股盈余为 1.2 元（120 000/100 000），而在发放股票股利之后每股盈余降为 1 元（120 000/120 000）。因此，股票市价也会随之降低。严格地说，股价变化发生在除权日那天。由于市场对公司总价值的估计不会变，因此，若以 D_N 代表因股票股利而新增的股票比率，则发放股票股利前后的股价分别为 P_0、P_1，应满足以下关系式

$$P_0 N_0 = P_1 N_1 = P_1 N_0 (1 + D_N) \qquad (5-1)$$

则：

$$P_1 = P_0 / (1 + D_N) \qquad (5-2)$$

根据式（5-2）计算得到盈讯公司在发放股票股利后的股价为：

$$20/(1 + 20\%) = 16.67（元）$$

假如某股东原有 1 000 股普通股，那么在发放股票股利之前，其持有股票的总价值为 20 000 元，发放股票股利后，其持有 1 200 股，但持有的股票的总价值仍然是 20 000 元（16.67 元 × 1 200）。

从理论上说，发放股票股利所导致的股价下降的幅度应与账面价值下跌的幅度一致，但资本市场往往不是那么有效的，所以股价下降的幅度与账面价值下降的幅度的差别，主要取决于市场的反应程度。如果市场价格的下跌幅度小于账面

价值的下跌幅度，股东将获益；但若市场反应太强烈，市价跌幅大于账面价值，则股东受损。

对公司来说，发放股票股利既不需要支付现金，又可以满足股东获取投资回报的需求，因此，它经常代替现金股利或者在现金股利之外额外发放。特别是在公司资金紧张、无力支付现金股利时，采取发放股票股利的做法不失为一种权益之计。另外，公司发放股票股利还有一种出发点，即考虑到公司当前股价太高不利于交易，通过发放股票股利产生降低股价以利于交易的效应。

思考： 股份公司在选择采用股票股利进行股利分配时，应考虑法律因素、债务契约因素、公司自身因素、股东因素、行业因素等，以制定出适合本公司的股利政策。股票股利政策对公司的影响主要有哪些？

回答：（1）发放股票股利可使股东分享公司的盈利而无须分配现金，公司留存了大量的现金，便于进行再投资，有利于公司的长期发展。同时，股票股利将不影响所有者权益的总额，资产、负债等均不发生变化；只有在公司同时存在普通股和优先股的时候，发行股票股利才会引起股本结构当中两种股本的比例变化。

（2）发放股票股利可以降低每股价值，可以抑制股票价格上涨过快。一般来说，企业经营良好，股票价格上涨过快，反而会使投资者产生恐惧心理，认为风险过大，不适宜大量交易。发放股票股利就可以降低每股价格，从而达到分散个别投资者风险的目的，但总体风险无法分散。而降低每股价格，也可以吸引更多的投资者。

（3）发放股票股利往往会向社会传递公司将会继续发展的信息，从而提高投资者对公司的信心，在一定程度上稳定股票价格。但在某些情况下，发放股票股利也会被认为是公司资金周转不灵的征兆，从而降低投资者对公司的信心，加剧股价的下跌。

（4）发放股票股利使公司总股本增加，这要求公司未来业绩应保持较高的增长率才能使每股收益不降低，因此会增加公司经营方面的压力。股票股利政策对股东的影响是：从理论上看，股票股利并不会增加股东的财富，但在实践中，发放股票股利的市场信号可能会导致股价上涨，从而使股东可能获得较高的溢价收入。另外，股票股利可使股东少缴个人所得税，因为按现行税法规定，现金股利应计入个人应纳税所得，股票股利不计入个人应纳税所得。将股票股利抛售换成现金资产时，在我国目前是免缴个人所得税的，仅仅缴纳股票交易过程的交易费用，从而给股东带来节税效应。

二、股票分割

股票分割（Stock Split）又叫拆股，指通过降低股票面值而增加发行在外的普通股的股数。例如，2 对 1 股票分割是指股票面值减少 1/2，股数增加 1 倍。

股票分割对公司的资本结构、股东权益各账户的账面价值都不产生影响，但由于股票分割使公司发行在外的股票总数增加，因此会导致每股账面价值降低。除了会计处理不同外，股票分割与股票股利的作用非常相似，都是在不增加股东权益的基础上增加股票的数量，不过，股票分割所导致的股票数量的增加量可以大大超过发放股票股利。

[例 5-5] 在［例 5-4 中］，假设盈讯公司现决定进行每 1 股换 2 股新股的股票分割。则公司拆股前后的股东权益账面价值变化如表 5-4 所示。

表 5-4　盈讯公司股票分割前后股东权益账面价值

项目	股票分割前	1 股分割 2 股后
普通股股数	100 000	200 000
股本（面值）（元）	200 000	200 000
发行溢价（资本公积）（元）	400 000	400 000
保留盈余（元）	1 000 000	1 000 000
权益资本总计（元）	1 600 000	1 600 000
每股账面价值（元/股）	16	8

显然，从会计上看，股票分割仅仅是对股票的数量和面值做了调整而已。那么，对于公司来说为什么要进行股票分割呢？下面的资料或许能够回答这个问题。

专家称 Google 不会分割股票但压力越来越大

CNET 科技资讯网 2006 年 1 月 6 日国际报道：当 Google 的股票在本周四上冲到 450 美元时，对于普通投资者而言，它就更像是一颗昂贵的 Tiffany 钻石了。

最显而易见的一个解决办法可能只有通过股票分割压低 Google 的股价了。但财务专家认为 Google 不会这样做。简单地说，由于购买 Google 股票的意向非常强烈，Google 的官员没有理由要求这样做。乔治城大学的金融学副教授詹姆士说，尽管股价如此高，但 Google 股票不存在任何交易方面的困难。股票分割对 Google 没有太大的意义，因此它并非必须这样做。但在股价上升到 Google 股份的水平后，不分割股票的高科技公司实属凤毛麟角。在过去的数年中，雅虎、

eBay、微软都因这一原因进行过股票分割。目前，购买 100 股 Google 股票需要 45000 美元，分割股票能够降低这一数字。

专家表示，分割股票对股东的资产以及公司的市值没有任何影响，但它可能导致分割后股价的迅速上涨，因为投资者总是认为股票分割是管理层对未来股价乐观的一个信号。但至少在目前，Google 的管理层对股票分割没有兴趣。在 2005 年 5 月的股东会议上，Google 的首席执行官舒米特表示公司没有这样的计划。Google 没有披露可能改变这一政策的任何迹象。

尽管财务专家表示 Google 没有分割股票的迫切理由，但未来数月内分割股票的压力会越来越大。本周二，PiperJaffray 的分析师将对 Google 股价的预期提高到了 600 美元。伊利诺伊州大学金融系的教授大卫说，对于希望建立低风险投资组合的投资者来说，这一价格太高了。随着股价的日益提高，越来越多的投资者将对股价更敏感，购买 Google 股票的投资者会越来越少。

资料来源：转引自李心愉、冯旭南：《公司融资》，中国发展出版社 2007 年版，第 152 页。

从 Google 公司的例子中，可以找出公司进行股票分割的两个最主要的理由：一是通过股票分割降低股价，达到增强股票的流动性、利于股票交易的效果；二是向股票市场和投资者传递公司增长潜力大和盈利前景良好的信息。

在很多情况下，公司都需要运用股票分割以迅速地增加流通中的股票数量，降低每股股价。例如，它是公司进行兼并收购时经常采取的策略。当一公司欲兼并另一公司时，首先将自己的股票加以分割，以增加公司股票对目标公司股东的吸引力。例如，甲公司准备通过股票交换兼并乙公司。若甲、乙两公司目前的股票市价分别为 40 元和 4 元，根据对双方公司价值的分析，甲公司认为以 1:10 的交换比率（即 1 股甲公司的股票换 10 股乙公司的股票）对于双方股东是公平合理的。但 1:10 的比例可能会使乙公司股东心理上难以接受。为此，甲公司可先按 1 拆 5 的比例对本公司的股票进行分割，然后再按 1:2 的交换比率实施对乙公司的兼并。虽然这样做后并未发生实质上的改变，但从心理上比较容易被乙公司股东接受，同时有助于兼并的顺利完成。又如，通过股票分割为新股发行作准备。股票价格太高使许多潜在投资者力不从心，在新股发行前利用股票分割降低股价，有助于增加投资者的兴趣，促进新股的畅销。

就股东而言，股票分割与股票股利相同，增加股东的持股数量但不改变其持股比例和所持有股票的总价值。关于现金股利的发放，很少有公司会在股票分割后仍维持与分割前相同的现金股利额，但只要每股现金股利的下降幅度小于股票分割的幅度，股东实际得到的股利仍有可能增加。

与股票分割相反，当公司认为其股票价格过低时，为提高股票的每股市价则可能采取反向操作，即用 1 股新股换 1 股以上的旧股，这种行为被称为并股或合股。如果公司股票的市价为 2 元，公司可以采用 5 股旧股、1 股新股的反分割行动，反分割的结果，将使其股价由原来的 2 元提高到 10 元。

三、股票回购

股票回购是指上市公司从股票市场上购回本公司已流通在外的股票。公司在回购完成后，既可以将所回购的股票注销，也可以将其作为库藏股保留，但库藏股不参与收益的分配和每股收益的计算，日后可移作他用，如作为职工持股计划的使用，用于可转换债券的兑换或再出售等。

（一）股票回购的目的

替代股利发放是公司进行股票回购的主要目的之一。如果一个公司有足够多的现金，却没有有利可图的投资机会，就不应该采用高保留盈余、低现金股利支付的政策，而应该把现金分配给股东。除了直接发放现金股利外，也可以利用充裕的现金购回部分股票，使流通在外的股票减少，从而提高每股盈余和股价。这样，股东就可以通过出售股票而获得资本利得。如果没有所得税和交易成本的影响，显然发放现金股利还是股票回购对于股东而言并无差异。

设想在一个完善的资本市场中，有一家公司拥有 3 000 000 元的剩余现金，并打算将这笔现金作为股利发放。预计股利发放后公司年度的利润为 4 500 000 元，公司现有流通在外的普通股 100 000 股，市场中同类公司的市盈率为 6 倍。因此，可以推算出公司的股价为 27 元。当然，公司也可以选择用剩余的现金回购股票。假设回购价为 30 元，可回购 100 000 股。由于股数减少，每股盈余升至 5 元。由于公司面临的经营风险和财务风险都没有变化，市盈率仍保持 6 倍，因此，股价上升为每股 30 元。忽视税收、交易费用等，则在公司发放现金股利的情况下，每位股东将拥有每股价值 27 元的股票和 3 元的股利，总价值为 30 元。这一结果与股票回购下拥有价值 30 元的股票一样。显然，股东对是发放股利现金还是通过股票回购获得资本利得并无偏好（如表 5 - 5 所示）。

表 5 - 5 股票回购与现金股利的比较

单位：元

项目	总额	每股
发放股利		
计划股利	3 000 000	3
预计发放股利后年度利润	4 500 000	4.5

续表

项目	总额	每股
发放股利后股票市场价值	27 000 000	27
回购		
预计回购后的年度利润	4 500 000	5
回购后的股票市场价值	27 000 000	30

然而，资本市场通常并不完善，存在着税收、信息不对称、交易成本等，若资本利得的所得税税率低于现金股利收益的所得税税率的话，通过股票回购要比支付现金股利对股东更为实惠。特别是当避税成为股东需要考虑的重要因素时，股票回购就成为股利发放很好的替代品。另外，股票回购还能产生延期纳税的好处。正因为股票回购能够产生避税的作用，许多政府都对股票回购进行了一定的限制。如英国、德国和日本原则上禁止公司买回自己的股份；美国虽原则上允许公司回购股份，但需要有正当的理由。我国则规定不得回购股票，但为减少公司资本而注销股票，以及为持有本公司股票而与其他公司合并等情况除外。

改变公司资本结构也是公司进行股票回购的目的。当公司管理层认为资本结构中股权的比例过大时，可以用充裕的现金或通过发行债券得到的资金回购股票，以改变公司的资本结构。

股票回购还可能出于公司购并或反购并等战略目的。按照购并计划，公司可提前购回部分股票，并用库藏股进行股票交换以减少公司的现金支出。在反收购活动中，通过回购股票提高股价，增加收购的难度和成本。

此外，公司出于稳定或提高股票的市场价格、改善公司形象、满足可转换证券或认股权证的行使等目的都可能进行股票回购。

（二）股票回购的方式

股票回购常用的方式有：

（1）固定价位回购（Fixed - price Tender Offer）。公司以高于目前市场价格的价位向股东提出正式的招标，股东可以选择卖还是继续持有股票。

（2）荷兰式招标（Dutch - auction Tender Offer），也叫单一价格招标。每个股东都告诉公司愿意出售的股票数额和价位，公司也定出自己愿意购买的数额、最高价和最低价，最低价通常高于市场价格。公司将股东所提出的价位在所定范围内进行由低到高的排序，然后定出可以回购既定股数的最低价位。所有不高于这个价位的股东将以该价位交易。固定价位回购和荷兰式招标统称为现金要约收购。

（3）公开市场回购（Open - market Purchases）。公司像普通股民一样通过经纪人购买自己的股票。这种方式一般在股票市场价格欠佳时小规模回购特殊用途

（如股票期权）所需股票。

（4）集中竞价交易是证券交易所内进行证券买卖的一种交易方式，目前我国上交所、深交所均采用这一交易方式。在这种形式下，既有买者之间的竞争，也有卖者之间的竞争，买卖各方都有比较多的交易者。集中竞价时，当买者一方中的人员提出的最高价和卖者一方的人员提出的最低价相一致时，证券的交易价格就已确定，其买卖就可成交。以集中竞价交易方式回购股票，很容易导致股票价格上涨，从而增加回购成本。另外，交易手续费和交易佣金也是不可忽视的成本。

（5）要约回购是指公司通过公开向股东发出回购股票的要约来实现股票回购计划。要约回购价格一般高于市场价格。在公司公告要约回购之后的限定期间内，股东可自愿决定是否按要约价格将持有的股票出售给公司。如果股东愿意出售的股数多于公司计划回购的股数，公司可以自行决定购买部分或全部股票。通常，在公司回购股票的数量较大时，可采用要约回购方式。要约回购具有以下特点：

第一，赋予所有股东向公司出售其所持股票的均等机会，而且通常情况下公司享有在回购数量不足时取消回购计划或延长要约有效期的权利。固定价格要约回购通常被认为是更积极的信号，其原因是要约价格存在高出市场当前价格的溢价。

第二，公司可以在较短的时间内完成回购股票的任务。

第三，向市场发出了有关公司经营稳定、现金充裕的积极信号。相对于集中竞价交易方式，要约回购要经过较多的环节，操作程序比较烦琐，公司的收购成本较高，对公司造成的压力更大。但是一般情况下，要约收购都是在所有股东平等获取信息的基础上由股东自主选择，被视为完全市场化的规范收购模式。此外，要约回购信号作用更强，更有利于提高公司的股价。

（三）我国股份回购若干案例

1. 豫园股份公司合并回购案例

1992 年小豫园并入大豫园可以看作中国股市第一例为了合并而实施股份回购的成功个案。依据《中华人民共和国公司法》并经股东大会批准，大豫园作为小豫园的大股东，采用协议回购方式把小豫园的所有股份（包括国家股、法人股、社会公众股）悉数回购并注销，合并后新公司再发行股票，小豫园股东享有优先认股权。这为我国国有企业的股份制改造提供了一条新的、可行的途径。

2. 云天化公司和冰箱压缩公司现金回购案例

1999 年 4 月 1 日，云天化公司发布公告，宣布回购云天化公司集团持有的 2 亿股国有法人股，并于 2000 年 9 月获准实施。云天化公司以每股 2.83 元的价格，向该公司第一大股东云天化公司集团协议回购该公司持有的国有法人股

20 000万股，此次回购完成后，云天化公司股份总额从56 818.18万股减少至36 818.18万股。整个回购支付资金总额为56 600万元，资金来源主要有：①截至2000年8月31日的未分配利润430 143 509.05元；②2000年9～10月预计实现的未分配利润26 800 000元；③其他自有资金110 050 352.29元。全部股份回购资金为一次性支付。云天化公司实施股份回购，收缩股本，在现有经营规模的基础上，可以最大限度地发挥资金的杠杆作用，遏制公司每股收益下滑的趋势。此次股份回购也可以看作公司将原本应向外投资的资金投向了自身现有的资产。

2000年5月29日，冰箱压缩公司获准以9 590万元的自有资金向大股东上海轻工控股（集团）公司回购国家股4 206.2753万股，占公司总股本的9.95%。回购后，公司总股本降至38 052万股。上海轻工控股（集团）公司用回购股份所得款项受让冰箱压缩公司投资的上海森林电器有限公司31%的股权。上海森林电器公司自1997年成立以来连续亏损，1998年亏损额更高达8 000多万元，给冰箱压缩公司带来4 271万元的投资损失，该数字已超过了公司1998年的利润总额。回购后冰箱压缩公司对森林电器公司的持股比例降至19%，按成本法进行核算，冰箱压缩公司剔除了一个重大亏损因素。这意味着冰箱压缩公司在实施回购方案后，不仅可以降低国家股比例，减少总股本，更可以规避和控制股权投资的风险隐患，从而从两方面改善公司业绩。在这一回购方案中，冰箱压缩公司成功地运用了财务手段，这无论对国有股回购还是其他形式的资产重组都是一个有益的指示。

3. 长春高新公司的资产回购案

长春高新公司于2000年7月26日经临时股东大会通过决议，决定以每股3.44元的价格向第一大股东长春高新技术产业发展总公司协议回购并注销国家股7 000万股。回购价格是以公司1999年12月31日经审计确认的每股净资产3.40元为基础，同时考虑自2000年年初至回购实施期间的公司经营收益而确定。回购后，公司总股本由20 132.657万股降为13 132.657万股，其中国家股占34.63%，募集法人股占4.61%，社会公众股占60.76%。回购资金为2.408亿元，资金来源于管委会（系长春高新技术产业发展总公司的母公司）归还长春高新的2.4亿元欠款。通过本次股份回购，不仅可以改善长春高新的资产结构，减少2.4亿元的应收款项，提高公司资产的营运质量，而且可以提升公司的经营业绩。2000年公司每股收益为0.23元，远高于1999年的0.069元。

（四）股票回购的利与弊

从公司和股东的角度看，股票回购通常具有以下作用：

（1）当公司有多余现金需要分配，又不希望改变股利政策时，股票回购作为股利分配的替代，其作用相当于一笔额外现金股利。

（2）通过股票回购，减少流通中的股票，公司能在不增加资金的情况下提高每股股利。

（3）回购时，股东可以选择卖与不卖，这样能够使需要现金和不需要现金的股东的意愿都能得到满足，可以迅速地改变公司的资本结构。

（4）信号作用。回购价反映了管理层对公司股价的评估，回购价超过市价的部分在一定程度上反映了股价被低估的程度。股票回购所产生的信号作用还表现在它所发出的公司现金流量充裕、财务状况良好的信号。

股票回购也会产生一些负面的影响。例如，股票回购可能向市场发出公司没有好的投资机会、公司的增长机会不大的信号。另外，即便在股利和资本利得对股东收益的影响并无差异的情况下，现金股利毕竟比通过回购而获得资本利得更可靠，因此，现金股利可能更受欢迎。股票回购还会给公司操纵股价、进行内部交易、避税以可乘之机。股票回购实质上是一种减资行为，公司资本减少会削弱公司的资本基础以及对公司债权人的财产保障程度。股票回购使公司持有自己的股票，从而使公司与股东的法律关系发生混淆，容易导致上市公司利用内幕进行炒作，或对报表进行粉饰，增加了公司行为非规范化的可能。因此，股票回购在很多情况下都是受到限制的。

练习题

一、单项选择题

1. 企业的法定公积金应当从（　　　）中提取。

A. 利润总额　　　　B. 税后利润　　　　C. 营业利润　　　　D. 营业收入

答案：B

2. 法定公积金累计达到公司注册基本的（　　　）时，可以不再提取。

A. 10%　　　　　B. 25%　　　　　C. 30%　　　　　D. 50%

答案：D

3. 公司提取的公积金不能用于（　　　）。

A. 弥补亏损　　　　　　　　B. 扩大生产经营

C. 增加注册资本　　　　　　D. 集体福利支出

答案：D

4. 下列各项中，（　　　）是确定投资者是否有权领取本次股利的日期。

A. 宣布日　　　　B. 股权登记日　　　　C. 除息日　　　　D. 股利发放日

答案：B

5. 对"一鸟在手"理论提出批评的主要理由是（ ）。

A. 该理论混淆了投资决策和股利政策对公司风险的不同影响

B. 投资者偏好现金股利不符合实际情况

C. 税收差异不会对股利分配产生影响

D. 投资者实际上更喜欢资本利得收益

答案：A

6. 股利政策产生顾客效应的重要原因是（ ）。

A. 投资者的偏好不同　　　　　　B. 投资者的风险承受力不同

C. 投资者的边际税率不同　　　　D. 公司的风险水平不同

答案：C

7. 下列股利政策中，属于投资优先的股利政策的是（ ）。

A. 剩余股利政策　　　　　　　　B. 固定股利政策

C. 固定股利支付率政策　　　　　D. 低正常股利加额外股利政策

答案：A

8. 下列股利政策中，能够使股利支付水平与公司盈利状况密切相关的是（ ）。

A. 固定股利政策　　　　　　　　B. 剩余股利政策

C. 固定股利支付率政策　　　　　D. 稳定增长股利政策

答案：C

9. 下列关于股票分割的论述中，正确的是（ ）。

A. 股票分割可以增加股东财富

B. 股票分割不会使股票价格下降

C. 股票分割可使股票股数增加，但股票面值不变

D. 股票分割不会影响到资产负债表中股东权益各项金额的变化

答案：D

10. 下列关于库藏股的论述中，正确的是（ ）。

A. 我国上市公司回购股票可以作为库藏股

B. 库藏股不能用于实施股权激励计划

C. 公司可以长期持有库藏股

D. 库藏股不能享有与正常的普通股相同的权利

答案：D

11. 公司进行股票回购的动机不包括（ ）。

A. 为股东避税　　　　　　　　　B. 提高每股收益

C. 传递股价被低估的信号　　　　D. 减少公司自由现金流量

答案：B

12. 下列股票回购方式中，不需要支付大量现金的是（　　　）。

A. 公开市场回购　　　　B. 要约回购　　　　C. 协议回购　　　　D. 转换回购

答案：D

二、多项选择题

1. 公司提取的公积金可以用于（　　　）。

A. 弥补亏损　　　　　　　　　　B. 扩大生产经营

C. 转增公司股本　　　　　　　　D. 转增公司资本公积

E. 分配股利

答案：ABC

2. 我国股份有限公司可以采取的股利形式包括（　　　）。

A. 现金股利　　　B. 股票股利　　　C. 财产股利　　　D. 负债股利

E. 资产股利

答案：AB

3. 下列关于股票股利的说法中，正确的有（　　　）。

A. 发放股票股利可以增加股东财富

B. 发放股票股利不会改变公司的股东权益总额

C. 发放股票股利会增加公司的股本总额

D. 发放股票股利不会增加公司的现金流出量

E. 发放股票股利后股票价格不会下降

答案：BCD

4. MM 理论认为完全资本市场须符合的条件包括（　　　）。

A. 不存在交易成本和破产成本

B. 没有信息成本，且信息是对称的

C. 证券交易没有政府或其他限制

D. 市场是完全竞争的

E. 没有不对称税负

答案：ABCDE

5. 下列股利理论中，属于股利相关理论的有（　　　）。

A. MM 股利理论　　　　　　　　B. "一鸟在手" 理论

C. 税收差别理论　　　　　　　　D. 信号传递理论

E. 代理理论

答案：BCDE

6. 在股份有限公司中，与股利政策有关的代理问题主要有（　　　）。

A. 股东与经理之间的代理问题

B. 经理与职工之间的代理问题

C. 股东与债权人之间的代理问题

D. 经理与政府之间的代理问题

E. 控股股东与中小股东之间的代理问题

答案：ACE

7. 下列关于自由现金流量的论述中，正确的有（　　　）。

A. 自由现金流量是经理可以随意支配的现金

B. 自由现金流量是公司持有的超过投资所有净现值为正的项目所需资本的剩余现金

C. 自由现金流量留在公司内部不能为公司创造价值

D. 公司留有大量的自由现金流量有利于增加股东未来收益

E. 公司将自由现金流量以现金股利的形式分配给股东更符合股东的利益

答案：BCE

8. 公司股利政策的内容主要包括（　　　）。

A. 股利分配的形式　　　　　　　　B. 股利支付率的确定

C. 每股股利额的确定　　　　　　　D. 股利分配的时间

E. 股利分配的对象

答案：ABCD

9. 影响股利政策的因素有（　　　）。

A. 法律因素　　　　　　　　　　　B. 债务契约因素

C. 公司自身因素　　　　　　　　　D. 股东因素

E. 行业因素

答案：ABCDE

10. 影响股利政策的法律因素主要有（　　　）。

A. 企业积累的约束　　　　　　　　B. 企业利润的约束

C. 资本保全的约束　　　　　　　　D. 偿债能力的约束

E. 筹资能力的约束

答案：ABCD

11. 公司常用的股利政策类型包括（　　　）。

A. 剩余股利政策　　　　　　　　　B. 固定股利政策

C. 稳定增长股利政策　　　　　　　D. 固定股利支付率政策

E. 低正常股利加额外股利政策

答案：ABCDE

12. 公司进行股票分割的主要动机有（　　　）。

A. 通过股票分割降低股票价格

B. 向投资者传递未来业绩增长的信号

C. 为以后发行新股筹资做准备

D. 增加股本总额

E. 为股东增加财富

答案：AB

13. 公司进行股票回购的动机主要有（　　　）。

A. 传递股价被低估的信号　　　　　B. 为股东避税

C. 减少公司自由现金流量　　　　　D. 预防或抵制敌意并购

E. 增加股东财富

答案：ABCD

14. 股票回购的方式主要有（　　　）。

A. 公开市场回购　　　B. 要约回购　　　C. 协议回购　　　D. 强制回购

E. 转换回购

答案：ABCE

三、判断题

1. 公司发生年度亏损可以在 5 年内用税前利润弥补。（　　　）

答案：√

2. 公司法定公积金是按利润总额的 10% 计提的。（　　　）

答案：×

3. 公积金可以用于弥补亏损，扩大生产经营或者转增股本。（　　　）

答案：√

4. 公司用公积金转载股本后，所留存的法定公积金不能低于转增前公司注册资本的 25%。（　　　）

答案：√

5. 股份有限公司依法回购的股份，可以参与利润分配。（　　　）

答案：×

6. 股份有限公司的股利支付预案应提交股东大会表决。（　　　）

答案：√

7. 投资者在除息日购入股票无权领取本次股利。（　　　）

答案：√

8. 公司分派股票股利会增加现金流出量。（　　　）

答案：×

9. 根据股利无关论，公司未来是否分配股利和如何分配股利都不会影响公司目前的价值。(　　)

答案：√

10. "一鸟在手"理论认为，相对于资本利得而言，投资者更偏好现金股利。(　　)

答案：√

11. 税收差别理论认为，由于不对称税率的存在，股利政策会影响公司价值和股票价格。(　　)

答案：√

12. 税收差别理论认为，公司实行较低的股利支付率政策可以给股东带来税收利益，有利于增加股东财富。(　　)

答案：√

13. 由于税收差异的存在，股利政策可以产生顾客效应。(　　)

答案：√

14. 信号传递理论认为，股利政策包含了公司经营状况和未来发展前景的信息。(　　)

答案：√

15. 代理理论主张低股利支付率政策，认为提高现金股利不利于降低代理成本。(　　)

答案：×

16. 公司的现金流量会影响到股利的分配。(　　)

答案：√

17. 采取剩余股利政策，首先要确定企业的最佳资本结构。(　　)

答案：√

18. 采取剩余股利政策可以保证公司各年的股利水平比较均衡。(　　)

答案：×

19. 固定股利政策可以向投资者传递公司经营状况稳定的信息。(　　)

答案：√

20. 稳定增长股利政策适合处于成长或成熟阶段的公司。(　　)

答案：√

21. 固定股利支付率政策可能会使各年股利波动较大。(　　)

答案：√

22. 公司采用股票股利进行股利分配，会减少公司的股东权益。(　　)

答案：×

23. 股票分割可以增加股东财富。（　　）

答案：×

24. 根据我国有关法规的规定，上市公司回购股票既可以注销，也可以作为库藏股由公司持有。（　　）

答案：×

25. 根据信号理论，公司回购股票主要是传递股价被低估的信号。（　　）

答案：√

26. 公司用股票回购的方式来代替发放现金股利，可以为股东带来税收利益。（　　）

答案：√

27. 公司进行股票回购可以预防或抵制敌意并购。（　　）

答案：√

28. 采用转换回购方式进行股票回购需要支付大量的现金。（　　）

答案：×

29. 投资者在宣布日以后购买股票就不会得到最近一次股利。（　　）

答案：×

30. 投资者只有在除息日之前购买股票，才能领取最近一次股利。（　　）

答案：√

四、计算题

1. 塔拉米纳股份有限公司为航空公司提供软件系统。目前，公司的股票由高级管理人员和风险资本经营公司所持有。但是，塔拉米纳股份有限公司正在寻求公司的上市并且愿意将75%的普通股让普通投资者持有。公司董事会最近开会讨论了公司上市后该采用什么样的股利政策问题。不过，并没有取得一致意见。董事会主席认为没有必要变更现有的股利政策，管理董事则认为必须进行修改。而运营董事的观点则是：既然股利政策对股东财富并无影响，那么这种争论与公司目标是无关的。公司1997～2001年的经营资料如下表所示。

于4月30日结束的年度	已发行的普通股数量（股）	税后净收益（英镑）	普通股股利（英镑）
1997	500 000	840 000	420 000
1998	500 000	1 190 000	580 000
1999	800 000	1 420 000	340 000
2000	1 000 000	1 940 000	450 000
2001	1 000 000	2 560 000	970 000

要求：（1）用基本原理来解释运营董事的观点。

（2）评价（1）中所解释的基本原理。评价时，应解释实务中经理人员认为股利对于股东来说很重要的两点原因。

（3）评价一下塔拉米纳股份有限公司在过去5年里所执行的股利政策，并对董事会主席和管理董事的观点作一评述。

［答案要点］

（1）股利无关论认为，股利政策不会影响公司的价值。这是因为公司的盈利和价值增加与否完全视其投资政策而定。在公司投资决策给定的条件下，股利政策不会产生任何影响结果。在完全资本市场中，理性投资者的股利收入与资本增值两者之间不存在区别，在投资政策已定的条件下，公司的股利政策对其股票市价不会产生任何影响。因此，无所谓哪一种股利政策是最佳的股利政策，也可以说，任何股利政策都是最佳股利政策。

（2）当公司作出投资决策后，它就必须决定是将其盈利留存下来，还是将盈利以股利形式发放给股东，并发行新股票筹措等同金额的资金，以满足投资项目的资金需要。如果公司采用后一方案，就存在股利发放与外部筹资之间的套利过程。股利支付给股东的财富正好会使股票市价上升，但发行新股票将使股票终值下降。而套利的结果是，股东的股利所得正好被股价终值的下降所抵消。股利支付后，每股市价等于股利支付前的每股市价。当期股利的支付解除了投资者心中的不确定性。

（3）上市公司有能力能够持续分发股利，表明了公司经营管理水平及其在市场的地位，预示着公司的发展前景良好，同时也表明了上市公司对于股东的重视。

2. 某公司2007年实现的税后净利为1 000万元，若2008年的投资计划所需资金800万元，公司的目标资本结构为自有资金占60%。

要求：（1）若公司采用剩余股利政策，则2007年年末可发放多少股利？

（2）若公司发行在外的股数为1 000万股，计算每股利润及每股股利？

（3）若2008年公司决定将公司的股利政策改为逐年稳定增长的股利政策，设股利的逐年增长率为2%，投资者要求的必要报酬率为12%，计算该股票的价值。

［答案要点］

（1）投资所需自有资金 = 800 × 60% = 480（万元），向投资者分配额 = 1 000 - 480 = 520（万元）；

（2）每股利润 = 1 000/1 000 = 1（元/股），每股股利 = 520/1 000 = 0.52（元/股）；

（3）0.52 × (1 + 2%)/(12% - 2%) = 5.30（元）。

3. 某公司当年年底的所有者权益总额为 1 000 万元，普通股 600 万股。目前的资本结构为长期负债占 60%，所有者权益占 40%，没有流动负债。该公司的所得税税率为 33%，预计继续增加长期负债不会改变目前 11% 的平均利率水平。董事会在讨论明年资金安排时提出：

(1)计划年度分配现金股利 0.05 元/股；

(2)拟为新的投资项目筹集 200 万元的资金；

(3)计划年度维持目前的资本结构，并且不增发新股。

要求：测算实现董事会上述要求所需要的息税前利润。

[答案要点]

因为计划年度维持目前的资本结构，所以，计划年度增加的所有者权益为 $200 \times 40\% = 80$（万元）。

因为计划年度不增发新股，所以，增加的所有者权益全部来源于计划年度分配现金股利之后剩余的净利润。

因为发放现金股利所需税后利润 $= 0.05 \times 600 = 30$（万元），所以，计划年度的税后利润 $= 30 + 80 = 110$（万元）。

计划年度的税前利润 $= 110/(1 - 33\%) = 164.18$（万元）。

因为计划年度维持目前的资本结构，所以，需要增加的长期负债 $= 200 \times 60\% = 120$（万元）。

因为原来的所有者权益总额为 1 000 万元，资本结构为所有者权益占 40%，所以，原来的资金总额 $= 1 000/40\% = 2 500$（万元），因为资本结构中长期负债占 60%，所以，原来的长期负债 $= 2 500 \times 60\% = 1 500$（万元），或 $2 500 - 1 000 = 1 500$（万元）。

因为计划年度维持目前的资本结构，所以，计划年度不存在流动负债，计划年度借款利息 = 长期负债利息 = (原长期负债 + 新增长期负债) × 利率 = $(1 500 + 120) \times 11\% = 178.2$（万元）。

因为息税前利润 = 税前利润 + 利息，所以，计划年度息税前利润 $= 164.18 + 178.2 = 342.38$（万元）。

4. A 公司本年实现的净利润为 400 万元，年初未分配利润为 1 200 万元，年末公司讨论决定现金股利分配的数额。预计明年需要增加投资资本 600 万元，公司的目标资本结构为权益资本占 60%，债务资本占 40%。上年实现净利润 360 万元，分配的现金股利为 216 万元。

要求：计算回答下列互不关联的问题。

(1)公司采用剩余股利政策，权益资金筹集优先使用留存收益，公司本年的股利支付率是多少？

(2)公司采用固定股利政策,公司本年应发放多少现金股利?

(3)公司采用固定股利支付率政策,公司本年应发放多少现金股利?

(4)公司采用低正常股利加额外股利政策,规定每股最低现金股利为0.1元,按净利润超过最低股利部分的25%发放额外现金股利,该公司目前普通股股数为500万股,公司本年应发放多少现金股利?

[答案要点]

(1)预计明年投资所需的权益资金 $=600 \times 60\% =360$(万元)

利润留存 $=360$(万元)

本年发放的现金股利 $=400 - 360 =40$(万元)

股利支付率 $=40/400 \times 100\% =10\%$

(2)本年发放的现金股利 $=$ 上年发放的现金股利 $=216$(万元)

(3)固定股利支付率 $=216/360 \times 100\% =60\%$

本年发放的现金股利 $=400 \times 60\% =240$(万元)

(4)最低现金股利额 $=500 \times 0.1 =50$(万元)

额外现金股利 $=(400 -50) \times 25\% =87.5$(万元)

本年发放的现金股利 $=50 +87.5 =137.5$(万元)

5. 某公司目前的股东权益项目资料如下:

股本——普通股(每股面值1元)	1 000 万元
资本公积	3 000 万元
盈余公积	1 000 万元
未分配利润	1 500 万元
股东权益合计	6 500 万元

公司股票的每股现行市价为9.75元。

要求:计算回答下述三个互不关联的问题。

(1)如若按1股换2股的比例进行股票分割,股票分割后按照每股0.1元派发现金股利,计算利润分配后股东权益各项目数额、普通股股数。

(2)假设公司按每10股送1股的方案发放股票股利,股票股利按现行市价计算,并按新股数发放现金股利,且希望普通股市价达到每股7.2元,不改变市净率,计算每股现金股利应是多少?

(3)计划按每10股送1股的方案发放股票股利,并按发放股票股利后的股数派发每股现金股利0.1元,股票股利的金额按现行市价计算。计算完成这一分配方案后的股东权益各项目数额。

[答案要点]

(1)普通股股数 $=1 000 \times 2 =2 000$(万股)

普通股股本 = (1/2) × 2 000 = 1 000(万元)

资本公积 = 3 000(万元)

盈余公积 = 1 000(万元)

未分配利润 = 1 500 - 2 000 × 0.1 = 1 300(万元)

(2)市净率 = 每股市价/每股股东权益

分配前市净率 = 9.75 ÷ (6 500 ÷ 1 000) = 1.5

每股市价 7.2 元时的每股股东权益 = 7.2 ÷ 1.5 = 4.8(元/股)

每股市价 7.2 元时的普通股股数 = 1 000 × (1 + 10%) = 1 100(万股)

每股市价 7.2 元时的股东权益合计 = 4.8 × 1 100 = 5 280(万元)

由此可知，发放股票股利和现金股利之后股东权益减少 6 500 - 5 280 = 1 220(万元)。

由于发放股票股利并不影响股东权益总额，因此，本题中只有派发现金股利减少股东权益总额，所以派发的现金股利总额为 1 220 万元，每股现金股利 = 1 220 ÷ 1 100 = 1.11(元)。

(3)利润分配增加的普通股股数 = 1 000 × 1/10 = 100(万股)

利润分配增加的股本 = 100 × 1 = 100(万元)

利润分配增加的资本公积 = 100 × 9.75 - 100 = 875(万元)

利润分配之后的普通股股数 = 1 000 + 100 = 1 100(万股)

利润分配之后的股本 = 1 100 × 1 = 1 100(万元)

利润分配之后的资本公积 = 3 000 + 875 = 3 875(万元)

利润分配之后的盈余公积 = 1 000(万元)

分派的现金股利 = 0.1 × 1 100 = 110(万元)

发放的股票股利 = 100 × 9.75 = 975(万元)

利润分配减少的未分配利润 = 110 + 975 = 1 085(万元)

利润分配后的未分配利润 = 1 500 - 1 085 = 415(万元)

案例讨论题

克莱斯勒公司总裁伊顿正为一事发愁，因为该公司最大的个人股东克高林(他控制了公司 9% 的股票)公开要求克莱斯勒公司董事会采取具体措施以提高公司正在下滑的股价。克高林认为董事会应提高股利支付率或实施回购计划。他指出：虽然在过去的 12 个月中，公司曾两次提高其股利支付率，但是福特公司已经将其股利支付率提高了 12.5%。目前，克莱斯勒公司的股票价格仅为其每年净收益的 5 倍，股票收益率约为 2.2%，而福特公司的股票价格为其每年净收益的 7 倍，股票收益率为 3.6%。年初以来，克莱斯勒公司的股价已下跌了近 20%。

克莱斯勒公司目前有 66 亿元的现金及等价物，利润也相当可观。但是公司总裁伊顿认为：公司持有的现金应至少达到 75 亿元，甚至最好是 100 亿元，以执行其雄心勃勃的汽车产品开发计划，从而度过下一轮的萧条。过去克莱斯勒公司曾几次陷入灾难性的财务危机。

克莱斯勒公司的几个团体股东支持克高林的提议。其中之一认为"有必要通过股票回购向华尔街证明克莱斯勒的力量"。另一个则认为"克莱斯勒的股利支付率应该加倍，因为'克莱斯勒是当今主要股票中被低估的最厉害的一只股票'，而且'低股利政策是导致股价被低估的原因'"。同时，在克高林的信件被公布于媒介的当日，克莱斯勒公司的股票价格就从 45.875 美元跃升至 49 美元，上涨了 3.125 美元即 6.8%。第二日，它继续爬升了 0.875 美元，上涨幅度为 1.8%。

《华尔街时报》写到：克高林的提议提出了一个基本问题："在繁荣阶段，像克莱斯勒这样的公司应以高额股利或股票回购形式支付多少的利润给股东？"

[案例思考]

结合本案例的资料，谈谈如下问题：

(1) 简述主要的股利政策。

(2) 当短期股票价格与公司长远发展出现矛盾时，股利分配政策应如何确定？

(3) 如果你是伊顿，面对上述情况，你将采取何种对策？

[答题要点]

(1) 股利政策类型：剩余股利政策、固定股利或稳定增长的股利政策、低正常股利加额外股利政策、固定股利支付率股利政策。

(2) 可做适当调整，综合企业投资机会、资本成本、现金流量、行业等因素，适当增加股利分配，以分配超额现金并提高股票价格。

(3) 可以进行股票回购或者直接提高股利支付比率，但要根据经济环境变化及时调整。

第六章 企业财务分析

学习要点：

（1）理解财务分析作用、目的，分类、流程以及三大报表分析

（2）理解财务分析指标和各指标关系、比率分析和比较分析以及综合分析

（3）理解财务分析应注意的问题

第一节 财务分析概述

一、财务分析作用和目的

（一）财务分析作用

企业在生产经营过程中，应依据会计准则等会计规范进行会计核算，并编制财务报告。财务报告是企业向会计信息使用者提供信息的主要文件，它反映了企业财务状况、经营成果和现金流量等方面的会计信息，为会计信息使用者进行经济决策提供依据。企业在会计核算和编制财务报告时，必须遵循会计准则，以保证会计信息客观、公允地反映企业的财务状况和经营状况。企业在财务报告中提供的会计信息应当符合会计准则所要求的质量特征，如可靠性、相关性等。一般来说，为了保证会计信息的公允性，企业提供给外部会计信息使用者的财务报告应当经过注册会计师的审计。注册会计师对财务报告进行独立审计后出具审计报告，以说明财务报告的编制是否符合会计准则的要求，所提供的会计信息是否公允地反映了企业的财务状况、经营成果和现金流量状况。

由于财务报告主要是通过分类的方法提供各种会计信息，还缺乏一定的综合性，无法深入地揭示企业各方面的财务能力，也无法反映企业在一定时期内的发展变化趋势。因此，为了提高会计信息的利用程度，需要对这些会计信息做进一步的加工和处理，以便更深入、全面地反映企业的各种财务能力和发展趋势。财

务分析就是完成这一任务的主要方法。财务分析是以企业的财务报告等会计资料为基础，对企业的财务状况、经营成果和现金流量进行分析和评价的一种方法。财务分析是财务管理的重要方法之一，它通过对财务报告所提供的会计信息做进一步加工和处理，为股东、债权人和管理层等会计信息使用者进行财务预测和财务决策提供依据。在实务中，财务分析可以发挥以下重要作用：

通过财务分析，可以全面评价企业在一定时期内的各种财务能力，包括偿债能力、营运能力、盈利能力和发展能力，从而分析企业经营活动中存在的问题，总结财务管理工作的经验教训，促进企业改善经营活动、提高管理水平。

通过财务分析，可以为企业外部投资者、债权人和其他有关部门和人员提供更加系统、完整的会计信息，便于他们更加深入地了解企业的财务状况、经营成果和现金流量情况，为其投资决策、信贷决策和其他经济决策提供依据。

通过财务分析，可以检查企业内部各职能部门和单位完成经营计划的情况，考核各部门和单位的经营业绩，有利于企业建立和健全完善的业绩评价体系，协调各种财务关系，保证企业财务目标的顺利实现。

财务分析的作用可以用图6-1表示。从图6-1中可以看出，财务分析是对财务报告所提供的会计信息的进一步加工和处理，其目的是为会计信息使用者提供更具相关性的会计信息，以提高其决策质量。

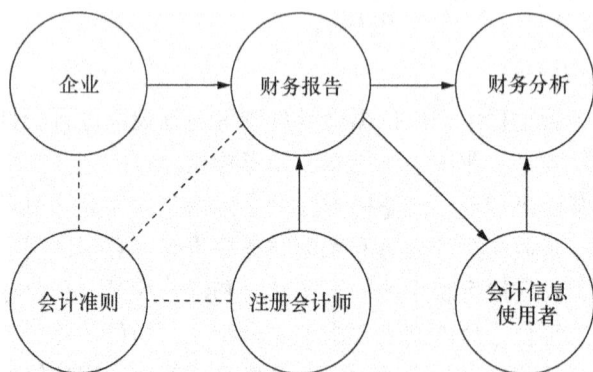

图6-1　财务分析的作用

（二）财务分析目的

财务分析的目的取决于人们使用会计信息的目的，即财务分析是为谁服务？虽然财务分析所依据的资料是客观的，但是，不同的人所关心的问题不同，因此，分析的目的也各不相同。财务分析数据的需求者主要包括企业内部利益关系人和企业外部利益关系人。

企业外部人是债权人、股权投资者、政府部门、供货商和员工；企业内部人是企业管理层，又包括财务部门、销售部门、采购部门、综合管理部门和高管。下面分别介绍不同的会计信息使用者进行财务分析的目的。

1. 债权人和企业财务部的财务分析的目的

债权人按照借款给企业方式的不同可以分为贸易债权人和非贸易债权人。贸易债权人向企业出售商品或者提供服务的同时也为企业提供了商业信用。按照商业惯例，这种商业信用都是短期的，通常在 30～60 天，在信用期限内企业应当向债权人付款。有时为了鼓励客户尽早付款，贸易债权人也会提供一定的现金折扣，如果客户在折扣期限内付款，可以享有现金折扣。大多数的商业信用都不需要支付利息，因此，对于企业来说，这是一种成本极低的融资方式。非贸易债权人是向企业提供融资服务，可以是直接与企业签订借款合同将资金贷给企业，也可以是通过购买企业发行的债券将资金借给企业。非贸易债权人与企业之间有正式的债务契约，明确约定还本付息的时间与方式，这种融资方式可以是短期的，也可以是长期的。

债权人为企业提供信用融资所能够获得的收益是固定的，贸易债权人的收益直接来自商业销售的毛利，非贸易债权人的收益来自债务合同约定的利息。无论企业的业绩如何优秀，债权人的收益都只能限定为固定的利息或者商业销售的毛利。但是，如果企业发生亏损或者经营困难，没有足够的偿付能力，债权人就可能无法收回全部或部分本金。债权人风险与收益的这种不对称性特征，决定了他们非常关注其贷款的安全性，这也是债权人进行财务分析的主要目的。

债权人为了保证其债权的安全，非常关注债务人的现有资源以及未来现金流量的可靠性、及时性和稳定性。在财务分析时，债权人对债务企业未来的预期更为稳健，他们要求债务企业的管理层对未来的预期应与企业现有资源具有确切的联系，同时具有足够能力实现预期收益。债权人的分析集中于评价企业控制现金流量的能力和在多变的经济环境下保持稳定的财务基础的能力。

由于债务的期限长短不同，债权人进行财务分析所关注的重点也有所不同。对于短期信用而言，债权人主要关心企业当前的财务状况、短期资产的流动性以及资金周转情况。而长期信用的债权人侧重于分析企业未来的现金流量和评价企业未来的盈利能力。从持续经营的角度看，企业未来的盈利能力是确保企业在各种情况下有能力履行债务合同的基本保障。因此，盈利能力分析对于长期债权人来说非常重要。此外，无论是短期信用还是长期信用，债权人都重视对企业资本结构的分析。资本结构决定了企业的财务风险，从而也影响到债权人的债权安全性。

企业财务部关心企业能不能按时归还贷款，也就是需要分析企业短期和长期偿债能力。

总之，企业外部债权人和内部财务人员都需要分析企业偿债能力和现金支付能力。

2. 股权投资者和企业综合管理部财务分析的目的

股权投资者将资金投入企业后，成为企业的所有者，对于股份公司来说就是普通股股东。股权投资者拥有对企业的剩余权益。剩余权益意味着，只有在企业的债权人和优先股股东等优先权享有者的求偿权得到满足之后，股权投资者才享有剩余的分配权。在企业持续经营情况下，企业只有支付完债务利息和优先股股利后，才能给股权投资者分配利润；在企业清算时，企业在偿付债权人和优先股股东后，才能将剩余财产偿付给股权投资者。在企业繁荣时期，股权投资者可以比优先权享有者获得更多的收益；而在企业衰败时期，股权投资者要首先承担损失。因此，股权投资者要承担更大的风险。这种风险特征决定了他们对会计信息的要求更多，对企业的财务分析也更全面。

股权投资者进行财务分析的主要目的是分析企业的盈利能力和风险状况，以便据此评估企业价值或股票价值，进行有效的投资决策。企业价值是企业未来的预期收益以适当的折现率进行折现的现值。企业未来的预期收益取决于盈利能力，而折现率受风险大小的影响，风险越高折现率应当越大。由此可见，股权投资者的财务分析内容更加全面，包括对企业的盈利能力、资产管理水平、财务风险、竞争能力、发展前景等方面的分析与评价。

企业综合管理部分析的主要目的是分析企业盈利情况怎样、企业长远发展前景如何，也就是说与股权投资人分析的目的一致，都注重企业盈利能力和发展能力分析。

3. 企业管理层和供货商、员工财务分析的目的

企业管理层主要是指企业高管，他们受托于企业所有者，对企业进行有效的经营管理。管理层对企业现时的财务状况、盈利能力和未来持续发展能力非常关注，其财务分析的主要目的在于通过财务分析所提供的信息来监控企业的运营活动和财务状况的变化，以便尽早发现问题，采取措施。由于他们能够经常地、不受限制地获取会计信息，因此能够更加全面和系统地进行财务分析。管理层往往不是孤立地看待某一事件，而是系统地分析产生这一事件的原因和结果之间的联系，通过财务分析提供有价值的线索，提醒他们企业的经济环境、经营状况和财务状况可能发生的重大变化，以便提前采取应对措施。

企业高管财务分析的目的是分析企业长远发展前景如何，企业是否有现金流支付员工工资、债权人欠款、供货商的货款。同样的，供货商和员工财务分析的目的是分析企业能否支付工资和货款即现金支付能力分析。

4. 政府部门财务分析的目的

许多政府部门都需要使用企业的会计信息，如财政部门、税务部门、统计部门以及监管机构等。政府部门进行财务分析的主要目的是更好地了解宏观经济的运行情况和企业的经营活动是否遵守法律法规，以便为其制定相关政策提供决策依据，如通过财务分析可以了解一个行业是否存在超额利润、为制定税法提供合理的依据。税务部门财务分析的目的是分析企业盈利能力如何，因为企业盈利需要缴纳企业所得税。

5. 企业销售和采购部门财务分析的目的

企业销售部门财务分析的目的是分析货款的回收情况怎样，采购部门财务分析的目的是分析货物的库存状况合不合理。两个部门一个要分析应收账款周转情况，一个要分析存货周转情况即都需要对企业营运能力进行分析。

二、财务分析分类

（一）按财务分析的主体不同分类

分为内部分析和外部分析，企业内部利益关系人进行财务分析称为内部分析，企业外部利益关系人进行财务分析称为外部分析。

（二）按财务分析的对象不同分类

分为资产负债表分析、利润表分析、现金流量表分析。

（三）按财务分析的方法不同分类

1. 比率分析法

比率分析法是将企业同一时期的财务报表中的相关项目进行对比，得出一系列财务比率，以此来揭示企业财务状况的分析方法。财务比率主要包括构成比率、效率比率和相关比率三大类。

构成比率又称结构比率，是反映某项经济指标的各个组成部分与总体之间关系的财务比率，如流动资产与总资产的比率、流动负债与负债总额的比率等。

效率比率是反映某项经济活动投入与产出之间关系的财务比率，如资产报酬率、销售净利率等，利用效率比率可以考察经济活动的经济效益，揭示企业的盈利能力。

相关比率是反映经济活动中某两个或两个以上相关项目比值的财务比率，如流动比率、速动比率等，利用相关比率可以考察各项经济活动之间的相互关系，从而揭示企业的财务状况。

2. 比较分析法

比较分析法是将同一企业不同时期的财务状况或不同企业之间的财务状况进行比较，从而揭示企业财务状况存在的差异的分析方法。比较分析法可分为纵向比较分析法和横向比较分析法两种。

纵向比较分析法，又称趋势分析法，是将同一企业连续若干期的财务状况进行比较，确定其增减变动的方向、数额和幅度，以此来揭示企业财务状况的发展变化趋势的分析方法，如比较财务报表法、比较财务比率法等。

横向比较分析法，是将本企业的财务状况与其他企业的同期财务状况进行比较，确定其存在的差异及其程度，以此来揭示企业财务状况中所存在的问题的分析方法。

（四）按财务分析的内容不同分类

1. 偿债能力分析

偿债能力是指企业偿还到期债务的能力。通过对企业的财务报告等会计资料进行分析，可以了解企业资产的流动性、负债水平以及偿还债务的能力，从而评价企业的财务状况和财务风险，为管理者、投资者和债权人提供企业偿债能力的财务信息。

2. 营运能力分析

营运能力反映了企业对资产的利用和管理能力。企业的生产经营过程就是利用资产取得收益的过程。资产是企业生产经营活动的经济资源，资产的利用和管理能力直接影响到企业的收益，它体现了企业的经营能力。对营运能力进行分析，可以了解到企业资产的保值和增值情况，分析企业资产的利用效率、管理水平、资金周转状况、现金流量情况等，为评价企业的经营管理水平提供依据。

3. 盈利能力分析

获取利润是企业的主要经营目标之一，它也反映了企业的综合素质。企业要生存和发展，必须争取获得较高的利润，这样才能在竞争中立于不败之地。投资者和债权人都十分关心企业的盈利能力，盈利能力强可以提高企业偿还债务的能力，提升企业的信誉。对企业盈利能力的分析不能仅看其获取利润的绝对数，还应分析其相对指标，这些都可以通过财务分析来实现。

4. 发展趋势即竞争能力分析

无论是企业的管理者，还是投资者、债权人，都十分关注企业的发展能力，这关系到他们的切身利益。通过对企业发展能力进行分析，可以判断企业的发展潜力，预测企业的经营前景，从而为企业管理者和投资者进行经营决策和投资决策提供重要的依据，避免决策失误给其带来重大的经济损失。

5. 发展趋势分析

发展趋势分析是指通过对企业连续若干期的会计信息和财务指标进行分析，判断企业未来发展趋势，了解企业的经营活动和财务活动存在的问题，为企业未来决策提供依据。

6. 综合分析

财务综合分析是指全面分析和评价企业各方面的财务状况，对企业风险、收益、成本和现金流量等进行分析和诊断，为提高企业财务管理水平、改善经营业绩提供信息。

三、财务分析流程

无论是企业的外部人还是内部人，在做出财务评价和经济决策时，都必须进行充分的财务分析。为了保证财务分析的有效进行，必须遵循科学的程序。财务分析的程序一般包括以下几个步骤。

（一）明确财务分析的目标

财务分析的目标决定分析内容，比如财务分析要求看企业风险就需要对企业偿债能力进行分析。企业向银行申请贷款需要出示财务分析报告，要求看企业回报就需要对企业盈利能力进行分析，要求看企业成长性需要对企业竞争能力进行分析。企业筹资需要提供偿债能力、盈利能力和竞争能力的分析报告。

（二）搜集有关的信息资料

财务分析的目标决定搜集什么资料，最基础的资料是财务会计报表中的数据，但也要结合其他数据，如统计数据、成本数据、宏观经济数据等信息资料。偿债能力分析内部围绕资产负债数据，外部围绕宏观经济的货币政策，比如，在宽松货币政策下，央行存款准备金利率提高，商业银行资金减少，贷款利率提高，企业偿债压力增大。相反，在紧缩货币政策下，央行存款准备金利率下调，商业银行资金增加，贷款利率下降，缓解企业偿债压力，增强偿债能力。盈利能力分析外部围绕宏观经济政策，内部围绕利润表数据反映企业收入和成本变化，收入取决于产业市场竞争状况，成本取决于原材料来源以及固定资产消耗，比如中国钢铁行业包括首钢、鞍钢、武钢等企业，产能过剩，钢铁价格很难提高，虽然修建铁路、公路、航空等基础设施都需要钢铁，但世界铁矿石开发只有澳大利亚和巴西等三个国家，三国垄断涨价而我国铁矿石不足，原材料来源不足，成本高。因此我国钢铁行业盈利能力差。搜集资料这个阶段好比在医院看病，医生让你做了一大堆检查，根据检查结果发现你身上的病症。

（三）选择适当的分析方法

常用的财务分析方法有比率分析法、比较分析法，在进行财务分析时结合使用，以便进行对比，做出客观和全面的财务评价。选择比率分析法需要确定分析指标。分析指标是根据财务分析的内容而确定的，不同的分析内容所使用的分析指标也不同，如分析偿债能力应当采用流动比率、资产负债率等指标。判别财务指标优劣的标准为：以经验数据为准，以历史数据为准（上一年或前三年数据)，以同行业数据为准（包括行业平均数、跨行业和同行业先进企业数据以及本行业主要竞争对手数据)，以本企业预定数据为准即事先确定好的标准。

（四）发现问题、提出方案

通过比率和比较分析，发现企业经营活动中存在的问题，比如通过比较分析企业利润增加，而应收账款增加更快，发现企业是通过赊销做利润，从而提出整改方案。通过财务分析总结经验，吸取教训，以改进工作。具体见图 6 - 2。

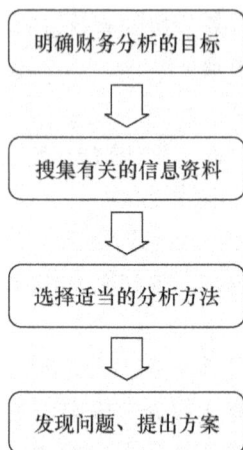

图 6 - 2　财务分析流程

四、三张基本报表的财务分析

财务分析是以企业的会计核算资料为基础，通过对会计所提供的核算资料进行加工整理，得出一系列科学的、系统的财务指标，以便进行比较、分析和评价。这些会计核算资料包括日常核算资料和财务报告，但财务分析主要是以财务报告为基础，日常核算资料只作为财务分析的一种补充资料。财务报告是企业向政府部门、投资者、债权人等与本企业有利害关系的组织或个人提供的，反映企业在一定时期内的财务状况、经营成果、现金流量以及影响企业未来经营发展的重要经济事项的书面文件。提供财务报告的目的在于为报告使用者提供财务信息，为他们进行财务分析、经济决策提供充足的依据。企业的财务报告主要包括资产负债表、利润表、现金流量表、所有者权益（或股东权益）变动表、财务报表附注以及其他反映企业重要事项的文字说明。这些财务报表及附注集中、概括地反映了企业的财务状况、经营成果和现金流量情况等财务信息，对其进行财务分析，可以更加系统地揭示企业的偿债能力、营运能力、盈利能力、发展能力等财务状况。

经过长期的发展演变，世界各国的报表体系逐渐趋于形式上的一致，一般包括资产负债表（Balance Sheet）、利润表（Income Statement，Profit and Loss Account）和现金流量表（Statement of Cash Flows，Cash Flow Statement）。下面介绍三张基本报表的财务分析。

（一）资产负债表

1. 资产负债表架构

资产负债表又称资金平衡表，是反映企业在某一特定日期的财务状况的财务报表。它以"资产 = 负债 + 所有者权益"这一会计恒等式为依据，按照一定的分类标准和次序，反映企业在某一个时间点上资产、负债及所有者权益的基本状况。表 6 - 1 为潍坊北大青鸟华光科技股份有限公司（简称青鸟华光）2013 年的资产负债表。

表 6 - 1　青鸟华光资产负债表

2013 年 12 月 31 日　　　　　　　　　　　　　单位：元

项目	期末余额	年初余额	项目	期末余额	年初余额
流动资产			流动负债		
货币资金	65 529 642.80	18 774 707.27	短期借款	7 000 000.00	
交易性金融资产	75 994.00	95 238.50	交易性金融负债		
应收票据	950 000.00	117 370.00	应付票据		
应收账款	1 235 142.25	3 141 904.66	应付账款	38 977 697.31	39 057 936.85
预付款项	10 189 383.94	46 811 150.67	预收账款	66 159 218.62	10 787 329.86
应收利息			应付职工薪酬	7 125 602.62	8 447 634.87
应收股利			应交税费	2 693 869.39	5 082 937.89
其他应收款	2 790 610.07	2 432 993.38	其他应付款	123 436 247.38	105 097 505.93
存货	419 492 564.74	310 989 238.75	应付股利	2 436 820.06	2 436 820.06
一年内到期的非流动资产			一年内到期的非流动负债		
其他流动资产	3 830 106.23		其他流动负债		
流动资产合计	504 093 444.03	382 362 603.23	流动负债合计	240 829 455.38	177 910 165.46
非流动资产			非流动负债		
可供出售金融资产			长期借款	55 000 000.00	
持有至到期投资			应付债券		

项目	期末余额	年初余额	项目	期末余额	年初余额
长期应收款			长期应付款		
长期股权投资	2 406 205.96	2 229 717.24	专项应付款	80 000.00	80 000.00
投资性房地产			预计负债		
固定资产	3 117 855.34	2 435 274.99	递延所得税负债		
在建工程			非流动负债合计	55 080 000.00	80 000.00
工程物资			所有者权益 （或股东权益）		
固定资产清理		5 776 390.11	实收资本 （或股本）	365 536 000.00	365 536 000.00
生产性生物资产			资本公积	487 492 095.09	487 492 095.09
油气资产			减：库存股		
无形资产			盈余公积	83 716 424.94	83 716 424.94
开发支出			未分配利润	−798 641 075.82	−850 731 608.76
商誉			归属于母公司所 有者权益合计	138 103 444.21	86 012 911.27
长期待摊费用	1 139 530.32		少数股东权益	124 321 029.13	130 044 885.25
递延所得税资产	2 560 693.07	1 243 976.41	外币报表折算差额		
其他非流动资产	45 016 200.00		一般风险准备		
非流动资产合计	54 240 484.69	11 685 358.75	所有者权益合计	262 424 473.34	216 057 796.52
资产总计	558 333 928.72	394 047 961.98	负债和所有者 权益总计	558 333 928.72	394 047 961.98

从资产负债表的架构来看，它主要包括资产、负债与股东权益三大类项目。左边的资产反映资金用途，右边的负债和股东权益反映资金来源，它说明了企业资金的来源情况，即有多少来源于债权人，有多少来源于企业所有者的投资。资产总计等于负债和股东权益总计。

资产按流动性即变现性从大到小分项列示，上半部分列示了各项流动资产的金额，下半部分列示了各项非流动资产的金额。负债按流动性（偿还债务期限）从强到弱排序，首先列示一年内偿还的流动负债，包括短期借款、交易性金融负债、应付账款和票据、应付职工薪酬和应交税金、应付股利和利息、一年内到期的流动负债以及其他流动负债；其次列示了一年以上偿还的长期负债。股东权益又称所有者权益，等于股东投资资本加上资本增值，具体包括：①股本，又称实收资本，反映股东初始投资金额。②资本公积，反映资本随企业经营活动而增值，资本增值体现在以下方面：资本溢价即高于发行价购买股票；长期股权投资增值；可供出售金融资产增值。③盈余公积，用于股东防范风险，包括法定盈余公积（从税后利润中提取 10%）和任意盈余公积（没有法定规定企业可通过董事会决议自行决定提取比例）。④未分配利润，理论上税后利润扣除盈余公积剩下的部分应该全部分给股东，实际上还是有未分的称未分配利润，表示应分未分的利润，对于大型企业，累计未分配利润有可能大于股本。

2. 资产负债表分析

资产负债表是进行财务分析的一张重要财务报表，它提供了企业的资产结构、资产流动性、资金来源状况、负债水平以及负债结构等财务信息。分析者通过对资产负债表的分析，可以了解企业的偿债能力、资金营运能力等财务状况，为债权人、投资者以及企业管理者提供决策依据。

结合我国的情况，分析资产负债表应特别注重应收账款和金融资产项目分析，因为可以借助它们做高利润。例如，2009 年 7 月 14 日在福州召开的董事会第二十五次会议审议通过《关于提请股东大会对公司处置可供出售金融资产予以确认的议案》，公司于 2009 年 5 月 14、15 日通过上海证券交易所交易系统累计出售了兴业银行股票 423 万股，累计交易金额 11 692.47 万元。同意提请公司股东大会对上述交易事项予以确认。

审议通过《关于提请股东大会对公司投资购入兴业银行股票 423 万股予以确认的议案》，公司于 2009 年 5 月 19 日通过上海证券交易所交易系统购入兴业银行股票 423 万股，累计使用金额 12 227.93 万元。同意提请公司股东大会对上述投资购入兴业银行股票事项予以确认。

思考：低价卖高价买目的是什么？

回答：因为可供出售金融资产价格上涨和下跌都计入资本公积不影响利润，但卖了就计入投资收益增加利润，因此低价卖是做高利润，但兴业银行股票有上涨趋势，高价购入虽然现金减少，变为交易性金融资产，但其价格上涨计入公允价值变动损益会增加利润。因此福建水泥高价买进低价卖出的目的就是做高利润。

思考：解读应收账款，分析四川长虹 1997 年利润同比 1998 年下滑的原因。

应收账款属于信用资产，受第三人制约。此类资产若过多，则反映企业的客户拖欠严重，占用资金过多，易形成坏账。应收账款周转率是判断应收账款质量好坏的指标。该指标越大，说明应收账款的质量越好，应收账款周转期如图 6 - 3 所示。

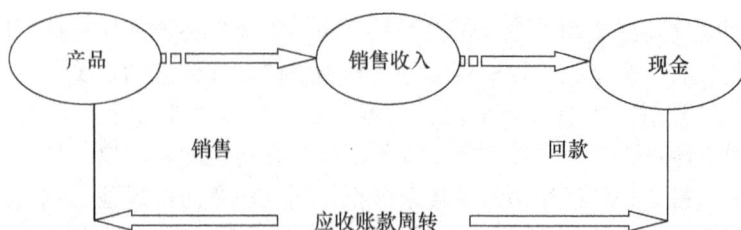

图6-3 应收账款周转期

1997年，中国建设银行为郑百文开具承兑汇票总额突破了50亿元。郑百文以这种方式成为了长虹的重要经销商，销售规模迅速扩大，于1997年一举买断长虹两条生产线的经营权，相当于长虹产量30%的经销权。具体流程如图6-4所示。

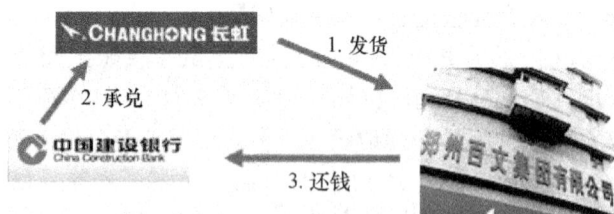

图6-4 长虹与郑百文票据结算流程

郑百文开始走上了后来麻烦不断的PT之路，出现了第一次亏损，并且1998年度报告被郑州会计师事务所拒绝发表审计意见。郑州会计师事务所拒绝发表审计意见的主要原因之一是：经审查，贵公司所属家电分公司缺乏我们可信赖的内部控制制度，会计核算方法具有较大的随意性，而家电分公司的资产及业务量在贵公司占较大比重，致使我们无法取得充分适当的审计证据对贵公司整体会计报表的收入、成本及其相关的报表项目的真实性、合理性予以确认。

另外，长虹在1998年年报中提到，公司采取了以市场为导向、以销售为龙头，切实加强销售力量，细化市场，通过在全国600多个县市遍布网点、增设专卖店，扩大长虹彩电的销售和售后服务体系的覆盖面的销售方式。这种销售方式的改变与郑百文的境况不无关联。

资产负债表分析还要注意分析资产总计小于负债总计，即所有者权益为负的原因分析，情况比较复杂，权益本身原因包括结转上年未分配利润为负，可供出售金融资产价格下跌，一般情况下可供出售金融资产价格不会下跌但在金融危机时是例外，比如，中国平安以 238 亿元购买欧洲汇通宝股票，金融危机来临后价格跌到 8 亿元，损失的 230 亿元都计入资本公积减少所有者权益。从资产角度分析，新会计准则规定资产通货膨胀时要求提取足额的减值。

（二）利润表

1. 利润表的架构

利润表也称损益表，美国称为 Icome Statement，英国称为 Profit and Loss Account，它是反映企业在一定期间生产经营成果的财务报表。利润表是以"利润＝收入－费用"这一会计等式为依据编制而成的。确认收入和费用的口径不同，利润口径也不同。我们通常说企业利润为 100 元是不准确的，因为利润是一个集合名词。美国利润包括毛利润、息税前利润 EBIT、税前利润 EBT 和税后利润 EAT。中国利润不包括息税前利润 EBIT，只包括营业利润、利润总额（税前利润）和税后利润（净利润）。在利润表中，通常按照利润的构成项目来分别列示。表 6 - 2 为青鸟华光公司 2013 年的利润表。

表 6 - 2　青鸟华光公司利润表

2013 年　　　　　　　　　　　　　　　　　　　　　　单位：元

项目	本期金额	上期金额
一、营业总收入	13 667 521. 36	12 791 747. 53
其中：营业收入	13 667 521. 36	12 791 747. 53
利息收入		
已赚保费		
手续费及佣金收入		
二、营业总成本	41 632 209. 62	26 682 601. 32
其中：营业成本	11 216 032. 98	7 957 357. 60
利息支出		
分保费用		
营业税金及附加	88 224. 14	154 843. 65
销售费用	4 259 804. 10	689 633. 06
管理费用	25 754 869. 33	25 920 436. 39
财务费用	960 044. 87	118 106. 25
资产减值损失	－ 646 765. 80	－ 8 157 775. 63
加：公允价值变动收益（损失以"－"号填列）	－ 27 260. 28	756. 92
投资收益（损失以"－"号填列）	235 052. 19	－ 1 089 623. 48
其中：对联营企业和合营企业的投资收益	176 488. 72	－ 1 089 623. 48

续表

项目	本期金额	上期金额
汇兑收益（损失以"－"号填列）		
三、营业利润（亏损以"－"号填列）	－27 756 896.35	－14 979 720.35
加：营业外收入	72 893 390.07	8 050 594.49
减：营业外支出	83 789.73	23 447.20
其中：非流动资产处置损失	83 541.05	745.00
四、利润总额（亏损总额以"－"号填列）	45 052 703.99	－6 952 573.06
减：所得税费用	－1 313 972.83	－572 408.31
五、净利润（净亏损以"－"号填列）	46 366 676.82	－6 380 164.75
归属于母公司所有者的净利润	52 090 532.94	－4 985 274.11
少数股东损益	－5 723 856.12	－1 394 890.64
六、每股收益	0.14	－0.01

企业的收入主要包括营业收入（销售收入）、公允价值变动收益、投资收益以及营业外收入。

企业费用包括生产过程中发生的费用（如人工、原材料、制造费用）按比例分配给产品形成成本；不是生产过程产生无法分配给产品形成成本的期间费用，如销售费用、管理费用、财务费用（利息费用）。营业利润是营业收入减去营业成本，再扣除营业税金及附加、销售费用、管理费用、财务费用，加上公允价值变动收益和投资净收益等得到的利润，营业利润主要反映企业的经营所得；营业利润加上营业外收支净额后就是利润总额，是计算所得税的基础；利润总额扣除所得税费用后的余额就是企业的净利润，这是企业所有者可以得到的收益。

2. 利润表分析

通过利润表可以考核企业利润计划的完成情况，分析企业的盈利能力以及利润增减变化的原因，预测企业利润的发展趋势，为投资者及企业管理者等提供对决策有用的财务信息。

分析利润表应注意：从同行业中主要竞争对手数据入手，发现比同行业企业利润高或低都是不正常现象，要分析原因。

以蓝田股份为例，2000 年年报以及 2001 年中报显示，蓝田股份水产品的平均毛利率为 32%，饮料的平均毛利率达 46% 左右，而身处同行业的深深宝的毛利率约为 20%，驰名品牌承德露露的毛利率不足 30%。

从公司销售的产品结构来看，以农产品为基础的相关产品，都是低附加值商品，一般情况下，这种产品结构的企业，除非是基于以下几种情况才会有如此高的毛利率：①产品市场被公司绝对垄断，产品价格由公司完全控制；②产品具有超常低成本的优势。但从实际情况看，以蓝田股份现有的行业属性、市场环境、产品技术含量等方面进行评估，达到这样高的毛利率的可能性不大。最后发现，这样的毛利率实际上是做出来的。

从公司历史数据入手，通常是3~5年甚至10年数据。比如，四川长虹1997~2004年税后利润波动很大，1997年税后利润高达28亿元而2004年税后净利降至约-37亿元，而我们预测2001~2003年应是亏损，但报表显示直到2004年才出现巨额亏损，分析发现这是若干年亏损堆积在一起形成的，国外称之为"Big Bath"。

（三）现金流量表

1. 现金流量表的架构

现金流量表是以现金及现金等价物为基础编制的财务状况变动表，是企业对外报送的一张重要财务报表。它为财务报表使用者提供企业一定会计期间现金和现金等价物流入和流出的信息，以便于报表使用者了解和评价企业获取现金和现金等价物的能力，并据以预测企业未来现金流量。表6-3为青鸟华光2013年的现金流量表。

表6-3 青鸟华光现金流量表

2013年 单位：元

项目	本期金额	上期金额
一、经营活动产生的现金流量		
销售商品、提供劳务收到的现金	73 179 860.53	24 881 149.79
处置交易性金融资产净增加额		
收取利息、手续费及佣金的现金		
收到的税费返还	1 141.02	
收到其他与经营活动有关的现金	57 217 060.84	97 749 071.55
经营活动现金流入小计	130 398 062.39	122 630 221.34
购买商品、接受劳务支付的现金	113 591 697.03	65 238 423.62
支付给职工以及为职工支付的现金	17 754 558.13	15 029 800.17
支付的各项税费	6 187 186.99	2 211 426.73
支付其他与经营活动有关的现金	26 906 586.64	53 719 582.22
经营活动现金流出小计	164 440 028.79	136 199 232.74
经营活动产生的现金流量净额	-34 041 966.40	-13 569 011.40
二、投资活动产生的现金流量		
收回投资收到的现金	56 260.92	56 260.92

续表

项目	本期金额	上期金额
取得投资收益收到的现金		
处置固定资产、无形资产和其他长期资产收回的现金净额	34 791 264.60	
处置子公司及其他营业单位收到的现金净额		19 932 160.23
收到其他与投资活动有关的现金		142.35
投资活动现金流入小计	34 847 525.52	19 988 563.50
购建固定资产、无形资产和其他长期资产支付的现金	1 099 527.11	171 860.16
投资支付的现金		52 330.00
质押贷款净增加额		
取得子公司及其他营业单位支付的现金净额		
支付其他与投资活动有关的现金		
投资活动现金流出小计	1 099 527.11	224 190.16
投资活动产生的现金流量净额	33 747 998.41	19 764 373.34
三、筹资活动产生的现金流量		
吸收投资收到的现金		
其中：子公司吸收少数股东投资收到的现金		
取得借款收到的现金	55 000 000.00	
发行债券收到的现金		
收到其他与筹资活动有关的现金		
筹资活动现金流入小计	55 000 000.00	
偿还债务支付的现金	7 000 000.00	297 637.33
分配股利、利润或偿付利息支付的现金	951 096.48	945 815.68
其中：子公司支付给少数股东的股利、利润		
支付其他与筹资活动有关的现金		
筹资活动现金流出小计	7 951 096.48	1 243 453.01
筹资活动产生的现金流量净额	47 048 903.52	− 1 243 453.01
四、汇率变动对现金及现金等价物的影响		
五、现金及现金等价物净增加额	46 754 935.53	4 951 908.93
加：期初现金及现金等价物余额	18 774 707.27	13 822 798.34
六、期末现金及现金等价物余额	65 529 642.80	18 774 707.27

现金流量表反映了企业在一定会计期间的现金流量状况，它将企业的现金流量划分为经营活动产生的现金流量、投资活动产生的现金流量和筹资活动产生的

现金流量三类，按照收付实现制原则编制而成，将权责发生制下的盈利信息调整为收付实现制下的现金流量信息。为了正确地分析现金流量表，必须明确现金流量表中这样几个重要的概念：现金、现金等价物、现金流量。

（1）现金。现金流量表中的现金是指企业的库存现金以及可以随时用于支付的存款，包括库存现金、银行存款和其他货币资金。但是，银行存款和其他货币资金中不能随时用于支付的存款不属于现金，如不能随时支取的定期存款等。

（2）现金等价物。现金等价物是指企业持有的期限短、流动性强、易于转换为已知金额现金、价值变动风险很小的投资。现金等价物虽然不是现金，但其支付能力与现金的差别不大，可以视为现金。一项投资被确认为现金等价物必须同时具备四个条件：期限短、流动性强、易于转换为已知金额现金、价值变动风险很小。其中，期限短一般是指从购买日起3个月内到期。现金等价物通常包括3个月内到期的债券投资等，权益性投资变现的金额通常不确定，因而不属于现金等价物。

（3）现金流量。现金流量是企业一定时期内现金和现金等价物的流入和流出的数量，主要包括经营活动产生的现金流量、投资活动产生的现金流量和筹资活动产生的现金流量三类。经营活动是指企业投资活动和筹资活动以外的所有交易和事项，如销售商品、提供劳务、购买商品、接受劳务、支付税款等。投资活动是指企业长期资产的购建和不包括现金等价物范围内的投资及其处置活动，如购建或处置固定资产、对外长期投资或收回投资等。筹资活动是指导致企业资本及债务规模和结构发生变化的活动，如向银行借款或还款、发行债券、发行股票、支付利息或股利等。

2. 现金流量表分析

现金流量表分析包括现金流量增减变动的差异分析，即有没有"钱"？现金流入的结构分析，即"钱"从哪里来？现金流出的结构分析，即"钱"到哪里去了？

分析现金流量应结合利润表一起分析，因为一个企业有很高的利润，但如果缺乏可支配的现金流，就没有能力偿还到期债务，出现信用问题；相反，一个企业有亏损，但它实际持有一定的现金，即说明企业有能力还贷。过去企业关注利润数量，其实仅仅注重利润数量是不行的，应该关注利润质量即有现金流量支撑的利润才是高质量的。

将经营活动净现金流量与税后净利润对应来看，可分析利润是否有操纵。若经营活动净现金流量是 -7.8 亿元，净利润是 8 亿元，这类公司利润一定有问题甚至是虚假利润（年末往外赊销，明年或后年才能收回现钱）；相反，经营活动净现金流量是 8 亿元，净利润是 -7.8 亿元，这类公司利润会好些，表示公司正在处置不良资产，加强资金周转，提高资金运作效率，准备轻装上阵。

为何亏损不怕，怕就是没钱？

比如，康佳报出 6.99 亿元亏损，此时股价下跌，如果无法确定是继续持有康佳股票还是抛售，但可以肯定康佳最近两年不会破产，因为经营活动净现金流是 7.04 亿元。那么康佳利润表出示的数据是负的，而现金流量表出示数据大于 0，原因是什么？

假设康佳 1999 年生产彩电成本是 2 500 元/台，准备卖 3 000 元/台，赚 500 元/台，可是 1999 年原材料价格变化，彩电市场更新换代快，彩电必须降价卖，销售仅赚 100 元/台，没卖彩电积压至 2001 年，市场还未好转，康佳于是将积压两年的彩电全部卖出，亏损 500 元/台，而康佳收回现金 2 000 元/台。

第二节　财务分析指标

一、企业偿债能力分析

偿债能力是指企业偿还各种到期债务的能力，衡量企业是否有资金还债。偿债能力分析是企业财务分析的一个重要方面，通过这种分析可以揭示企业的财务风险。企业管理者、债权人及股权投资者都十分重视对企业偿债能力的分析。偿债能力分析主要分为短期偿债能力分析和长期偿债能力分析，现分述如下。

（一）短期偿债能力

短期偿债能力是指企业偿付流动负债的能力。流动负债是在 1 年内或超过 1 年的一个营业周期内需要偿付的债务，这部分负债对企业的财务风险影响较大，如果不能及时偿还，就可能使企业陷入财务困境，面临破产倒闭的危险。在资产负债表中，流动负债与流动资产形成一种对应关系。一般来说，流动负债需要以现金直接偿还，而流动资产是在 1 年内或超过 1 年的一个营业周期内可变现的资产，因而流动资产就成为偿还流动负债的一个安全保障。因此，可以通过分析流动负债与流动资产之间的关系来判断企业短期偿债能力。通常，评价短期偿债能力的财务比率主要有：流动比率、速动比率、现金比率、现金流量比率和到期债务本息偿付比率等。

1. 流动比率

流动比率是企业流动资产与流动负债的比值，反映了 1 年内能转换现金资产对 1 年内偿还流动负债的保障。其计算公式为：

流动比率 = 流动资产/流动负债　　　　　　　　　　　　　　　　（6-1）

流动资产主要包括货币资金、交易性金融资产、应收及预付款项、存货和1年内到期的非流动资产等，一般用资产负债表中的期末流动资产总额；流动负债主要包括短期借款、交易性金融负债、应付及预收款项、各种应交款项、1年内到期的非流动负债等，通常也用资产负债表中的期末流动负债总额。根据表6-1青鸟华光的流动资产和流动负债的年末数，该公司2013年年末的流动比率为2.09。

这表明青鸟华光每有1元的流动负债，就有2.09元的流动资产作为安全保障。流动比率是衡量企业短期偿债能力的一个重要财务指标，这个比率越高，说明企业偿还流动负债的能力越强，流动负债得到偿还的保障越大。但是，过高的流动比率也并非好现象，因为流动比率过高，可能是企业滞留在流动资产上的资金过多，未能有效地加以利用，可能会影响企业的盈利能力。

根据西方的经验，流动比率在2左右比较合适，反映2元资产涵盖1元负债，到期债务能足额偿还。青鸟华光的流动比率为1.98，应属于正常范围。实际上，对流动比率的分析应该结合不同的行业特点、流动资产结构及各项流动资产的实际变现能力等因素。有的行业流动比率较高，有的行业较低，不可一概而论。但是，单凭这种经验判断也并非可靠，有时流动比率较高，但其短期偿债能力也未必很强，因为可能是存货积压或滞销的结果，而且，企业也很容易伪造这个比率，以掩饰其偿债能力的不足。如年终时故意将借款还清，下年年初再借入，这样就可以人为地提高流动比率。假设某一公司拥有流动资产20万元、流动负债10万元，则流动比率为2；如果该公司在年终编制财务报表时，故意还清5万元短期借款，待下年年初再借入，则该公司的流动资产就变成了15万元，流动负债变成了5万元，流动比率为3。这样就提高了流动比率，粉饰了短期偿债能力。因此，利用流动比率来评价企业短期偿债能力存在一定的局限性。

2. 速动比率

从前面的分析可知，流动比率在评价企业短期偿债能力时，存在一定局限性。如果流动比率较高，但流动资产的流动性较差，则企业的短期偿债能力仍然不强。在流动资产中，交易性金融资产、应收票据、应收账款的变现能力均比存货强，存货需经过销售才能转变为现金，如果存货滞销，则其变现就会出现问题，所以存货是流动资产中流动性相对较差的资产。

速动比率是速动资产与流动负债的比值，也称酸性测试比率。其计算公式为：

速动比率 = 速动资产/流动负债　　　　　　　　　　　　(6-2)

速动资产是指迅速能变现即转化为现金，一般来说，流动资产扣除存货后的资产称为速动资产，主要包括货币资金、交易性金融资产、应收票据、应收账款等。将应收账款看作速动资产必须满足三个前提条件：①期限短，通常是2个月内；②对方信用度高；③应收账款兑换现金要有场所，比如到银行贴现、让售市场。我国也有让售市场，但还不发达，有时无法满足上述三个前提条件，因此，应收账款应视具体问题具体分析。

通过速动比率来判断企业短期偿债能力比用流动比率进了一步，因为它撇开了变现能力较差的存货。速动比率越高，说明企业的短期偿债能力越强。根据表6-1中的有关数据，青鸟华光2013年年末的速动比率为0.35。

根据西方经验，一般认为速动比率为1左右时比较合适，青鸟华光速动比率为0.35应不属于正常范围之内。但在实际分析时，应该根据企业性质和其他因素来综合判断，不可一概而论。通常影响速动比率可信度的重要因素是应收账款的变现能力，如果企业的应收账款中，有较大部分不易收回，可能会成为坏账，那么速动比率就不能真实地反映企业的偿债能力。比如一家上市公司审计报告中有这么一句话：此外，注意到三年以上应收账款5.06亿元，此时应收账款不满足速动资产的前提条件，因此在计算速动比率时速动资产剔除该应收账款时由以前0.95变成了0.44，说明公司短期偿债能力不好。

需要说明的是，用流动资产扣除存货来计算速动资产只是一种粗略的计算，严格地讲，不仅要扣除存货，还应扣除变现能力差和信用差的应收账款、预付账款、1年内到期的非流动资产和其他流动资产等变现能力较差的项目。这样速动资产包括现金、银行存款、交易性金融资产、其他应收款、应收票据。

3. 现金比率

现金比率是企业的现金类资产与流动负债的比值。现金类资产包括库存现金、随时可用于支付的存款和现金等价物，即现金流量表中所反映的现金及现金等价物。其计算公式为：

现金比率 = （现金 + 现金等价物）/流动负债　　　　　　　　（6-3）

根据表6-1青鸟华光的有关数据（假定该公司的交易性金融资产均为现金等价物），该公司2013年年末的现金比率为0.27。

现金比率可以反映企业的直接偿付能力，因为现金是企业偿还债务的最终手段，如果企业现金缺乏，就可能发生支付困难，面临财务危机。因而，现金比率高，说明企业有较好的支付能力，对偿付债务是有保障的。但是这个比率过高，可能意味着企业拥有过多的盈利能力较低的现金类资产，企业的资产未能得到有效的运用。

4. 现金流量比率

现金流量比率是企业经营活动产生的现金流量净额与流动负债的比值。其计算公式为：

现金流量比率 = 经营活动产生的现金流量净额/流动负债 （6-4）

前面介绍的流动比率、速动比率和现金比率都是反映短期偿债能力的静态指标，揭示了企业的现存资源对偿还到期债务的保障程度。现金流量比率则是从动态角度反映了本期经营活动产生的现金流量净额足以偿付流动负债的能力。根据表6-1和表6-3的有关数据，青鸟华光2013年的现金流量比率为-0.14。

需要说明的是，经营活动产生的现金流量是过去一个会计年度的经营结果，而流动负债则是未来一个会计年度需要偿还的债务，二者的会计期间不同。因此，这个指标是建立在以过去一年的现金流量来估计未来一年现金流量的假设基础之上的。使用这一财务比率时，需要考虑未来一个会计年度影响经营活动的现金流量变动的因素。

5. 到期债务本息偿付比率

到期债务本息偿付比率是经营活动产生的现金流量净额与本期到期债务本息的比值。其计算公式为：

到期债务本息偿付比率 = 经营活动产生的现金流量净额/（本期到期债务本金 + 现金利息支出） （6-5）

到期债务本息偿付比率反映了经营活动产生的现金流量净额是本期到期债务本息的倍数，它主要是衡量本年度内到期的债务本金及相关的利息支出可由经营活动所产生的现金来偿付的程度。该项财务比率越高，说明企业经营活动所产生的现金对偿付本期到期债务本息的保障程度越高，企业的偿债能力也越强。如果该指标小于1，表明企业经营活动产生的现金不足以偿付本期到期债务本息。式（6-5）的数据均可从现金流量表中得到，分母中的本期到期债务本金及利息支出可从现金流量表和财务报表附注中得到。根据表6-3的有关数据，青鸟华光经营活动净现金流是-34 041 966.40元，本期偿还债务本金为7 000 000.00元，财务报表附注中列示财务费用960 044.87元全部为本期支付的利息，则青鸟华光2013年的到期债务本息偿付比率为-4.27，计算结果说明，2013年度青鸟华光经营活动产生的现金流量净额不足以支付本年度到期的债务本息。

（二）长期偿债能力

长期偿债能力是指企业偿还长期负债的能力，企业的长期负债主要有长期借款、应付债券、长期应付款、专项应付款、预计负债等。对于企业的长期债权人和所有者来说，他们不仅关心企业短期偿债能力，更关心企业长期偿债能力。因此，在对企业进行短期偿债能力分析的同时，还需分析企业的长期偿债能力，以便于债权人和投资者全面了解企业的偿债能力及财务风险。反映企业长期偿债能力的财务比率主要有资产负债率、股东权益比率、权益乘数、产权比率、有形净值债务率、偿债保障比率、利息保障倍数和现金利息保障倍数等。

1. 资产负债率

资产负债率是企业负债总额与资产总额的比率，也称为负债比率或举债经营比率，它反映了企业的资产总额中有多大比例是通过举债而得到的。其计算公式为：

资产负债率 = 负债总额/资产总额　　　　　　　　　　　　　　　　　(6 - 6)

资产负债率反映企业偿还债务的综合能力，这个比率越高，企业偿还债务的能力越差，财务风险越大；反之，偿还债务的能力越强。根据表 6 - 1 的有关数据，青鸟华光 2013 年年末的资产负债率为 0.53，这表明，2013 年青鸟华光的资产有 53% 来源于举债；或者说，青鸟华光每 53 元的债务，就有 100 元的资产作为偿还债务的保障。

对于资产负债率，企业的债权人、股东和管理者往往从不同的角度来评价。从债权人角度来看，他们最关心的是其贷给企业资金的安全性。如果这个比率过高，说明在企业的全部资产中，股东提供的资本所占比重太低，这样，企业的财务风险就主要由债权人负担，其贷款的安全也缺乏可靠的保障，所以，债权人总是希望企业的负债比率低一些。

从企业股东的角度来看，他们关心的主要是投资收益的高低。企业借入的资金与股东投入的资金在生产经营中可以发挥同样的作用，如果企业负债所支付的利率低于资产报酬率，股东就可以利用举债经营取得更多的投资收益。因此，股东所关心的往往是全部资产报酬率是否超过了借款的利率。企业股东可以通过举债经营的方式，以有限的资本、付出有限的代价而取得对企业的控制权，并且可以得到举债经营的杠杆利益。在财务分析中，资产负债率也因此被人们称为财务杠杆。

站在企业管理者的立场，他们既要考虑企业的盈利，也要顾及企业所承担的财务风险。资产负债率作为财务杠杆，不仅反映了企业的长期财务状况，也反映了企业管理当局的进取精神。如果企业不利用举债经营或者负债比率很小，则说明企业管理者比较保守，对前途信心不足，利用债权人资本进行经营活动的能力较差。但是，负债也必须有一定限度，负债比率过高，企业的财务风险将增大，一旦资产负债率超过 1，则说明企业资不抵债，有濒临倒闭的危险。

至于资产负债率为多少才是合理的，并没有一个确定的标准。不同行业、不同类型的企业的资产负债率会存在较大的差异。一般而言，处于高速成长时期的企业，其资产负债率可能会高一些，这样，所有者会得到更多的杠杆利益。但是，作为财务管理者在确定企业的资产负债率时，一定要审时度势，充分考虑企业内部各种因素和企业外部的市场环境，在收益与风险之间权衡利弊得失，然后才能作出正确的财务决策。

对于全部上市公司而言，平均资产负债率通常为 50%，制造业资产负债率上限通常为 70%，75% 说明财务风险就大了。而金融业本身就是经营借贷款的可支持更高负债，资产负债率达到 75% 甚至 80% 风险都不大，商品流通业比如批发零售业，资产负债率通常为 70%，达到 75% 都行。

2. 股东权益比率与权益乘数

股东权益比率是股东权益总额与资产总额的比率，该比率反映了资产总额中有多大比例是所有者投入的。其计算公式为：

股东权益比率 = 股东权益总额/资产总额　　　　　　　　　　　（6-7）

由式（6-7）可知，股东权益比率与负债比率之和等于 1，因此，这两个比率是从不同的侧面来反映企业长期财务状况的，股东权益比率越大，负债比率就越小，企业的财务风险也越小，偿还长期债务的能力就越强。根据表 6-1 的有关数据，青鸟华光 2013 年年末的股东权益比率为 0.47。

股东权益比率的倒数，称为权益乘数，即资产总额是股东权益总额的多少倍。权益乘数反映了企业财务杠杆的大小。权益乘数越大，说明股东投入的资本在资产中所占比重越小，财务杠杆越大。其计算公式为：

权益乘数 = 1/股东权益比率 = 1/（1 - 资产负债率）　　　　　（6-8）

根据表 6-1 的有关数据，青鸟华光 2013 年年末的权益乘数为 2.12。

根据中国上市公司平均资产负债率为 50%，可计算平均权益乘数为 2；制造业资产负债率为 75%，计算权益乘数为 4 时风险就大；金融业商品零售业权益乘数为 4 风险都不大。

3. 产权比率与有形净值债务率

产权比率，也称负债股权比率，是负债总额与股东权益总额的比值。其计算公式为：

产权比率 = 负债总额/股东权益总额　　　　　　　　　　　　　（6-9）

从式（6-9）中可以看出，产权比率实际上是负债比率的另一种表现形式，它反映了债权人所提供资金与股东所提供资金的对比关系，因此它可以揭示企业的财务风险以及股东权益对债务的保障程度。该比率越低，说明企业长期财务状况越好，债权人贷款的安全越有保障，企业财务风险越小。青鸟华光 2013 年产权比率是 1.13。

为了进一步分析股东权益对负债的保障程度，可以保守地认为无形资产不宜用来偿还债务（虽然实际上未必如此），故将其从上式的分母中扣除，这样计算出的财务比率称为有形净值债务率。其计算公式为：

有形净值债务率 = 负债总额/（股东权益总额 - 无形资产总额）　　（6-10）

从式（6-10）中可以看出，有形净值债务率实际上是产权比率的延伸，它更为保守地反映了在企业清算时债权人投入的资本受到股东权益的保障程度。该比率越低，说明企业的财务风险越小。

4. 清算价值比率和偿债保障比率

清算价值比率 =（资产 - 无形资产及其他资产）/ 负债　　　　　　（6 - 11）

该指标是对企业的长期偿债能力进行评价的更为稳健的指标。将企业偿债安全性的分析建立在更加切实可靠的物质保障基础之上，可以更谨慎、更合理地衡量企业对债权人权益的保护程度。

偿债保障比率，也称债务偿还期，是经营活动产生的现金流量净额与负债总额的比值。其计算公式为：

偿债保障比率 = 经营活动产生的流量净额 / 负债总额　　　　　　（6 - 12）

从式（6 - 12）中可以看出，偿债保障比率反映了用企业经营活动产生的现金流量净额偿还全部债务所需的时间，所以该比率也被称为债务偿还期。一般认为，经营活动产生的现金流量是企业长期资金的最主要来源，而投资活动和筹资活动所获得的现金流量虽然在必要时也可用于偿还债务，但不能将其视为经常性的现金流量。因此，用偿债保障比率可以衡量企业通过经营活动所获得的现金偿还债务的能力。该比率越低，说明企业偿还债务的能力越强。根据表 6 - 1 和表 6 - 3 的有关数据，青鸟华光 2013 年的偿债保障比率为负数。

5. 利息保障倍数与现金利息保障倍数

利息保障倍数，也称利息所得倍数或已获利息倍数，是税前利润加利息费用之和与利息费用的比值。其计算公式为：

利息保障倍数 = 息税前利润 / 利息费用总额　　　　　　（6 - 13）

根据表 6 - 2 的有关数据（假定青鸟华光的财务费用都是利息费用，并且固定资产成本中不含资本化利息），青鸟华光 2013 年的利息保障倍数为 47.93。

式（6 - 13）中的息税前利润是指缴纳所得税之前的利润总额；利息费用总额不仅包括财务费用中的利息费用，还包括计入固定资产成本的资本化利息。利息保障倍数反映了企业的经营所得支付债务利息的能力。如果这个比率太低，说明企业难以保证用经营所得来按时按量支付债务利息，这会引起债权人的担心。一般来说，企业的利息保障倍数至少要大于 1，否则，就难以偿付债务及利息，若长此以往，甚至会导致企业破产倒闭。

利息保障倍数反映了利润对利息的保障，英美国家认为经验数据为 4 最佳，企业可以偿还利息；中国认为 2.5 就行，达不到 4，原因有很多，主要有贷款利率高于西方；产品科技含量不高，国际品牌小，产品卖不到高价。若利息保障倍数等于 1，表示企业营业能力差，为银行打工，辛辛苦苦赚到的钱全给银行了，即为银行而赚钱。

但是，在利用利息保障倍数这一指标时，必须注意，因为会计采用权责发生制来核算费用，所以本期的利息费用不一定就是本期的实际利息支出，而本期发生的实际利息支出也并非全部是本期的利息费用；同时，本期的息税前利润也并非本期的经营活动所获得的现金。这样，利用上述财务指标来衡量经营所得支付债务利息的能力就存在一定的片面性，不能清楚地反映实际支付利息的能力。为此，可以进一步用现金利息保障倍数来分析经营所得现金偿付利息支出的能力。其计算公式为：

现金利息保障倍数 ＝（经营活动产生的现金流量净额 ＋ 现金利息支出 ＋ 付现所得税）／现金利息支出 　　　　　　　　　　　　　　　　　　　　　　　（6 - 14）

式（6 - 14）中的现金利息支出是指本期用现金支付的利息费用；付现所得税是指本期用现金支付的所得税。从式（6 - 13）可知，现金利息保障倍数反映了企业一定时期经营活动所取得的现金是现金利息支出的多少倍，它更明确地表明了企业用经营活动所取得的现金偿付债务利息的能力。根据表 6 - 3 的有关数据（假设青鸟华光财务费用都是现金利息支出，并且所得税也都是付现所得税），青鸟华光 2013 年的现金利息保障倍数为 0.37。

以上两个财务比率究竟是多少时，才说明企业偿付利息的能力强，这一点并没有一个确定的标准，通常要根据历年的经验和行业特点来判断。

（三）影响企业偿债能力的其他因素

上述财务比率是分析企业偿债能力的主要指标，分析者可以比较最近几年的有关财务比率来判断企业偿债能力的变化趋势，也可以通过比较某一企业与同行业其他企业的财务比率，来判断该企业的偿债能力强弱。但是，在分析企业偿债能力时，除了使用上述指标以外，还应考虑到以下因素对企业偿债能力的影响，这些因素既可影响企业的短期偿债能力，也可影响企业的长期偿债能力。

1. 或有负债

或有负债是企业过去的交易或者事项形成的潜在义务，其存在需通过未来不确定事项的发生或不发生予以证实。或有负债可能会转化为企业的债务，也可能不会转化为企业的债务，因此，其结果具有不确定性。或有负债有已贴现未到期的商业承兑汇票、销售的产品可能会发生的质量事故赔偿、诉讼案件和经济纠纷可能败诉并需赔偿的金额等。这些或有负债在资产负债表编制日还不能确定未来的结果如何，不作为负债在资产负债表的负债类项目中进行反映。但是，或有负债在将来一旦转化为企业现实的负债，就会对企业的财务状况产生影响，尤其是金额巨大的或有负债项目会增加企业的财务风险，影响到企业的偿债能力。因此，在进行偿债能力分析时不能不考虑这一因素影响。

2. 担保责任

在经济活动中，企业可能会发生以本企业的资产为其他企业的债务提供法律担保的情况，如为其他企业的银行借款担保、为其他企业履行有关经济合同提供法律担保等。这种担保责任，在被担保人没有履行合同时，就有可能成为企业的负债，增加企业的财务风险。但是，这种担保责任在财务报表中并未得到反映，因此，在进行财务分析时，必须考虑到企业是否有巨额的法律担保责任。

3. 租赁活动

企业在生产经营活动中，可以通过财产租赁的方式解决急需的设备。通常财产租赁有两种形式：融资租赁和经营租赁。采用融资租赁方式，租入的固定资产作为企业的固定资产入账，租赁费用作为企业的长期负债入账，这在计算前面的有关财务比率时都已经包含在内。但是，当企业经营租赁资产时，其租赁费用并未包含在负债之中。如果经营租赁的业务量较大、期限较长或者具有经常性，则其租金虽然不包含在负债之中，但对企业的偿债能力也会产生较大的影响。在进行财务分析时，也应考虑这一因素。

4. 可用的银行授信额度

可用的银行授信额度是指银行授予企业的贷款指标，该项信用额度已经得到银行的批准，但企业尚未办理贷款手续。对于这种授信额度，企业可以随时使用，从而能够方便、快捷地取得银行借款，提高企业的偿付能力，缓解财务困难。

二、企业盈利能力分析

盈利能力是指企业获取利润的能力。盈利是企业的重要经营目标，是企业生存和发展的物质基础，它不仅关系到企业所有者的投资收益，也是企业偿还债务的一个重要保障。因此，企业的债权人、所有者以及管理者都十分关心企业的盈利能力。盈利能力分析是企业财务分析的重要组成部分，也是评价企业经营管理水平的重要依据。企业的各项经营活动都会影响到盈利，如营业活动、对外投资活动、营业外收支活动等都会引起企业利润的变化。但是，对企业盈利能力进行分析，一般只分析企业正常经营活动的盈利能力，不涉及非正常的经营活动。这是因为一些非正常的、特殊的经营活动虽然也会给企业带来收益，但它不是经常的和持续的，因此，不能将其作为企业的一种持续性的盈利能力加以评价。

评价企业盈利能力的财务比率主要有总资产报酬率、净资产报酬率、销售毛利率、销售净利率、成本费用净利率等，对于股份有限公司即上市公司，还应分析每股利润、每股现金流量、每股股利、股利支付率、每股净资产、市盈率和市净率等。以下从营业额、资金占用以及市场竞争（成长）三方面说明企业盈利能力分析指标。

（一）营业额方面

营业额方面指标反映单位营业额带来的贡献，主要包括销售毛利率和销售净利率。

1. 销售毛利率

销售毛利率，也称毛利率，是企业的销售毛利与营业收入净额的比率。其计算公式为：

销售毛利率＝销售毛利/营业收入净额＝（营业收入净额－营业成本）/营业收入净额　　　　　　　　　　　　　　　　　　　　　　　　　（6－15）

式（6－15）中，销售毛利是企业营业收入净额与营业成本的差额，可以根据利润表计算得出。营业收入净额是指营业收入扣除销售退回与折让、销售折扣后的净额。销售毛利率反映了企业的营业成本与营业收入的比例关系，毛利率越大，说明在营业收入净额中营业成本所占比重越小，企业通过销售获取利润的能力越强。根据表6－2的有关数据，青鸟华光2013年的销售毛利率为17.9%，说明每100元的营业收入可以为公司创造17.9元的毛利。

2. 销售净利率

销售净利率是企业净利润与营业收入净额的比率，其计算公式为：

销售净利率＝净利润/营业收入净额　　　　　　　　　　　　　　（6－16）

销售净利率说明了企业净利润占营业收入的比例，它可以评价企业通过销售赚取利润的能力。销售净利率表明企业每100元营业收入可实现的净利润是多少。该比率越高，说明企业通过扩大销售获取收益的能力越强。根据表6－2的有关数据，青鸟华光每年的销售净利率为339%，说明每100元的营业收入可为公司创造339元的净利润。评价企业的销售净利率时，应比较企业历年的指标，从而判断企业销售净利率的变化趋势。但是，销售净利率受行业特点影响较大，因此，还应该结合不同行业的具体情况进行分析。

销售毛利率和销售净利率反映的都是单位营业额带来的贡献，越大越好，但用途有分工，销售毛利率是反映产品盈利能力，而销售净利率反映的是企业整体的盈利能力。

思考： 为何用销售毛利率反映产品盈利能力而不是销售净利率？

回答： 因为净利润是销售毛利扣除期间费用等费用支出后的余额，而期间费用是与生产无关费用，所以不能分摊到产品成本。

（二）资金占用方面

1. 总资产报酬率

总资产报酬率，也称总资产收益率，是企业在一定时期内的净利润额与资产总额的比率，如果资产变化大，则采用期末资产和期初资产总额的平均值。其计算公式为：

$$总资产报酬率 = \frac{净利润}{（期初资产总额 + 期末资产总额）/2} \qquad (6-17)$$

式（6-17）中，净利润可以直接从利润表中得到，它是企业所有者获得的剩余收益，企业的营业活动、投资活动、融资活动以及国家税收政策的变化都会影响到净利润。因此，资产净利率通常用于评价企业对股权投资的回报能力。股东分析企业资产报酬率时通常采用资产净利率。根据表6-1和表6-2的有关数据，青鸟华光2013年的资产净利率即总资产报酬率为9.74%，说明每100元的资产可以为股东赚取9.74元的净利润。这一比率越高，说明企业的盈利能力越强。

总资产报酬率的高低并没有一个绝对的评价标准。在分析企业的资产报酬率时，通常采用比较分析法，与该企业以前会计年度的资产报酬率作比较，可以判断企业总资产盈利能力的变动趋势，或者与同行业平均资产报酬率作比较，可以判断企业在同行业中所处的地位。通过这种比较分析，可以评价企业的经营效率，发现经营管理中存在的问题。如果企业的资产报酬率偏低，说明该企业经营效率较低，经营管理存在问题，应该调整经营方针，加强经营管理，提高资产的利用效率。

总资产报酬率主要用来反映企业全部资产获利能力即每年有多高回报。在实践中，根据财务分析的目的不同，净利润额可以用息税前利润和利润总额取代，此时该指标分别转化为总资产息税前利润率和总资产利润率。

（1）总资产息税前利润率。

息税前利润是企业支付债务利息和所得税之前的利润总额。企业所实现的息税前利润首先要用于支付债务利息，然后才能缴纳所得税和向股东分配利润。因此，息税前利润可以看作企业为债权人、政府和股东所创造的收益。资产息税前利润率不受企业资本结构变化的影响，通常用来评价企业利用全部经济资源获取收益的能力，反映了企业利用全部资产进行经营活动的效率。债权人分析企业资产报酬率时可以采用资产息税前利润率。一般来说，只要企业的资产息税前利润率大于负债利息率，企业就有足够的收益用于支付债务利息。因此，该项比率不仅可以评价企业的盈利能力，而且可以评价企业的偿债能力。

（2）总资产利润率。

总资产利润率，是指企业一定时期的税前利润总额与资产平均总额的比率。利润总额可以直接从利润表中得到，它反映了企业在扣除所得税费用之前的全部收益。影响企业利润总额的因素主要有营业活动、投资收益或损失、营业外收支等，所得税政策的变化不会对利润总额产生影响。因此，资产利润率不仅能够综合地评价企业的资产盈利能力，而且可以反映企业管理者的资产配置能力。

2. 净资产报酬率

净资产报酬率，也称股东权益报酬率或所有者权益报酬率，英文简称 ROE，是企业一定时期的净利润与股东权益平均总额的比率。其计算公式为：

$$净资产报酬率 = \frac{净利润}{(期初股东权益总额 + 期末股东权益总额)/2} \quad (6-18)$$

该指标是评价企业盈利能力的一个重要财务比率，它反映了企业股东（所有者）投入资金的回报。该比率越高，说明企业的盈利能力越强，越能给股东创造财富。该指标从股东角度来考虑企业是否为他们创造价值，在美国等发达国家，ROE 指标很重要，因为发达资本主义国家资本市场成熟，财务目标就是实现股东财富最大化，而在中国国企考核经理人业绩该指标占有 30% 权重；以前上市公司想继续从资本市场上圈钱，证监会要求 ROE 达到 10%，当时出现了中国上市公司 10% 现象，据统计，1 000 家上市公司 ROE 都比 10% 多一点，4 家 ROE 在 9.5% ~ 10%，118 家 ROE 为 10% ~ 15%，于是证监会要求 ROE 只要达到 6% 即可。

根据表 6 - 1 和表 6 - 2 的有关数据，青鸟华光 2013 年的股东权益报酬率为 19.38%，表明股东每投入 100 元资本，可以获得 19.38 元的净利润。需要明确的是，式（6 - 18）中的股东权益平均总额是用账面价值而不是市场价值计算的。在正常情况下，股份公司的股东权益市场价值都会高于其账面价值，因此，以股东权益的市场价值计算的股东投资报酬率可能会远低于净资产报酬率。

股东权益报酬率可以进行如下分解：

$$净资产报酬率 = 总资产报酬率 \times 平均权益乘数 \quad (6-19)$$

根据式（6 - 19）可知，净资产报酬率取决于企业的总资产报酬率和权益乘数两个因素。因此，提高净资产报酬率可以有两种途径：一是在财务杠杆不变的情况下，通过增收节支，提高资产利用效率来提高总资产报酬率，从而提高净资产报酬率；二是在总资产报酬率大于负债利息率的情况下，可以通过增大权益乘数，即提高财务杠杆，来提高股东权益报酬率。但是，第一种途径不会增加企业的财务风险，第二种途径则会导致企业的财务风险增大。

3. 成本费用净利率

成本费用净利率是企业净利润与成本费用总额的比率。它反映了企业生产经营过程中发生的耗费与获得的收益之间的关系。其计算公式为：

$$成本费用净利率 = 净利润/成本费用总额 \quad (6-20)$$

式（6 - 20）中，成本费用是企业为了取得利润而付出的代价，主要包括营业成本、营业税金及附加、销售费用、管理费用、财务费用和所得税费用等。成本费用净利率越高，说明企业为获取收益而付出的代价越小，企业的盈利能力越强。因此，通过这个比率不仅可以评价企业盈利能力的高低，也可以评价企业对成本费用的控制能力和经营管理水平。根据表 6 - 2 的有关数据，青鸟华光 2013 年的成本费用净利率为 92.62%，说明该公司每耗费 100 元，可以获取 92.62 元的净利润。

（三）市场竞争（成长）方面

市场竞争或成长方面的财务指标也是投资股票所需考虑的指标。主要包括每股利润 EPS、每股现金流量 CPS、市盈率 P/E、市净率等。

1. 每股利润与每股现金流量

（1）每股利润。每股利润也称每股收益，英文缩写为 EPS，是公司普通股每股所获得的净利润，它是股份公司税后利润分析的一个重要指标。每股利润等于税后净利润扣除优先股股利后的余额，除以发行在外的普通股平均股数。其计算公式为：

$$每股利润 = \frac{净利润 - 优先股股利}{发行在外的普通股股数} \qquad (6-21)$$

每股利润是股份公司发行在外的普通股每股所取得的利润，它可以反映公司盈利能力的大小。每股利润越高，说明公司的盈利能力越强。根据表 6-2 的有关数据，得出青鸟华光 2013 年的普通股每股利润为 0.14。

通常 EPS 大于 1 元少数超过 4 元，比如茅台和中国船舶。虽然每股利润可以很直观地反映股份公司的盈利能力以及股东的报酬，但它是一个绝对指标，在分析每股利润时，还应结合流通在外的股数。如果某股份公司采用股本扩张的政策，大量配股或以股票股利的形式分配股利，这样必然摊薄每股利润，使每股利润减少。同时，分析者还应注意到每股股价的高低，如果甲乙两个公司的每股利润都是 0.84 元，但是乙公司股价为 25 元，而甲公司的股价为 16 元，则投资于甲、乙两公司的风险和报酬显然是不同的。因此，投资者不能只片面地分析每股利润，最好结合股东权益报酬率来分析公司的盈利能力。

（2）每股现金流量。每股现金流量是公司普通股每股所取得的经营活动的现金流量。每股现金流量等于经营活动产生的现金流量净额扣除优先股股利后的余额，除以发行在外的普通股平均股数。其计算公式为：

$$每股现金流量 = \frac{经营活动现金净流量 - 优先股股利}{发行在外的普通股股数} \qquad (6-22)$$

注重股利分配的投资者应当注意，每股利润的高低虽然与股利分配有密切的关系，但它不是决定股利分配的唯一因素。如果某公司的每股利润很高，但是因为缺乏现金，那么也无法分配现金股利。因此，还有必要分析公司的每股现金流量。每股现金流量越高，说明公司越有能力支付现金股利。根据表 6-2 和表 6-3 的有关数据，青鸟华光 2013 年每股现金流量为负数。在计算每股利润和每股现金流量时，式（6-22）中的分母为公司发行在外的普通股股数。如果年内普通股的股数发生了变化，则发行在外的普通股股数应当使用按月计算的加权平均发行在外的普通股股数。其计算公式为：

加权平均发行在外的普通股股数 = $\sum$ （发行在外的普通股股数×发行在外月份数）/12 （6－23）

2. 每股股利与股利支付率

（1）每股股利。每股股利等于普通股分配的现金股利总额扣除优先股股利后的余额，除以发行在外的普通股股数，它反映了普通股每股分得的现金股利的多少。其计算公式为：

$$每股股利 = \frac{现金股利总额 - 优先股股利}{发行在外的普通股股数} \qquad (6-24)$$

每股股利的高低，不仅取决于公司盈利能力的强弱，还取决于公司的股利政策和现金是否充裕。倾向于分配现金股利的投资者，应当比较分析公司历年的每股股利，从而了解公司的股利政策。

（2）股利支付率。股利支付率也称股利发放率，是普通股每股股利与每股利润的比率，它表明股份公司的净收益中有多少用于现金股利的分派。其计算公式为：

$$股利支付率 = \frac{每股股利}{每股利润} \qquad (6-25)$$

与股利支付率相关的反映利润留存比例的指标是收益留存率，或称留存比率。其计算公式为：

$$收益留存率 = \frac{每股留存}{每股利润} \qquad (6-26)$$

收益留存率反映了企业净利润留存的百分比，因此，它与股利支付率之和等于1，即：

股利支付率 + 收益留存率 = 1 （6－27）

假定青鸟华光 2013 年分配的普通股每股股利为 0.003 元，则该公司的股利支付率和收益留存率分别为：

股利支付率 = 2.05%

收益留存率 = 1－2.05% = 97.95%

青鸟华光的股利支付率为 2.05%，说明青鸟华光将利润的 2.05% 用于支付普通股股利。股利支付率主要取决于公司的股利政策，没有一个具体的标准来判断股利支付率是大好还是小好。一般而言，如果一个公司的现金量比较充裕，并且目前没有更好的投资项目，则可能会倾向于发放现金股利；如果公司有较好的投资项目，则可能会少发股利，而将资金用于投资。关于公司股利政策问题，本书第五章已经做了重点介绍。

3. 每股净资产

每股净资产也称每股账面价值，等于股东权益总额除以发行在外的普通股股数。其计算公式为：

每股净资产＝股东权益总额/发行在外的普通股股数　　　　　　（6－28）

严格地讲，每股净资产并不是衡量公司盈利能力的指标，但是，它会受公司盈利能力的影响。如果公司利润较高，每股净资产就会随之较快地增长。从这个角度来看，该指标与公司盈利能力有密切联系。投资者可以比较分析公司历年的每股净资产的变动趋势，来了解公司的发展趋势和盈利状况。

4. 市盈率与市净率

市盈率和市净率是以企业盈利能力为基础的市场估值指标。这两个指标并不是直接用于分析企业盈利能力的，而是投资者以盈利能力分析为基础，对公司股票进行价值评估的工具。通过对市盈率和市净率的分析，可以判断股票的市场定价是否符合公司的基本面，为投资者的投资活动提供决策依据。

（1）市盈率。市盈率也称价格盈余比率或价格与收益比率，英文缩写为 P/E，是指普通股每股市价与每股利润的比率。其计算公式为：

市盈率＝每股市价/每股利润　　　　　　　　　　　　　　　（6－29）

市盈率是倍数不是百分数，并且该指标要剔除非主营业务利润，是反映公司市场价值与盈利能力之间关系的一个重要财务比率，投资者对这个比率十分重视。市盈率是投资者作出投资决策的重要参考因素之一。按照国际惯例，发达国家市盈率是 10～20 倍，发展中国家市盈率是 10～40 倍，40 倍或以上表示用 40 元买某公司股票经营一年只赚了 1 元利润，说明公司股价严格高估，股价无盈利支撑即企业盈利不能支撑股价上涨，这是发出卖出信息。对市盈率的分析要结合行业特点和企业的盈利前景，钢铁行业市盈率高，达到 20 倍就很高了，因为产能过剩，即产大于销从而价格便宜。高科技行业市盈率高，40 倍左右正常，因为高科技行业市场前景好，销售有保障，每股利润 100% 增长。市盈率是动态的，投资于市盈率高的企业有风险，创业板股票有市场潜力保障，沪深 300 指数（300 家大型企业股票平均数）的投资策略为：市盈率低于 10 倍买进，30 倍时开始抛售，到 40 倍时全盘抛售。

资本市场上并不存在一个标准市盈率，一般来说，市盈率高，说明投资者对该公司的发展前景看好，愿意出较高的价格购买该公司股票，所以，成长性好的公司股票市盈率通常要高一些，而盈利能力低、缺乏成长性的公司股票市盈率要低一些。但是，也应注意，如果某一种股票的市盈率过高，则也意味着这种股票具有较高的投资风险。

（2）市净率是指普通股每股市价与每股净资产的比率。其计算公式为：

市净率＝每股市价/每股净资产　　　　　　　　　　　　　　（6－30）

市净率反映了公司股东权益的市场价值与账面价值之间的关系，该比率越高，说明股票的市场价值越高。一般来说，对于资产质量好、盈利能力强的公司，其市净率会比较高；而风险较大、发展前景较差的公司，其市净率会比较低。在一个有效的资本市场中，如果公司股票的市净率小于1，即股价低于每股净资产，则说明投资者对公司未来发展前景持悲观的看法。

三、企业营运能力分析

营运能力反映了企业资产周转效率，对此进行分析，可以了解企业的营业状况及经营管理水平。资产周转快，说明企业的经营管理水平高，资产利用效率高。企业的资产周转效率与供、产、销各个经营环节密切相关，任何一个环节出现问题，都会影响到企业资产的正常周转。资金只有顺利地通过各个经营环节，才能完成一次循环。在供、产、销各环节中，销售有着特殊的意义。因为产品只有销售出去，才能实现其价值，收回最初投入的资金，顺利地完成一次资金周转。这样，就可以通过产品销售情况与企业资金占用量来分析企业的资金周转状况，评价企业的营运能力。评价企业营运能力常用的财务比率有应收账款周转率、存货周转率、流动资产周转率、固定资产周转率、总资产周转率等。

1. 应收账款周转率

应收账款周转率是企业一定时期赊销收入净额与应收账款平均余额的比率。应收账款周转率是评价应收账款流动性大小的一个重要财务比率，可以用周转次数和天数来衡量应收账款周转率。

$$（1）周转次数 = \frac{赊销收入净额}{应收账款平均余额}$$

$$= \frac{赊销收入净额}{（期初应收账款余额 + 期末应收账款余额）/2} \qquad （6-31）$$

式（6-31）中，赊销收入净额是指销售收入净额扣除现销收入之后的余额；销售收入净额是指销售收入扣除了销售退回、销售折扣及折让后的余额。在资产负债表中，营业收入就是销售收入。在这里，我们假设青鸟华光的营业收入全部都是赊销收入净额，根据表6-1和表6-2的有关数据，青鸟华光2013年的应收账款周转率为6.24次。表明该公司一年内应收账款周转次数为6.24次。用应收账款周转次数反映应收账款的周转情况是比较常见的，它反映了应收账款在一个会计年度内的周转次数；也可以用应收账款平均收账期即周转天数来反映应收账款的周转情况。其计算公式为：

$$（2）周转天数（收账期） = \frac{360天或365天}{应收账款周转次数} \qquad （6-32）$$

应收账款平均收账期表示应收账款周转一次所需的天数。平均收账期越短，说明企业的应收账款周转速度越快。根据青鸟华光的应收账款周转率，计算出的应收账款平均收账期为 57.69 天，说明青鸟华光从赊销产品到收回应收账款的平均天数为 57.69 天。应收账款平均收账期与应收账款周转次数呈反比例变动，对该项指标的分析是制定企业信用政策的一个重要依据。

以上两个指标可以用来分析应收账款的变现速度和管理效率。应收账款周转次数越多越好，天数越少越好，说明应收账款的周转速度越快、流动性越强。用天数衡量应收账款周转率比较好，对于制造业应收账款周转次数 12 次比较理想，此时周转天数 30 天恰如十八九岁的青年风华正茂。

在市场经济条件下，由于商业信用的普遍应用，应收账款成为企业一项重要的流动资产，应收账款的变现能力直接影响到资产的流动性。应收账款周转率越高，说明企业回收应收账款的速度越快，可以减少坏账损失，提高资产的流动性，企业的短期偿债能力也会得到增强，这在一定程度上可以弥补流动比率低的不利影响。如果企业的应收账款周转率过低，则说明企业回收应收账款的效率低，或者信用政策过于宽松，这样的情况会导致应收账款占用资金数量过多，影响企业资金利用率和资金的正常周转。但是，如果应收账款周转率过高，则可能是因为企业奉行了比较严格的信用政策，制定的信用标准和信用条件过于苛刻的结果。这样会限制企业销售量的扩大，从而影响企业的盈利水平，这种情况往往表现为存货周转率同时偏低。

2. 存货周转率

存货周转率，也称存货利用率，同样可以用周转次数和周转天数来衡量。

（1）周转次数，是企业一定时期的销售成本与存货平均余额的比率。其计算公式为：

$$周转次数 = \frac{销售成本}{存货平均余额} = \frac{销售成本}{（期初存货余额 + 期末存货余额）/2} \qquad (6-33)$$

式（6-33）中的销售成本可以从利润表中得知，假设营业成本全部为销售成本，存货平均余额是期初存货余额与期末存货余额的平均数，可以根据资产负债表计算得出。如果企业生产经营活动具有很强的季节性，则年度内各季度的销售成本与存货都会有较大幅度的波动。因此，存货平均余额应该按季度或月份余额来计算，先计算出各月或各季度的存货平均余额，然后再计算全年的存货平均余额。根据表 6-1 和表 6-2 的有关数据，青鸟华光 2013 年的存货周转次数为0.03，企业一定时期内存货周转的次数，可以反映企业存货的变现速度，衡量企业的销售能力及存货是否过量。

（2）周转天数。存货周转状况也可以用存货周转天数来表示。其计算公式为：

$$周转天数 = \frac{360 天或 365 天}{存货周转次数} \qquad (6-34)$$

存货周转天数表示存货周转一次所需要的时间，天数越短说明存货周转得越快。前面计算的存货周转次数为0.03，表明一年存货周转0.03次，因此，存货周转天数为：12 000天。

存货周转率常用周转次数衡量，反映了企业的销售效率和存货使用效率。在正常经营情况下，存货周转率越高，说明存货周转速度越快，企业的销售能力越强，营运资金占用在存货上的金额越少，表明企业的资产流动性较好，资金利用效率较高；反之，存货周转率过低，常常是库存管理不利，销售状况不好，造成存货积压，说明企业在产品销售方面存在一定的问题，应当采取积极的销售策略，提高存货的周转速度。但是，有时企业出于特殊的原因会增大存货储备量，如在通货膨胀比较严重的情况下，企业为了降低存货采购成本，可能会提高存货储备量，这种情况导致的存货周转率降低是一种正常现象。一般来说，存货周转率越高越好，但是如果存货周转率过高，也可能说明企业存货管理方面存在一些问题，如存货水平太低，甚至经常缺货，或者采购次数过于频繁、批量太小等。因此，对存货周转率的分析，应当结合企业的实际情况，具体问题具体分析。

3. 固定资产（总资产）周转率

固定资产（总资产）周转率，也称固定资产（总资产）利用率，该指标常用周转次数衡量，次数越多，企业效率越好。其计算公式如下：

$$\text{固定资产（总资产）周转率} = \frac{\text{销售收入}}{\text{固定资产（总资产）平均净值}} \tag{6-35}$$

式（6-35）中的销售收入一般为销售收入净额，即营业收入扣除销售退回、销售折扣和折让后的净额。固定资产周转率主要用于分析企业对厂房、设备等固定资产的利用效率，该比率越高，说明固定资产的利用率越高，管理水平越好。如果固定资产周转率与同行业平均水平相比偏低，说明企业的生产效率较低，可能会影响企业的盈利能力。根据表6-1和表6-2的有关数据，青鸟华光2013年的固定资产周转率为4.92次。

固定资产周转率可用来分析企业全部资产的使用效率。如果这个比率较低，说明企业利用其资产进行经营的效率较差，会影响企业的盈利能力，企业应该采取措施提高销售收入或处置资产，以提高总资产利用率。根据表6-1和表6-2的有关数据，青鸟华光2013年的总资产周转率为0.028次。

营运能力与偿债能力有关，比如，北满特钢速动比率计算出为0.98，应收账款周转天数是980天，接近3年，则说明速动比率计算有误，在计算速动比率时速动资产中应把应收账款周转天数长、其他流动资产周转次数少的扣除。

营运能力与盈利能力有关，比如，甲公司销售净利率2%，小于丙公司销售净利率5%，而甲公司总资产周转率为10次，大于丙公司总资产周转率为2次；甲公司总资产报酬率20%，大于丙公司总资产报酬率10%，说明甲公司薄利多销，虽因为定价低导致利润率低，但资产周转快，总资产报酬率高。

四、企业发展能力分析

发展能力，也称竞争能力，即企业未来发展水平。西方有一套竞争力指标预示企业未来的发展。

1. 主营业务利润比率

主营业务利润比率是企业全部利润中主营业务利润所占的比重。其计算公式如下：

$$主营业务利润比率 = 主营业务利润/全部利润 \qquad (6-36)$$

主营业务利润比率代表企业核心竞争力，该指标大于 90%，说明企业主业突出，竞争潜力有保障。非主营业务利润即非经常性损益，如卖股票、卖地得到的一次性收益。

思考： 从市盈率指标看是否有非主营业务利润。

回答： 市盈率计算时盈利应剔除非主营业务利润。比如，2007 年航天通讯在大牛市情况下市盈率仅为 12.5 倍，吸引了很多投资者，因为该股是高科技行业。然而发现 2006 年上半年这家公司卖了一块地净得 4.5 万元，如果剔除这项非主营业务利润，公司市盈率是 100 多倍，说明公司在利用低估市盈率掩护庄家出逃。

2. 研究开发费用比率

该指标代表企业产品创新能力，其计算公式如下：

$$研究开发费用比率 = 研究开发费用/销售收入 \qquad (6-37)$$

世界 500 强企业，该指标一直在 10% 上下变化。

思考： 美国吉列（Gillette）公司的三刃剃刀锋速 3 于 1998 年面市时，它的开发工作已经耗资超过 7.5 亿美元。此外吉列公司还为该产品的第一个年度规划了 3 亿美元的营销预算，其中在美国将耗费 1 亿美元。吉列公司打算用另外的 2 亿元国际营销预算在 1999 年年末之前在 100 个国家销售它的这个新剃刀。为了满足国际需求，吉列公司计划到 1998 年的下半年将生产能力提高到年产 12 亿套。该公司最为关注的是什么呢？每一套剃刀将从消费者那里收回 1.35 美元，这将比吉列公司从两刃型的超感剃刀收回的高出 0.35 美元。

回答： 吉列公司最为关注的是研发费用。把平凡的东西做得不平凡，这也正是吉列能够凭剃须刀这种毫不起眼的小玩意历经百年而不倒的秘密之一。近几年来，吉列的研发费用基本上逐年增加。2001 年为 1.87 亿美元，2003 年增至 2.02 亿美元。有分析师指出，吉列的公司文化及其市场战略都是以其卓越的剃须技术为基础的。在其 100 多年的历史中，吉列开创了许多行业第一：剃须刀架（1946 年）、TracII 双刀剃须刀（1971 年）、Atra 旋转头剃须刀（1977 年）、Sensor 弹簧剃须刀（1990 年）以及"锋速 3" 3 刃剃须刀。2004 年 12 月 16 日，吉列公布了其最新的剃刀——女用 Venus Vibrance 剃刀，定于 2005 年春与另一款剃刀 Venus Disposable 正式上市。吉列预期，这两种产品在上市第一年即可使公司的销售额增加 1 亿~1.5 亿美元。新产品的不断推出使吉列得以保持较高的利润率。2003 年，该公司的利润率达到 21.7%。

3. 员工培训费用比率

企业竞争力归根结底是人的竞争，从"企"这个字分析，没有人就没有"企"。企业一方面花钱把人引进，但该方式并非最好，前些年厦门大学财务与会计研究院花费 100 万元从国外请进院长，最后效果并不是很好。另一方面是花钱培训，毕业生占企业全部职工人数的比例以及企业员工培训费用占支出的比例可以反映企业的竞争实力，该指标等于员工培训费用与销售收入的比率。

4. 广告费用比率

广告费用比率等于广告费用与销售收入比率，战术性广告只管卖，提升销量，但不树立品牌；战略性广告既管销量又要树立品牌，要有回头客。

5. 市场占有率

市场占有率越高越好，该指标等于本企业某种商品销售收入与该种商品市场总量的比率。

财务发展趋势分析是通过比较企业连续几期的财务报表或财务比率，分析企业财务状况变化的趋势，并以此预测企业未来的财务状况和发展前景。

五、财务综合分析

单独分析任何一类财务指标，都不足以全面地评价企业的财务状况和经营效果，只有对各种财务指标进行系统的、综合的分析，才能对企业的财务状况作出全面、合理的评价。因此，必须对企业进行综合的财务分析。下面介绍两种常用的综合分析法：财务比率综合评分法和杜邦分析法。

1. 财务比率综合评分法

财务比率综合评分法，也称为沃尔评分法，是指通过对选定的几项财务比率进行评分，然后计算出综合得分，并据此评价企业的综合财务状况的方法。最早采用这种方法的是亚历山大·沃尔，故称沃尔评分法。1928 年，亚历山大·沃尔在《信用晴雨表研究》和《财务报表比率分析》两本著作中采用评分方法对企业的信用状况进行综合评价，并提出了信用能力指数的概念。他选择了 7 个财务比率，包括流动比率、产权比率、固定资产比率、存货周转率、应收账款周转率、固定资产周转率和股权资本周转率，并且分别给定各项财务比率不同的权重，然后以行业平均数为基础确定各项财务比率的标准值，将各项财务比率的实际值与标准值进行比较，得出两个关系比率，将此关系比率与各项财务比率的权重相乘得出总评分，以此来评价企业的信用状况。在沃尔之后，这种方法不断发展，成为对企业进行财务综合分析的重要方法。

采用财务比率综合评分法进行企业财务状况的综合分析，一般要遵循如下程序：

（1）选定评价财务状况的财务比率。在选择财务比率时，需要注意以下三个方面：①财务比率要求具有全面性。一般来说，反映企业的偿债能力、营运能力和盈利能力的三类财务比率都应当包括在内。②财务比率应当具有代表性。所选择的财务比率数量不一定很多，但应当具有代表性，要选择能够说明问题的重要的财务比率。③各项财务比率要具有变化方向的一致性。当财务比率增大时，表示财务状况的改善；反之，表示财务状况的恶化。

（2）确定财务比率标准评分值。根据各项财务比率的重要程度，确定其标准评分值，即重要性系数。各项财务比率的标准评分值之和应等于100分。各项财务比率评分值的确定是财务比率综合评分法的一个重要问题，它直接影响到对企业财务状况的评分多少。对于各项财务比率的重要程度，不同的分析者会有截然不同的态度，但一般来说，应根据企业的经营活动的性质、企业的生产经营规模、市场形象和分析者的分析目的等因素来确定。

（3）确定财务比率评分值的上下限。规定各项财务比率评分值的上限和下限，即最高评分值和最低评分值。这主要是为了避免个别财务比率的异常给总分造成不合理的影响。

（4）确定财务比率的标准值。财务比率的标准值是指各项财务比率在本企业现时条件下最理想的数值，亦即最优值。财务比率的标准值，通常可以参照同行业的平均水平，并经过调整后确定。

（5）计算关系比率。计算企业在一定时期各项财务比率的实际值，然后，计算出各项财务比率实际值与标准值的比值，即关系比率。关系比率反映了企业某一财务比率的实际值偏离标准值的程度。

（6）计算出各项财务比率的实际得分。各项财务比率的实际得分是关系比率和标准评分值的乘积，每项财务比率的得分都不得超过上限或下限，各项财务比率实际得分的合计数就是企业财务状况的综合得分。企业财务状况的综合得分反映了企业综合财务状况是否良好。如果综合得分等于或接近100分，说明企业的财务状况是良好的，达到了预先确定的标准；如果综合得分远远低于100分，则说明企业的财务状况较差，应当采取适当的措施加以改善；如果综合得分远远超过100分，则说明企业的财务状况很理想。

下面采用财务比率综合评分法，对青鸟华光2013年的财务状况进行综合评价。

表 6 - 4 青鸟华光 2013 年财务比率综合评分

财务比率	评分值 （1）	上/下限 （2）	标准值 （3）	实际值 （4）	实际值/ 标准值（5）	实际得分 （6）=（1）×（5）
流动比率	10	20/5	2	2.09	1.05	10.5
速动比率	10	20/5	1	0.35	0.35	3.5
资产负债率	12	20/5	0.5	0.53	1.06	12.72
存货周转率	10	20/5	6.50	0.03	0.005	0.05
应收账款周转率	8	20/4	13	6.24	0.48	3.84
总资产周转率	10	20/5	2.10	0.028	0.013	0.13
总资产报酬率	15	30/7	31.50%	9.74%	0.31	4.65
净资产报酬率	15	30/7	58.33%	19.38%	0.33	4.95
销售净利率	10	20/5	15%	339%	22.6	226
合计	100					266.34

表 6 - 4 所选择的财务比率包括了偿债能力比率、营运能力比率和盈利能力比率三类财务比率。没有选择发展能力比率的主要原因是这类财务比率只有观察多个会计年度的数据才有效，因此在评价一年的财务状况时没有选用发展能力比率。根据表 6 - 4 的综合评分，青鸟华光财务状况的综合得分为 266.34 分，远高于 100 分，这说明该公司的财务状况不好，与选定的标准相差很大。

2. 杜邦分析法

利用前面介绍的趋势分析法和财务比率综合评分法，虽然可以了解企业各方面的财务状况，但是不能反映企业各方面财务状况之间的关系。例如，通过财务比率综合评分法，可以比较全面地分析企业的综合财务状况，但无法揭示企业各种财务比率之间的相互关系。实际上，企业的财务状况是一个完整的系统，内部各种因素都是相互依存、相互作用的，任何一个因素的变动都会引起企业整体财务状况的改变。因此，财务分析者在进行财务状况综合分析时，必须深入了解企业财务状况内部的各项因素及其相互之间的关系，这样才能比较全面地揭示企业财务状况的全貌。杜邦分析法正是这样的一种分析方法，它是利用几种主要的财务比率之间的关系来综合分析企业的财务状况。因为这种分析法是由美国杜邦公司首先创造的，故称杜邦分析法。

这种分析法一般用杜邦系统图来表示。图 6 - 5 就是青鸟华光 2013 年的杜邦分析系统图。

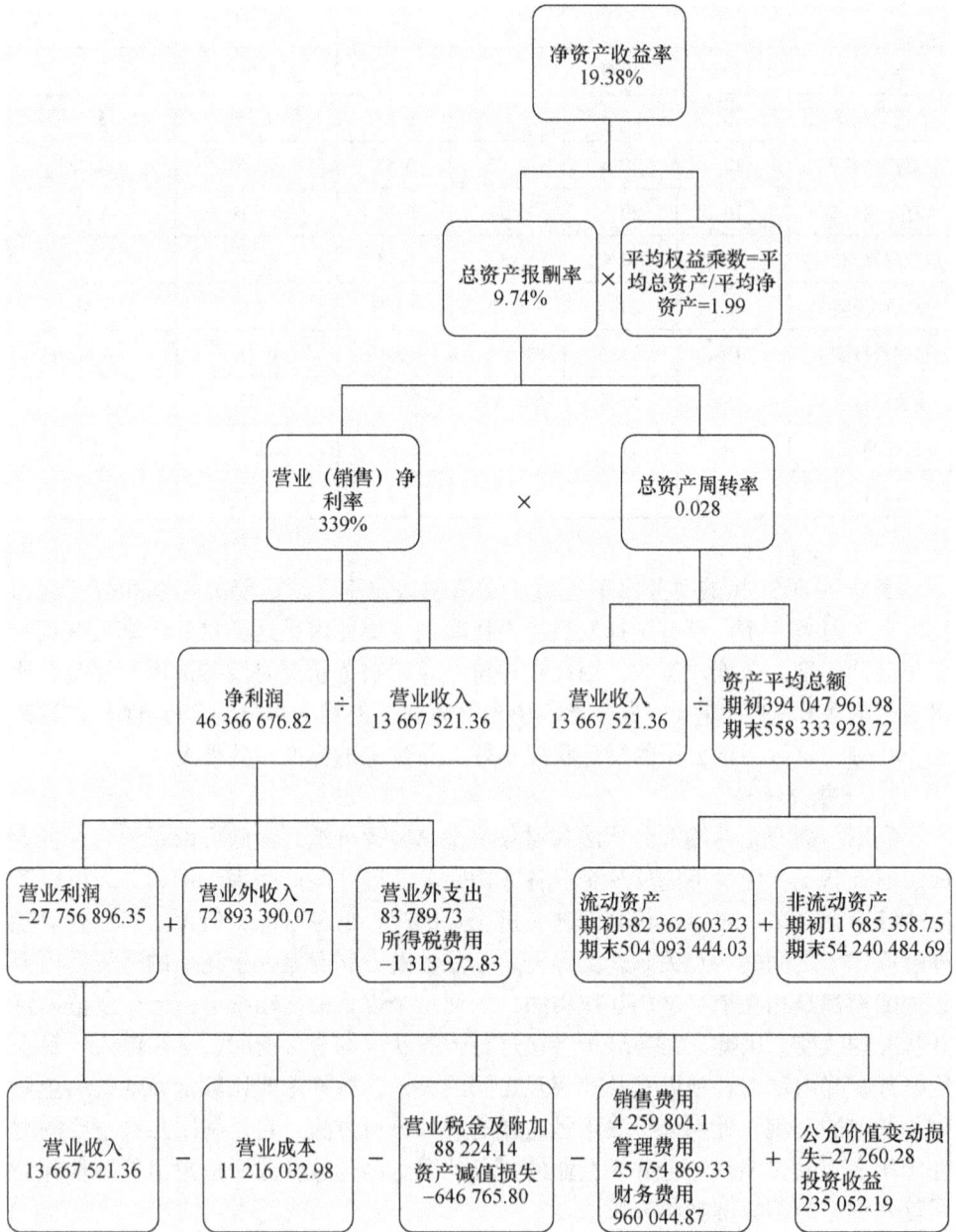

图 6-5　青鸟华光 2013 年杜邦分析系统（单位：元）

杜邦系统主要反映了以下几种主要的财务比率关系。

（1）净资产报酬率与总资产报酬率及权益乘数之间的关系：

净资产报酬率 = 总资产报酬率 × 平均权益乘数

（2）总资产报酬率与销售净利率及总资产周转率之间的关系：

总资产报酬率 = 销售净利率 × 总资产周转率

（3）销售净利率与净利润及销售收入之间的关系：

销售净利率 = 净利润/销售收入

（4）总资产周转率与销售收入及资产总额之间的关系：

总资产周转率 = 销售收入/资产平均总额

其中"总资产报酬率 = 销售净利率 × 总资产周转率"被称为杜邦等式。

杜邦系统在揭示上述几种关系之后，再将净利润、总资产进行层层分解，这样就可以全面、系统地揭示企业的财务状况以及这个系统内部各个因素之间的相互关系。

杜邦分析是对企业财务状况进行的综合分析，它通过几种主要的财务指标之间的关系，直观、明了地反映出企业的财务状况。从杜邦分析系统可以了解到以下财务信息。

从杜邦系统图可以看出，净资产报酬率也称股东权益报酬率，是一个综合性极强、最有代表性的财务比率，它是杜邦系统的核心。企业财务管理的重要目标就是实现股东财富的最大化，股东权益报酬率正是反映了股东投入资金的盈利能力，这一比率反映了企业筹资、投资和生产运营等各方面经营活动的效率。股东权益报酬率取决于企业资产净利率和权益乘数。资产净利率主要反映企业运用资产进行生产经营活动的效率如何，而权益乘数则主要反映企业的财务杠杆情况，即企业的资本结构。

总资产报酬率是反映企业盈利能力的一个重要财务比率，它揭示了企业生产经营活动的效率，综合性也极强。企业的销售收入、成本费用、资产结构、资产周转速度以及资金占用量等各种因素，都直接影响到资产净利率的高低。资产净利率是销售净利率与总资产周转率的乘积。因此，可以从企业的销售活动与资产管理两个方面来进行分析。

从企业的销售方面看，销售净利率反映了企业净利润与销售收入之间的关系。一般来说，销售收入增加，企业的净利润也会随之增加。但是，要想提高销售净利率，必须一方面提高销售收入，另一方面降低各种成本费用，这样才能使净利润的增长高于销售收入的增长，从而使销售净利率得到提高。由此可见，提高销售净利率必须在以下两个方面下功夫：

一方面开拓市场，增加销售收入。在市场经济中，企业必须深入调查研究市场情况，了解市场的供需关系，在战略上，从长远的利益出发，努力开发新产品；在策略上，保证产品的质量，加强营销手段，努力提高市场占有率。这些都是企业面向市场的外在能力。

另一方面加强成本费用控制，降低耗费，增加利润。从杜邦系统中可以分析企业的成本费用结构是否合理，以便发现企业在成本费用管理方面存在的问题，为加强成本费用管理提供依据。企业要想在激烈的市场竞争中立于不败之地，不仅要在营销与产品质量上下功夫，还要尽可能降低产品的成本，这样才能增强产品在市场上的竞争力。同时，要严格控制企业的管理费用、财务费用等各种期间费用，降低耗费，增加利润。这里尤其要研究分析企业的利息费用与利润总额之间的关系，如果企业所承担的利息费用太多，就应当进一步分析企业的资本结构是否合理、负债比率是否过高，因为不合理的资本结构一定会影响到企业所有者的收益。

在企业资产方面，主要应该分析以下两个方面：

一方面，分析企业的资产结构是否合理，即流动资产与非流动资产的比例是否合理。资产结构实际上反映了企业资产的流动性，它不仅关系到企业的偿债能力，也会影响企业的盈利能力。一般来说，如果企业流动资产中货币资金占的比重过大，就应当分析企业现金持有量是否合理，有无现金闲置现象，因为过量的现金会影响企业的盈利能力；如果流动资产中的存货与应收账款过多，就会占用大量的资金，影响企业的资金周转。

另一方面，结合销售收入，分析企业的资产周转情况。资产周转速度直接影响到企业的盈利能力，如果企业资产周转较慢，就会占用大量资金，增加资金成本，减少企业的利润。关于资产周转情况的分析，不仅要分析企业总资产周转率，更要分析企业的存货周转率与应收账款周转率，并将其周转情况与资金占用情况结合分析。

从上述两方面的分析，可以发现企业资产管理方面存在的问题，以便加强管理，提高资产的利用效率。

总之，从杜邦分析系统可以看出，企业的盈利能力涉及生产经营活动的方方面面。股东权益报酬率与企业的资本结构、销售规模、成本水平、资产管理等因素密切相关，这些因素构成一个完整的系统，系统内部各因素之间相互作用，只有协调好系统内部各个因素之间的关系，才能使股东权益报酬率得到提高，从而实现企业股东财富最大化的理财目标。

第三节　财务分析案例

下面分别运用青鸟华光和四川长虹的财务信息说明怎样运用以上指标分析一

个上市公司。

一、青鸟华光案例

（一）青鸟华光公司历史沿革

潍坊北大青鸟华光科技股份有限公司（以下简称"青鸟华光"）原名为潍坊华光科技股份有限公司，经山东省经济体制改革委员会鲁体改生字（1992）第112号文件批准，由潍坊华光电子信息产业集团公司于1993年9月独家发起，采用定向募集方式设立，公司的注册资本9 026万元。1997年根据中国证监会证监发（1997）137号、138号文批准向社会公开发行社会公众股5 000万股，每股面值1元，并于1997年5月26日在上海证券交易所上市交易，公司的注册资本变更为14 026万元；1998年8月22日在公司召开的第一次临时股东大会上审议通过了以1997年年末总股本14 026万股为基数，每10股送6股的利润分配方案，方案实施后公司注册资本增加至22 441.6万元。

2000年6月12日，经财政部（财管字［2000］247号）、山东省人民政府（鲁政字［2000］159号）批准，公司原第一大股东潍坊华光集团有限责任公司将其持有的公司国有法人股（6 441.6万股，占总股本的28.7%）全部转让给北京天桥北大青鸟科技股份有限公司（4 488.32万股，占总股本的20%）、北京北大青鸟有限责任公司（1 953.28万股，占总股本的8.7%），股份转让登记日为2000年6月15日。股权转让后北京天桥北大青鸟科技股份有限公司（以下简称青鸟天桥）成为公司的第一大股东。公司于2000年7月19日在山东省工商行政管理局办理了注册变更登记（注册号：3700001801911），更名为潍坊北大青鸟华光科技股份有限公司。

2001年10月31日，公司2001年第一次临时股东大会审议通过并报经中国证券监督管理委员会核准（证监发行字［2001］90号），向社会公众股股东每10股配售3股，共计2 880万股普通股，配股完成后股本变更为25 321.60万元。2006年8月4日，根据国务院国有资产监督管理委员会《关于潍坊北大青鸟华光科技股份有限公司股权分置改革有关问题的复函》（国资产权［2006］813号），公司实施股权分置改革，上市公司向全体流通股股东每10股转增9股，股权分置改革完成后，公司股本变为36 553.60万股。

2007年2月15日公司收到中国证券登记结算有限责任公司上海分公司《股权司法冻结及司法划转通知》（2007司冻76号）：北大青鸟持有的公司1 953.28万股股权已过户至北京东方国兴建筑设计有限公司（以下简称"东方国兴"）名下。

根据东方国兴2007年第7次股东会决议及分立协议，东方国兴以存续分立的方式进行了分立，东方国兴为存续公司，新设立了北京东方国兴科技发展有限公司

（以下简称"东方科技"），公司 1 953.28 万股股权由新设立的东方科技持有。

根据北京天桥北大青鸟科技股份有限公司（以下简称"青鸟天桥"）重大资产重组方案及与东方科技签署的《资产转让及债务转让协议》，青鸟天桥将持有的青鸟华光 4 488.32 万股股权转让给东方科技。2008 年 12 月 23 日，青鸟天桥收到中国证监会《关于核准北京天桥北大青鸟科技股份有限公司重大资产重组及向信达投资有限公司等发行股份购买资产的批复》，青鸟天桥重大资产重组方案获中国证监会批准。2009 年 1 月 5 日，公司收到中国证券登记结算公司上海分公司过户登记确认书，青鸟天桥持有的 4 488.32 万股（其中包括 3 655.36 万股无限售流通股和 832.96 万股限售流通股）股份已于 2008 年 12 月 31 日过户至东方科技。

至此，加上东方科技原持有的 1 953.28 万股股份，东方科技共持有青鸟华光 6 441.6 万股，占公司总股本的 17.62%，成为公司第一大股东，青鸟天桥不再持有青鸟华光股份。2009 年，公司第一大股东东方科技通过上海证券交易所交易系统出售青鸟华光股份，其中 2009 年 11 月 12 日至 2009 年 11 月 23 日减持青鸟华光股份 3 497 150 股，占青鸟华光总股本的 0.96%；于 2009 年 12 月 24 日减持 1 000 000 股，占青鸟华光总股本的 0.27%。截至 2009 年 12 月 31 日，东方科技共减持青鸟华光股份 4 497 150 股，占青鸟华光总股本的 1.23%。减持后，东方科技尚持有青鸟华光 59 918 850 股股份，全部为无限售条件流通股，占青鸟华光总股本的 16.39%。2010 年 2 月 25 日至 2010 年 3 月 4 日，东方科技通过上海证券交易所交易系统出售本公司股份 348 万股无限售条件流通股，占公司总股本的 0.95%；2010 年 3 月 9 日通过上海证券交易所大宗交易系统出售公司股份 1 030 万股，占本公司总股本的 2.82%。减持后，东方科技尚持有本公司 4 613.885 万股股份，占本公司总股本的 12.62%。2010 年 4 月 12 日，东方科技通过上海证券交易所大宗交易系统出售本公司股份 1 200 万股，占本公司总股本的 3.28%。减持后，东方科技尚持有本公司 3 413.885 万股股份，全部为无限售条件流通股，占本公司总股本的 9.34%。东方科技减持上述股份后，仍为本公司第一大股东。

（二）2012 年公司概况

1. 控股或参股公司

	被参控公司	参控关系	投资额（元）	参股比例（%）	是否合并报表
2012 年报	北京华光电子有限公司	子公司	800 000	80.00	是
2012 年报	深圳市北大青鸟华光技术有限公司	子公司	9 000 000	90.00	是
2012 年报	潍坊北大青鸟华光物业有限公司	子公司	1 000 000	100.00	是
2012 年报	潍坊海数新媒体技术有限公司	联营企业		30.00	

续表

	被参控公司	参控关系	投资额（元）	参股比例（%）	是否合并报表
2012 年报	潍坊北大青鸟华光通信技术有限公司	子公司	2 683 652.72	51.39	是
2012 年报	北京青鸟华光科技有限公司	子公司	0	80.00	否（因股权出售）
2012 年报	潍坊北大青鸟华光电子有限公司	子公司	750 000	100.00	是
2012 年报	潍坊北大青鸟华光置业有限公司	子公司	80 000 000	40.00	是
2012 年报	潍坊青鸟华光国际贸易有限公司	子公司	9 000 000	90.00	是
2012 年报	潍坊青鸟华光电池有限公司	子公司	170 761 227.5	85.37	是

2. 公司的机构投资者

机构股东名称	持股数量（股）	机构类型	占流通 A 股比例（%）
北京东方国兴科技发展有限公司	34 138 850	一般法人	9.34
中国电子财务有限责任公司	4 561 280	财务公司	1.25
北京都市传信广告有限公司	3 600 000	一般法人	0.98
潍坊创业投资有限公司	2 750 000	一般法人	0.75
海南省海口市万志贸易有限公司	2 664 800	一般法人	0.73
北京明德广业投资咨询有限公司	1 890 000	一般法人	0.52
合计	49 604 930		13.57

3. 十大股东明细

股东名称	持股数量（股）	持股比例（%）	股本性质
北京东方国兴科技发展有限公司	34 138 850	9.34	流通 A 股
中国电子财务有限责任公司	4 561 280	1.25	流通 A 股
北京都市传信广告有限公司	3 600 000	0.98	流通 A 股
王纪新	3 280 100	0.90	流通 A 股
潍坊创业投资有限公司	2 750 000	0.75	流通 A 股
海口万志贸易有限公司	2 664 800	0.73	流通 A 股
周长青	2 390 300	0.65	流通 A 股
孙乃臣	2 237 811	0.61	流通 A 股
尹广汉	2 100 000	0.57	流通 A 股
北京明德广业投资咨询有限公司	1 890 000	0.52	流通 A 股
合计	59 613 141	16.30	

4. 公司主营业务

主营业务为网络通信产品及电子代工业务，房地产业务。

（三）青鸟华光近五年的年报财务数据

1. 资产负债表数据

单位：元

资产负债表	2012 年报	2011 年报	2010 年报	2009 年报	2008 年报
报表类型	合并	合并	合并	合并	合并
流动资产：					
货币资金	18 774 707.27	13 822 798.34	14.528 306.95	7 759 172.90	7 048 666.39
交易性金融资产	95 238.50				
应收票据	117 370.00				
应收账款	3 141 904.66	2 208 224.88	3 913 421.35	6 247 317.47	9 535 294.40
预付款项	46 811 150.67	45 537 126.39	272 629 132.98	66 196 478.92	35 314 391.32
其他应收款	2 432 993.38	1 313 309.99	1 588 588.29	3 048 907.36	6 733 558.51
存货	310 989 238.75	254 636 801.10	3 096 942.44	3 562 686.97	7 493 722.29
流动资产合计	382 362 603.23	317 518 260.70	295 756 392.01	86 814 563.62	66 125 632.91
非流动资产：					
长期股权投资	10 654 116.32	12 339 016.61	11 894 021.53	11 182 671.08	53 503 765.33
投资性房地产					
固定资产	2 433 397.01	2 896 773.31	9 378 669.51	95 462 967.26	105 787 228.95
固定资产清理	5 776 390.11	5 776 390.11			
无形资产	0.00	0.00	0.00	53 716 427.99	55 016 318.55
递延所得税资产	1 243 976.41	229 238.70	177 332.56	202 919.63	
非流动资产合计	20 107 879.85	21 241 418.73	21 450 023.60	160 564 985.96	214 307 312.83
资产总计	402 470 483.08	338 759 679.43	317 206 415.61	247 379 549.58	280 432 945.74
流动负债：					
短期借款	7 000 000.00	7 297 637.33	7 554 196.90	10 000 000.00	14 000 000.00
应付账款	39 057 936.85	52 213 935.75	50 682 596.00	56 442 894.51	62 341 275.91
预收款项	10 787 329.86	11 395 397.67	12 985 276.09	13 280 664.42	15 602 956.14
应付职工薪酬	8 447 634.87	9 391 385.11	9 678 501.93	9 920 356.06	10 993 915.99
应交税款	5 082 937.89	6 073 582.76	5 756 547.36	5 685 004.91	5 592 976.24
应付股利	2 436 820.06	2 436 820.06	2 436 820.06	2 436 820.06	2 440 436.06

续表

资产负债表	2012 年报	2011 年报	2010 年报	2009 年报	2008 年报
其他应付款	114 456 071.38	72 121 262.29	88 619 061.04	57 146 434.10	81 247 703.69
流动负债合计	187 268 730.91	160 930 020.97	177 712 999.38	154 912 174.06	192 219 264.03
非流动负债:					
长期借款					
应付债券					
长期应付款					
专项应付款	80 000.00				
预计负债					
递延所得税负债					
非流动负债合计	80 000.00				
负债差额(特殊报表科目)					
负债差额(合计平衡项目)					
负债合计	187 348 730.91	160 930 020.97	177 712 999.38	154 912 174.06	192 219 264.03
所有者权益(或股东权益)					
实收资本(或股本)	365 536 000.00	365 536 000.00	365 536 000.00	365 536 000.00	365 536 000.00
资本公积	444 736 978.19	446 061 298.19	446 061 298.19	435 398 547.47	435 398 547.47
减:库存股					
专项储备					
盈余公积	83 716 424.94	83 716 424.94	83 716 424.94	83 716 424.94	83 716 424.94
一般风险准备					
未分配利润	−807 976 491.86	−845 746 334.65	−824 404 041.11	−803 018 889.41	−808 775 196.65
外币报表折算差额					
归属于母公司所有者权益合计	86 012 911.27	49 567 388.48	70 909 682.02	81 632 083.00	75 875 775.76
少数股东权益	129 108 840.90	128 262 269.98	68 583 734.21	10 835 292.52	12 337 905.95
所有者权益合计	215 121 752.17	177 829 658.46	139 493 416.23	92 467 375.52	88 213 681.71
负债和所有者权益总计	402 470 483.08	338 759 679.43	317 206 415.61	247 379 549.58	280 432 945.74
审计意见(境内)	无保留意见	带强调事项段的无保留意见	带强调事项段的无保留意见	带强调事项段的无保留意见	保留意见

2. 利润表数据

单位：元

利润表	2012 年报	2011 年报	2010 年报	2009 年报	2008 年报
报表类型	合并	合并	合并	合并	合并
一、营业总收入	12 791 747.53	8 298 809.98	9 738 835.29	12 584 015.64	13 504 229.44
其中:营业收入	12 791 747.53	8 298 809.98	9 738 835.29	12 584 015.64	13 504 229.44
二、营业总成本	26 682 601.32	29 982 294.30	35 418 771.46	49 358 421.17	50 043 108.91
其中:营业成本	7 957 357.60	3 774 846.24	3 938 831.04	6 482 644.64	7 003 360.84
营业税金及附加	154 843.65	203 276.42	215 380.40	268 894.09	222 570.87
销售费用	689 633.06	595 416.69	717 179.47	450 050.36	1 229 180.99
管理费用	25 920 436.39	23 560 425.56	26 605 202.25	33 289 743.00	36 228 325.51
财务费用	118 106.25	916 127.42	1 086 200.82	1 445 397.93	8 773 959.75
资产减值损失	− 8 157 775.63	932 201.97	2 855 977.48	7 421 691.15	− 3 414 289.05
加:公允价值变动收益	756.92				
投资收益	42 049 493.42	44 995.08	211 350.45	39 678 905.75	− 5 598 775.60
其中:对联营企业和合营企业的投资收益	− 879 167.56		211 350.45	39 678 905.75	− 5 598 775.60
三、营业利润	28 159 396.55	− 21 638 489.24	− 25 468 585.72	2 904 500.22	− 42 137 655.07
加:营业外收入	8 050 594.49	131 200.00	15 405 885.29	1 765 596.72	4 103 833.63
减:营业外支出	23 447.20	206 604.80	13 461 462.08	177 060.67	614 620.22
其中:非流动资产处置损失		130 000.00	13 461 462.08	177 060.67	611 418.82
四、利润总额	36 186 543.84	− 21 713 894.04	− 23 524 162.51	4 493 036.27	− 38 648 441.66
减:所得税费用	− 572 408.31	− 50 136.27	112 547.50	239 342.47	1 069.76
五、净利润	36 758 952.15	− 21 663 757.77	− 23 636 710.01	4 253 693.80	− 38 649 511.42
归属于母公司所有者的净利润	37 769 842.79	− 21 342 293.54	− 21 385 151.70	5 756 307.24	− 36 807 038.16
少数股东损益	− 1 010 890.64	− 321 464.23	− 2 251 558.31	− 1 502 613.44	− 1 842 473.26
扣除非经常性损益后的净利润	13 419 123.60	− 21 266 888.74	− 23 329 574.91	− 39 789 384.16	− 40 296 251.57

续表

利润表	2012 年报	2011 年报	2010 年报	2009 年报	2008 年报
六、每股收益					
（一)基本每股收益	0.1000	−0.0600	−0.0600	0.0200	−0.1000
（二)稀释每股收益	0.1000	−0.0600	−0.0600	0.0200	−0.1000
七、其他综合收益					
八、综合收益总额	36 758 952.15		−23 636 710.01		
归属于母公司股东的综合收益总额	37 769 842.79	−21 342 293.54	−21 385 151.70		
归属于少数股东的综合收益总额	−1 010 890.64	−321 464.23	−2 251 558.31		
审计意见（境内）	无保留意见	带强调事项段的无保留意见	带强调事项段的无保留意见	带强调事项段的无保留意见	保留意见

3. 财务指标主要摘要数据

财务指标	2012 年报	2011 年报	2010 年报	2009 年报	2008 年报
每股收益 – 基本（元）	0.1	−0.06	−0.06	0.02	−0.1
每股收益 – 稀释（元）	0.10	−0.06	−0.06	0.02	−0.10
每股净资产 BPS（元）	0.24	0.14	0.19	0.22	0.18
每股经营活动产生的现金流量净额（元）	−0.04	−0.27	0.51	−0.12	0.19
净资产收益率 – 平均（%）	55.72	−35.43	−28.04	7.31	−40.98
总资产净利率 – 平均（%）	9.92	−6.61	−8.37	1.61	−7.5
销售毛利率（%）	37.79	54.51	59.56	48.49	48.14
销售净利率（%）	287.36	−261.05	−242.71	33.80	−286.20
资产负债率（%）	46.55	47.51	56.02	62.62	68.54
营业收入同比增长率（%）	54.14	−14.79	−22.61	−6.81	−18.09
营业利润同比增长率（%）	230.14	15.04	−976.87	106.89	76.53
归属母公司股东的净利润同比增长	276.97	0.20	−471.51	116.21	76.27

4. 现金流量表数据

单位：元

现金流量表	2012 年报	2011 年报	2010 年报	2009 年报	2008 年报
报表类型	合并	合并	合并	合并	合并
一、经营活动产生的现金流量					
销售商品、提供劳务收到的现金	24 881 149.79	9 488 121.22	10 570 444.48	13 666 822.43	13 324 032.62
收到的税费返还		99.30	200.57	751.95	
收到其他与经营活动有关的现金	97 749 071.55	15 866 445.22	65 762 612.60	21 776 809.35	179 240 356.04
经营活动现金流入小计	122 630 221.34	25 354 665.74	76 333 257.65	35 444 383.73	192 564 388.66
购买商品、接受劳务支付的现金	65 238 423.62	25 533 729.03	209 166 941.27	3 223 870.47	6 643 171.35
支付给职工以及为职工支付的现金	15 029 800.17	12 003 818.19	11 390 351.30	12 498 941.01	12 425 768.66
支付的各项税费	2 211 426.73	3 093 327.94	3 782 556.55	4 374 821.52	3 440 339.06
支付其他与经营活动有关的现金	53 719 582.22	83 793 985.26	37 655 648.54	59 955 271.56	101 613 154.26
经营活动现金流出小计	136 199 232.74	124 424 860.42	261 995 497.66	80 052 904.56	124 122 433.33
经营活动产生的现金流量净额	− 13 569 011.40	− 99 070 194.68	− 185 662 240.01	− 44 608 520.83	68 441 955.33
二、投资活动产生的现金流量					
收回投资收到的现金	56 260.92				
取得投资收益收到的现金					85 876.96
处置固定资产、无形资产和其他长期资产收回的现金净额		40 130 000.00	136 565 268.00	76 012.00	2 567 700.00

续表

现金流量表	2012 年报	2011 年报	2010 年报	2009 年报	2008 年报
处置子公司及其他营业单位收到的现金净额	19 932 160.23		10 000.00	82 000 000.00	174 389 149.12
收到其他与投资活动有关的现金	142.35				
投资活动现金流入小计	19 988 563.50	40 130 000.00	136 575 268.00	82 076 012.00	177 042 726.08
构建固定资产、无形资产和其他长期资产支付的现金	171 860.16	95 313.93	66 932.61	31 286 905.23	4 021 602.26
投资支付的现金	52 330.00	400 000.00	500 000.00		
支付其他与投资活动有关的现金			64 292.34		
投资活动现金流出小计	224 190.16	495 313.93	631 224.95	31 286 905.23	4 021 602.26
投资活动产生的现金流量净额	19 764 373.34	39 634 686.07	135 944 043.05	50 789 106.77	173 021 123.82
三、筹资活动产生的现金流量					
吸收投资收到的现金		60 000 000.00	60 000 000.00		
其中:子公司吸收少数股东投资收到的现金			60 000 000.00		
取得借款收到的现金				10 000 000.00	23 000 000.00
投资活动现金流入小计		60 000 000.00	60 000 000.00	10 000 000.00	23 000 000.00
偿还债务支付的现金	297 637.33	256 559.57	2 445 803.10	14 000 000.00	365 484 882.07

续表

现金流量表	2012 年报	2011 年报	2010 年报	2009 年报	2008 年报
分配股利、利润或偿付利息支付的现金	945 815.68	1 013 440.43	1 066 865.89	1 470 079.43	29 835 564.13
投资活动现金流出小计	1 243 453.01	1 270 000.00	3 512 668.99	15 470 079.43	395 320 446.20
筹资活动产生的现金流量净额	− 1 243 453.01	58 730 000.00	56 487 331.01	− 5 470 079.43	− 372 320 446.20
汇率变动对现金及现金等价物的影响					
现金及现金等价物净增加额	4 951 908.93	− 705 508.61	6 769 134.05	710 506.51	− 130 857 367.05
加:期初现金及现金等价物余额	13 822 798.34	14 528.306.95	7 759 172.90	7 048 666.39	137 906 033.44
期末现金及现金等价物余额	18 774 707.27	13 822 798.34	14 528 306.95	7 759 172.90	7 048 666.39

（四）对青鸟华光公司近五年财务数据的财务分析

1. 偿债能力分析

（1）长期偿债能力分析。

单位:%

偿债能力	2008 年报	2009 年报	2010 年报	2011 年报	2012 年报
资本结构					
资产负债率	68.54	62.62	56.02	47.51	46.55
权益乘数	3.18	2.68	2.27	1.91	1.87
流动资产/总资产	23.58	35.09	93.24	93.73	95.00
非流动资产/总资产	76.42	64.91	6.76	6.27	5.00
有形资产/总资产	7.44	11.20	22.30	14.56	21.06
归属母公司股东的权益/全部投入资本	82.19	86.78	87.65	83.58	90.11
带息债务/全部投入资本	17.81	13.22	12.35	16.42	9.89
流动负债/负债合计	100.00	100.00	100.00	100.00	99.96
非流动负债/负债合计					0.04

解释：有形资产通常是指企业的实物资产（如固定资产、存货）和金融资产。

公司的资产负债率近五年来呈下降趋势，由 2008 年的 68% 下降为 2012 年的 46%，另外从权益乘数（权益乘数越大，企业负债程度越高）看，公司的权益乘数由 2008 年的 3.18 走低到 2012 年的 1.87，同样说明了青鸟华光公司的资产负债率向良好的方面发展（一般依据行业特色，较理想的资产负债率在 50% 左右）。目前青鸟华光的资产负债率为 46%，结合长短期负债数据看，公司主要的负债是流动负债，长期负债仅为 80 000.00 元（仅为负债合计的 0.04%），纵向来看近五年的长期负债数据几乎为 0，进一步说明了公司未能利用好长期融资杠杆的作用。企业是上市公司，完全可以发行企业债券融资，从而适度减少短期借款融资额度。公司流动资产占资产比值由 2008 年的 24% 上升到 2012 年的 95%，结合资产负债表明细数据，可以得出公司的存货数据上升得过于快速，存货量在 2011 年和 2012 年飞速增加，一方面说明了公司有利好的市场前景需求，另一方面也提醒了公司存货减值的巨大风险时刻伴随。公司的有形资产在增加，无形资产在减少，从数据看，公司 2012 年的无形资产为 0，青鸟华光是信息技术高新企业，技术开发能力的优劣对企业的长久发展影响巨大，也许 2008 年无形资产的技术实力已经带来了近五年的销售业绩的回报，当前公司高层是否在酝酿新一轮的技术开发，还是有另外的打算，拭目以待。

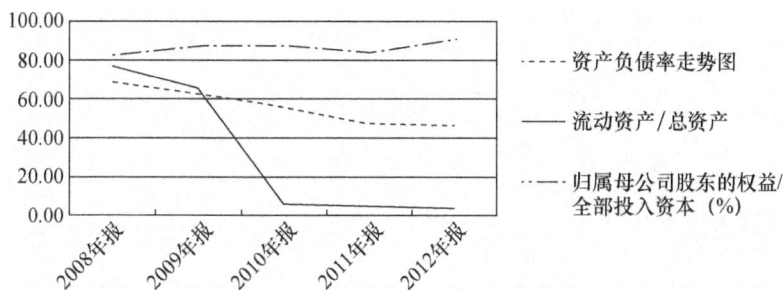

（2）短期偿债能力分析。

偿债能力	2008 年报	2009 年报	2010 年报	2011 年报	2012 年报
流动比率	0.34	0.56	1.66	1.97	2.04
速动比率	0.31	0.54	1.65	0.39	0.38
保守速动比率	0.12	0.11	0.11	0.11	0.13
产权比率	2.18	1.68	1.27	0.90	0.87

一般情况下，流动比率越高，短期偿债能力越强。但流动比率高，不等于企业有足够的现金或存款用来偿债，其水平在 2 左右比较适宜（决定流动比率高低的主要因素是存货周转天数和应收账款周转天数）。公司的流动比率由 2008 年的困难时期的 0.34 逐年上升到 2012 年的 2.04，使得该比率达到了理想状态。速动比率近五年来保持在 0.4 左右，由于剔除了存货等变现能力较弱且不稳定的资产后该比率的理想状态在 1.0 左右，公司较低的速动比率说明企业资产的流动性及其偿还短期负债的能力不是很强。保守的速动比率近五年来几乎保持不变，在 0.12 左右，维系了公司流动现金的需求，反而进一步说明近两年来存货占比在急速扩大。产权比率是指企业负债总额与所有者权益总额的比率，它反映了企业所有者权益对债权人权益的保障程度。公司产权比率由 2008 年的 2.18 逐渐下降到 2012 年的 0.87，说明青鸟华光公司的净资产在逐年增加，可以保障负债的偿还，产权比率接近 1.0 为比较理想，结合公司资本结构分析来看，公司可以适度增加长期负债融资金额。

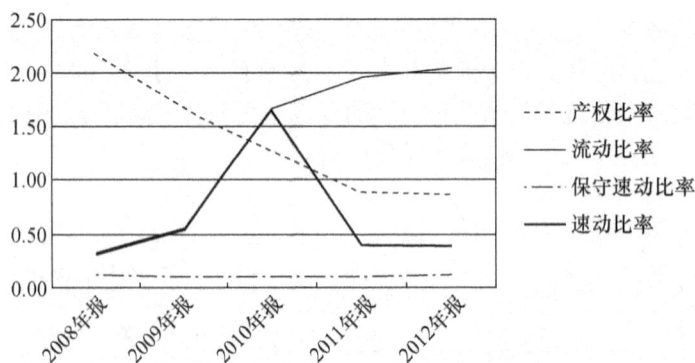

2. 营运能力分析

营运能力	2012 年报	2011 年报	2010 年报	2009 年报	2008 年报
营业周期（天）	12 886.67	12 419.47	492.13	532.76	742.85
存货周转天数（天）	12 811.39	12 286.69	304.34	307.01	350.43
应收账款周转天数（天）	75.29	132.78	187.79	225.75	392.41
存货周转率（次）	0.03	0.03	1.18	1.17	1.03
应收账款周转率（次）	4.78	2.71	1.92	1.59	0.92
流动资产周转率（次）	0.04	0.03	0.05	0.16	0.05
固定资产周转率（次）	4.80	1.35	0.19	0.13	0.12
总资产周转率（次）	0.03	0.03	0.03	0.05	0.05

营业周期＝存货周转天数＋应收账款周转天数。一般情况下，营业周期短，说明资金周转速度快；营业周期长，说明资金周转速度慢。公司2012年相比2008年营业周期增加了10几倍，从数据分析来看，主要为存货周转天数在近两年剧增。存货周转天数是指企业从取得存货开始，至消耗、销售为止所经历的天数。周转天数越少，说明存货变现的速度越快，存货管理工作的效率越高，存货的占用水平越低，流动性越强，存货转换为现金、应收账款等的速度越快。公司存货包含原材料、在产品、库存商品、开发成本、低值易耗品、发出商品，公司2011年与2012年存货周转天数均超过10 000天，主要因为这两年存货的开发成本占存货总成本比重均大于80%所导致（公司为何不把开发成本单独记录）。扣除开发成本后这两年的存货周转天数为400天左右，说明公司所在行业（电子类信息业）面临着材料成本上升、行业内竞争加剧等方面的挑战。公司应收账款周转天数从2008年的392天下降到2012年的75天，说明公司的呆账与坏账情况很少，对应收账款的管理与控制工作比较到位。固定资产周转率又称为固定资产利用率，是指企业年产品销售收入净额与固定资产平均净值的比率。它是反映企业固定资产周转情况，从而衡量固定资产利用效率的一项指标，该比率越高，表明固定资产利用效率高，利用固定资产效果好，公司2012年比2008年该比率增加了4倍，成为4.8，说明公司的固定资产利用效率在提高。

3. 盈利能力分析

（1）从营业额和资金占用角度分析。

单位：%

盈利能力	2012 年报	2011 年报	2010 年报	2009 年报	2008 年报
净资产收益率	17.09	-12.18	-16.94	4.60	-43.81
投入资本回报率	48.81	-30.44	-24.44	6.18	-12.70
销售净利率	287.36	-261.05	-242.71	33.80	-286.20
销售毛利率	37.79	54.51	59.56	48.49	48.14
销售成本率	62.21	45.49	40.44	51.51	51.86
销售期间费用率	208.95	302.12	291.70	279.60	342.35
净利润/营业总收入	287.36	-261.05	-242.71	33.80	-286.20
销售费用/营业总收入	5.39	7.17	7.36	3.58	9.10
管理费用/营业总收入	202.63	283.90	273.19	264.54	268.27
财务费用/营业总收入	0.92	11.04	11.15	11.49	64.97

公司净资产收益率2012年数据相比前4年的波动比较理想，达到17.09%，对股东们而言是利好信息，该利率的变化同样可以由销售净利率的对应比率变化趋势来分析和鉴定。投入资本报酬率2012年数据同样与前4年的数据相比变化

巨大，本年为 48.81%，主要原因是公司对子公司股权结构进行整合，将持有的北京青鸟华光科技有限公司股权进行了挂牌转让，产生了投资收益。销售毛利率自 2008 年来连续 4 年呈逐渐下降的趋势，也可以从销售成本率 2008 年来逐渐上升对比反映，说明公司所在行业竞争加剧，成本在增加，利润空间在缩小。销售费用率自 2008 年以来略有下降的趋势进一步说明行业竞争加剧。管理费用率变化不大，但是认为是费用的重头。财务费用率 2008 年以后呈下降趋势，暂时看是个利好的消息。纵向将 2012 年盈利数据同前几年比较，分析出 2012 年盈利利好得益于公司如下几点缘由：一是公司财务报表合并增加了华光通信；二是将持有的北京青鸟华光科技有限公司股权进行了挂牌转让，产生投资收益；三是公司积极清理债权债务，回收了部分应收款项，核销了部分应付款项；四是公司销售费用、管理费用未发生大幅度变动，财务费用支出同比下降。

（2）从市场发展、投资股票角度分析。

单位：元

每股指标	2012 年报	2011 年报	2010 年报	2009 年报	2008 年报
每股收益 – 基本	0.1000	– 0.0600	– 0.0600	0.0200	– 0.1000
每股收益 – 稀释	0.1000	– 0.0600	– 0.0600	0.0200	– 0.1000
每股净资产	0.2400	0.1400	0.1900	0.2200	0.1800
每股经营活动产生的现金流量净额	– 0.0371	– 0.2700	– 0.5100	– 0.1220	0.1900
每股营业收入	0.0350	0.0227	0.0266	0.0344	0.0369
每股息税前利润	0.0990	– 0.0570	– 0.0614	0.0162	– 0.0817
每股资本公积	1.2167	1.2203	1.2203	1.1911	1.1911
每股盈余公积	0.2290	0.2290	0.2290	0.2290	0.2290
每股未分配利润	– 2.2104	– 2.3137	– 2.2553	– 2.1968	– 2.2126
每股留存收益	– 1.9814	– 2.0847	– 2.0263	– 1.9678	– 1.9835
每股现金流量净额	0.0135	– 0.0019	0.0185	0.0019	– 0.3580

解释：基本每股收益 = 归属于普通股股东的净利润/发行在外的普通股加权平均数（发行在外的普通股加权平均数 = $S_0 + S_1 + S_i \times M_i \div M_0 - S_j \times M_j \div M_0 - S_k$，其中，$S_0$ 为期初股份总数；S_1 为报告期因公积金转增股本或股票股利分配等增加股份数；S_i 为报告期因发行新股或债转股等增加股份数；S_j 为报告期因回购等减少股份数；S_k 为报告期缩股数；M_0 为报告期月份数；M_i 为增加股份下一月起至报告期期末的月份数；M_j 为减少股份下一月起至报告期期末的月份数）。稀释每股收益 = [归属于普通股股东的净利润 + （已确认为费用的稀释性潜在普通股利息 – 转换费用）×（1 – 所得税税率）]/（$S_0 + S_1 + S_i \times M_i \div M_0 - S_j \times M_j \div M_0 - S_k$ + 认股权证、股份期权、可转换债券等增加的普通股加权平均数）。

公司基本及稀释的每股收益各个年报内均一致，从 2008 年以来的数据看，2012 年相比前四年的每股收益有巨大的改观，同每股净资产一样，这得益于上述盈利能力分析时的四点原因。每股营业收入近五年来变化不大。每股息税前利润 2012 年比前四年变化明显的原由是当期投资收益的巨大增加。每股盈余公积及每股未分配利润等数据五年来变化不大。每股现金流量净额虽然 2012 年有点起色，但是这不能掩盖住公司的现金压力仍比较大的事实。

（3）从现金流量分析。

现金流量	2008 年报	2009 年报	2010 年报	2011 年报	2012 年报
销售商品提供劳务收到的现金/营业收入（%）	98.67	108.60	108.54	114.33	194.51
经营活动产生的现金流量净额/营业收入（%）	506.82	−354.49	−1 906.41	−1 193.79	−106.08
经营活动产生的现金流量净额/经营活动净收益					
资本支出/折旧和摊销	0.34	3.20	0.01	0.08	0.23

公司 2008 年以来销售商品提供劳务收到的现金占营业收入的比例在逐年上升，2012 年达到 194.51%，是 2008 年的 1 倍多。经营活动产生的现金流量五年来有巨幅波动，在 2012 年成为正值。2012 年报告期内，公司经营活动产生现金流量净额大幅变动的原因是当年公司从外部借入较多资金。

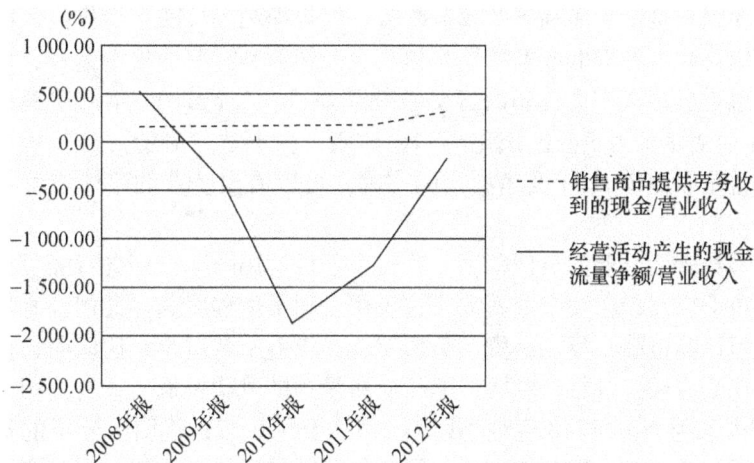

结合 2012 年的现金流量表看，投资活动产生现金流量净额大幅变动原因是：2011 年公司收到北京办事处部分拆迁补偿款。筹资活动产生现金流量净额大幅变动的原因是：2011 年公司子公司潍坊北大青鸟华光置业有限公司收到另一股

东投入的资金。

4. 杜邦分析

杜邦分析	2012 年报	2011 年报	2010 年报	2009 年报	2008 年报
权益净利率（ROE）	0.17	−0.12	−0.17	0.05	−0.44
销售净利率	2.87	−2.61	−2.43	0.34	−2.86
资产周转率（次）	0.0318	0.0245	0.0307	0.0509	0.0482
权益乘数	1.87	1.91	2.27	2.68	3.18

杜邦分析法是一种用来评价公司盈利能力和股东权益回报水平，从财务角度评价企业绩效的经典方法。其基本思想是将企业净资产收益率逐级分解为多项财务比率乘积，这样有助于深入分析比较企业经营业绩。综观青鸟公司近五年的权益净利率数据，得出公司的经营业绩前四年很是一般，有三年该比率均为负值，仅仅 2012 年有所起色，使得权益净利率达到 17%，该比率才可能给股东带来真正的回报。

资产净利率是影响权益净利率的最重要的指标，具有很强的综合性，而资产净利率取决于销售净利率和总资产周转率的高低。总资产周转率反映的是总资产的周转速度。近五年来公司的资产周转率变化不是很明显，可以得出影响权益净利率的主要因素是销售净利率及权益乘数。销售净利率反映了销售收入的收益水平，扩大销售收入、降低成本费用是提高企业销售利润率的根本途径，而扩大销售，同时也是提高资产周转率的必要条件和途径。公司 2012 年的销售净利率是 287%，比前 4 年多为负数的该比率明显改观，由上述盈利能力分析得知，公司的投资收益是引起 2012 年度净利润的主因，可以看出企业的整体经营业绩仍然不是很优秀。

权益乘数表示企业的负债程度，反映了公司利用财务杠杆进行经营活动的程度。资产负债率高，权益乘数就大，这说明公司负债程度高，公司会有较多的杠杆利益，但风险也高；反之，资产负债率低，权益乘数就小，这说明公司负债程度低，公司会有较少的杠杆利益，但相应所承担的风险也低。青鸟公司近五年的权益乘数从 2008 年的 3.18 逐渐下降到 2012 年的 1.87，说明了公司的资产负债率由高降低为相对较合理的比率。公司如能相对增加权益乘数，加强资产管理水平，提高资产效率，在不降低销售净利率水平的前提下，三指标的连乘才可给 2008 年的权益净利率指标有个好的期望。

5. 2012 年财务数据行业比较分析

财务数据比较（信息技术业）。

2012 年财务报表数据

单位：亿元

排名	代码	简称	营业收入	营业利润	净利润	资产总计	负债合计	所有者权益合计
	行业均值（算术平均法）		34.84	1.04	1.25	53.86	29.02	24.84
	行业中值		5.7	0.54	0.65	12.52	2.86	8.88
1	600050	中国联通	2 562.65	79.96	70.25	5 183.57	3 061.23	2 122.34
2	000063	中兴通讯	842.19	-50.02	-26.05	1 074.46	848.08	226.39
3	000066	长城电脑	797.52	-11.77	0.95	391.84	289.38	102.46
4	600100	同方股份	223.43	6.65	8.44	337.02	224.48	112.54
5	000021	长城开发	164	0.53	0.08	101.81	60.25	41.56
6	600271	航天信息	145.25	14.68	13.64	81.99	19.87	62.12
7	600498	烽火通信	81.83	3.83	5.63	125.34	65.47	59.87
8	600487	亨通光电	78.04	3.29	3.97	91.4	63.26	28.15
9	600718	东软集团	69.6	4.09	4.36	85.01	32.56	52.45
10	000938	紫光股份	65.34	1.12	0.89	26.92	15.14	11.78
202	600076	青鸟华光	0.13	0.28	0.37	4.02	1.87	2.15
203	000892	星美联合	0.12	0.02	0.01	0.07	0.01	0.06

　　从 2012 年行业比较数据可以看出，青鸟华光在信息技术业上市的 203 家公司中处于倒数第二。从下面营业收入、资产规模、净利润的柱形图可以清晰看出青鸟公司的行业地位。

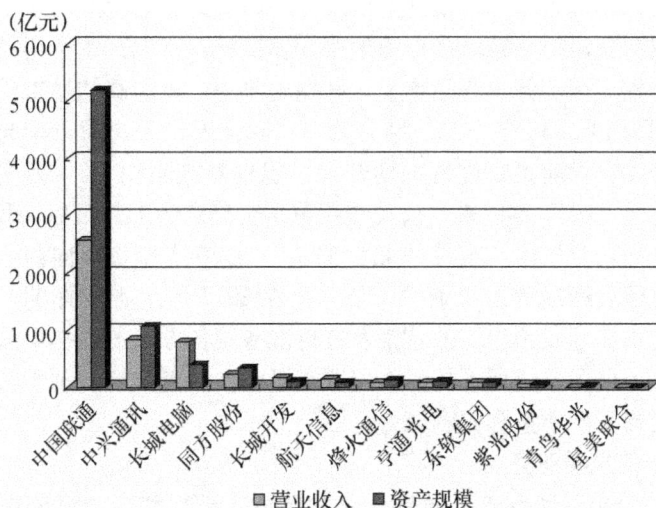

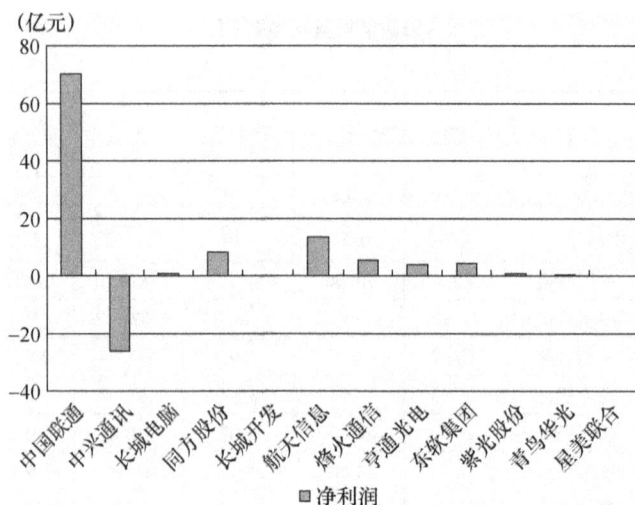

（亿元）

■净利润

国内电子信息类企业众多，行业市场结构属于分散竞争型，市场化程度较高，行业集中度有较大提升空间。伴随着近年来电子产品消费的快速增长，行业资源呈现逐步向大型优势企业集中的局面。同时，电子类信息企业也面临着材料成本上升、行业内竞争加剧、委托方议价能力增强等方面的挑战。

可以看出，青鸟华光在电子信息类企业中要占有一席之地仍任重道远。

（五）公司经营现状、前景及建议

1. 公司经营现状

（1）公司地产业务。

公司自2010年转型房地产业务以来，通过控股子公司潍坊北大青鸟华光置业有限公司（以下简称"华光置业"）以23 721.12万元竞得两宗土地的国有建设用地使用权。公司结合潍坊当地房地产开发现状，首先开发竞得的潍县中路地块，建设形成集高端商务、名品置业、高端居住为一体的高档城市综合体，该项目总用地面积为141 233平方米。结合公司实际情况，公司通过华光置业对该地块进行分期开发，目前正在进行一期开发，规划建筑面积12.4万平方米，总投资预计3.5亿元。2012年以来，公司按照董事会确定的工作目标，积极推进公司地产项目的进展。公司地产项目"北大锦城"在2012年稳步向前推进，首期开建的五栋住宅楼已经达到预售条件，公司将在2013年上半年择期开始预售，目前按公司计划正在开展预售前的营销及宣传准备等各方面的工作。公司地产项目的顺利进行，为公司的长期可持续发展奠定了坚实的基础，有利于公司扭转经营困境，提高公司资产质量和盈利能力。

（2）电子信息类业务。

2012年，公司对现有电子信息业务股权结构进行整合，将公司持有的潍坊北大青鸟华光通信技术有限公司（以下简称"华光通信"）30%的股权、潍坊北大青鸟华光照排有限公司（以下简称"华光照排"）13.64%的股权转让给公司控股子公司潍坊北大青鸟华光电子有限公司（以下简称"华光电子"）。华光电子在受让华光通信30%股权后，以220万元现金出资，对华光通信进行增资。增资完成后，华光通信注册资本由500万元变更为720万元，华光电子占该公司注册资本的比例由30%增加至51.39%，华光通信成为华光电子的控股子公司。华光通信、华光照排股权变更已经全部完成。

（3）盘活公司资产情况。

为了盘活公司资产，清理未能正常开展主营业务的股权，配合公司整体战略转型，公司第七届董事会第九次会议审议通过了《关于转让北京青鸟华光科技有限公司股权的议案》，同意公司将持有北京青鸟华光科技有限公司80%股权和控股子公司潍坊青鸟华光国际贸易有限公司持有的另外20%股权一并在北京产权交易所挂牌转让。

2. 公司未来发展

（1）公司发展战略。

为扭转公司经营困境，提高公司的资产质量和盈利能力，公司董事会确定的战略目标是通过盘活有效资产，逐步向房地产业务转型，进入房地产开发领域，为公司的长期可持续发展奠定了基础。

（2）经营计划。

在抓好公司电子信息类业务的同时，积极推进公司房地产项目，加快公司地产项目"北大锦城"一期工程的开发，同时做好公司一期项目楼盘的营销工作，以及二期项目的筹划和施工准备工作。母公司暂无在建投资项目，控股子公司华光置业进行地产项目"北大锦城"的工程，项目一期计划投资3.5亿元，已经完成投资1.8亿元。

3. 公司建议

（1）做好融资工作。公司长期负债很少（仅为负债合计的0.04%），未能利用好长期融资杠杆的作用，企业应努力发行企业债券融资，做好现金流保障工作。

（2）加大技术研发产品升级。信息技术产业仍然是朝阳产业，尽管行业竞争态势激烈，但是对公司而言仍是有蛋糕可分的，所以企业要做好技术开发和产品升级换代工作。

（3）做好市场细分营销工作。存货量在2011年与2012年飞速增加，一方面说明了公司有利好的市场前景需求，另一方面也提醒了公司存货减值的巨大风险时刻伴随。

（4）应对好房地产风险工作。公司逐步向房地产转型，但近年来国家对房地产行业的政策调控，可能对公司在房地产销售、资金等方面造成影响，进而对公司生产经营产生不利影响；同时，公司业务转型增加了公司管理及运营难度，对公司的经营管理层提出了更高的能力要求。

（5）进一步做好资产盘活工作，提高资产工作效率。

二、四川长虹案例

四川长虹全称为四川长虹电器股份有限公司，1958 年创立，1994 年 3 月 11 日在上海证券交易所挂牌，股票代码 600839，2004 年树立品牌形象。以下选择 2001 ~ 2006 年财务报表数据，对四川长虹 CHANGHONG 和康佳 KONKA 进行对比。

（一）偿债能力分析

1. 短期偿债能力分析

选择流动比率作为短期偿债能力分析，2001 ~ 2006 年两公司流动比率如下：

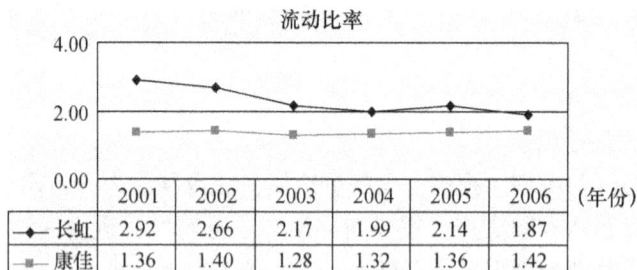

流动比率

	2001	2002	2003	2004	2005	2006 (年份)
长虹	2.92	2.66	2.17	1.99	2.14	1.87
康佳	1.36	1.40	1.28	1.32	1.36	1.42

思考：长虹的短期偿债能力比康佳的短期偿债能力好吗？

回答：流动比率标准值是 2，长虹流动比率在 2 左右，康佳流动比率小于 2，因而长虹的短期偿债能力比康佳好。

2. 长期偿债能力分析

选择资产负债率作为长期偿债能力分析，2001 ~ 2006 年两公司资产负债率如下：

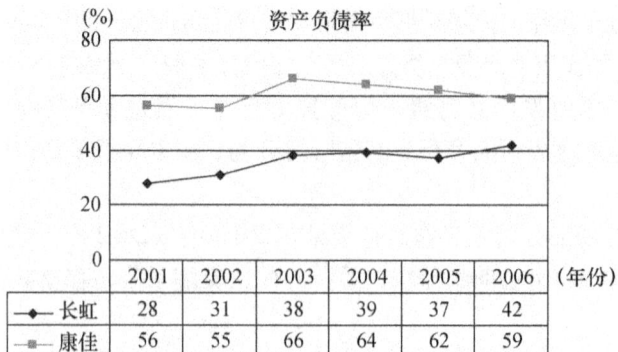

资产负债率 (%)

	2001	2002	2003	2004	2005	2006 (年份)
长虹	28	31	38	39	37	42
康佳	56	55	66	64	62	59

对于制造业而言，资产负债率上限为 75%，上市公司资产负债率平均值在

50%左右，资产负债率越小说明公司财务风险越小、长期偿债能力越好，康佳的资产负债率虽没有超过上限但大于50%，而长虹资产负债率小于50%，因此长虹的长期偿债能力比康佳好。

思考：为何长虹比康佳的还贷能力强，即资本结构中负债在资本总额的比重比康佳低？

回答：20世纪90年代，家电行业盈利能力好，当时中石化、中石油、宝钢等国企均未上市，而四川长虹却处于资本市场龙头地位，可以很容易从资本市场配股筹集资金。

（二）营运能力分析

选择存货周转率和总资产周转率作为营运能力分析，2001～2006年两公司存货周转率和总资产周转率如下：

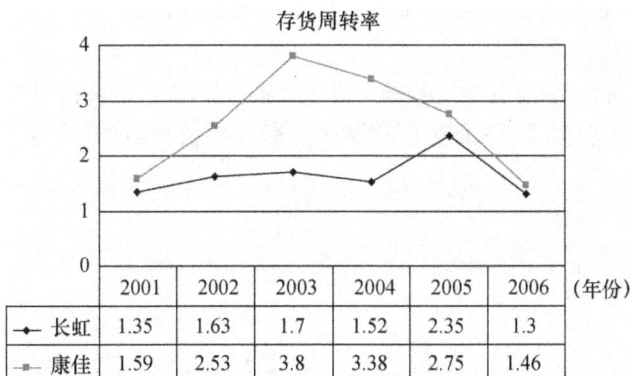

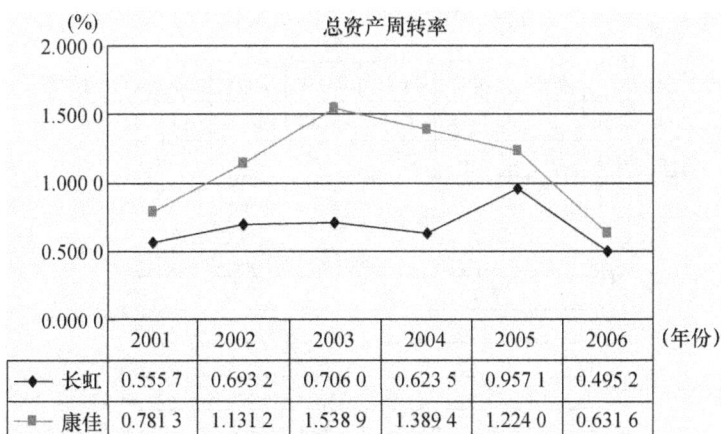

存货周转率

(年份)	2001	2002	2003	2004	2005	2006
长虹	1.35	1.63	1.7	1.52	2.35	1.3
康佳	1.59	2.53	3.8	3.38	2.75	1.46

总资产周转率 (%)

(年份)	2001	2002	2003	2004	2005	2006
长虹	0.555 7	0.693 2	0.706 0	0.623 5	0.957 1	0.495 2
康佳	0.781 3	1.131 2	1.538 9	1.389 4	1.224 0	0.631 6

存货周转率越高说明公司存货周转越快，从上图可知康佳的存货周转率这条线位于长虹之上，康佳的存货周转速度远远快于四川长虹。

二者总资产周转率与存货周转率基本相同，康佳比长虹略好。因为在家电行业，固定资产不多，资产总额中存货比重多。从 2001 年开始康佳处于快速上升趋势，而长虹从 2004 年才有明显上升趋势，说明长虹周转率提升比康佳慢。

思考： 为什么长虹资产周转提升明显比康佳慢？

回答： 结合盈利能力分析，因为 2001 年康佳出现亏损，长虹 2004 年才出现巨亏。其他几年虽没亏但盈利不佳，说明进入 21 世纪家电行业日子很艰难，康佳 2001 年亏损使其提前看到技术变化的可能性，处置不良资产，丢掉包袱轻装上阵，使得留用资产能有效地运用到公司未来的生产经营活动，于是康佳在 2001 年出现资产周转明显上升，而长虹 2001～2003 年一直有微利支撑，因此没有处置不良资产而将其一直挂在账上，从而资产周转没有明显上升，到 2004 年才低价处置积压及不良资产，从而出现巨额亏损，此时资产周转出现明显上升。一般来说，公司产生巨额亏损时资产周转有明显上升趋势。

（三）盈利能力分析

选择销售净利率和总资产报酬率、股东权益报酬率作为盈利能力分析，2001～2006 年两公司销售净利率和总资产报酬率、股东权益报酬率如下：

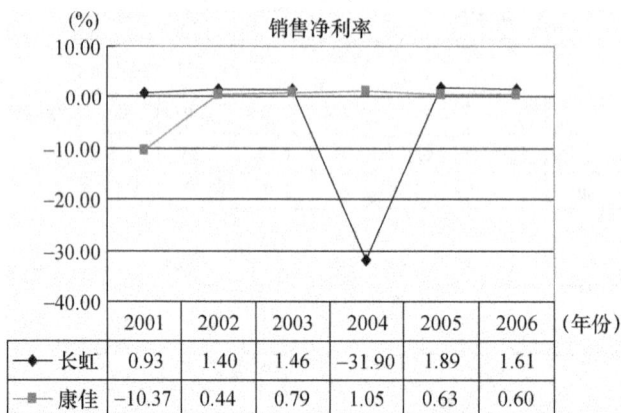

（%） 销售净利率	2001	2002	2003	2004	2005	2006	（年份）
长虹	0.93	1.40	1.46	-31.90	1.89	1.61	
康佳	-10.37	0.44	0.79	1.05	0.63	0.60	

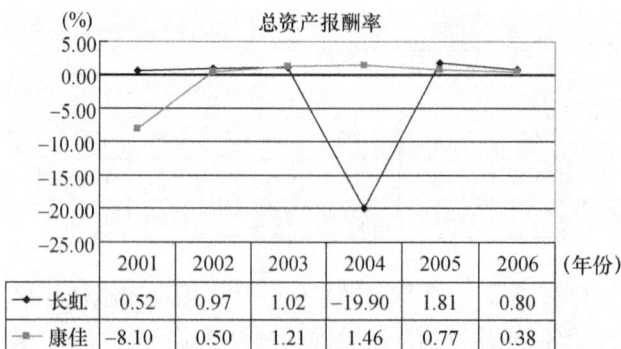

（%） 总资产报酬率	2001	2002	2003	2004	2005	2006	（年份）
长虹	0.52	0.97	1.02	-19.90	1.81	0.80	
康佳	-8.10	0.50	1.21	1.46	0.77	0.38	

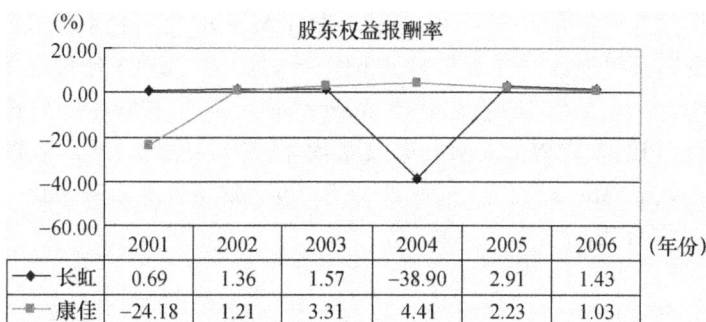

(%)

股东权益报酬率

	2001	2002	2003	2004	2005	2006	(年份)
长虹	0.69	1.36	1.57	−38.90	2.91	1.43	
康佳	−24.18	1.21	3.31	4.41	2.23	1.03	

长虹和康佳两家公司销售净利率都不是特别高，因为 20 世纪彩电行业盈利能力太好，许多公司进入该行业，加上国家要求和谐不能减产，之后出现产能过剩，供大于求，盈利能力急剧下滑，以至于康佳 2001 年净利润出现 −6.99 亿元，长虹 2004 年净利润出现 −36.8 亿元巨额亏损。具体参见下图。

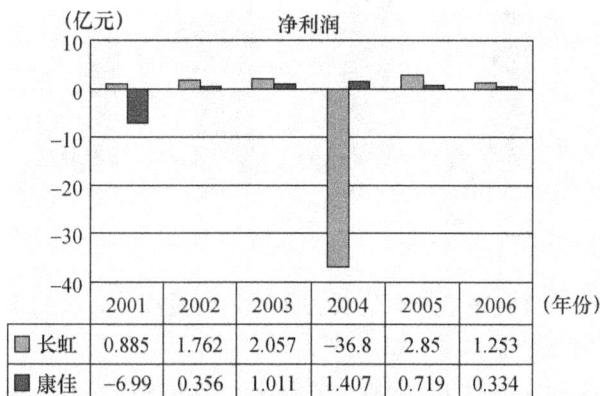

(亿元)

净利润

	2001	2002	2003	2004	2005	2006	(年份)
长虹	0.885	1.762	2.057	−36.8	2.85	1.253	
康佳	−6.99	0.356	1.011	1.407	0.719	0.334	

2009 年由于家电下乡、以旧换新等国家扶持政策，两家公司销售净利率有所上升。其他两个指标即总资产报酬率和股东权益报酬率与销售净利率指标一致。

（四）长虹 2004 年出现巨额亏损的一般原因

1. 巨额应收账款坏账准备约 28 亿元

长虹巨额亏损最多的一笔钱来自应收账款收不回来，因为 2000 年长虹总裁倪润峰回到长虹后为了提升业绩增加营业额，赊销彩电给 Apex 公司，Apex 公司再将彩电低价售给美国超市。Apex 主要是在中国以庞大订单吸引本地一流厂商巨量供货——以信用销售方式赊购产品，利用供货商资金周转从而撬动巨量业务——以保理方式为供货商提供收回货款担保——以低价和质量打通以沃尔玛为代表的美国超市销售通路。可是在长虹向 Apex 公司赊销时，国内的宏图高科、天大天财、中国五矿正在跟 Apex 打官司，因为 Apex 欠它们的债务不还。

根据长虹财务报表数据（具体参见下图），2002 年、2003 年长虹 36 多亿元、40 多亿元和接近 50 亿元的应收账款中 Apex 公司欠款占 90%，可见长虹主要依赖 Apex 一家公司回收货款，说明此应收账款存在很大风险。所以应提取足额坏账准备，但长虹提取的非常少，直到 2004 年 Apex 款项收不回来，长虹才提取了 28 亿元巨额坏账准备。

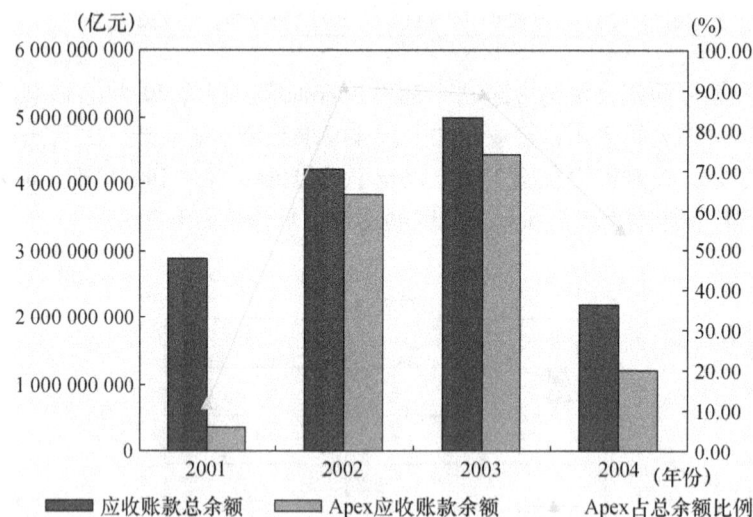

注：企业在追求营业额增长时还要注重赊销的货款能否收回来。

2. 代理理财资产减值准备约 2 亿多元

由于当时彩电行业不景气，长虹委托证券公司理财即炒股，当时中国最大的证券公司是华夏、银河和南方证券，长虹选择南方证券公司代理炒股，2001～2004 年长虹委托理财收益及占非经常性损益项目和净利润比例如下表所示。

年份	委托理财收益（元）	占非经常性损益项目的比例（%）	占净利润的比例（%）
2000	16 000 000.00	20	6
2001	16 500 000.00	11	19
2002	59 990 000.00	81	34
2003	66 095 641.99	54	27
2004	43 100 000.00	84	-1

2004 年 1 月 2 日，南方证券因"违法违规经营、管理混乱、内控不力、经营不当，即挪用顾客代理理财的钱自己炒股做庄（所以现在顾客的钱由银行托管），财务、资金状况继续恶化"，被中国证监会、深圳市政府会同中国人民银行、公安部四方行政接管。长虹 2.2 亿元代理理财款，2003 年年报未计提资产减值准备即减值为 0，但当时南方证券代理理财的另两个公司邯郸钢铁股份有限公司计提减值 100%，上海汽车工业集团总公司计提减值 50%。长虹为了维持 2001～2003 年微利，到 2004 年南方证券出事后才计提 2 亿多元的减值。

3. 历年存货积压集中处理约 6 亿多元

四川长虹总裁倪润峰购买生产彩色显像管的所有产品，想形成垄断，但倪润峰有两点没想到：第一是竞争，只要赚钱，厂商就会生产；第二是官僚主义，进口显像管的许可证容易取得，结果康佳等其他彩电企业也得到彩色显像管，长虹原材料积压，占用资金。在资金富裕时存货积压没问题，一旦出现资金紧张就会出问题。

4. 领导人更换

倪润峰把长虹由小带到大，立下了汗马功劳，20 世纪 90 年代占领了彩电市场的半壁江山，但进入 21 世纪倪润峰没有进行技术创新和研发新产品，而是追求规模导向经营，集中在低端市场拼杀，所以 2000 年 5 月 15 日倪润峰下台，赵勇上台。赵勇曾是绵阳市副市长，推行技术主导的经营战略，但无人听从，于是没过多久赵勇下台倪润峰继续担任长虹的掌门人，直到 2004 年 8 月倪润峰退休赵勇接管，赵勇要求对以前经营结果画一个句号，因此 2005 年 3 月爆出 2004 年年报计提巨额应收账款坏账准备约 28 亿元。

总结：通常一个公司连续若干年微利，紧接着公司总裁一把手更换，就会出现巨额亏损，无论是国内公司还是国外公司都有此规律性现象。

（五）长虹 2004 年出现巨额亏损的深层次原因

1. 经营战略层面

财务结果最终可以衡量公司战略是否合理。长虹在 20 世纪 90 年代实行低成本战略是由于当时消费者注重价格因素，1997 年长虹净利润达到 20 多亿元，此时长虹应该预测到 21 世纪信息时代到来后消费者更注重性能和质量，因此长虹应及时调整战略，由规模主导型战略转变为技术型主导战略，增加研发费，开发新产品，在高端市场发展，可长虹 2004 年还是维持原有低成本战略，因此财务出现巨额亏损。

2. 公司治理层面

其他董事到哪去了，倪润峰一人说了算，公司管理层权利和义务不明确。

3. 体制

国企存在很多问题，不适应市场竞争，彩电行业产能过剩，却不能通过破产、兼并收购淘汰落后的"瘦身"手段回收现金，提高经济效益。

4. 国际贸易

欧美国家因逆差太大即进口大于出口，对我国公司采取制裁。

5. 管理层收购

香港中文大学教授郎咸平剖析四川长虹 2004 年巨额亏损时指出，是由于倪润峰第二次出山后想到离退休还有不到四年时间，可自己为长虹奉献的财富还比不上 TCL 总裁李东生，因此想到收购四川长虹将其占为己有，后半生就能实现财富最大化。如何实现收购呢？首先使得长虹亏损，紧接着是股价大跌，收购时机已到；随后需要资金买股票，他向 Apex 低价发货，回收货款打入下面一家非上市公司（称为避税天堂），然后称钱收不回来作为坏账处理；最后拿着资金收购四川长虹股票，控制长虹。可倪润峰起步较晚，还没完成就退休了。显然，应加强中国证监会的监督力度，杜绝此类事件发生。

第四节　财务分析应注意的问题

一、注意企业财务管理目标

目标短期化：现在多做利润，对未来的事想得少，即低成本规模生产。

目标长期化：现在做研发开拓国内外市场，对未来的事想得多，即追求技术创新和品牌。

企业在经营条件好、税后利润很高时应考虑未来，做研究开发树立品牌，而不是等到经营不好时虚报利润。

二、注意理财环境与财务状况的关系

过去强调眼睛向内，挖掘潜力，降低成本，现在一位优秀的财务经理不仅对内应熟知企业内部生产经营活动，即对生产工艺流程进行编制预算管理；对外也要熟知资本市场，即在适当时机融入资金宏观经济政策，包括汇率和利率变化。

三、综合利用多方面信息

除财务报告信息外还要运用国民生产总值和物价变动指数等多方面信息。

四、注意报表附注

报表附注包括企业报表如何编制，编制报表的核心思想和基本理念，利润上升与下降的原因等。

比如，有一年山西有人因喝假酒死亡，山西汾酒这家上市公司当年利润出现亏损，管理层总认为出现亏损就是因为假酒案的影响，而盈利就是他们管理有效，实际上看报表附注就知道，亏损是由于会计做账带来的，以前应收账款都应按法定标准提取坏账准备，但现在新准则变了，所以报表中提取坏账比率提高，利润减少。

五、注意注册会计师的审计意见

为保证报表质量，需要注册会计师对其进行审计。任何报表必须经注册会计师审计才可信。具体包括：

（1）标准审计意见：报表是否公允反映了企业经营状况，没有审计问题但不排除后来会出现的问题。

（2）带解释说明的审计意见：提醒报表使用者关注的内容。比如，审计报告中前面内容和标准审计意见的报告相同，后面加一句：此外，我们注意到以下项目如贵公司有 3 年以上应收账款 5.6 亿元。

（3）带保留意见的审计报告：即某方面不同意。比如，审查一家集团公司下面的一个子公司，发现该公司没严格按权责发生制原则做账对利润造成影响。

权责发生制在收入和费用确认标准方面与收付实现制不同，前者以风险和报酬已转移为标准，后者以实际收取和支付金钱为准，比如，出租一艘船，今年已经收到定金，但船明年才租出去，则定金不是今年收入而是明年收入，因为今年虽然收到金钱但并未给别人办事。

（4）否定意见：就是不同意无法表述意见。

六、注意指标之间的内在关系

两个指标进行分析（比如销售净利率与资产周转率成反比例关系）；同时，运用多个指标进行综合评价。

七、财务数据的虚假与操纵问题

第一类，通过调整经营活动调节利润，比如，年末大量赊销，今年费用记到明年。

第二类，通过关联交易（即归属于同一控制下两家或多家公司的交易），因为关联交易中定价权归集团，但价格不透明，所以对上市公司关联交易监管严格。比如，北满特钢利用集团公司品牌创造利润。

第三类，利用会计政策调整利润，比如，计提坏账准备金。

练习题

一、单项选择题

1. 企业的财务报告不包括（　　）。

A. 现金流量表　　　　　　　B. 财务状况说明书

C. 利润表　　　　　　　　　D. 比较百分比财务报表

答案：D

2. 资产负债表不提供的财务信息是（　　）。

A. 资产结构　　　　　　　　B. 负债水平

C. 经营成果　　　　　　　　D. 所有者权益总额

答案：C

3. 现金流量表中的现金不包括（　　）。

A. 存在银行的外币存款　　　B. 银行汇票存款

C. 期限为3个月的国债　　　D. 长期债券投资

答案：D

4. 下列财务比率中，反映企业短期偿债能力的是（　　）。

A. 现金流量比率　　　　　　B. 资产负债率

C. 偿债保障比率　　　　　　D. 利息保障倍数

答案：A

5. 下列财务比率中，反映企业营运能力的是（　　）。

A. 资产负债率　　　　　　　B. 流动比率

C. 存货周转率　　　　　　　D. 资产报酬率

答案：C

6. 下列经济业务中，会使企业的速动比率提高的是（　　）。

A. 销售产成品　　　　　　　B. 收回应收账款

C. 购买短期债券　　　　　　D. 用固定资产对外进行长期投资

答案：A

7. 下列各项经济业务中，不会影响流动比率的是（　　）。

A. 赊购原材料　　　　　　　B. 用现金购买短期债券

C. 用存货对外进行长期投资　D. 向银行借款

答案：B

8. 下列经济业务中，会影响到企业资产负债率的是（　　）。

A. 以固定资产的账面价值对外进行长期投资

B. 收回应收账款

C. 接受投资者以固定资产进行的投资

D. 用现金购买股票

答案：C

9. 某企业 2005 年主营业务收入净额为 36 000 万元，流动资产平均余额为 4 000 万元，固定资产平均余额为 8 000 万元。假定没有其他资产，则该企业 2005 年的总资产周转率为（　　）次。

　A. 3. 0　　　　　　B. 3. 4　　　　　　C. 2. 9　　　　　　D. 3. 2

答案：A

10. 企业的应收账款周转率高，说明（　　）。

A. 企业的信用政策比较宽松

B. 企业的盈利能力较强

C. 企业的应收账款周转速度较快

D. 企业的坏账损失较多

答案：C

11. 影响速动比率可信性的最主要因素是（　　）。

A. 存货的周转状况　　　　　　B. 货币资金的数量

C. 产品的变现能力　　　　　　D. 应收账款的变现能力

答案：D

12. 企业大量增加速动资产可能导致的结果是（　　）。

A. 减少资金的机会成本　　　　B. 增加资金的机会成本

C. 增加财务风险　　　　　　　D. 提高流动资产的报酬率

答案：B

13. 某公司年末会计报表上部分数据为：流动负债 60 万元，流动比率为 2，速动比率为 1. 2，销售成本 100 万元，年初存货为 52 万元，则本年度存货周转次数为（　　）次。

　A. 1. 65　　　　　　B. 2　　　　　　C. 2. 3　　　　　　D. 1. 45

答案：B

14. 股权报酬率是杜邦分析体系中综合性最强、最具有代表性的指标，通过杜邦分析可知，提高股权报酬率的途径不包括（　　）。

A. 加强销售管理，提高销售净利率

B. 加强资产管理，提高总生产周转率

C. 加强负债管理，降低资产负债率

D. 加强负债管理，提高产权比率

答案：C

15. 在其他条件不变的情况下，下列经济业务中，可能导致资产报酬率下降的是（　　）。

　　A. 用银行存款支付一笔销售费用

　　B. 用银行存款购入一台设备

　　C. 将可转换债券转换为普通股

　　D. 用银行存款归还银行借款

答案：A

16. 某企业去年的销售净利率为 5.5%，总资产周转率为 2.5 次；今年的销售净利率为 4.5%，总资产周转率为 2.4 次。若两年的资产负债率相同，则今年的净资产收益率与去年相比的变化趋势为（　　）。

　　A. 下降　　　　　B. 不变　　　　　C. 上升　　　　　D. 难以确定

答案：A

17. ABC 公司无优先股，去年每股利润为 4 元，每股发放股利 2 元，留用利润在过去一年中增加了 500 万元，年底每股账面价值为 30 元，负债总额为 5 000 万元，则该公司的资产负债率为（　　）。

　　A. 3 000　　　　B. 3 300　　　　C. 4 000　　　　D. 4 400

答案：C

18. 下列各项中，会使企业财务报表反映的偿债能力大于实际偿债能力的是（　　）。

　　A. 企业的长期偿债能力一向很好

　　B. 未做记录的为别的企业提供的信用担保

　　C. 未使用的银行贷款限额

　　D. 存在将很快处理的存货

答案：B

19. 下列财务比率中，既能反映企业资产综合利用的效果，又能衡量债权人权益和所有者权益的报酬情况的是（　　）。

　　A. 销售利润率　　　　　　　　　B. 总资产报酬率

　　C. 产权比率　　　　　　　　　　D. 利息保障倍数

答案：B

20. 计提积压存货跌价准备，将会（　　）。

　　A. 降低速动比率

　　B. 增加营运资本

C. 降低流动比率

D. 降低流动比率，也降低速动比率

答案：C

二、多项选择题

1. 对企业进行财务分析的主要目的有（　　）。

A. 评价企业的偿债能力　　　　　　B. 评价企业的营运能力

C. 评价企业的盈利能力　　　　　　D. 评价企业的发展能力

E. 评价企业投资项目的可行性

答案：ABCD

2. 企业的财务报告主要包括（　　）。

A. 资产负债表　　　　　　　　　　B. 利润表

C. 现金流量表　　　　　　　　　　D. 所有者权益变动表

E. 财务报表附注

答案：ABCDE

3. 现金等价物应具备的条件有（　　）。

A. 期限短　　　　　　　　　　　　B. 流动性强

C. 易于转换为已知金额　　　　　　D. 价值变动风险很小

E. 必须是货币形态

答案：ABCD

4. 财务分析按其分析的方法不同，可以分为（　　）。

A. 比率分析法　　　　　　　　　　B. 比较分析法

C. 内部分析法　　　　　　　　　　D. 外部分析法

E. 趋势分析法

答案：ABE

5. 下列财务比率中，可以反映企业短期偿债能力的有（　　）。

A. 现金比率　　　　　　　　　　　B. 资产负债率

C. 速动比率　　　　　　　　　　　D. 现金流量比率

E. 股东权益比率

答案：ACD

6. 下列经济业务中，会影响流动比率的有（　　）。

A. 销售产成品

B. 偿还应付账款

C. 用银行存款购买固定资产

D. 用银行存款购买短期有价证券

E. 用固定资产对外进行长期投资

答案：ABC

7. 下列经济业务中，会影响到股东权益比率的有（　　　）。

A. 接受所有者投资

B. 建造固定资产

C. 可转换债券转换为普通股

D. 偿还银行借款

E. 以大于固定资产账面净值的评估价值作为投资价值进行对外投资

答案：ACDE

8. 下列财务比率中，属于反映企业长期偿债能力的有（　　　）。

A. 股东权益比率　　　　　　　　B. 现金流量比率

C. 应收账款周转率　　　　　　　D. 偿债保障比率

E. 利息保障倍数

答案：ADE

9. 下列经济业务中，会影响偿债保障比率的有（　　　）。

A. 用银行存款偿还银行借款　　　B. 收回应收账款

C. 用银行存款购买固定资产　　　D. 发行公司债券

E. 用银行存款购买原材料

答案：ABDE

10. 下列各项因素中，会影响企业的偿债能力的有（　　　）。

A. 已贴现未到期的商业承兑汇票　B. 经济诉讼案件

C. 为其他企业的银行借款提供担保　D. 经营租赁固定资产

E. 可动用的银行贷款指标

答案：ABCDE

11. 下列财务比率中，属于反映企业营运能力的有（　　　）。

A. 存货周转率　　　　　　　　　B. 现金流量比率

C. 固定资产周转率　　　　　　　D. 总资产周转率

E. 市盈率

答案：ACD

12. 下列经济业务中，会影响企业存货周转率的有（　　　）。

A. 收回应收账款　　　　　　　　B. 销售产成品

C. 期末购买存货　　　　　　　　D. 偿还应付账款

E. 产品完工验收入库

答案：BC

13. 下列经济业务中，会影响企业应收账款周转率的有（　　）。

A. 赊销产成品　　　　　　　　　B. 现销产成品

C. 期末收回应收账款　　　　　　D. 发生销售退货

E. 发生销售折扣

答案：ADE

14. 下列经济业务中，会影响股份公司每股净资产的有（　　）。

A. 以固定资产的账面净值对外进行投资

B. 发行普通股

C. 支付现金股利

D. 用资本公积金转增股本

E. 用银行存款偿还债务

答案：BC

15. 杜邦分析系统主要反映的财务比率关系有（　　）。

A. 股东权益报酬率与资产报酬率及权益乘数之间的关系

B. 资产报酬率与销售净利率及总资产周转率之间的关系

C. 销售净利率与净利润及销售收入之间的关系

D. 总资产周转率与销售收入及资产总额之间的关系

E. 存货周转率与销售成本及存货余额之间的关系

答案：ABCD

16. 影响企业长期偿债能力的报表外因素有（　　）。

A. 为他人提供的经济担保

B. 未决诉讼案件

C. 售出产品可能发生的质量事故赔偿

D. 准备近期内变现的固定资产

E. 经营租入长期使用的固定资产

答案：ABCE

17. 下列关于每股利润的说法中，正确的有（　　）。

A. 每股利润是衡量上市公司盈利能力的主要财务指标

B. 每股利润可以反映股票所含的风险

C. 每股利润适宜不同行业公司间的横向比较

D. 每股利润多，不一定意味着多分红

E. 每股利润反映普通股的获利水平

答案：ADE

18. 在其他条件不变的情况下，下列经济业务中，会引起总资产周转率指标上升的有（　　）。

A. 用现金偿还负债　　　　　　B. 销售一批产品

C. 用银行存款购入一台设备　　D. 用银行存款支付职工工资

E. 向银行借款

答案：ABD

19. 下列关于市盈率的说法中，不正确的有（　　）。

A. 市场对公司资产质量进行评价时通常使用市盈率指标

B. 如果市盈率为25，则属于正常的市盈率

C. 市盈率可用于任何企业之间的比较

D. 市盈率可用于估计股票的投资报酬和风险

E. 市盈率越高，说明该股票越具有投资价值

答案：BC

20. 下列关于市净率的说法中，正确的有（　　）。

A. 市净率反映了公司市场价值与盈利能力之间的关系

B. 市净率反映了公司市场价值与账面价值之间的关系

C. 如果公司股票的市净率小于1，说明该公司股价低于每股净资产

D. 公司的发展前景越好、风险越小，其股票的市净率也会越低

E. 市净率越高的股票，其投资风险越小

答案：BC

三、判断题

1. 投资者进行财务分析主要是为了了解企业的发展趋势。（　　）

答案：×

2. 财务分析主要是以企业的财务报告为基础，日常核算资料只作为财务分析的一种补充资料。（　　）

答案：√

3. 现金流量表是以现金为基础编制的财务状况变动表。（　　）

答案：×

4. 企业的银行存款和其他货币资金中不能随时用于支付的部分不应作为现金反映在现金流量表中。（　　）

答案：√

5. 企业销售一批存货，无论货款是否收回，都可以使速动比率增大。（　　）

答案：×

6. 企业用银行存款购买一笔期限为3个月、随时可以变现的国债，会降低现金比率。（　　）

答案：×

7. 如果企业负债资金的利息率低于其资产报酬率，则提高资产负债率可以增加所有者权益报酬率。（　　）

答案：√

8 偿债保障比率可以用来衡量企业通过经营活动所获得的现金偿还债务的能力。（　　）

答案：√

9. 或有负债不是企业现时的债务，因此不会影响到企业的偿债能力。（　　）

答案：×

10. 企业以经营租赁方式租入资产，虽然其租金不包括在负债中，但是也会影响到企业的偿债能力。（　　）

答案：√

11. 企业的应收账款周转率越大，说明发生坏账损失的可能性越大。（　　）

答案：×

12. 在企业的资本结构一定的情况下，提高资产报酬率可以使股东权益报酬率增大。（　　）

答案：√

13. 成本费用净利率越高，说明企业为获得利润所付出的成本费用越多，则企业的盈利能力越差。（　　）

答案：×

14. 每股利润等于企业的利润总额除以发行在外的普通股平均股数。（　　）

答案：×

15. 市盈率越高的股票，其投资的风险也越大。（　　）

答案：√

16. 在利用财务比率综合评分法进行财务分析时，各项财务比率的标准评分值的确定，会直接影响到财务分析的结果。（　　）

答案：√

17. 采用财务比率综合评分法进行财务分析，由于通过分数来评价企业的财务状况，因此具有客观性，不存在主观因素对分析结果的影响。（　　）

答案：×

18. 通过杜邦分析系统可以分析企业的资产结构是否合理。（　　）

答案：√

19. 市盈率是评价上市公司盈利能力的指标，它反映投资者愿意对公司每股净资产支付的溢价。（　　）

答案：×

20. 权益乘数的高低取决于企业的资本结构，资产负债率越高，权益乘数越高，财务风险越大。（　　）

答案：√

四、自测题

选择一个行业的上市公司，运用本章学的财务分析方法，分析一个公司财务状况，进行股票投资分析。

案例讨论题

中国三峡集团总公司（简称三峡总公司）1993 年 9 月 18 日成立，是以水电开发运营为主的特大国有企业，直属于国务院国资委，是为三峡工程而成立的公司，全面负责三峡工程建设，建设完发电后又负责电力运营。国资委控制三峡总公司100% 股份，所以三峡总公司为国有独资公司，旗下控制了一家上市公司——长江电力股份有限公司（简称长江电力），三峡总公司控制了长江电力 62.17% 的股份。

长江电力是在三峡总公司下属的葛洲坝电厂的基础上改制而成的，我国在三峡工程上马前就有葛洲坝电厂，事实上葛洲坝电厂是为三峡工程做准备，提供人力和技术支持的。三峡总公司成立后就把葛洲坝电厂划给三峡总公司，葛洲坝电厂实现的利润都给三峡总公司用于三峡工程建设。三峡工程建设资金主要来源于财政拨款，其次是电力基金（从电费中多加点钱）、三峡总公司发行的债券、葛洲坝电厂提供的利润，还有其他国际银行贷款等融资途径，其中葛洲坝电厂是一个来源。葛洲坝电厂投入运营有利润，所以可以上市。于是 2002 年 8 月，葛洲坝电厂重组包装上市，以三峡总公司为主要发起人，联合华能国际等电力公司设立长江电力股份有限公司，2003 年 11 月 18 日就挂牌上市了。一般公司做不到这么快上市，因为三峡工程是国家级项目。在上市时除了把葛洲坝电厂放到上市公司，还把三峡总公司已经发电的四个发电机组，即在 2003 年 8 月 28 日把2#、3#、5#、6#四个发电机组和葛洲坝电厂一起捆绑然后上市，这样就增加了上市公司的实力和规模。所以长江电力一上市规模就比较大，后来又陆续收购了三峡总公司1#、4#发电机组，2007 年 1 月 15 日收购了三峡总公司7#、8#发电机组。此时长江电力拥有1#至8#机组，三峡总公司拥有9#至26#发电机组，整个三峡发电资产归入三峡总公司和长江电力两个公司。由于一个是集团公司一个是旗下上市公司，从证券监管角度，为同业竞争，将来公司配股都要受到限制，因此必须解决同业竞争问题，也就是说三峡总公司拥有的 9#至 26#机组（盈利资产）必须装入长江电力上市公司。

三峡总公司拥有一家上市公司长江电力，长江电力拥有葛洲坝电厂且在重大资产重组前拥有 1#至 8#发电机组和部分电力企业股份，预收购三峡总公司优质资产包括 9#至 26#发电机组以及 5 个辅助性专业化生产公司，作价 1 075 亿元。

[案例思考]

三峡公司将两块优质资产作价 1 075 亿元卖给长江电力，长江电力应怎么给三峡公司钱？有三种方案选择：一是定向增发股票；二是承接三峡公司债务，向银行贷款；三是既有增发股票，又有承接债务、向银行贷款。请从四个角度分析他们应选择哪个方案：①长江电力高级团队即总裁、副总裁、总经理等；②长江电力大股东三峡公司；③中小投资人即股东；④银行（债权人）。

[答题要点]

长江电力收购三峡公司优质资产的过程是：长江电力财务公司应找一个财务顾问公司即机构投资者针对长江电力、三峡公司意见，讨论议定方案，长江电力总裁报告初步方案，总裁办公会讨论方案通过与否，若讨论通过后则由三峡公司征求大股东是否有异议，若无异议，则长江电力董事会也会通过，因为董事会中大股东占多数，会后第二天马上公告董事会决议即收购三峡公司优质资产。股东大会上董事长宣告议案好处，议案通过后与银行交涉承担风险。开股东大会时，长江电力应停牌两天，之后复牌（注：投资人应在重大资产重组时购买公司股票，因为公司股票复牌一定会上涨），而大股东三峡公司应回避表决（因为是收购三峡公司资产），开股东大会时一般是大股东参加，中小股东不参加。

(1) 长江电力高级团队。

主张第一方案，依据：总裁关注在任期内业绩提升，从而可以使自己的工资薪酬提高，考虑业绩的主要指标是总资产报酬率和利润总额，采用定向增发股票可以不支付利息提高利润总额，资产注入可以提升总资产报酬率指标。

(2) 三峡公司大股东。

主张第一方案，依据：大股东关注控制权，控制比例越高，执行战略越容易，采取定向增发股票，三峡公司拿到的都是股票，收益就是控制权，项目总资产回报率远远大于 9 号至 26 号机组项目，风险就是股价波动，虽然 2008 年经济萧条，电力行业产能过剩，但作为水电发电的三峡不会受到影响，而且还是节能环保项目，因此不会影响其经营。

(3) 中小股东。

主张第二方案，依据：中小投资人关注每股盈余 EPS 和股东权益回报即净资产报酬率 ROE 最大化，如果股东大会未通过第二方案，则附加条件锁定股票波动风险，比如 13 元/股的股票愿意以 14 元/股购买，但仅愿亏损 1 元/股。银行借助"绿鞋"即动用超额发行资金把股价上托，保护中小投资人利益。

（4）银行债权人。

主张第二方案，依据：银行可以更多更稳定地获得利息，拿到增量贷款且风险小。银行贷款风险小的原因体现在：国资委是三峡公司全资控股股东，工程项目符合低碳、清洁、节能环保，而且经营现金流量大即现金流出少是因为靠水利发电，此外员工少则工资费用少，并且长江电力是上市公司。高铁、机场、高速公路与长江电力一样贷款风险小，即使资产负债率上限为 80%，银行也不怕，因为银行就是负责办理贷款的。虽然第二方案最好但不现实，因为大股东和总裁不会同意，因此 2009 年未通过该方案。

财务管理大作业

一、使用工具：企业战略决策的实物沙盘。

二、要求：5~6人组建一个企业，根据沙盘的规则以及市场公开信息和产品订单，完成4年经营，每年制定公司发展战略，即如何投资、选单，年末编制资产负债表、利润表、现金流量表，通过财务分析发现企业战略的合理性和可行性，最后一年通过财务指标综合评分和杜邦分析评价企业经营业绩。

[答题要点]

（一）公司创立（要求说明公司名称、使命、注册法人、注册资金、地点、公司成员分工）

例：我公司创立于2009年年初，注册资金为500万元，其中300万元为货币资金，200万元为固定资金，股东权益共500万元，我公司现拥有两条半自动生产线，每条生产线的价格均为100万元，公司现可生产两种产品，A和a。每年支付每条生产线工人的人工成本为20万元。这两种产品第二年在M1、M2市场都有销售，广告费为总资产的5%~10%，有新技术购买H需要500万元，银行提供的贷款总额不得超过上年年末股东权益的3倍。

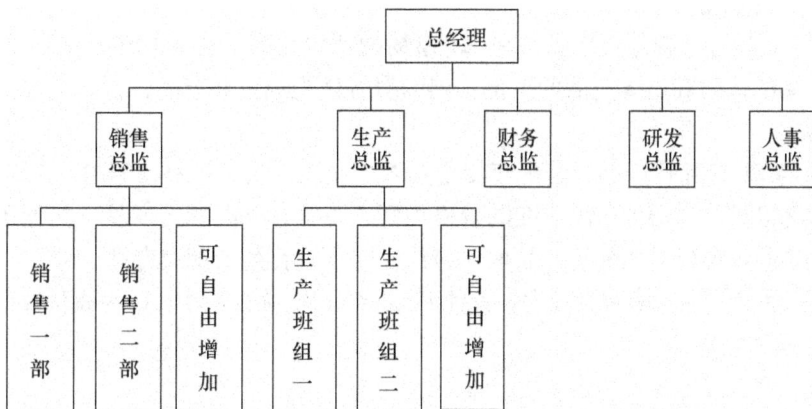

5～6 人分别担任：

总经理 ××	销售部 ××
生产部 ××	财务部 ××
人事部 ××	研发部 ××

（二）公司经营规则

1. 市场规则

宏观环境及市场需求的变化以公开信息的方式，每年发布一次。若每个企业认为公开信息为企业决策提供的参考价值不足，可以向专业咨询公司咨询，咨询公司只能提供下一年度的咨询报告。单个市场的单项产品咨询费为 1，每增加一项产品咨询费加 1。

咨询公司有时不能精确判定某项产品的需求量。市场需求以订单的方式出现。每年单个市场的单项产品的出现订单数一般为 2～3 个，但第一年单个市场单项产品的订单数为 4～5 个，订单由大到小无规律排列。

某产品前两年销售时，投放促销费大的企业优先选择大客户，依次选单，不投放促销费的企业无权选择此类订单。

某产品销售两年后，产品定价最低的企业优先选择大客户，依次选单。不定价企业无权选择此类订单。

市场竞争以促销和定价的方式进行，每年进行一次。竞标按市场进行，开市顺序为：M1、M2。在某市场上竞标采取循环方式进行，每一轮选单同一产品只能选择一个订单。若上一轮选单时有剩余订单，则有再选机会。

某市场促销费或定价相同的公司，依据上期某产品在该市场销售收入的多少确定选单的优先顺序。某市场单项产品销售收入第一的公司，在下个年度的该市场竞标时，其促销费按实际投放金额的 2 倍计算。

2. 产品规则

A 与 a 是可互相替代产品，在 M1 市场的替代性高，在 M2 市场的替代性低。若 A 产品的价格高出 a 产品的 1 倍，则消费者优先选用 a 产品，否则优先选择 A 产品。

Bx 与 By 是互补产品，若配套使用其客户使用价值将提高。若 Bx 与 By 的某市场销量相同，则两种产品成交的价格均恢复正常，不配套的产品价格低于正常 20%，各企业自行寻找配套产品伙伴签约，也可自行生产配套产品。

H 产品的需求价格弹性较大，其他产品需求价格弹性较小。H 为高科技产品。

3. 销售规则

每个销售部每年可售出 5 种产品。

库存产品可下年销售，但产品的保质期只有 18 个月，过期报废。

各公司应当期交货，否则视为违约，交纳违约部分 50%（按售价计）的违约金。

4. 研发规则

Bx 产品的研发周期为 1 年，年需投入研发费 120 万元。

By 产品的研发周期为 2 年，年需投入研发费 80 万元。

H 产品的研发周期为 3 年，年需投入研发费 80 万元。

5. 生产规则

每种自有设备在第一年后可以出售，买卖双方自行定价，但不能出租。固定资产年折旧率为 10%，设备转让一律按净值计价。

购置或租赁的设备均需一年的安装调试期，安装调试期无法进行生产。

生产 a 产品的设备可改造转型生产 A 产品，反之亦然；生产 Bx 产品的设备可改造转型生产 By 产品，反之亦然；半自动与全自动设备之间无法转型；设备在改造转型期间的产能为正常值的 1/2。

每条半自动生产线需配备一组工人；半自动设备可增加一组工人，产能增加 1/2，但每条半自动生产线最多只能是 2 组工人；全自动生产线无需配备工人。

单位：万元

设备名称		年生产能力（件）	购置费	租赁费	改造费
a	半自动	4	100	—	40
	全自动	8	150	—	60
A	半自动	4	100	—	40
	全自动	8	200	—	50
Bx	半自动	2	100	20	40
	全自动	5	150	30	50
By	全自动	5	150	30	50
H	全自动	8	200	60	

6. 人力资源规则

年度管理费：40 万元 + 2 × 生产线数量。

销售部工资：每分部 20 万元/年。

生产部工资：每班组 20 万元/年。

人员辞退费用：10 万元/每班组。

7. 财务规则

经营的现金流动均在沙盘上体现。

凭交易记录表领取销售收入。

记账：贷款用纸币记账，放置于贷款区相应的年度期限上。每年向右移动一格，移至现金库时为贷款到期。

贷款规则：长期贷款年利率10%，在第四年归还，短期贷款在一年内归还。

注：长短贷款总额不得超过上年年末股东权益额的3倍，长贷利息每年年末偿还，短贷利息在贷款时一次付清。银行扶持 Bx、By、H 产品生产，其贷款额度可加大20%。政府对 H 产品企业实行前2年免所得税政策。

8. 公司间合作规则

库存产品当年可以在公司之间调剂，由订单富余产品不足的公司代销，自行确定代销价格。

Bx、By 产品公司可自行寻找配套伙伴签订配套销售协议。

固定资产可在公司之间出售，一律按净值定价，但不能出租。

自行研发的技术可以转让，购买的技术不能二次转让。

注：合作必须报政府备案。

（三）公司经营历程（2009～2012年的经营计划、目标制定）

第一年制订四年经营战略目标（根据第一年市场公开信息制定，如前两年抢占市场份额后两年树立品牌）和前两年经营计划（贷款人员设备调整，广告费高低决定是否能优先选单）。

注：贷款金额决策要根据营业百分比法预测，设备租赁和购买要根据货币时间价值决策。订单数超过生产能力时需要找别家公司合作。

例：前两年所有产品选单顺序根据广告费从高到低填写竞标单；后两年有些产品选单顺序根据广告费从高到低，有些产品根据报价从低到高，填写竞标单抢单。

2009～2010 年竞标单

市场	M1					M2				
产品名称	a	A	Bx	By	H	a	A	Bx	By	H
促销（广告）费（百万元）										
个数										

2011～2012 年竞标单

市场	M1					M2				
产品名称	a	A	Bx	By	H	a	A	Bx	By	H
报价（百万元）										
个数										

选单后制订生产经营计划，根据生产成本和费用确定售价。

例如：在 M1、M2 市场情况下本公司决定生产 a 产品 14 个，计划增加一条半自动生产线，在原半自动生产线基础上再增加一组工人；生产 A 产品 10 个，计划买一条全自动生产线，鉴于生产规模的扩大，公司决定再增加一条销售部。

（四）公司经营结果（填写 2009～2012 年现金流量表、利润表和资产负债表）

现金流量表（现金收支表）

期数	2009 年	2010 年	2011 年	2012 年
上期末现金余额（a）				
本期现金收入（现金流入）				
销售产品收到现金				
新办理贷款				
收现营业外收入（同业合作、政府奖励等收到现金）				
出售固定资产收到现金				
本期现金收入合计（b）				
本期现金支出（现金流出）				
上年度所得税（年初支付）				
设备购置现金支出				
偿还贷款本金				
当期新购原料现金支出				
费用支出　生产人员工资				
费用支出　设备租金				
费用支出　设备改造转型费用				

期数			2009 年	2010 年	2011 年	2012 年
费用支出	期间费用	广告费				
		销售人员工资				
		人员辞退费				
		研发费				
		信息费用（购买信息、技术）				
		管理费用				
		财务费用（贷款利息）				
	小计					
营业外支出	支付违约金、罚金					
	支付合作金					
	小计					
本期现金支出合计（c）						
本期末现金余额（a＋b－c）						

利润表

期数		2009 年	2010 年	2011 年	2012 年
主营业务收入（当期产品销售总额）					
减：主营业务成本	售出产品原材料费				
	生产人员工资				
	折旧（购买固定资产原价的 10%）				
	设备租金				
	设备改造转型费用				
主营业务利润					
减：期间费用					
营业利润					
加：营业外收入 出售固定资产净收益					
减：营业外支出 出售固定资产净损失					
利润总额					
减：所得税（利润总额的 25%）					
净利润					

资产负债表

资产	2009 年底	2010 年底	2011 年底	2012 年底
流动资金				
货币资金				
累计库存原材料：新购原材料减售出产品原材料				
应收账款				
流动资产合计（a）				
固定资产：仅指购买的，不包括租赁固定资产				
设备原价				
减：累计折旧				
固定资产净值合计（b）				
资产合计（a＋b）				
负债和所有者权益				
负债				
银行贷款				
应交所得税税金（利润总额的 25%）				
应付账款（采购原材料欠款）				
负债合计（c）				
所有者权益				
股本				
未分配利润（累计税后净利）				
所有者权益合计（d）				
负债和所有者权益合计（c＋d）＝资产合计（a＋b）				

（五）公司财务分析

对公司四期财务报表进行趋势分析，衡量公司的偿债能力、运营能力、盈利能力和发展能力，最后进行综合指标评分和杜邦分析。

综合评价

指标	标准评分值	标准值	实际值	实际得分
一、偿债能力指标				
（1）流动比率	8	2	1.45	5.8
（2）利息保障倍数	8	4	4.5	9
（3）现金比率	8	0.3	0.344	9.17
（4）股东权益比率	12	0.4	0.44	13.2

指标	标准评分值	标准值	实际值	实际得分
二、获利能力指标				
（1）销售净利率	10	8%	9%	11.25
（2）投资报酬率	10	16%	17.2%	10.75
（3）净资产收益率	16	40%	42.9%	17.16
三、运营能力指标				
（1）存货周转率	8	5	3	4.8
（2）应收账款周转率	8	6	4.5	6
（3）总资产周转率	12	2	1.19	7.14
合计	100	—	—	137.47

　　经计算，公司的得分为137.47，超过标准分37.47。虽高于同行业标准，但企业营运能力较差导致短期偿债能力较弱。但因为企业盈利能力较强，所以长期偿债能力有保障。

财务管理课程设计

一、使用工具：用友新商战电子沙盘。

二、要求：由5人组建一个公司，根据沙盘的规则以及市场信息完成5年经营，企业初创资金600万元，第一年长短贷款决策，贷款总额不得超过1 800万元，长期贷款第五年归还，短期贷款一年内归还，第二年开始投放广告费选单，持续到第五年，第三年、第四年有报价竞单，每年编制资产负债表，如果资产总额小于负债总额则公司宣布破产。运营结束导出公司5年经营历史记录。

（一）经营规则

1. 生产线

生产线	购置费（万元）	安装周期	生产周期	总转产费（万元）	转产周期	维修费（万元/年）	残值（万元）
手工线	35	无	2Q	0	无	5	5
租赁线	0	无	1Q	20	1Q	65	100
自动线	150	3Q	1Q	20	1Q	20	30
柔性线	200	4Q	1Q	0	无	20	40

建设：生产线开始建设及建成后，不允许在不同厂房移动。

转产：只有空的并且已经建成的生产线方可转产。

维护费：当年建成的生产线、转产中生产线都要交维修费。

出售：不论何时出售生产线，从生产线净值中取出相当于残值的部分计入现金，净值与残值之差计入损失。

租赁线：不需要购置费，不用安装周期，不提折旧，维修费可以理解为租金；其在出售时（可理解为退租），系统将扣100万元/条的清理费用计入损失；每年年末扣租赁费用。

计分：租赁线、手工线不计分。

2. 折旧（平均年限法）

单位：万元

生产线	购置费	残值	建成第一年	建成第二年	建成第三年	建成第四年	建成第五年
手工线	35	5	0	10	10	10	0
自动线	150	30	0	30	30	30	30
柔性线	200	40	0	40	40	40	40

生产线按照 5 年计提折旧，生产线建成当年不提折旧。

当净值等于残值时生产线不再计提折旧，但可以继续使用。

租赁线不提折旧。

3. 融资

贷款类型	贷款时间	贷款额度	年息	还款方式
长期贷款	每年年初	所有长贷和短贷之和不能超过上年权益的 3 倍	10%	年初付息，到期还本；每次贷款额不小于 10 整数
短期贷款	每季度初		5%	到期一次还本付息；每次贷款额不小于 10 整数
资金贴现	任何时间	视应收款额	10%（1 季，2 季）12.5%（3 季，4 季）	变现时贴息，可对 1、2 季度应收款联合贴现（3、4 季度同理）库存拍卖，原材料 8 折，成品按成本价

长贷利息计算：所有不同年份长贷加总乘以利率，然后四舍五入算利息。

短贷利息计算：按每笔短贷分别计算，然后四舍五入计算利息。

贴息计算：

1 季 2 季联合贴现贴息 =（1 季金额 +2 季金额）×10%，小数位向上取整；

3 季 4 季联合贴现贴息 =（3 季金额 +4 季金额）×12.5%，小数位向上取整。

长贷利息计算：所有不同年份长贷加总乘以利率，然后四舍五入算利息。

短贷利息计算：按每笔短贷分别计算，然后四舍五入计算利息。

贴息计算：

1 季 2 季联合贴现贴息 =（1 季金额 +2 季金额）×10%，小数位向上取整；

3 季 4 季联合贴现贴息 =（3 季金额 + 4 季金额）× 12.5%，小数位向上取整。

破产公司可以申请特别贷款。

4. 厂房

厂房	买价（万元）	租金（万元/年）	售价（万元）	容量（条）	厂房出售得到 4 个账期的应收款，紧急情况下可厂房贴现（4 季贴现），直接得到现金，如厂房中有生产线，同时要扣租金
大厂房	440	44	440（4Q）	4	
中厂房	300	30	300（4Q）	3	
小厂房	180	18	180（4Q）	2	

购买、租赁：每季度均可进行租赁或购买。

租赁处理：厂房租期为 1 年；如第 1 年第 2 季租的，则第 2 年第 2 季到期，厂房到期后可在"厂房处理"进行"租转买"、"退租"（退租要求厂房中没有任何生产线）等处理。

续租：如果租赁到期，未对厂房进行"厂房处理"，则原来租用的厂房在季末自动续租。

折旧：厂房不计提折旧。

各类厂房可以任意组合使用，但总数不能超过四个；如租一个大厂房买三个中厂房。

5. 市场准入

市场	开发费（万元/年）	时间（年）	开发费用按开发时间在年末平均支付，不允许加速投资，但可中断投资。市场开发完成后，领取相应的市场准入证
本地	10	1	
区域	10	1	
国内	10	2	
亚洲	10	3	
国际	10	4	

无须缴维护费，中途停止使用，也可继续拥有资格并在以后年份使用。

市场开拓，只有在第四季度才可以操作。

投资中断，已投入的资金依然有效。

6. 资格认证

认证	ISO9000	ISO14000	开发费用按开发时间在年末平均支付,
时间（年）	2	2	不允许加速投资，但可中断投资。
费用（万元/年）	10	15	ISO 开发完成后，领取相应的认证

无须交维护费，中途停止使用，也可继续拥有资格并在以后年份使用。

ISO 认证，只有在第四季度末才可以操作。

7. 产品

名称	开发费用 （万元/季）	开发周期 （季）	加工费 （万元/个）	直接成本 （万元/个）	产品组成
P1	10	2	10	30	R1 + R5
P2	10	3	10	30	R2 + R3
P3	10	4	10	40	R1 + R3 + R4
P4	10	5	10	60	R2 + R3 + P1（注：P1 是中间产品）
P5	10	6	10	60	R3 + R4 + P2（注：P2 是中间产品）

8. 原料

名称	购买价格（万元/个）	提前采购期（季）
R1	10	1
R2	10	1
R3	10	2
R4	10	2
R5	10	2

9. 紧急采购

付款即到货，原材料价格为直接成本的 2 倍，成品价格为直接成本的 3 倍。

紧急采购原材料和产品时，直接扣除现金。上报报表时，成本仍然按照标准成本记录，紧急采购多付出的成本记入费用表损失项。

10. 选单规则

投 5 万元广告有一次选单机会，每增加 10 万元多一次机会，如果投小于 5 万元广告则无选单机会，但仍扣广告费，对计算市场广告额有效。

投广告，只规定最晚时间，没有最早时间，即当年结束后可以马上投广告。

市场老大在该市场所有产品有优先选单权；然后以本市场本产品广告额投放大小顺序依次选单；如果两公司本市场本产品广告额相同，则比较本市场广告投放总额；如果本市场广告总额也相同，则比较上年本市场销售排名；如仍无法决定，先投广告者先选单。第一年无订单。

选单时，两个市场同时开单，各队需要同时关注两个市场的选单进展，其中一个市场先结束，则第三个市场立即开单，即任何时候都有两个市场同开，除非到最后只剩下一个市场选单未结束。如某年有本地、区域、国内、亚洲四个市场有选单，则系统将本地、区域同时放单，各市场按 P1、P2、P3、P4、P5 顺序独立放单。若本地市场选单结束，则国内市场立即开单，此时区域、国内两市场保持同开，紧接着区域结束选单，则亚洲市场立即放单，即国内、亚洲两市场同开。选单时各公司需要单击相应"市场"按钮，一个市场选单结束，系统不会自动跳到其他市场，需手动单击相应"市场"。

（1）选单顺序：

1）市场老大在该市场所有产品有优先选单权；

2）市场老大之后，以本市场、本产品广告额投放大小顺序依次选单；

3）如果两公司本市场本产品广告额相同，则看本市场所有产品广告投放总额；

4）如果本市场所有产品广告投放总额也相同，则看上年本市场销售排名；

5）如仍无法决定，先投广告者先选单，依据系统时间决定。

（2）开单顺序：

1）选单时，两个公司同时开单，各公司需要同时关注两个市场的选单进展；

2）当其中一个市场先结束，则第三个市场立即开单，即任何时候都有两个市场同开，直到最后只剩下一个市场选单未结束；

3）市场开放顺序（本地 + 区域）、国内、亚洲、国际；

4）各市场内产品按 P1、P2、P3、P4、P5 顺序独立放单；

5）选单时各公司需要单击相应"市场"按钮，一个市场选单结束，系统不会自动跳到新开放的市场。

举例：假设有本地、地区、国内、亚洲四个市场进行选单。

首先本地和区域市场同时开单，当本地市场选单结束，则国内市场立即开单，此时区域、国内两市场保持同开，当区域结束选单后，则亚洲市场立即放单，即国内、亚洲两市场同开，直至选单结束。

（3）提请注意：

1）出现确认框要在倒计时大于 5 秒时按下确认按纽，否则可能造成选单无效；

2）在某细分市场（如本地、P1）有多次选单机会，只要放弃一次，则视同放弃该细分市场所有选单机会；

3）破产公司可以参加选单，并且市场老大有效；

4）市场老大指在该市场上年销售额最高且无违约，若有多个公司满足则老大随机或者没有；

5）市场老大在年末经营结束后公布。

11. 竞单会（第三、第四年开放竞单会，系统一次同时放 3 张订单，并显示当年所有订单信息）

参与竞标的订单标明了订单编号、市场、产品、数量、ISO 要求等，而总价、交货期、账期三项为空。

竞标订单的相关要求说明如下：

竞拍会的单子、价格、交货期、账期都是根据各个公司的情况自己填写选择的，系统默认的总价是成本价，交货期为 1 期交货，账期为 4 账期，如要修改需要手工修改。

（1）投标资质：

参与投标的公司需要有相应市场、ISO 认证的资质，但不必有生产资格。

中标的公司需为该单支付 5 万元中标服务费，在竞标会结束后一次性扣除，计入广告费中。

如果［（已竞得单数 + 本次同时竞单数）×5 > 现金余额］，则不能再竞，即必须有一定现金库存作为保证金。

如同时竞 3 张订单，库存现金为 28 万元，已经竞得 3 张订单，扣除了 15 万元标书费，还剩余 13 万元库存现金，则不能继续参与竞单，因为万一再竞得 3 张，13 万元库存现金不足支付标书费 15 万元。

为防止恶意竞单，对竞得单张数进行限制，如果［某公司已竞得单张数 > ROUND（3×该年竞单总张数/公司总数）］，则不能继续竞单。

提请注意：

ROUND 表示四舍五入；

如上式左右相等，可以继续参与竞单；

公司总数是指经营中的公司，若破产继续经营也算在其内，破产退出经营则不算在其内。

如某年竞单，共有 40 张，20 家公司（含破产继续经营）参与竞单，若一公司已经得到 7 张单，因为 7 > ROUND（3 × 40/20），所以不能继续竞单；如果已经竞得 6 张单，则可以继续参与。

（2）投标。

参与投标的公司须根据所投标的订单，在系统规定时间填写总价、交货期、账期三项内容，确认后由系统按照：得分 = 100 +（5 - 交货期）× 2 + 应收账期 - 8 × 总价/（该产品直接成本 × 数量），以得分最高者中标。如果计算分数相同，则先提交者中标。

提请注意：

总价不能低于（可以等于）成本价，也不能高于（可以等于）成本价的 3 倍；

必须为竞单留足时间，如在倒计时小于等于 5 秒再提交，可能无效；

竞得订单与选中订单一样，计算市场销售额，对计算市场广告有效；

竞单时不允许紧急采购，不允许市场间谍；

破产公司不可以参与投标竞单。

12. 订单规则

交货：订单必须在规定季交货，可以提前交货。

应收账款：应收账期从交货季开始算起。应收款收回由系统自动完成，不需要各公司填写收回金额。

违约：在订单规定交货季度未交货，系统收回订单，同时按照订单销售金额的 20% 罚款。罚款在当年结束时现金扣除，罚款计入损失。

13. 取整规则（均精确或舍到个位整数）

违约金扣除——四舍五入；

（每张单分开算）库存拍卖所得现金——四舍五入；

贴现费用——向上取整；

扣税——四舍五入；

长短贷利息——四舍五入。

14. 损失项目

损失：库存折价拍卖、生产线变卖、紧急采购、订单违约、计入其他损失。

（二）市场需求量和均价预测

市场预测表——需求量

序号	年份	产品	本地	区域	国内	亚洲	国际
1	第 2 年	P1	134	99	0	0	0

序号	年份	产品	本地	区域	国内	亚洲	国际
2	第2年	P2	93	74	0	0	0
3	第2年	P3	43	40	0	0	0
4	第2年	P4	25	24	0	0	0
5	第2年	P5	16	26	0	0	0
6	第3年	P1	104	74	0	0	0
7	第3年	P2	59	0	55	0	0
8	第3年	P3	41	24	41	0	0
9	第3年	P4	0	48	28	0	0
10	第3年	P5	0	38	20	0	0
11	第4年	P1	57	88	51	0	0
12	第4年	P2	0	72	41	28	0
13	第4年	P3	46	0	20	18	0
14	第4年	P4	59	57	0	26	0
15	第4年	P5	73	56	0	24	0
16	第5年	P1	75	84	0	53	0
17	第5年	P2	71	0	43	31	42
18	第5年	P3	42	28	0	61	0
19	第5年	P4	0	37	26	0	26
20	第5年	P5	0	37	29	0	30

市场预测表——均价

序号	年份	产品	本地	区域	国内	亚洲	国际
1	第2年	P1	70.66	69.03	0	0	0
2	第2年	P2	72.56	70.92	0	0	0
3	第2年	P3	91.02	89.12	0	0	0
4	第2年	P4	126.88	134.42	0	0	0
5	第2年	P5	127.06	135.04	0	0	0
6	第3年	P1	70.63	72.04	0	0	0
7	第3年	P2	73.8	0	75	0	0

序号	年份	产品	本地	区域	国内	亚洲	国际
8	第3年	P3	86.05	85.62	82	0	0
9	第3年	P4	0	136.58	134.93	0	0
10	第3年	P5	0	136.45	135.95	0	0
11	第4年	P1	57.54	57.23	57.57	0	0
12	第4年	P2	0	64.17	63.15	60.89	0
13	第4年	P3	80.04	0	84.45	87.89	0
14	第4年	P4	110.86	113.68	0	112.81	0
15	第4年	P5	111.11	114.2	0	112.83	0
16	第5年	P1	57.29	56.79	0	56.68	0
17	第5年	P2	61.2	0	61.72	61.06	66.83
18	第5年	P3	82.76	84.04	0	87.56	0
19	第5年	P4	0	116	116.77	0	120.73
20	第5年	P5	0	115.73	116.07	0	121.1

（三）新商战软件系统

1. 系统整体操作界面

2. 操作要点

生产线转产、下一批生产、出售生产线均在相应生产线图标上直接操作；

应收款收回由系统自动完成，不需要各队填写收回金额；

系统只显示当前可以操作的运行图标。

选单时必须注意各市场状态（正在选单、选单结束、无订单），选单时各队需要单击相应"市场"按钮，一市场选单结束，系统不会自动跳到其他市场，界面如下图所示：

3. 系统重要参数设置

违约金比例	20	%	贷款额倍数	3	倍
产品折价率	100	%	原料折价率	80	%
长贷利率	10	%	短贷利率	5	%
1，2期贴现率	10	%	3，4期贴现率	12.5	%
初始现金	600	W	管理费	10	W
信息费	1	W	所得税率	25	%
最大长贷年限	4	年	最小得单广告额	5	W
原料紧急采购倍数	2	倍	产品紧急采购倍数	3	倍
选单时间	40	秒	首位选单补时	25	秒
市场同开数量	2		市场老大	⊙有 ○无	
竞拍时间	90	秒	竞拍同拍数	3	

信息确认

4. 系统积分排名

完成预先规定的经营年限,将根据各队的最后分数进行评分,分数高者为优胜。

总成绩 = 所有者权益 × (1 + 企业综合发展潜力/100) – 罚分 + 市场老大得分

企业综合发展潜力如下:

项目	综合发展潜力系数
自动线	+8/条
柔性线	+10/条
本地市场开发	+7
区域市场开发	+7
国内市场开发	+8
亚洲市场开发	+9
国际市场开发	+10
ISO9000	+8
ISO14000	+10
P1 产品开发	+7
P2 产品开发	+8
P3 产品开发	+9
P4 产品开发	+10
P5 产品开发	+11

注:如有多个公司分数相同,则最后一年在系统中先结束经营(而非指在系统中填制报表)者排名靠前。

生产线建成即加分,无须生产出产品,也无须有在制品。手工线、租赁线、厂房无加分。

市场老大不计入综合发展潜力系数,单独算分,得一个市场老大加50分。

5. 系统罚分规则

(1) 运行超时扣分。

运行超时有两种情况:一是指不能在规定时间完成广告投放(可提前投广告);二是指不能在规定时间完成当年经营(以单击系统中"当年结束"按钮并确认为准)。

处罚:按总分10分/分钟(不满1分钟算1分钟)计算罚分,最多不能超过10分钟。如果到10分钟后还不能完成相应的运行,将取消其参赛资格。

提请注意:投放广告时间、完成经营时间及提交报表时间系统均会记录,作为扣分依据。

(2) 报表错误扣分。

必须按规定时间在系统中填制资产负债表,如果上交的报表与系统自动生成的报表对照有误，在总得分中扣罚 80 分/次，并以系统提供的报表为准修订。

注：对上交报表时间会做规定，延误交报表即视为错误一次，即使后来在系统中填制正确也要扣分。

由运营超时引发延误交报表视同报表错误并扣分。

（3）其他违规扣分。在运行过程中下列情况属违规：

1）对裁判正确的判罚不服从；

2）在比赛期间擅自到其他赛场走动；

3）指导教师擅自进入比赛现场；

4）其他严重影响比赛正常进行的活动。

如有以上行为者，视情节轻重，扣除该队总得分的 200~500 分。

6. 系统破产处理

当权益为负（指当年结束系统生成资产负债表时为负）或现金断流时（权益和现金可以为零），公司破产。

参赛队破产后，由教师视情况适当增资后继续经营。破产公司不参加有效排名。

为了确保破产公司不过多影响正常进行，限制破产公司每年用于广告投放总和不能超过 30 万元。不允许参加竞单。

[答题要点]

组建 20 家公司进行系统操作，最后选择排前两名的公司经营结果如下：

1. 光明公司（U04）

光明公司（U04）详细资料

制表人	张三	制表时间	2014/6/20 15：42：51
公司现金（万元）	1 551	公司状态	正在经营
股东注资（万元）	600	系统时间	第六年第一季度（年初）
公司名称	光明公司	所属学校	用友
组织结构	CEO：冯伟 财务总监：张文 采购总监：赵萍 市场总监：陈昊 生产总监：赵腾		
公司宣言	争创一流		

应收款

剩余账期（季）	金额（万元）
1	275
2	156
3	1 159

长期贷款

剩余时间（年）	金额（万元）	贷款时间
2	404	第三年第一季度
3	350	第四年第一季度
4	161	第五年第一季度

短期贷款

剩余时间（季）	金额（万元）	贷款时间
1	718	第五年第一季度
2	249	第五年第二季度
3	149	第五年第三季度
4	1 149	第五年第四季度

市场开拓

名称	开拓费（万元/年）	周期（年）	剩余时间	完成时间
本地	10	1	—	第一年第四季度
国际	10	4	—	第四年第四季度
亚洲	10	3	—	第三年第四季度
区域	10	1	—	第一年第四季度
国内	10	2	—	第二年第四季度

产品研发

名称	研发费（万元/季）	周期（季）	剩余时间	完成时间
P1	10	2	—	第一年第四季度
P2	10	3	—	第一年第四季度
P4	10	5	—	第三年第四季度
P5	10	6	—	第五年第四季度
P3	10	4	—	第四年第四季度

ISO 认证

名称	研发费（万元/年）	周期（年）	剩余时间	完成时间
ISO14000	15	2	—	第二年第四季度
ISO9000	10	2	—	第二年第四季度

厂房信息

ID	名称	状态	容量	购价 （万元）	租金 （万元/年）	售价 （万元）	最后付租	置办时间
13	大厂房	购买	0/4	440	44	440	—	第一年第二季度
45	大厂房	租用	0/4	440	44	440	第五年第一季度	第二年第一季度
53	大厂房	租用	0/4	440	44	440	第五年第一季度	第三年第一季度
60	大厂房	租用	0/4	440	44	440	第五年第二季度	第四年第二季度

生产线信息

ID	名称	厂房	产品	状态	累计折旧 （万元）	开产 时间	转产 时间	剩余时 间（季）	建成 时间	开建 时间
30	自动线	大厂房（13）	P1	空闲	90	—	—	0	第二年第一季度	第一年第二季度
31	自动线	大厂房（13）	P1	空闲	90	—	—	0	第二年第一季度	第一年第二季度
33	自动线	大厂房（13）	P2	空闲	90	—	—	0	第二年第一季度	第一年第二季度
36	自动线	大厂房（13）	P2	空闲	90	—	—	0	第二年第一季度	第一年第二季度
139	租赁线	大厂房（45）	P1	空闲	0	—	—	0	第二年第一季度	第二年第一季度
140	租赁线	大厂房（45）	P1	空闲	0	—	—	0	第二年第一季度	第二年第一季度
141	租赁线	大厂房（45）	P1	空闲	0	—	—	0	第二年第一季度	第二年第一季度
142	租赁线	大厂房（45）	P2	空闲	0	—	—	0	第二年第一季度	第二年第一季度
160	柔性线	大厂房（53）	P3	空闲	40	—	—	0	第四年第一季度	第三年第一季度
162	自动线	大厂房（53）	P4	空闲	30	—	—	0	第四年第一季度	第三年第二季度
164	自动线	大厂房（53）	P4	空闲	30	—	—	0	第四年第一季度	第三年第二季度
167	自动线	大厂房（53）	P4	空闲	30	—	—	0	第四年第一季度	第三年第二季度
189	自动线	大厂房（60）	P3	空闲	0	—	—	0	第五年第一季度	第四年第二季度
190	自动线	大厂房（60）	P3	空闲	0	—	—	0	第五年第一季度	第四年第二季度
192	自动线	大厂房（60）	P3	空闲	0	—	—	0	第五年第一季度	第四年第二季度
195	自动线	大厂房（60）	P2	空闲	0	—	—	0	第五年第一季度	第四年第二季度

订单列表

订单编号	市场	产品	数量	总价 （万元）	状态	得单 年份	交货期	账期 （季）	ISO	交货时间
13-0004	本地	P1	4	313	已交单	第2年	4季	4		第二年第四季度

订单编号	市场	产品	数量	总价（万元）	状态	得单年份	交货期	账期（季）	ISO	交货时间
13－0022	本地	P1	6	416	已交单	第2年	3季	2		第二年第三季度
13－0043	本地	P2	5	363	已交单	第2年	3季	3		第二年第三季度
13－0088	区域	P1	4	308	已交单	第2年	2季	0		第二年第二季度
13－0122	区域	P2	4	279	已交单	第2年	4季	2		第二年第四季度
13－0158	本地	P1	5	373	已交单	第3年	1季	2	ISO9000	第三年第一季度
13－0171	本地	P1	5	358	已交单	第3年	4季	1		第三年第四季度
13－0178	本地	P2	4	295	已交单	第3年	4季	1	ISO9000	第三年第三季度
13－0200	区域	P1	5	370	已交单	第3年	4季	1		第三年第三季度
13－0209	区域	P1	6	436	已交单	第3年	2季	1		第三年第二季度
13－0244	国内	P2	4	305	已交单	第3年	4季	2	ISO14000	第三年第四季度
13－0249	国内	P2	4	300	已交单	第3年	2季	2	ISO9000	第三年第二季度
13－0363	区域	P2	5	330	已交单	第4年	4季	1	ISO9000	第四年第四季度
13－0412	国内	P1	4	225	已交单	第4年	4季	2		第四年第三季度
13－0420	国内	P2	3	195	已交单	第4年	1季	2	ISO14000	第四年第一季度
13－0443	亚洲	P2	4	248	已交单	第4年	3季	2		第四年第三季度
13－0479	本地	P1	5	281	已交单	第5年	3季	2	ISO14000	第五年第三季度
13－0485	本地	P2	4	250	已交单	第5年	3季	2	ISO14000	第五年第三季度
13－0500	本地	P3	3	255	已交单	第5年	4季	3		第五年第四季度
13－0515	区域	P1	3	156	已交单	第5年	4季	2	ISO9000	第五年第四季度
13－0534	区域	P3	2	170	已交单	第5年	4季	3	ISO9000	第五年第四季度
13－0552	区域	P4	4	444	已交单	第5年	4季	2	ISO9000 ISO14000	第五年第三季度
13－0553	区域	P4	4	474	已交单	第5年	3季	2	ISO14000	第五年第二季度
13－0576	国内	P2	5	325	已交单	第5年	3季	2	ISO9000 ISO14000	第五年第一季度
13－0578	国内	P4	3	360	已交单	第5年	4季	3	ISO9000	第五年第四季度
13－0597	亚洲	P1	3	179	已交单	第5年	4季	3	ISO9000	第五年第四季度
13－0598	亚洲	P1	3	188	已交单	第5年	3季	1	ISO14000	第五年第一季度
13－0610	亚洲	P2	3	195	已交单	第5年	4季	3	ISO9000	第五年第四季度
13－0628	亚洲	P3	3	257	已交单	第5年	3季	1		第五年第三季度

续表

订单编号	市场	产品	数量	总价（万元）	状态	得单年份	交货期	账期（季）	ISO	交货时间
13－0629	亚洲	P3	4	345	已交单	第5年	3季	1		第五年第二季度
13－0646	国际	P2	4	274	已交单	第5年	3季	2	ISO14000	第五年第二季度
13－0653	国际	P4	4	485	已交单	第5年	1季	1	ISO9000	第五年第一季度
J22	国内	P4	5	900	已交单	第3年	4季	0	ISO9000	第三年第四季度
J23	国内	P5	5	900	已交单	第3年	4季	0	ISO14000	第三年第四季度
J50	亚洲	P2	5	450	已交单	第4年	1季	0	ISO9000 ISO14000	第四年第一季度
J52	亚洲	P3	6	720	已交单	第4年	1季	0	ISO14000	第四年第一季度
J54	亚洲	P4	5	700	已交单	第4年	3季	0	ISO9000	第四年第三季度
J55	亚洲	P4	3	360	已交单	第4年	2季	0	ISO14000	第四年第二季度

现金流量表

ID	动作	资金（万元）	余额（万元）	时间	备注
5534	Pay_ Maintenance	－500	1 551	第五年第四季度	支付维修费
5533	Pay_ Overhaul	－10	2 051	第五年第四季度	支付行政管理费
5517	Develop_ Product	－10	2 061	第五年第四季度	产品投资
5516	Order_ Product_ Emergency	－90	2 071	第五年第四季度	紧急采购数量为1的P1
5508	Update_ Receivable	1 005	2 161	第五年第四季度	更新应收款
5506	Pay_ Material	0	1 156	第五年第四季度	支付原料费
5505	Short_ Loan	1 149	1 156	第五年第四季度	申请：4季1 149万元的短期贷款
5503	Pay_ Short_ Loan	－1 206	7	第五年第四季度	短贷还本息
5502	Pay_ Overhaul	－10	1 213	第五年第三季度	支付行政管理费
5498	Discount_ 12	630	1 223	第五年第三季度	1期贴现：0 2期贴现：700万元
5496	Develop_ Product	－10	593	第五年第三季度	产品投资
5490	Update_ Receivable	490	603	第五年第三季度	更新应收款
5485	Product_ Produce	－10	113	第五年第三季度	生产线ID：189 开始生产：P3
5483	Product_ Produce	－10	123	第五年第三季度	生产线ID：190 开始生产：P3
5472	Product_ Produce	－10	133	第五年第三季度	生产线ID：192 开始生产：P3
5466	Product_ Produce	－10	143	第五年第三季度	生产线ID：167 开始生产：P4
5462	Product_ Produce	－10	153	第五年第三季度	生产线ID：164 开始生产：P4

ID	动作	资金 （万元）	余额 （万元）	时间	备注
5460	Product_ Produce	−10	163	第五年第三季度	生产线 ID：162 开始生产：P4
5457	Product_ Produce	−10	173	第五年第三季度	生产线 ID：160 开始生产：P3
5456	Product_ Produce	−10	183	第五年第三季度	生产线 ID：142 开始生产：P2
5455	Product_ Produce	−10	193	第五年第三季度	生产线 ID：141 开始生产：P1
5453	Product_ Produce	−10	203	第五年第三季度	生产线 ID：140 开始生产：P1
5450	Product_ Produce	−10	213	第五年第三季度	生产线 ID：139 开始生产：P1
5449	Product_ Produce	−10	223	第五年第三季度	生产线 ID：36 开始生产：P2
5447	Product_ Produce	−10	233	第五年第三季度	生产线 ID：33 开始生产：P2
5446	Product_ Produce	−10	243	第五年第三季度	生产线 ID：31 开始生产：P1
5444	Product_ Produce	−10	253	第五年第三季度	生产线 ID：30 开始生产：P1
5442	Pay_ Material	−340	263	第五年第三季度	支付原料费
5441	Short_ Loan	149	603	第五年第三季度	申请：4 季 149 万元的短期贷款
5438	Pay_ Short_ Loan	−156	454	第五年第三季度	短贷还本息
5436	Pay_ Overhaul	−10	610	第五年第二季度	支付行政管理费
5435	Renew_ Workshop	−44	620	第五年第二季度	厂房续租
5434	Develop_ Product	−10	664	第五年第二季度	产品投资
5416	Update_ Receivable	673	674	第五年第二季度	更新应收款
5413	Product_ Produce	−10	1	第五年第二季度	生产线 ID：33 开始生产：P2
5406	Product_ Produce	−10	11	第五年第二季度	生产线 ID：140 开始生产：P1
5403	Product_ Produce	−10	21	第五年第二季度	生产线 ID：160 开始生产：P3
5401	Product_ Produce	−10	31	第五年第二季度	生产线 ID：167 开始生产：P4
5399	Product_ Produce	−10	41	第五年第二季度	生产线 ID：192 开始生产：P3
5396	Product_ Produce	−10	51	第五年第二季度	生产线 ID：195 开始生产：P2
5395	Product_ Produce	−10	61	第五年第二季度	生产线 ID：190 开始生产：P3
5392	Product_ Produce	−10	71	第五年第二季度	生产线 ID：164 开始生产：P4
5389	Product_ Produce	−10	81	第五年第二季度	生产线 ID：142 开始生产：P2
5388	Product_ Produce	−10	91	第五年第二季度	生产线 ID：139 开始生产：P1
5387	Product_ Produce	−10	101	第五年第二季度	生产线 ID：31 开始生产：P1
5385	Product_ Produce	−10	111	第五年第二季度	生产线 ID：189 开始生产：P3
5384	Product_ Produce	−10	121	第五年第二季度	生产线 ID：162 开始生产：P4
5382	Product_ Produce	−10	131	第五年第二季度	生产线 ID：141 开始生产：P1
5379	Product_ Produce	−10	141	第五年第二季度	生产线 ID：36 开始生产：P2

ID	动作	资金 （万元）	余额 （万元）	时间	备注
5376	Product_ Produce	−10	151	第五年第二季度	生产线 ID：30 开始生产：P1
5372	Pay_ Material	−350	161	第五年第二季度	支付原料费
5370	Short_ Loan	249	511	第五年第二季度	申请：4 季 249 万元的短期贷款
5368	Pay_ Short_ Loan	−261	262	第五年第二季度	短贷还本息
5362	Pay_ Overhaul	−10	523	第五年第一季度	支付行政管理费
5361	Renew_ Workshop	−88	533	第五年第一季度	厂房续租
5360	Discount_ 12	162	621	第五年第一季度	1 期贴现：0 2 期贴现：180 万元
5354	Develop_ Product	−10	459	第五年第一季度	产品投资
5345	Update_ Receivable	263	469	第五年第一季度	更新应收款
5338	Product_ Produce	−10	206	第五年第一季度	生产线 ID：33 开始生产：P2
5335	Product_ Produce	−10	216	第五年第一季度	生产线 ID：140 开始生产：P1
5333	Product_ Produce	−10	226	第五年第一季度	生产线 ID：160 开始生产：P3
5332	Product_ Produce	−10	236	第五年第一季度	生产线 ID：167 开始生产：P4
5329	Product_ Produce	−10	246	第五年第一季度	生产线 ID：192 开始生产：P3
5326	Product_ Produce	−10	256	第五年第一季度	生产线 ID：190 开始生产：P3
5325	Product_ Produce	−10	266	第五年第一季度	生产线 ID：164 开始生产：P4
5322	Product_ Produce	−10	276	第五年第一季度	生产线 ID：142 开始生产：P2
5320	Product_ Produce	−10	286	第五年第一季度	生产线 ID：139 开始生产：P1
5318	Product_ Produce	−10	296	第五年第一季度	生产线 ID：31 开始生产：P1
5316	Product_ Produce	−10	306	第五年第一季度	生产线 ID：195 开始生产：P2
5314	Product_ Produce	−10	316	第五年第一季度	生产线 ID：189 开始生产：P3
5313	Product_ Produce	−10	326	第五年第一季度	生产线 ID：162 开始生产：P4
5311	Product_ Produce	−10	336	第五年第一季度	生产线 ID：141 开始生产：P1
5310	Product_ Produce	−10	346	第五年第一季度	生产线 ID：36 开始生产：P2
5309	Product_ Produce	−10	356	第五年第一季度	生产线 ID：30 开始生产：P1
5308	Transfer	0	366	第五年第一季度	生产线转产
5304	Pay_ Material	−370	366	第五年第一季度	支付原料费
5302	Short_ Loan	718	736	第五年第一季度	申请：4 季 718 万元的短期贷款
5299	Pay_ Short_ Loan	−754	18	第五年第一季度	短贷还本息
5294	Long_ Loan	161	772	第五年第一季度	申请：4 年 161 万元的长期贷款
4880	Pay_ AD	−306	611	第五年第一季度	广告投放
4879	Pay_ Long_ Loan	−75	917	第五年第一季度	支付长贷本息

ID	动作	资金 （万元）	余额 （万元）	时间	备注
4878	Pay_ Tax	−18	992	第五年第一季度	支付上一年税金
4866	Discount_ 12	486	1 010	第五年第一季度	1 期贴现：540 万元　2 期贴现：0
4815	Spy	0	524	第五年第一季度	用户调查 U06 公司的资料
4811	Spy	0	524	第五年第一季度	用户调查 U05 公司的资料
4805	Spy	0	524	第五年第一季度	用户调查 U17 公司的资料
4602	Pay_ Maintenance	−420	524	第四年第四季度	支付维修费
4601	Pay_ Overhaul	−10	944	第四年第四季度	支付行政管理费
4595	Develop_ Market	−10	954	第四年第四季度	市场投资
4592	Develop_ Product	−20	964	第四年第四季度	产品投资
4591	Invest_ Product_ Line	−200	984	第四年第四季度	投资在建生产线
4589	Product_ Produce	−10	1 184	第四年第四季度	生产线 ID：33 开始生产：P2
4587	Product_ Produce	−10	1 194	第四年第四季度	生产线 ID：140 开始生产：P1
4585	Product_ Produce	−10	1 204	第四年第四季度	生产线 ID：160 开始生产：P2
4582	Product_ Produce	−10	1 214	第四年第四季度	生产线 ID：167 开始生产：P4
4580	Product_ Produce	−10	1 224	第四年第四季度	生产线 ID：164 开始生产：P4
4578	Product_ Produce	−10	1 234	第四年第四季度	生产线 ID：142 开始生产：P2
4576	Product_ Produce	−10	1 244	第四年第四季度	生产线 ID：139 开始生产：P1
4574	Product_ Produce	−10	1 254	第四年第四季度	生产线 ID：31 开始生产：P1
4572	Product_ Produce	−10	1 264	第四年第四季度	生产线 ID：162 开始生产：P4
4569	Product_ Produce	−10	1 274	第四年第四季度	生产线 ID：141 开始生产：P1
4568	Product_ Produce	−10	1 284	第四年第四季度	生产线 ID：36 开始生产：P2
4566	Product_ Produce	−10	1 294	第四年第四季度	生产线 ID：30 开始生产：P1
4553	Pay_ Material	−240	1 304	第四年第四季度	支付原料费
4549	Short_ Loan	1 149	1 544	第四年第四季度	申请：4 季 1 149 万元的短期贷款
4544	Pay_ Short_ Loan	−471	395	第四年第四季度	短贷还本息
4541	Pay_ Overhaul	−10	866	第四年第三季度	支付行政管理费
4536	Develop_ Product	−20	876	第四年第三季度	产品投资
4529	Sell_ Product	700	896	第四年第三季度	订单交货，增加现金
4523	Update_ Receivable	195	196	第四年第三季度	更新应收款
4519	Product_ Produce	−10	1	第四年第三季度	生产线 ID：167 开始生产：P4
4515	Product_ Produce	−10	11	第四年第三季度	生产线 ID：160 开始生产：P2
4505	Product_ Produce	−10	21	第四年第三季度	生产线 ID：140 开始生产：P1

ID	动作	资金 （万元）	余额 （万元）	时间	备注
4501	Product_ Produce	−10	31	第四年第三季度	生产线 ID：33 开始生产：P2
4497	Product_ Produce	−10	41	第四年第三季度	生产线 ID：164 开始生产：P4
4492	Product_ Produce	−10	51	第四年第三季度	生产线 ID：142 开始生产：P2
4488	Product_ Produce	−10	61	第四年第三季度	生产线 ID：139 开始生产：P1
4481	Transfer	0	71	第四年第三季度	生产线转产
4470	Product_ Produce	−10	71	第四年第三季度	生产线 ID：31 开始生产：P1
4465	Product_ Produce	−10	81	第四年第三季度	生产线 ID：162 开始生产：P4
4461	Product_ Produce	−10	91	第四年第三季度	生产线 ID：141 开始生产：P1
4458	Product_ Produce	−10	101	第四年第三季度	生产线 ID：36 开始生产：P2
4452	Product_ Produce	−10	111	第四年第三季度	生产线 ID：30 开始生产：P1
4448	Invest_ Product_ Line	−200	121	第四年第三季度	投资在建生产线
4431	Pay_ Material	−240	321	第四年第三季度	支付原料费
4429	Short_ Loan	149	561	第四年第三季度	申请：4 季 149 万元的短期贷款
4424	Pay_ Short_ Loan	−240	412	第四年第三季度	短贷还本息
4423	Pay_ Overhaul	−10	652	第四年第二季度	支付行政管理费
4421	Develop_ Product	−10	662	第四年第二季度	产品投资
4408	Sell_ Product	360	672	第四年第二季度	订单交货，增加现金
4404	Update_ Receivable	305	312	第四年第二季度	更新应收款
4394	Order_ Product_ Line	−50	7	第四年第二季度	订购［自动线］生产［P2］
4386	Order_ Product_ Line	−50	57	第四年第二季度	订购［自动线］生产［P3］
4379	Order_ Product_ Line	−50	107	第四年第二季度	订购［自动线］生产［P3］
4375	Order_ Product_ Line	−50	157	第四年第二季度	订购［自动线］生产［P3］
4355	Rent_ Workshop	−44	207	第四年第二季度	租用［大厂房］
4353	Product_ Produce	−10	251	第四年第二季度	生产线 ID：33 开始生产：P2
4350	Product_ Produce	−10	261	第四年第二季度	生产线 ID：140 开始生产：P1
4347	Product_ Produce	−10	271	第四年第二季度	生产线 ID：160 开始生产：P4
4343	Product_ Produce	−10	281	第四年第二季度	生产线 ID：167 开始生产：P4
4338	Product_ Produce	−10	291	第四年第二季度	生产线 ID：31 开始生产：P1
4334	Product_ Produce	−10	301	第四年第二季度	生产线 ID：139 开始生产：P1
4332	Product_ Produce	−10	311	第四年第二季度	生产线 ID：142 开始生产：P2
4331	Product_ Produce	−10	321	第四年第二季度	生产线 ID：164 开始生产：P4
4330	Product_ Produce	−10	331	第四年第二季度	生产线 ID：162 开始生产：P4

ID	动作	资金 （万元）	余额 （万元）	时间	备注
4324	Product_ Produce	−10	341	第四年第二季度	生产线 ID：141 开始生产：P1
4321	Product_ Produce	−10	351	第四年第二季度	生产线 ID：36 开始生产：P2
4314	Product_ Produce	−10	361	第四年第二季度	生产线 ID：30 开始生产：P1
4290	Pay_ Material	−240	371	第四年第二季度	支付原料费
4289	Short_ Loan	249	611	第四年第二季度	申请：4 季 249 万元的短期贷款
4283	Pay_ Short_ Loan	−250	362	第四年第二季度	短贷还本息
4279	Pay_ Overhaul	−10	612	第四年第一季度	支付行政管理费
4278	Renew_ Workshop	−88	622	第四年第一季度	厂房续租
4275	Develop_ Product	−10	710	第四年第一季度	产品投资
4264	Sell_ Product	450	720	第四年第一季度	订单交货，增加现金
4252	Order_ Product_ Emergency	−450	270	第四年第一季度	紧急采购数量为 5 的 P2
4242	Sell_ Product	720	720	第四年第一季度	订单交货，增加现金
4235	Order_ Product_ Emergency	−720	0	第四年第一季度	紧急采购数量为 6 的 P3
4214	Update_ Receivable	358	720	第四年第一季度	更新应收款
4209	Product_ Produce	−10	362	第四年第一季度	生产线 ID：167 开始生产：P4
4206	Product_ Produce	−10	372	第四年第一季度	生产线 ID：160 开始生产：P4
4204	Product_ Produce	−10	382	第四年第一季度	生产线 ID：140 开始生产：P1
4198	Product_ Produce	−10	392	第四年第一季度	生产线 ID：33 开始生产：P2
4196	Product_ Produce	−10	402	第四年第一季度	生产线 ID：31 开始生产：P1
4188	Product_ Produce	−10	412	第四年第一季度	生产线 ID：139 开始生产：P1
4186	Product_ Produce	−10	422	第四年第一季度	生产线 ID：142 开始生产：P2
4179	Product_ Produce	−10	432	第四年第一季度	生产线 ID：164 开始生产：P4
4175	Product_ Produce	−10	442	第四年第一季度	生产线 ID：162 开始生产：P4
4170	Product_ Produce	−10	452	第四年第一季度	生产线 ID：141 开始生产：P1
4167	Product_ Produce	−10	462	第四年第一季度	生产线 ID：36 开始生产：P2
4162	Product_ Produce	−10	472	第四年第一季度	生产线 ID：30 开始生产：P1
4145	Pay_ Material	−240	482	第四年第一季度	支付原料费
4142	Short_ Loan	718	722	第四年第一季度	申请：4 季 718 万元的短期贷款
4135	Pay_ Short_ Loan	−649	4	第四年第一季度	短贷还本息
4122	Long_ Loan	350	653	第四年第一季度	申请：4 年 350 万元的长期贷款
3739	Order_ Auction	−5	303	第四年第一季度	竞拍得单，订单 ID：892
3738	Order_ Auction	−5	308	第四年第一季度	竞拍得单，订单 ID：891

ID	动作	资金 （万元）	余额 （万元）	时间	备注
3736	Order_ Auction	−5	313	第四年第一季度	竞拍得单，订单 ID：889
3734	Order_ Auction	−5	318	第四年第一季度	竞拍得单，订单 ID：887
3686	Pay_ AD	−109	323	第四年第一季度	广告投放
3685	Pay_ Long_ Loan	−40	432	第四年第一季度	支付长贷本息
3684	Pay_ Tax	−121	472	第四年第一季度	支付上一年税金
3647	Spy	0	593	第四年第一季度	用户调查 U17 公司的资料
3589	Spy	0	593	第四年第一季度	用户调查 U05 公司的资料
3581	Spy	0	593	第四年第一季度	用户调查 U20 公司的资料
3580	Spy	0	593	第四年第一季度	用户调查 U20 公司的资料
3577	Spy	0	593	第四年第一季度	用户调查 U19 公司的资料
3576	Spy	0	593	第四年第一季度	用户调查 U19 公司的资料
3573	Spy	0	593	第四年第一季度	用户调查 U18 公司的资料
3571	Spy	0	593	第四年第一季度	用户调查 U18 公司的资料
3567	Spy	0	593	第四年第一季度	用户调查 U17 公司的资料
3565	Spy	0	593	第四年第一季度	用户调查 U17 公司的资料
3560	Spy	0	593	第四年第一季度	用户调查 U16 公司的资料
3556	Spy	0	593	第四年第一季度	用户调查 U16 公司的资料
3549	Spy	0	593	第四年第一季度	用户调查 U15 公司的资料
3547	Spy	0	593	第四年第一季度	用户调查 U15 公司的资料
3536	Spy	0	593	第四年第一季度	用户调查 U14 公司的资料
3531	Spy	0	593	第四年第一季度	用户调查 U14 公司的资料
3517	Spy	0	593	第四年第一季度	用户调查 U13 公司的资料
3515	Spy	0	593	第四年第一季度	用户调查 U13 公司的资料
3510	Spy	0	593	第四年第一季度	用户调查 U10 公司的资料
3497	Spy	0	593	第四年第一季度	用户调查 U09 公司的资料
3493	Spy	0	593	第四年第一季度	用户调查 U12 公司的资料
3491	Spy	0	593	第四年第一季度	用户调查 U12 公司的资料
3481	Spy	0	593	第四年第一季度	用户调查 U08 公司的资料
3469	Spy	0	593	第四年第一季度	用户调查 U07 公司的资料
3458	Spy	0	593	第四年第一季度	用户调查 U06 公司的资料
3448	Spy	0	593	第四年第一季度	用户调查 U05 公司的资料
3445	Spy	0	593	第四年第一季度	用户调查 U11 公司的资料

ID	动作	资金 （万元）	余额 （万元）	时间	备注
3438	Spy	0	593	第四年第一季度	用户调查 U11 公司的资料
3435	Spy	0	593	第四年第一季度	用户调查 U03 公司的资料
3429	Spy	0	593	第四年第一季度	用户调查 U02 公司的资料
3422	Spy	0	593	第四年第一季度	用户调查 U01 公司的资料
3285	Pay_ Maintenance	−340	593	第三年第四季度	支付维修费
3284	Pay_ Overhaul	−10	933	第三年第四季度	支付行政管理费
3266	Develop_ Market	−20	943	第三年第四季度	市场投资
3261	Develop_ Product	−10	963	第三年第四季度	产品投资
3254	Sell_ Product	900	973	第三年第四季度	订单交货，增加现金
3250	Order_ Product_ Emergency	−900	73	第三年第四季度	紧急采购数量为 5 的 P5
3247	Sell_ Product	900	973	第三年第四季度	订单交货，增加现金
3241	Order_ Product_ Emergency	−900	73	第三年第四季度	紧急采购数量为 5 的 P4
3223	Update_ Receivable	902	973	第三年第四季度	更新应收款
3216	Product_ Produce	−10	71	第三年第四季度	生产线 ID：140 开始生产：P1
3214	Product_ Produce	−10	81	第三年第四季度	生产线 ID：33 开始生产：P2
3209	Product_ Produce	−10	91	第三年第四季度	生产线 ID：142 开始生产：P2
3203	Product_ Produce	−10	101	第三年第四季度	生产线 ID：139 开始生产：P1
3200	Product_ Produce	−10	111	第三年第四季度	生产线 ID：31 开始生产：P1
3193	Product_ Produce	−10	121	第三年第四季度	生产线 ID：141 开始生产：P1
3191	Product_ Produce	−10	131	第三年第四季度	生产线 ID：36 开始生产：P2
3184	Product_ Produce	−10	141	第三年第四季度	生产线 ID：30 开始生产：P1
3181	Invest_ Product_ Line	−200	151	第三年第四季度	投资在建生产线
3170	Pay_ Material	−160	351	第三年第四季度	支付原料费
3166	Short_ Loan	449	511	第三年第四季度	申请：4 季 449 万元的短期贷款
3154	Pay_ Short_ Loan	−471	62	第三年第四季度	短贷还本息
3150	Pay_ Overhaul	−10	533	第三年第三季度	支付行政管理费
3139	Develop_ Product	−10	543	第三年第三季度	产品投资
3114	Update_ Receivable	549	553	第三年第三季度	更新应收款
3108	Product_ Produce	−10	4	第三年第三季度	生产线 ID：140 开始生产：P1
3106	Product_ Produce	−10	14	第三年第三季度	生产线 ID：33 开始生产：P2
3102	Product_ Produce	−10	24	第三年第三季度	生产线 ID：142 开始生产：P2
3100	Product_ Produce	−10	34	第三年第三季度	生产线 ID：139 开始生产：P1

续表

ID	动作	资金 （万元）	余额 （万元）	时间	备注
3098	Product_ Produce	-10	44	第三年第三季度	生产线 ID：31 开始生产：P1
3095	Product_ Produce	-10	54	第三年第三季度	生产线 ID：141 开始生产：P1
3093	Product_ Produce	-10	64	第三年第三季度	生产线 ID：36 开始生产：P2
3090	Product_ Produce	-10	74	第三年第三季度	生产线 ID：30 开始生产：P1
3089	Invest_ Product_ Line	-200	84	第三年第三季度	投资在建生产线
3078	Pay_ Material	-160	284	第三年第三季度	支付原料费
3059	Short_ Loan	229	444	第三年第三季度	申请：4 季 229 万元的短期贷款
3045	Pay_ Short_ Loan	-240	215	第三年第三季度	短贷还本息
3042	Pay_ Overhaul	-10	455	第三年第二季度	支付行政管理费
3036	Discount_ 12	324	465	第三年第二季度	1 期贴现：0　2 期贴现：360 万元
3014	Develop_ Product	-10	141	第三年第二季度	产品投资
2991	Update_ Receivable	142	151	第三年第二季度	更新应收款
2984	Product_ Produce	-10	9	第三年第二季度	生产线 ID：140 开始生产：P1
2972	Product_ Produce	-10	19	第三年第二季度	生产线 ID：33 开始生产：P2
2968	Product_ Produce	-10	29	第三年第二季度	生产线 ID：31 开始生产：P1
2963	Product_ Produce	-10	39	第三年第二季度	生产线 ID：139 开始生产：P1
2961	Product_ Produce	-10	49	第三年第二季度	生产线 ID：142 开始生产：P2
2950	Product_ Produce	-10	59	第三年第二季度	生产线 ID：141 开始生产：P1
2949	Product_ Produce	-10	69	第三年第二季度	生产线 ID：36 开始生产：P2
2940	Product_ Produce	-10	79	第三年第二季度	生产线 ID：30 开始生产：P1
2936	Invest_ Product_ Line	-50	89	第三年第二季度	投资在建生产线
2928	Order_ Product_ Line	-50	139	第三年第二季度	订购［自动线］生产［P4］
2921	Order_ Product_ Line	-50	189	第三年第二季度	订购［自动线］生产［P4］
2915	Order_ Product_ Line	-50	239	第三年第二季度	订购［自动线］生产［P4］
2905	Pay_ Material	-160	289	第三年第二季度	支付原料费
2903	Short_ Loan	238	449	第三年第二季度	申请：4 季 238 万元的短期贷款
2897	Pay_ Short_ Loan	-250	211	第三年第二季度	短贷还本息
2892	Pay_ Overhaul	-10	461	第三年第一季度	支付行政管理费
2891	Renew_ Workshop	-44	471	第三年第一季度	厂房续租
2872	Discount_ 12	234	515	第三年第一季度	1 期贴现：0　2 期贴现：260 万元
2850	Develop_ Product	-10	281	第三年第一季度	产品投资
2814	Update_ Receivable	6	291	第三年第一季度	更新应收款

续表

ID	动作	资金（万元）	余额（万元）	时间	备注
2809	Product_ Produce	−10	285	第三年第一季度	生产线 ID：33 开始生产：P2
2803	Product_ Produce	−10	295	第三年第一季度	生产线 ID：140 开始生产：P1
2797	Product_ Produce	−10	305	第三年第一季度	生产线 ID：31 开始生产：P1
2793	Product_ Produce	−10	315	第三年第一季度	生产线 ID：139 开始生产：P1
2788	Product_ Produce	−10	325	第三年第一季度	生产线 ID：142 开始生产：P2
2785	Order_ Product_ Line	−50	335	第三年第一季度	订购［柔性线］生产［P4］
2771	Rent_ Workshop	−44	385	第三年第一季度	租用［大厂房］
2760	Product_ Produce	−10	429	第三年第一季度	生产线 ID：141 开始生产：P1
2756	Product_ Produce	−10	439	第三年第一季度	生产线 ID：36 开始生产：P2
2748	Product_ Produce	−10	449	第三年第一季度	生产线 ID：30 开始生产：P1
2708	Pay_ Material	−160	459	第三年第一季度	支付原料费
2705	Short_ Loan	618	619	第三年第一季度	申请：4 季 618 万元的短期贷款
2701	Pay_ Short_ Loan	−408	1	第三年第一季度	短贷还本息
2697	Long_ Loan	404	409	第三年第一季度	申请：4 年 404 万元的长期贷款
2416	Order_ Auction	−5	5	第三年第一季度	竞拍得单，订单 ID：863
2415	Order_ Auction	−5	10	第三年第一季度	竞拍得单，订单 ID：862
2395	Discount_ 34	14	15	第三年第一季度	3 期贴现：0 4 期贴现：16 万元
2337	Pay_ AD	−160	1	第三年第一季度	广告投放
2336	Pay_ Tax	−16	161	第三年第一季度	支付上一年税金
2332	Discount_ 12	171	177	第三年第一季度	1 期贴现：0 2 期贴现：190 万元
2298	Spy	0	6	第三年第一季度	用户调查 U12 公司的资料
2221	Spy	0	6	第三年第一季度	用户调查 U09 公司的资料
2214	Spy	0	6	第三年第一季度	用户调查 U20 公司的资料
2211	Spy	0	6	第三年第一季度	用户调查 U20 公司的资料
2202	Spy	0	6	第三年第一季度	用户调查 U19 公司的资料
2200	Spy	0	6	第三年第一季度	用户调查 U19 公司的资料
2194	Spy	0	6	第三年第一季度	用户调查 U18 公司的资料
2190	Spy	0	6	第三年第一季度	用户调查 U18 公司的资料
2185	Spy	0	6	第三年第一季度	用户调查 U17 公司的资料
2182	Spy	0	6	第三年第一季度	用户调查 U17 公司的资料
2173	Spy	0	6	第三年第一季度	用户调查 U16 公司的资料
2172	Spy	0	6	第三年第一季度	用户调查 U16 公司的资料

ID	动作	资金（万元）	余额（万元）	时间	备注
2166	Spy	0	6	第三年第一季度	用户调查 U15 公司的资料
2164	Spy	0	6	第三年第一季度	用户调查 U15 公司的资料
2154	Spy	0	6	第三年第一季度	用户调查 U15 公司的资料
2152	Spy	0	6	第三年第一季度	用户调查 U15 公司的资料
2145	Spy	0	6	第三年第一季度	用户调查 U14 公司的资料
2143	Spy	0	6	第三年第一季度	用户调查 U14 公司的资料
2131	Spy	0	6	第三年第一季度	用户调查 U13 公司的资料
2129	Spy	0	6	第三年第一季度	用户调查 U10 公司的资料
2125	Spy	0	6	第三年第一季度	用户调查 U13 公司的资料
2116	Spy	0	6	第三年第一季度	用户调查 U09 公司的资料
2107	Spy	0	6	第三年第一季度	用户调查 U08 公司的资料
2105	Spy	0	6	第三年第一季度	用户调查 U12 公司的资料
2104	Spy	0	6	第三年第一季度	用户调查 U12 公司的资料
2101	Spy	0	6	第三年第一季度	用户调查 U07 公司的资料
2091	Spy	0	6	第三年第一季度	用户调查 U06 公司的资料
2084	Spy	0	6	第三年第一季度	用户调查 U05 公司的资料
2078	Spy	0	6	第三年第一季度	用户调查 U03 公司的资料
2073	Spy	0	6	第三年第一季度	用户调查 U11 公司的资料
2071	Spy	0	6	第三年第一季度	用户调查 U02 公司的资料
2068	Spy	0	6	第三年第一季度	用户调查 U11 公司的资料
2066	Spy	0	6	第三年第一季度	用户调查 U01 公司的资料
1754	Pay_ Maintenance	− 340	6	第二年第四季度	支付维修费
1753	Pay_ Overhaul	− 10	346	第二年第四季度	支付行政管理费
1706	Develop_ ISO	− 25	356	第二年第四季度	ISO 投资
1699	Develop_ Market	− 30	381	第二年第四季度	市场投资
1693	Develop_ Product	− 10	411	第二年第四季度	产品投资
1687	Discount_ 12	207	421	第二年第四季度	1 期贴现：0　2 期贴现：230 万元
1677	Product_ Produce	− 10	214	第二年第四季度	生产线 ID：140 开始生产：P1
1674	Product_ Produce	− 10	224	第二年第四季度	生产线 ID：33 开始生产：P2
1672	Product_ Produce	− 10	234	第二年第四季度	生产线 ID：31 开始生产：P1
1670	Product_ Produce	− 10	244	第二年第四季度	生产线 ID：139 开始生产：P1
1668	Product_ Produce	− 10	254	第二年第四季度	生产线 ID：142 开始生产：P2

续表

ID	动作	资金（万元）	余额（万元）	时间	备注
1666	Product_ Produce	-10	264	第二年第四季度	生产线 ID：141 开始生产：P1
1664	Product_ Produce	-10	274	第二年第四季度	生产线 ID：36 开始生产：P2
1663	Product_ Produce	-10	284	第二年第四季度	生产线 ID：30 开始生产：P1
1660	Pay_ Material	-160	294	第二年第四季度	支付原料费
1659	Short_ Loan	449	454	第二年第四季度	申请：4 季 449 万元的短期贷款
1653	Pay_ Short_ Loan	-471	5	第二年第四季度	短贷还本息
1651	Pay_ Overhaul	-10	476	第二年第三季度	支付行政管理费
1649	Discount_ 34	70	486	第二年第三季度	3 期贴现：80 万元　4 期贴现：0
1646	Discount_ 12	369	416	第二年第三季度	1 期贴现：0　2 期贴现：410 万元
1636	Product_ Produce	-10	47	第二年第三季度	生产线 ID：140 开始生产：P1
1633	Product_ Produce	-10	57	第二年第三季度	生产线 ID：33 开始生产：P2
1627	Product_ Produce	-10	67	第二年第三季度	生产线 ID：31 开始生产：P1
1622	Product_ Produce	-10	77	第二年第三季度	生产线 ID：139 开始生产：P1
1620	Product_ Produce	-10	87	第二年第三季度	生产线 ID：142 开始生产：P2
1614	Product_ Produce	-10	97	第二年第三季度	生产线 ID：30 开始生产：P1
1608	Product_ Produce	-10	107	第二年第三季度	生产线 ID：36 开始生产：P2
1603	Product_ Produce	-10	117	第二年第三季度	生产线 ID：141 开始生产：P1
1585	Pay_ Material	-160	127	第二年第三季度	支付原料费
1580	Short_ Loan	229	287	第二年第三季度	申请：4 季 229 万元的短期贷款
1572	Pay_ Short_ Loan	-240	58	第二年第三季度	短贷还本息
1567	Pay_ Overhaul	-10	298	第二年第二季度	支付行政管理费
1551	Sell_ Product	308	308	第二年第二季度	订单交货，增加现金
1549	Product_ Produce	-10	0	第二年第二季度	生产线 ID：140 开始生产：P1
1548	Product_ Produce	-10	10	第二年第二季度	生产线 ID：33 开始生产：P2
1545	Product_ Produce	-10	20	第二年第二季度	生产线 ID：31 开始生产：P1
1542	Product_ Produce	-10	30	第二年第二季度	生产线 ID：139 开始生产：P1
1540	Product_ Produce	-10	40	第二年第二季度	生产线 ID：142 开始生产：P2
1538	Product_ Produce	-10	50	第二年第二季度	生产线 ID：141 开始生产：P1
1536	Product_ Produce	-10	60	第二年第二季度	生产线 ID：36 开始生产：P2
1534	Product_ Produce	-10	70	第二年第二季度	生产线 ID：30 开始生产：P1
1527	Pay_ Material	-160	80	第二年第二季度	支付原料费

续表

ID	动作	资金（万元）	余额（万元）	时间	备注
1523	Short_ Loan	238	240	第二年第二季度	申请：4 季 238 万元的短期贷款
1518	Pay_ Short_ Loan	−93	2	第二年第二季度	短贷还本息
1516	Pay_ Overhaul	−10	95	第二年第一季度	支付行政管理费
1507	Product_ Produce	−10	105	第二年第一季度	生产线 ID：140 开始生产：P1
1504	Product_ Produce	−10	115	第二年第一季度	生产线 ID：33 开始生产：P2
1501	Product_ Produce	−10	125	第二年第一季度	生产线 ID：31 开始生产：P1
1495	Product_ Produce	−10	135	第二年第一季度	生产线 ID：139 开始生产：P1
1492	Product_ Produce	−10	145	第二年第一季度	生产线 ID：142 开始生产：P2
1490	Product_ Produce	−10	155	第二年第一季度	生产线 ID：141 开始生产：P1
1488	Product_ Produce	−10	165	第二年第一季度	生产线 ID：36 开始生产：P2
1485	Product_ Produce	−10	175	第二年第一季度	生产线 ID：30 开始生产：P1
1478	Order_ Product_ Line	0	185	第二年第一季度	订购［租赁线］生产［P2］
1472	Order_ Product_ Line	0	185	第二年第一季度	订购［租赁线］生产［P1］
1466	Order_ Product_ Line	0	185	第二年第一季度	订购［租赁线］生产［P1］
1461	Order_ Product_ Line	0	185	第二年第一季度	订购［租赁线］生产［P1］
1446	Rent_ Workshop	−44	185	第二年第一季度	租用［大厂房］
1427	Pay_ Material	−160	229	第二年第一季度	支付原料费
1425	Short_ Loan	389	389	第二年第一季度	申请：4 季 389 万元的短期贷款
982	Pay_ AD	−162	0	第二年第一季度	广告投放
817	Spy	0	162	第二年第一季度	用户调查 U20 公司的资料
816	Spy	0	162	第二年第一季度	用户调查 U20 公司的资料
811	Spy	0	162	第二年第一季度	用户调查 U19 公司的资料
808	Spy	0	162	第二年第一季度	用户调查 U19 公司的资料
802	Spy	0	162	第二年第一季度	用户调查 U18 公司的资料
801	Spy	0	162	第二年第一季度	用户调查 U18 公司的资料
794	Spy	0	162	第二年第一季度	用户调查 U17 公司的资料
792	Spy	0	162	第二年第一季度	用户调查 U17 公司的资料
782	Spy	0	162	第二年第一季度	用户调查 U16 公司的资料
779	Spy	0	162	第二年第一季度	用户调查 U16 公司的资料
771	Spy	0	162	第二年第一季度	用户调查 U08 公司的资料
757	Spy	0	162	第二年第一季度	用户调查 U15 公司的资料
752	Spy	0	162	第二年第一季度	用户调查 U15 公司的资料

ID	动作	资金 （万元）	余额 （万元）	时间	备注
735	Spy	0	162	第二年第一季度	用户调查 U14 公司的资料
731	Spy	0	162	第二年第一季度	用户调查 U14 公司的资料
715	Spy	0	162	第二年第一季度	用户调查 U10 公司的资料
709	Spy	0	162	第二年第一季度	用户调查 U13 公司的资料
705	Spy	0	162	第二年第一季度	用户调查 U13 公司的资料
698	Spy	0	162	第二年第一季度	用户调查 U09 公司的资料
681	Spy	0	162	第二年第一季度	用户调查 U12 公司的资料
676	Spy	0	162	第二年第一季度	用户调查 U12 公司的资料
672	Spy	0	162	第二年第一季度	用户调查 U07 公司的资料
655	Spy	0	162	第二年第一季度	用户调查 U06 公司的资料
638	Spy	0	162	第二年第一季度	用户调查 U05 公司的资料
619	Spy	0	162	第二年第一季度	用户调查 U03 公司的资料
595	Spy	0	162	第二年第一季度	用户调查 U02 公司的资料
573	Spy	0	162	第二年第一季度	用户调查 U11 公司的资料
568	Spy	0	162	第二年第一季度	用户调查 U11 公司的资料
566	Spy	0	162	第二年第一季度	用户调查 U01 公司的资料
334	Pay_ Overhaul	−10	162	第一年第四季度	支付行政管理费
328	Develop_ ISO	−25	172	第一年第四季度	ISO 投资
321	Develop_ Market	−50	197	第一年第四季度	市场投资
314	Develop_ Product	−20	247	第一年第四季度	产品投资
305	Invest_ Product_ Line	−200	267	第一年第四季度	投资在建生产线
269	Pay_ Material	0	467	第一年第四季度	支付原料费
260	Short_ Loan	449	467	第一年第四季度	申请：4 季 449 万元的短期贷款
247	Pay_ Overhaul	−10	18	第一年第三季度	支付行政管理费
243	Develop_ Product	−20	28	第一年第三季度	产品投资
234	Invest_ Product_ Line	−200	48	第一年第三季度	投资在建生产线
208	Pay_ Material	0	248	第一年第三季度	支付原料费
204	Short_ Loan	229	248	第一年第三季度	申请：4 季 229 万元的短期贷款
186	Pay_ Overhaul	−10	19	第一年第二季度	支付行政管理费
179	Develop_ Product	−10	29	第一年第二季度	产品投资
159	Order_ Product_ Line	−50	39	第一年第二季度	订购［自动线］生产［P2］
150	Order_ Product_ Line	−50	89	第一年第二季度	订购［自动线］生产［P2］

ID	动作	资金（万元）	余额（万元）	时间	备注
144	Order_ Product_ Line	−50	139	第一年第二季度	订购［自动线］生产［P1］
142	Order_ Product_ Line	−50	189	第一年第二季度	订购［自动线］生产［P1］
107	Buy_ Workshop	−440	239	第一年第二季度	购买［大厂房］
103	Pay_ Material	0	679	第一年第二季度	支付原料费
99	Short_ Loan	89	679	第一年第二季度	申请：4 季 89 万元的短期贷款
93	Pay_ Overhaul	−10	590	第一年第一季度	支付行政管理费
86	Pay_ Material	0	600	第一年第一季度	支付原料费
15	Pay_ Capital	600	600	第一年第一季度	公司成立，股东注资

单位：万元

年度	初始元年	第一年	第二年	第三年	第四年	第五年
管理费	0	40	40	40	40	40
广告费	0	0	162	170	129	306
维护费	0	0	340	340	420	500
损失	0	0	0	1 200	780	60
转产费	0	0	0	0	0	0
租金	0	0	44	88	132	132
市场开拓费	0	50	30	20	10	0
产品研发费	0	50	10	40	60	40
ISO 认证费	0	25	25	0	0	0
信息费	0	0	0	0	0	0
合计	0	165	651	1 898	1 571	1 078

单位：万元

年度	初始元年	第一年	第二年	第三年	第四年	第五年
销售收入	0	0	1 679	4 237	3 228	4 638
直接成本	0	0	690	1 590	1 350	2 280
毛利	0	0	989	2 647	1 878	2 358
综合费用	0	165	651	1 898	1 571	1 078
折旧前利润	0	−165	338	749	307	1 280
折旧	0	0	0	120	120	250

续表

年度	初始元年	第一年	第二年	第三年	第四年	第五年
支付利息前利润	0	−165	338	629	187	1 030
财务费用	0	0	111	147	116	329
税前利润	0	−165	227	482	71	701
所得税	0	0	16	121	18	175
年度净利润	0	−165	211	361	53	526

单位：万元

年度	初始元年	第一年	第一年	第二年	第二年	第三年	第三年	第四年	第四年	第五年	第五年
类型	系统	系统	用户	系统	用户	系统	用户	系统	用户	系统	用户
现金	600	162	162	6	6	593	593	524	524	1 551	1 551
应收款	0	0	0	651	651	663	663	803	803	1 590	1 590
在制品	0	0	0	240	240	240	240	450	450	0	0
产成品	0	0	0	30	30	0	0	270	270	0	0
原料	0	0	0	0	0	0	0	0	0	0	0
流动资产合计	600	162	162	927	927	1 496	1 496	2 047	2 047	3 141	3 141
厂房	0	440	440	440	440	440	440	440	440	440	440
机器设备	0	0	0	600	600	480	480	1 010	1 010	1 360	1 360
在建工程	0	600	600	0	0	650	650	600	600	0	0
固定资产合计	0	1 040	1 040	1 040	1 040	1 570	1 570	2 050	2 050	1 800	1 800
资产总计	600	1 202	1 202	1 967	1 967	3 066	3 066	4 097	4 097	4 941	4 941
长期贷款	0	0	0	0	0	404	404	754	754	915	915
短期贷款	0	767	767	1 305	1 305	1 534	1 534	2 265	2 265	2 265	2 265
特别贷款	0	0	0	0	0	0	0	0	0	0	0
所得税	0	0	0	16	16	121	121	18	18	175	175
负债合计	0	767	767	1 321	1 321	2 059	2 059	3 037	3 037	3 355	3 355
股东资本	600	600	600	600	600	600	600	600	600	600	600
利润留存	0	0	0	−165	−165	46	46	407	407	460	460
年度净利	0	−165	−165	211	211	361	361	53	53	526	526
所有者权益合计	600	435	435	646	646	1 007	1 007	1 060	1 060	1 586	1 586
负债和所有者权益总计	600	1 202	1 202	1 967	1 967	3 066	3 066	4 097	4 097	4 941	4 941

2. 梦想公司（U17）

梦想公司（U17）详细资料

制表人	李四	制表时间	2014/6/20 15：54：08
公司现金（万元）	1366	公司状态	正在经营
股东注资（万元）	600	系统时间	第六年第一季（年初）
公司名称	梦想公司	所属学校	用友
组织结构	CEO：陶成 财务总监：谭高 采购总监：刘悦 市场总监：马维 生产总监：李利		
公司宣言	公司必胜		

应收款

剩余账期（季）	金额（万元）
1	778
2	339
3	920

长期贷款

剩余时间（年）	金额（万元）	贷款时间
3	1 574	第四年第一季度
4	2 650	第五年第一季度

市场开拓

名称	开拓费（万元/年）	周期（年）	剩余时间	完成时间
亚洲	10	3	—	第三年第四季度
国内	10	2	—	第二年第四季度
国际	10	4	—	第四年第四季度
区域	10	1	—	第一年第四季度
本地	10	1	—	第一年第四季度

产品研发

名称	研发费（万元/季）	周期（季）	剩余时间	完成时间
P5	10	6	—	第二年第四季度
P3	10	4	—	第一年第四季度

续表

名称	研发费（万元/季）	周期（季）	剩余时间	完成时间
P1	10	2	—	第一年第二季度
P2	10	3	—	第一年第三季度
P4	10	5	—	第二年第四季度

ISO 认证

名称	研发费（万元/年）	周期（年）	剩余时间	完成时间
ISO9000	10	2	—	第二年第四季度
ISO14000	15	2	—	第二年第四季度

厂房信息

ID	名称	状态	容量	购价（万元）	租金（万元/年）	售价（万元）	最后付租	置办时间
38	大厂房	购买	0/4	440	44	440	—	第二年第一季度
39	大厂房	购买	0/4	440	44	440	—	第二年第一季度
40	大厂房	购买	0/4	440	44	440	—	第二年第一季度
41	大厂房	购买	0/4	440	44	440	—	第二年第一季度

生产线信息

ID	名称	厂房	产品	状态	累计折旧（万元）	开产时间	转产时间	剩余时间（季）	建成时间	开建时间
112	租赁线	大厂房（38）	P1	空闲	0	—	—	0	第二年第一季度	第二年第一季度
113	租赁线	大厂房（38）	P1	空闲	0	—	—	0	第二年第一季度	第二年第一季度
114	租赁线	大厂房（38）	P1	空闲	0	—	—	0	第二年第一季度	第二年第一季度
115	租赁线	大厂房（38）	P1	空闲	0	—	—	0	第二年第一季度	第二年第一季度
116	租赁线	大厂房（39）	P2	空闲	0	—	—	0	第二年第一季度	第二年第一季度
117	租赁线	大厂房（39）	P2	空闲	0	—	—	0	第二年第一季度	第二年第一季度
118	租赁线	大厂房（39）	P2	空闲	0	—	—	0	第二年第一季度	第二年第一季度
120	租赁线	大厂房（40）	P3	空闲	0	—	—	0	第二年第一季度	第二年第一季度
121	租赁线	大厂房（40）	P3	空闲	0	—	—	0	第二年第一季度	第二年第一季度
122	租赁线	大厂房（40）	P3	空闲	0	—	—	0	第二年第一季度	第二年第一季度
123	租赁线	大厂房（40）	P5	空闲	0	—	—	0	第二年第一季度	第二年第一季度
127	租赁线	大厂房（41）	P4	空闲	0	—	—	0	第二年第一季度	第二年第一季度

续表

ID	名称	厂房	产品	状态	累计折旧（万元）	开产时间	转产时间	剩余时间（季）	建成时间	开建时间
200	自动线	大厂房（39）	P1	空闲	0	—	—	0	第五年第四季度	第五年第一季度
201	自动线	大厂房（41）	P1	空闲	0	—	—	0	第五年第四季度	第五年第一季度
202	自动线	大厂房（41）	P1	空闲	0	—	—	0	第五年第四季度	第五年第一季度
203	自动线	大厂房（41）	P1	空闲	0	—	—	0	第五年第四季度	第五年第一季度

订单列表

订单编号	市场	产品	数量	总价（万元）	状态	得单年份	交货期（季）	账期（季）	ISO	交货时间
13－0005	本地	P1	5	356	已交单	第2年	3	2		第二年第三季度
13－0009	本地	P1	6	451	已交单	第2年	2	0		第二年第二季度
13－0039	本地	P2	5	360	已交单	第2年	3	3		第二年第三季度
13－0040	本地	P2	5	361	已交单	第2年	2	2		第二年第二季度
13－0063	本地	P3	3	287	已交单	第2年	2	4		第二年第二季度
13－0064	本地	P3	2	193	已交单	第2年	2	4		第二年第二季度
13－0094	区域	P1	6	398	已交单	第2年	4	1		第二年第四季度
13－0121	区域	P2	5	340	已交单	第2年	4	1		第二年第四季度
13－0127	区域	P3	3	255	已交单	第2年	4	2		第二年第三季度
13－0163	本地	P1	7	479	已交单	第3年	4	1	ISO9000	第三年第二季度
13－0183	本地	P2	6	464	已交单	第3年	1	1	ISO9000	第三年第一季度
13－0189	本地	P3	4	358	已交单	第3年	1	3	ISO9000	第三年第一季度
13－0190	本地	P3	3	262	已交单	第3年	2	2		第三年第二季度
13－0202	区域	P1	6	429	已交单	第3年	4	2	ISO9000	第三年第四季度
13－0216	区域	P3	4	349	已交单	第3年	1	4	ISO9000	第三年第一季度
13－0242	国内	P2	4	300	已交单	第3年	3	3		第三年第三季度
13－0262	国内	P3	3	240	已交单	第3年	4	2		第三年第三季度
13－0289	本地	P1	5	331	已交单	第4年	4	2		第四年第三季度
13－0299	本地	P3	4	320	已交单	第4年	3	3	ISO9000	第四年第三季度
13－0303	本地	P3	4	329	已交单	第4年	4	4		第四年第四季度
13－0313	本地	P4	3	342	已交单	第4年	3	1	ISO9000	第四年第三季度
13－0329	本地	P5	3	342	已交单	第4年	3	1	ISO9000	第四年第三季度
13－0340	区域	P1	6	335	已交单	第4年	4	4	ISO9000	第四年第四季度

订单编号	市场	产品	数量	总价（万元）	状态	得单年份	交货期（季）	账期（季）	ISO	交货时间
13－0372	区域	P2	5	335	已交单	第4年	4	1	ISO9000	第四年第四季度
13－0375	区域	P4	3	350	已交单	第4年	4	1	ISO9000	第四年第四季度
13－0389	区域	P5	3	350	已交单	第4年	4	1	ISO9000	第四年第四季度
13－0416	国内	P2	3	186	已交单	第4年	2	2	ISO14000	第四年第二季度
13－0434	国内	P3	2	172	已交单	第4年	2	3		第四年第二季度
13－0449	亚洲	P3	3	260	已交单	第4年	2	2		第四年第二季度
13－0470	本地	P1	7	413	已交单	第5年	4	1		第五年第四季度
13－0484	本地	P2	6	365	已交单	第5年	4	1		第五年第四季度
13－0487	本地	P2	4	260	已交单	第5年	2	2	ISO9000	第五年第二季度
13－0508	本地	P3	2	180	已交单	第5年	1	2	ISO14000	第五年第一季度
13－0513	本地	P3	4	344	已交单	第5年	2	2	ISO9000	第五年第二季度
13－0525	区域	P1	5	300	已交单	第5年	3	2	ISO14000	第五年第二季度
13－0544	区域	P3	4	339	已交单	第5年	4	2	ISO9000 ISO14000	第五年第四季度
13－0546	区域	P4	4	460	已交单	第5年	4	3	ISO9000	第五年第四季度
13－0556	区域	P5	4	460	已交单	第5年	4	3	ISO9000	第五年第四季度
J03	本地	P2	5	445	已交单	第3年	4	4		第三年第四季度
J05	本地	P4	4	710	已交单	第3年	4	4	ISO14000	第三年第四季度
J06	本地	P5	4	710	已交单	第3年	4	4		第三年第四季度
J07	区域	P1	3	260	已交单	第3年	2	4	ISO9000 ISO14000	第三年第二季度
J13	区域	P4	5	890	已交单	第3年	2	0	ISO9000	第三年第二季度
J14	区域	P5	5	890	已交单	第3年	4	0		第三年第四季度
J31	本地	P4	3	530	已交单	第4年	1	4		第四年第一季度
J32	本地	P5	3	535	已交单	第4年	1	4	ISO9000 ISO14000	第四年第一季度
J33	区域	P1	4	355	已交单	第4年	1	4	ISO9000	第四年第一季度
J38	区域	P4	4	710	已交单	第4年	1	0	ISO9000	第四年第一季度
J39	区域	P5	5	890	已交单	第4年	1	0		第四年第一季度
J45	国内	P3	4	460	已交单	第4年	1	4	ISO9000	第四年第一季度
J46	国内	P4	5	899	已交单	第4年	1	0		第四年第一季度

现金流量表

ID	动作	资金 （万元）	余额 （万元）	时间	备注
5211	Pay_ Maintenance	−860	1 366	第五年第四季度	支付维修费
5210	Pay_ Overhaul	−10	2 226	第五年第四季度	支付行政管理费
5191	Update_ Receivable	1 568	2 236	第五年第四季度	更新应收款
5185	Pay_ Material	0	668	第五年第四季度	支付原料费
5183	Pay_ Overhaul	−10	668	第五年第三季度	支付行政管理费
5177	Update_ Receivable	180	678	第五年第三季度	更新应收款
5171	Invest_ Product_ Line	−200	498	第五年第三季度	投资在建生产线
5164	Product_ Produce	−10	698	第五年第三季度	生产线 ID：127 开始生产：P4
5158	Product_ Produce	−10	708	第五年第三季度	生产线 ID：123 开始生产：P5
5154	Product_ Produce	−10	718	第五年第三季度	生产线 ID：120 开始生产：P3
5151	Product_ Produce	−10	728	第五年第三季度	生产线 ID：118 开始生产：P2
5145	Product_ Produce	−10	738	第五年第三季度	生产线 ID：117 开始生产：P2
5139	Product_ Produce	−10	748	第五年第三季度	生产线 ID：116 开始生产：P2
5135	Product_ Produce	−10	758	第五年第三季度	生产线 ID：114 开始生产：P1
5130	Product_ Produce	−10	768	第五年第三季度	生产线 ID：113 开始生产：P1
5128	Product_ Produce	−10	778	第五年第三季度	生产线 ID：112 开始生产：P1
5125	Pay_ Material	−190	788	第五年第三季度	支付原料费
5120	Pay_ Overhaul	−10	978	第五年第二季度	支付行政管理费
5109	Update_ Receivable	320	988	第五年第二季度	更新应收款
5104	Invest_ Product_ Line	−200	668	第五年第二季度	投资在建生产线
5102	Product_ Produce	−10	868	第五年第二季度	生产线 ID：127 开始生产：P4
5099	Product_ Produce	−10	878	第五年第二季度	生产线 ID：121 开始生产：P3
5096	Product_ Produce	−10	888	第五年第二季度	生产线 ID：117 开始生产：P2
5090	Product_ Produce	−10	898	第五年第二季度	生产线 ID：114 开始生产：P1
5086	Product_ Produce	−10	908	第五年第二季度	生产线 ID：113 开始生产：P1
5083	Product_ Produce	−10	918	第五年第二季度	生产线 ID：116 开始生产：P2
5079	Product_ Produce	−10	928	第五年第二季度	生产线 ID：120 开始生产：P3
5073	Product_ Produce	−10	938	第五年第二季度	生产线 ID：123 开始生产：P5
5069	Product_ Produce	−10	948	第五年第二季度	生产线 ID：122 开始生产：P3

ID	动作	资金 （万元）	余额 （万元）	时间	备注
5065	Product_ Produce	−10	958	第五年第二季度	生产线 ID：118 开始生产：P2
5062	Product_ Produce	−10	968	第五年第二季度	生产线 ID：115 开始生产：P1
5059	Product_ Produce	−10	978	第五年第二季度	生产线 ID：112 开始生产：P1
5049	Pay_ Material	−270	988	第五年第二季度	支付原料费
5045	Pay_ Overhaul	−10	1 258	第五年第一季度	支付行政管理费
5039	RentTOBuy_ Workshop	−440	1 268	第五年第一季度	厂房租转买
5037	RentTOBuy_ Workshop	−440	1 708	第五年第一季度	厂房租转买
5033	RentTOBuy_ Workshop	−440	2 148	第五年第一季度	厂房租转买
5028	RentTOBuy_ Workshop	−440	2 588	第五年第一季度	厂房租转买
5021	Update_ Receivable	966	3 028	第五年第一季度	更新应收款
5012	Product_ Produce	−10	2 062	第五年第一季度	生产线 ID：127 开始生产：P4
5006	Product_ Produce	−10	2 072	第五年第一季度	生产线 ID：121 开始生产：P3
5005	Product_ Produce	−10	2 082	第五年第一季度	生产线 ID：117 开始生产：P2
5003	Product_ Produce	−10	2 092	第五年第一季度	生产线 ID：114 开始生产：P1
5001	Product_ Produce	−10	2 102	第五年第一季度	生产线 ID：113 开始生产：P1
5000	Product_ Produce	−10	2 112	第五年第一季度	生产线 ID：116 开始生产：P2
4997	Product_ Produce	−10	2 122	第五年第一季度	生产线 ID：120 开始生产：P3
4996	Product_ Produce	−10	2 132	第五年第一季度	生产线 ID：123 开始生产：P5
4994	Product_ Produce	−10	2 142	第五年第一季度	生产线 ID：122 开始生产：P3
4993	Product_ Produce	−10	2 152	第五年第一季度	生产线 ID：118 开始生产：P2
4992	Product_ Produce	−10	2 162	第五年第一季度	生产线 ID：115 开始生产：P1
4991	Product_ Produce	−10	2 172	第五年第一季度	生产线 ID：112 开始生产：P1
4990	Order_ Product_ Line	−50	2 182	第五年第一季度	订购［自动线］生产［P1］
4988	Order_ Product_ Line	−50	2 232	第五年第一季度	订购［自动线］生产［P1］
4986	Order_ Product_ Line	−50	2 282	第五年第一季度	订购［自动线］生产［P1］
4984	Order_ Product_ Line	−50	2 332	第五年第一季度	订购［自动线］生产［P1］
4889	Pay_ Material	−270	2 382	第五年第一季度	支付原料费
4887	Long_ Loan	2 650	2 652	第五年第一季度	申请：4 年 2 650 万元的长期贷款
4869	Pay_ AD	−110	2	第五年第一季度	广告投放
4868	Pay_ Long_ Loan	−1 807	112	第五年第一季度	支付长贷本息
4867	Pay_ Tax	−127	1 919	第五年第一季度	支付上一年税金

ID	动作	资金（万元）	余额（万元）	时间	备注
4862	Discount_ 12	1 197	2 046	第五年第一季度	1 期贴现：1 330 万元　2 期贴现：0
4776	Spy	0	849	第五年第一季度	用户调查 U20 公司的资料
4775	Spy	0	849	第五年第一季度	用户调查 U19 公司的资料
4772	Spy	0	849	第五年第一季度	用户调查 U18 公司的资料
4768	Spy	0	849	第五年第一季度	用户调查 U16 公司的资料
4766	Spy	0	849	第五年第一季度	用户调查 U15 公司的资料
4765	Spy	0	849	第五年第一季度	用户调查 U14 公司的资料
4762	Spy	0	849	第五年第一季度	用户调查 U13 公司的资料
4761	Spy	0	849	第五年第一季度	用户调查 U12 公司的资料
4759	Spy	0	849	第五年第一季度	用户调查 U11 公司的资料
4755	Spy	0	849	第五年第一季度	用户调查 U10 公司的资料
4753	Spy	0	849	第五年第一季度	用户调查 U09 公司的资料
4749	Spy	0	849	第五年第一季度	用户调查 U08 公司的资料
4746	Spy	0	849	第五年第一季度	用户调查 U07 公司的资料
4739	Spy	0	849	第五年第一季度	用户调查 U06 公司的资料
4734	Spy	0	849	第五年第一季度	用户调查 U05 公司的资料
4732	Spy	0	849	第五年第一季度	用户调查 U04 公司的资料
4728	Spy	0	849	第五年第一季度	用户调查 U03 公司的资料
4725	Spy	0	849	第五年第一季度	用户调查 U02 公司的资料
4716	Spy	0	849	第五年第一季度	用户调查 U01 公司的资料
4645	Pay_ Maintenance	− 780	849	第四年第四季度	支付维修费
4644	Pay_ Overhaul	− 10	1 629	第四年第四季度	支付行政管理费
4640	Develop_ Market	− 10	1 639	第四年第四季度	市场投资
4638	Order_ Product_ Emergency	− 120	1 649	第四年第四季度	紧急采购数量为 1 的 P3
4637	Order_ Product_ Emergency	− 90	1 769	第四年第四季度	紧急采购数量为 1 的 P1
4636	Update_ Receivable	1 855	1 859	第四年第四季度	更新应收款
4635	Product_ Produce	− 10	4	第四年第四季度	生产线 ID：114 开始生产：P1
4633	Product_ Produce	− 10	14	第四年第四季度	生产线 ID：117 开始生产：P2
4632	Product_ Produce	− 10	24	第四年第四季度	生产线 ID：121 开始生产：P3
4631	Product_ Produce	− 10	34	第四年第四季度	生产线 ID：127 开始生产：P4
4628	Product_ Produce	− 10	44	第四年第四季度	生产线 ID：123 开始生产：P5

ID	动作	资金（万元）	余额（万元）	时间	备注
4627	Product_ Produce	−10	54	第四年第四季度	生产线 ID：120 开始生产：P3
4624	Product_ Produce	−10	64	第四年第四季度	生产线 ID：116 开始生产：P2
4623	Product_ Produce	−10	74	第四年第四季度	生产线 ID：113 开始生产：P1
4621	Product_ Produce	−10	84	第四年第四季度	生产线 ID：122 开始生产：P3
4620	Product_ Produce	−10	94	第四年第四季度	生产线 ID：118 开始生产：P2
4619	Product_ Produce	−10	104	第四年第四季度	生产线 ID：115 开始生产：P1
4618	Product_ Produce	−10	114	第四年第四季度	生产线 ID：112 开始生产：P1
4615	Sell_ Product_ Line	−100	124	第四年第四季度	变卖生产线
4614	Sell_ Product_ Line	−100	224	第四年第四季度	变卖生产线
4613	Sell_ Product_ Line	−100	324	第四年第四季度	变卖生产线
4612	Sell_ Product_ Line	−100	424	第四年第四季度	变卖生产线
4607	Discount_ 12	522	524	第四年第四季度	1 期贴现：0 2 期贴现：580 万元
4598	Pay_ Material	−270	2	第四年第四季度	支付原料费
4596	Discount_ 12	270	272	第四年第四季度	1 期贴现：0 2 期贴现：300 万元
4594	Pay_ Overhaul	−10	2	第四年第三季度	支付行政管理费
4593	Discount_ 12	9	12	第四年第三季度	1 期贴现：0 2 期贴现：10 万元
4590	Order_ Product_ Emergency	−120	3	第四年第三季度	紧急采购数量为 1 的 P3
4584	Discount_ 12	108	123	第四年第三季度	1 期贴现：0 2 期贴现：120 万元
4565	Product_ Produce	−10	15	第四年第三季度	生产线 ID：127 开始生产：P4
4563	Product_ Produce	−10	25	第四年第三季度	生产线 ID：123 开始生产：P5
4561	Product_ Produce	−10	35	第四年第三季度	生产线 ID：120 开始生产：P3
4560	Product_ Produce	−10	45	第四年第三季度	生产线 ID：117 开始生产：P2
4559	Product_ Produce	−10	55	第四年第三季度	生产线 ID：114 开始生产：P1
4557	Product_ Produce	−10	65	第四年第三季度	生产线 ID：113 开始生产：P1
4551	Product_ Produce	−10	75	第四年第三季度	生产线 ID：116 开始生产：P2
4548	Product_ Produce	−10	85	第四年第三季度	生产线 ID：119 开始生产：P2
4545	Product_ Produce	−10	95	第四年第三季度	生产线 ID：122 开始生产：P3
4542	Product_ Produce	−10	105	第四年第三季度	生产线 ID：126 开始生产：P5
4540	Product_ Produce	−10	115	第四年第三季度	生产线 ID：128 开始生产：P4
4539	Product_ Produce	−10	125	第四年第三季度	生产线 ID：125 开始生产：P1
4537	Product_ Produce	−10	135	第四年第三季度	生产线 ID：121 开始生产：P3

ID	动作	资金 （万元）	余额 （万元）	时间	备注
4534	Product_ Produce	− 10	145	第四年第三季度	生产线 ID：118 开始生产：P2
4533	Product_ Produce	− 10	155	第四年第三季度	生产线 ID：115 开始生产：P1
4531	Discount_ 12	162	165	第四年第三季度	1 期贴现：0 2 期贴现：180 万元
4530	Product_ Produce	− 10	3	第四年第三季度	生产线 ID：112 开始生产：P1
4527	Pay_ Material	− 350	13	第四年第三季度	支付原料费
4521	Discount_ 12	360	363	第四年第三季度	1 期贴现：0 2 期贴现：400 万元
4507	Pay_ Overhaul	− 10	3	第四年第二季度	支付行政管理费
4484	Update_ Receivable	9	13	第四年第二季度	更新应收款
4479	Product_ Produce	− 10	4	第四年第二季度	生产线 ID：114 开始生产：P1
4477	Product_ Produce	− 10	14	第四年第二季度	生产线 ID：117 开始生产：P2
4476	Product_ Produce	− 10	24	第四年第二季度	生产线 ID：120 开始生产：P3
4473	Product_ Produce	− 10	34	第四年第二季度	生产线 ID：123 开始生产：P5
4471	Product_ Produce	− 10	44	第四年第二季度	生产线 ID：127 开始生产：P4
4468	Product_ Produce	− 10	54	第四年第二季度	生产线 ID：126 开始生产：P5
4466	Product_ Produce	− 10	64	第四年第二季度	生产线 ID：122 开始生产：P3
4463	Product_ Produce	− 10	74	第四年第二季度	生产线 ID：119 开始生产：P2
4462	Product_ Produce	− 10	84	第四年第二季度	生产线 ID：116 开始生产：P2
4460	Product_ Produce	− 10	94	第四年第二季度	生产线 ID：113 开始生产：P1
4456	Product_ Produce	− 10	104	第四年第二季度	生产线 ID：128 开始生产：P4
4453	Product_ Produce	− 10	114	第四年第二季度	生产线 ID：125 开始生产：P1
4450	Product_ Produce	− 10	124	第四年第二季度	生产线 ID：121 开始生产：P3
4445	Product_ Produce	− 10	134	第四年第二季度	生产线 ID：118 开始生产：P2
4442	Product_ Produce	− 10	144	第四年第二季度	生产线 ID：115 开始生产：P1
4439	Product_ Produce	− 10	154	第四年第二季度	生产线 ID：112 开始生产：P1
4435	Discount_ 34	98	164	第四年第二季度	3 期贴现：0 4 期贴现：112 万元
4304	Pay_ Material	− 350	66	第四年第二季度	支付原料费
4299	Pay_ Overhaul	− 10	416	第四年第一季度	支付行政管理费
4298	Renew_ Workshop	− 176	426	第四年第一季度	厂房续租
4285	Order_ Product_ Emergency	− 90	602	第四年第一季度	紧急采购数量为 1 的 P1
4274	Order_ Product_ Emergency	− 540	692	第四年第一季度	紧急采购数量为 3 的 P5

ID	动作	资金 （万元）	余额 （万元）	时间	备注
4271	Order_ Product_ Emergency	−540	1 232	第四年第一季度	紧急采购数量为3的P4
4260	Sell_ Product	710	1 772	第四年第一季度	订单交货，增加现金
4256	Order_ Product_ Emergency	−720	1 062	第四年第一季度	紧急采购数量为4的P4
4251	Sell_ Product	890	1 782	第四年第一季度	订单交货，增加现金
4247	Order_ Product_ Emergency	−540	892	第四年第一季度	紧急采购数量为3的P5
4243	Sell_ Product	899	1 432	第四年第一季度	订单交货，增加现金
4237	Order_ Product_ Emergency	−540	533	第四年第一季度	紧急采购数量为3的P4
4226	Product_ Produce	−10	1 073	第四年第一季度	生产线ID：127 开始生产：P4
4222	Product_ Produce	−10	1 083	第四年第一季度	生产线ID：128 开始生产：P4
4218	Product_ Produce	−10	1 093	第四年第一季度	生产线ID：125 开始生产：P1
4213	Product_ Produce	−10	1 103	第四年第一季度	生产线ID：126 开始生产：P5
4210	Product_ Produce	−10	1 113	第四年第一季度	生产线ID：122 开始生产：P3
4208	Product_ Produce	−10	1 123	第四年第一季度	生产线ID：121 开始生产：P3
4201	Product_ Produce	−10	1 133	第四年第一季度	生产线ID：123 开始生产：P5
4199	Product_ Produce	−10	1 143	第四年第一季度	生产线ID：120 开始生产：P3
4197	Product_ Produce	−10	1 153	第四年第一季度	生产线ID：119 开始生产：P2
4193	Product_ Produce	−10	1 163	第四年第一季度	生产线ID：118 开始生产：P2
4187	Product_ Produce	−10	1 173	第四年第一季度	生产线ID：117 开始生产：P2
4183	Product_ Produce	−10	1 183	第四年第一季度	生产线ID：116 开始生产：P2
4180	Product_ Produce	−10	1 193	第四年第一季度	生产线ID：115 开始生产：P1
4177	Product_ Produce	−10	1 203	第四年第一季度	生产线ID：114 开始生产：P1
4173	Product_ Produce	−10	1 213	第四年第一季度	生产线ID：113 开始生产：P1
4169	Product_ Produce	−10	1 223	第四年第一季度	生产线ID：112 开始生产：P1
4164	Pay_ Material	−350	1 233	第四年第一季度	支付原料费
4002	Long_ Loan	1 574	1 583	第四年第一季度	申请：4年1 574万元的长期贷款
3731	Order_ Auction	−5	9	第四年第一季度	竞拍得单，订单ID：884
3730	Order_ Auction	−5	14	第四年第一季度	竞拍得单，订单ID：883
3724	Order_ Auction	−5	19	第四年第一季度	竞拍得单，订单ID：877
3723	Order_ Auction	−5	24	第四年第一季度	竞拍得单，订单ID：876
3718	Order_ Auction	−5	29	第四年第一季度	竞拍得单，订单ID：871
3717	Order_ Auction	−5	34	第四年第一季度	竞拍得单，订单ID：870

ID	动作	资金（万元）	余额（万元）	时间	备注
3716	Order_ Auction	−5	39	第四年第一季度	竞拍得单，订单 ID：869
3709	Discount_ 34	14	44	第四年第一季度	3 期贴现：0 4 期贴现：16 万元
3690	Pay_ AD	−134	30	第四年第一季度	广告投放
3689	Pay_ Long_ Loan	−480	164	第四年第一季度	支付长贷本息
3688	Pay_ Tax	−142	644	第四年第一季度	支付上一年税金
3682	Discount_ 34	35	786	第四年第一季度	3 期贴现：0 4 期贴现：40 万元
3678	Discount_ 34	441	751	第四年第一季度	3 期贴现：0 4 期贴现：504 万元
3674	Discount_ 12	306	310	第四年第一季度	1 期贴现：240 2 期贴现：100 万元
3544	Spy	0	4	第四年第一季度	用户调查 U20 公司的资料
3541	Spy	0	4	第四年第一季度	用户调查 U19 公司的资料
3535	Spy	0	4	第四年第一季度	用户调查 U18 公司的资料
3528	Spy	0	4	第四年第一季度	用户调查 U16 公司的资料
3522	Spy	0	4	第四年第一季度	用户调查 U15 公司的资料
3516	Spy	0	4	第四年第一季度	用户调查 U14 公司的资料
3511	Spy	0	4	第四年第一季度	用户调查 U13 公司的资料
3507	Spy	0	4	第四年第一季度	用户调查 U12 公司的资料
3503	Spy	0	4	第四年第一季度	用户调查 U11 公司的资料
3492	Spy	0	4	第四年第一季度	用户调查 U10 公司的资料
3487	Spy	0	4	第四年第一季度	用户调查 U09 公司的资料
3461	Spy	0	4	第四年第一季度	用户调查 U08 公司的资料
3454	Spy	0	4	第四年第一季度	用户调查 U07 公司的资料
3452	Spy	0	4	第四年第一季度	用户调查 U06 公司的资料
3447	Spy	0	4	第四年第一季度	用户调查 U05 公司的资料
3443	Spy	0	4	第四年第一季度	用户调查 U04 公司的资料
3440	Spy	0	4	第四年第一季度	用户调查 U03 公司的资料
3436	Spy	0	4	第四年第一季度	用户调查 U02 公司的资料
3426	Spy	0	4	第四年第一季度	用户调查 U01 公司的资料
3388	Pay_ Maintenance	−1 040	4	第三年第四季度	支付维修费
3387	Pay_ Overhaul	−10	1 044	第三年第四季度	支付行政管理费
3359	Discount_ 12	792	1 054	第三年第四季度	1 期贴现：0 2 期贴现：880 万元
3345	Develop_ Market	−20	262	第三年第四季度	市场投资

ID	动作	资金（万元）	余额（万元）	时间	备注
3341	Order_ Product_ Emergency	−720	282	第三年第四季度	紧急采购数量为 4 的 P5
3335	Order_ Product_ Emergency	−180	1 002	第三年第四季度	紧急采购数量为 2 的 P2
3325	Sell_ Product	890	1 182	第三年第四季度	订单交货，增加现金
3322	Update_ Receivable	30	292	第三年第四季度	更新应收款
3320	Product_ Produce	−10	262	第三年第四季度	生产线 ID：120 开始生产：P3
3316	Product_ Produce	−10	272	第三年第四季度	生产线 ID：123 开始生产：P5
3315	Product_ Produce	−10	282	第三年第四季度	生产线 ID：127 开始生产：P4
3311	Product_ Produce	−10	292	第三年第四季度	生产线 ID：126 开始生产：P5
3310	Product_ Produce	−10	302	第三年第四季度	生产线 ID：122 开始生产：P3
3305	Product_ Produce	−10	312	第三年第四季度	生产线 ID：119 开始生产：P2
3303	Product_ Produce	−10	322	第三年第四季度	生产线 ID：128 开始生产：P4
3301	Product_ Produce	−10	332	第三年第四季度	生产线 ID：125 开始生产：P1
3300	Product_ Produce	−10	342	第三年第四季度	生产线 ID：121 开始生产：P3
3298	Product_ Produce	−10	352	第三年第四季度	生产线 ID：118 开始生产：P2
3295	Product_ Produce	−10	362	第三年第四季度	生产线 ID：117 开始生产：P2
3292	Product_ Produce	−10	372	第三年第四季度	生产线 ID：116 开始生产：P2
3290	Product_ Produce	−10	382	第三年第四季度	生产线 ID：115 开始生产：P1
3287	Product_ Produce	−10	392	第三年第四季度	生产线 ID：114 开始生产：P1
3281	Product_ Produce	−10	402	第三年第四季度	生产线 ID：113 开始生产：P1
3277	Product_ Produce	−10	412	第三年第四季度	生产线 ID：112 开始生产：P1
3270	Pay_ Material	−350	422	第三年第四季度	支付原料费
3264	Pay_ Overhaul	−10	772	第三年第三季度	支付行政管理费
3248	Update_ Receivable	479	782	第三年第三季度	更新应收款
3242	Product_ Produce	−10	303	第三年第三季度	生产线 ID：128 开始生产：P4
3240	Product_ Produce	−10	313	第三年第三季度	生产线 ID：125 开始生产：P1
3237	Product_ Produce	−10	323	第三年第三季度	生产线 ID：121 开始生产：P3
3234	Product_ Produce	−10	333	第三年第三季度	生产线 ID：118 开始生产：P2
3232	Product_ Produce	−10	343	第三年第三季度	生产线 ID：119 开始生产：P2
3230	Product_ Produce	−10	353	第三年第三季度	生产线 ID：122 开始生产：P3
3226	Product_ Produce	−10	363	第三年第三季度	生产线 ID：126 开始生产：P5
3224	Product_ Produce	−10	373	第三年第三季度	生产线 ID：127 开始生产：P4

ID	动作	资金 (万元)	余额 (万元)	时间	备注
3218	Product_ Produce	−10	383	第三年第三季度	生产线 ID：123 开始生产：P5
3215	Product_ Produce	−10	393	第三年第三季度	生产线 ID：120 开始生产：P3
3213	Product_ Produce	−10	403	第三年第三季度	生产线 ID：117 开始生产：P2
3206	Product_ Produce	−10	413	第三年第三季度	生产线 ID：114 开始生产：P1
3204	Product_ Produce	−10	423	第三年第三季度	生产线 ID：116 开始生产：P2
3199	Product_ Produce	−10	433	第三年第三季度	生产线 ID：113 开始生产：P1
3197	Product_ Produce	−10	443	第三年第三季度	生产线 ID：115 开始生产：P1
3190	Product_ Produce	−10	453	第三年第三季度	生产线 ID：112 开始生产：P1
3177	Pay_ Material	−330	463	第三年第三季度	支付原料费
3159	Pay_ Overhaul	−10	793	第三年第二季度	支付行政管理费
3152	Order_ Product_ Emergency	−90	803	第三年第二季度	紧急采购数量为 1 的 P1
3149	Sell_ Product	890	893	第三年第二季度	订单交货，增加现金
3143	Order_ Product_ Emergency	−720	3	第三年第二季度	紧急采购数量为 4 的 P4
3130	Discount_ 34	4	723	第三年第二季度	3 期贴现：5 4 期贴现：0
3124	Discount_ 12	315	719	第三年第二季度	1 期贴现：0 2 期贴现：350 万元
3092	Update_ Receivable	404	404	第三年第二季度	更新应收款
3085	Product_ Produce	−10	0	第三年第二季度	生产线 ID：127 开始生产：P4
3083	Product_ Produce	−10	10	第三年第二季度	生产线 ID：123 开始生产：P5
3082	Product_ Produce	−10	20	第三年第二季度	生产线 ID：120 开始生产：P3
3081	Product_ Produce	−10	30	第三年第二季度	生产线 ID：126 开始生产：P5
3079	Product_ Produce	−10	40	第三年第二季度	生产线 ID：122 开始生产：P3
3077	Product_ Produce	−10	50	第三年第二季度	生产线 ID：119 开始生产：P2
3075	Product_ Produce	−10	60	第三年第二季度	生产线 ID：128 开始生产：P4
3071	Product_ Produce	−10	70	第三年第二季度	生产线 ID：125 开始生产：P1
3070	Product_ Produce	−10	80	第三年第二季度	生产线 ID：121 开始生产：P3
3066	Product_ Produce	−10	90	第三年第二季度	生产线 ID：118 开始生产：P2
3064	Product_ Produce	−10	100	第三年第二季度	生产线 ID：117 开始生产：P2
3061	Product_ Produce	−10	110	第三年第二季度	生产线 ID：116 开始生产：P2
3057	Product_ Produce	−10	120	第三年第二季度	生产线 ID：115 开始生产：P1
3055	Product_ Produce	−10	130	第三年第二季度	生产线 ID：114 开始生产：P1
3053	Product_ Produce	−10	140	第三年第二季度	生产线 ID：113 开始生产：P1

ID	动作	资金（万元）	余额（万元）	时间	备注
3051	Product_ Produce	−10	150	第三年第二季度	生产线 ID：112 开始生产：P1
3044	Pay_ Material	−330	160	第三年第二季度	支付原料费
3043	Discount_ 12	9	490	第三年第二季度	1 期贴现：10 万元　2 期贴现：0
3037	Discount_ 34	210	481	第三年第二季度	3 期贴现：240 万元　4 期贴现：0
3006	Discount_ 12	45	271	第三年第二季度	1 期贴现：50 万元　2 期贴现：0
2983	Discount_ 34	224	226	第三年第二季度	3 期贴现：0　4 期贴现：256 万元
2945	Pay_ Overhaul	−10	2	第三年第一季度	支付行政管理费
2944	Renew_ Workshop	−176	12	第三年第一季度	厂房续租
2931	Discount_ 34	77	188	第三年第一季度	3 期贴现：0　4 期贴现：88 万元
2881	Update_ Receivable	89	111	第三年第一季度	更新应收款
2867	Product_ Produce	−10	22	第三年第一季度	生产线 ID：127 开始生产：P4
2863	Product_ Produce	−10	32	第三年第一季度	生产线 ID：123 开始生产：P5
2859	Product_ Produce	−10	42	第三年第一季度	生产线 ID：120 开始生产：P3
2852	Product_ Produce	−10	52	第三年第一季度	生产线 ID：117 开始生产：P2
2846	Product_ Produce	−10	62	第三年第一季度	生产线 ID：114 开始生产：P1
2840	Product_ Produce	−10	72	第三年第一季度	生产线 ID：113 开始生产：P1
2836	Product_ Produce	−10	82	第三年第一季度	生产线 ID：116 开始生产：P2
2834	Product_ Produce	−10	92	第三年第一季度	生产线 ID：119 开始生产：P2
2830	Product_ Produce	−10	102	第三年第一季度	生产线 ID：122 开始生产：P3
2828	Product_ Produce	−10	112	第三年第一季度	生产线 ID：125 开始生产：P1
2826	Product_ Produce	−10	122	第三年第一季度	生产线 ID：121 开始生产：P3
2822	Product_ Produce	−10	132	第三年第一季度	生产线 ID：118 开始生产：P2
2819	Product_ Produce	−10	142	第三年第一季度	生产线 ID：115 开始生产：P1
2817	Product_ Produce	−10	152	第三年第一季度	生产线 ID：112 开始生产：P1
2815	Transfer	−20	162	第三年第一季度	生产线转产
2811	Transfer	−20	182	第三年第一季度	生产线转产
2779	Pay_ Material	−350	202	第三年第一季度	支付原料费
2776	Discount_ 12	540	552	第三年第一季度	1 期贴现：600 万元　2 期贴现：0
2411	Order_ Auction	−5	12	第三年第一季度	竞拍得单，订单 ID：858
2410	Order_ Auction	−5	17	第三年第一季度	竞拍得单，订单 ID：857
2404	Order_ Auction	−5	22	第三年第一季度	竞拍得单，订单 ID：851

ID	动作	资金（万元）	余额（万元）	时间	备注
2403	Order_ Auction	−5	27	第三年第一季度	竞拍得单，订单 ID：850
2402	Order_ Auction	−5	32	第三年第一季度	竞拍得单，订单 ID：849
2400	Order_ Auction	−5	37	第三年第一季度	竞拍得单，订单 ID：847
2397	Discount_ 12	9	42	第三年第一季度	1 期贴现：10 万元　2 期贴现：0
2396	Discount_ 12	9	33	第三年第一季度	1 期贴现：10 万元　2 期贴现：0
2386	Pay_ AD	−176	24	第三年第一季度	广告投放
2385	Pay_ Long_ Loan	−180	200	第三年第一季度	支付长贷本息
2383	Discount_ 12	180	380	第三年第一季度	1 期贴现：200 万元　2 期贴现：0
2381	Discount_ 12	18	200	第三年第一季度	1 期贴现：20 万元　2 期贴现：0
2380	Discount_ 12	180	182	第三年第一季度	1 期贴现：200 万元　2 期贴现：0
2149	Spy	0	2	第三年第一季度	用户调查 U20 公司的资料
2144	Spy	0	2	第三年第一季度	用户调查 U19 公司的资料
2138	Spy	0	2	第三年第一季度	用户调查 U18 公司的资料
2135	Spy	0	2	第三年第一季度	用户调查 U16 公司的资料
2132	Spy	0	2	第三年第一季度	用户调查 U15 公司的资料
2126	Spy	0	2	第三年第一季度	用户调查 U14 公司的资料
2121	Spy	0	2	第三年第一季度	用户调查 U13 公司的资料
2117	Spy	0	2	第三年第一季度	用户调查 U12 公司的资料
2114	Spy	0	2	第三年第一季度	用户调查 U11 公司的资料
2106	Spy	0	2	第三年第一季度	用户调查 U10 公司的资料
2103	Spy	0	2	第三年第一季度	用户调查 U09 公司的资料
2096	Spy	0	2	第三年第一季度	用户调查 U08 公司的资料
2094	Spy	0	2	第三年第一季度	用户调查 U07 公司的资料
2090	Spy	0	2	第三年第一季度	用户调查 U06 公司的资料
2085	Spy	0	2	第三年第一季度	用户调查 U05 公司的资料
2080	Spy	0	2	第三年第一季度	用户调查 U04 公司的资料
2077	Spy	0	2	第三年第一季度	用户调查 U03 公司的资料
2074	Spy	0	2	第三年第一季度	用户调查 U02 公司的资料
2070	Spy	0	2	第三年第一季度	用户调查 U01 公司的资料
1658	Pay_ Maintenance	−1 040	2	第二年第四季度	支付维修费
1657	Pay_ Overhaul	−10	1 042	第二年第四季度	支付行政管理费

ID	动作	资金（万元）	余额（万元）	时间	备注
1654	Discount_ 12	9	1 052	第二年第四季度	1 期贴现：10 万元　2 期贴现：0
1650	Discount_ 12	756	1 043	第二年第四季度	1 期贴现：0　2 期贴现：840 万元
1641	Develop_ ISO	−25	287	第二年第四季度	ISO 投资
1639	Develop_ Market	−30	312	第二年第四季度	市场投资
1638	Develop_ Product	−20	342	第二年第四季度	产品投资
1624	Update_ Receivable	361	362	第二年第四季度	更新应收款
1612	Product_ Produce	−10	1	第二年第四季度	生产线 ID：126 开始生产：P1
1607	Product_ Produce	−10	11	第二年第四季度	生产线 ID：128 开始生产：P2
1604	Product_ Produce	−10	21	第二年第四季度	生产线 ID：125 开始生产：P1
1600	Product_ Produce	−10	31	第二年第四季度	生产线 ID：122 开始生产：P3
1595	Product_ Produce	−10	41	第二年第四季度	生产线 ID：121 开始生产：P3
1593	Product_ Produce	−10	51	第二年第四季度	生产线 ID：120 开始生产：P3
1591	Product_ Produce	−10	61	第二年第四季度	生产线 ID：119 开始生产：P2
1588	Product_ Produce	−10	71	第二年第四季度	生产线 ID：118 开始生产：P2
1582	Product_ Produce	−10	81	第二年第四季度	生产线 ID：117 开始生产：P2
1578	Product_ Produce	−10	91	第二年第四季度	生产线 ID：116 开始生产：P2
1574	Product_ Produce	−10	101	第二年第四季度	生产线 ID：115 开始生产：P1
1570	Product_ Produce	−10	111	第二年第四季度	生产线 ID：114 开始生产：P1
1566	Product_ Produce	−10	121	第二年第四季度	生产线 ID：113 开始生产：P1
1562	Product_ Produce	−10	131	第二年第四季度	生产线 ID：112 开始生产：P1
1560	Transfer	−20	141	第二年第四季度	生产线转产
1555	Transfer	−20	161	第二年第四季度	生产线转产
1552	Discount_ 12	180	181	第二年第四季度	1 期贴现：0　2 期贴现：200 万元
1537	Pay_ Material	−310	1	第二年第四季度	支付原料费
1532	Discount_ 12	9	311	第二年第四季度	1 期贴现：0　2 期贴现：10 万元
1511	Pay_ Overhaul	−10	302	第二年第三季度	支付行政管理费
1510	Develop_ Product	−20	312	第二年第三季度	产品投资
1487	Product_ Produce	−10	332	第二年第三季度	生产线 ID：128 开始生产：P2
1483	Product_ Produce	−10	342	第二年第三季度	生产线 ID：127 开始生产：P2
1482	Product_ Produce	−10	352	第二年第三季度	生产线 ID：126 开始生产：P1
1476	Product_ Produce	−10	362	第二年第三季度	生产线 ID：125 开始生产：P1

ID	动作	资金 （万元）	余额 （万元）	时间	备注
1474	Product_ Produce	−10	372	第二年第三季度	生产线 ID：123 开始生产：P3
1471	Product_ Produce	−10	382	第二年第三季度	生产线 ID：122 开始生产：P3
1469	Product_ Produce	−10	392	第二年第三季度	生产线 ID：121 开始生产：P3
1465	Product_ Produce	−10	402	第二年第三季度	生产线 ID：120 开始生产：P3
1460	Product_ Produce	−10	412	第二年第三季度	生产线 ID：119 开始生产：P2
1456	Product_ Produce	−10	422	第二年第三季度	生产线 ID：118 开始生产：P2
1451	Product_ Produce	−10	432	第二年第三季度	生产线 ID：117 开始生产：P2
1448	Product_ Produce	−10	442	第二年第三季度	生产线 ID：116 开始生产：P2
1445	Product_ Produce	−10	452	第二年第三季度	生产线 ID：115 开始生产：P1
1439	Product_ Produce	−10	462	第二年第三季度	生产线 ID：114 开始生产：P1
1437	Product_ Produce	−10	472	第二年第三季度	生产线 ID：113 开始生产：P1
1433	Product_ Produce	−10	482	第二年第三季度	生产线 ID：112 开始生产：P1
1424	Pay_ Material	−360	492	第二年第三季度	支付原料费
1416	Pay_ Overhaul	−10	852	第二年第二季度	支付行政管理费
1415	Develop_ Product	−20	862	第二年第二季度	产品投资
1398	Order_ Product_ Emergency	−120	882	第二年第二季度	紧急采购数量为 1 的 P3
1391	Sell_ Product	451	1 002	第二年第二季度	订单交货，增加现金
1385	Product_ Produce	−10	551	第二年第二季度	生产线 ID：128 开始生产：P2
1384	Product_ Produce	−10	561	第二年第二季度	生产线 ID：127 开始生产：P2
1382	Product_ Produce	−10	571	第二年第二季度	生产线 ID：126 开始生产：P1
1377	Product_ Produce	−10	581	第二年第二季度	生产线 ID：125 开始生产：P1
1372	Product_ Produce	−10	591	第二年第二季度	生产线 ID：123 开始生产：P3
1368	Product_ Produce	−10	601	第二年第二季度	生产线 ID：122 开始生产：P3
1364	Product_ Produce	−10	611	第二年第二季度	生产线 ID：121 开始生产：P3
1361	Product_ Produce	−10	621	第二年第二季度	生产线 ID：120 开始生产：P3
1358	Product_ Produce	−10	631	第二年第二季度	生产线 ID：119 开始生产：P2
1355	Product_ Produce	−10	641	第二年第二季度	生产线 ID：118 开始生产：P2
1353	Product_ Produce	−10	651	第二年第二季度	生产线 ID：117 开始生产：P2
1351	Product_ Produce	−10	661	第二年第二季度	生产线 ID：116 开始生产：P2
1347	Product_ Produce	−10	671	第二年第二季度	生产线 ID：115 开始生产：P1
1344	Product_ Produce	−10	681	第二年第二季度	生产线 ID：114 开始生产：P1

ID	动作	资金（万元）	余额（万元）	时间	备注
1339	Product_ Produce	−10	691	第二年第二季度	生产线 ID：113 开始生产：P1
1336	Product_ Produce	−10	701	第二年第二季度	生产线 ID：112 开始生产：P1
1324	Pay_ Material	−360	711	第二年第二季度	支付原料费
1321	Pay_ Overhaul	−10	1 071	第二年第一季度	支付行政管理费
1319	Develop_ Product	−20	1 081	第二年第一季度	产品投资
1308	Product_ Produce	−10	1 101	第二年第一季度	生产线 ID：127 开始生产：P2
1305	Product_ Produce	−10	1 111	第二年第一季度	生产线 ID：126 开始生产：P1
1303	Product_ Produce	−10	1 121	第二年第一季度	生产线 ID：128 开始生产：P2
1301	Product_ Produce	−10	1 131	第二年第一季度	生产线 ID：125 开始生产：P1
1296	Order_ Product_ Line	0	1 141	第二年第一季度	订购［租赁线］生产［P2］
1293	Order_ Product_ Line	0	1 141	第二年第一季度	订购［租赁线］生产［P2］
1291	Order_ Product_ Line	0	1 141	第二年第一季度	订购［租赁线］生产［P1］
1288	Order_ Product_ Line	0	1 141	第二年第一季度	订购［租赁线］生产［P1］
1285	Rent_ Workshop	−44	1 141	第二年第一季度	租用［大厂房］
1284	Product_ Produce	−10	1 185	第二年第一季度	生产线 ID：123 开始生产：P3
1281	Product_ Produce	−10	1 195	第二年第一季度	生产线 ID：122 开始生产：P3
1279	Product_ Produce	−10	1 205	第二年第一季度	生产线 ID：121 开始生产：P3
1275	Product_ Produce	−10	1 215	第二年第一季度	生产线 ID：120 开始生产：P3
1274	Order_ Product_ Line	0	1 225	第二年第一季度	订购［租赁线］生产［P3］
1273	Order_ Product_ Line	0	1 225	第二年第一季度	订购［租赁线］生产［P3］
1270	Order_ Product_ Line	0	1 225	第二年第一季度	订购［租赁线］生产［P3］
1269	Order_ Product_ Line	0	1 225	第二年第一季度	订购［租赁线］生产［P3］
1266	Rent_ Workshop	−44	1 225	第二年第一季度	租用［大厂房］
1264	Product_ Produce	−10	1 269	第二年第一季度	生产线 ID：119 开始生产：P2
1261	Product_ Produce	−10	1 279	第二年第一季度	生产线 ID：118 开始生产：P2
1260	Product_ Produce	−10	1 289	第二年第一季度	生产线 ID：117 开始生产：P2
1258	Product_ Produce	−10	1 299	第二年第一季度	生产线 ID：116 开始生产：P2
1255	Product_ Produce	−10	1 309	第二年第一季度	生产线 ID：115 开始生产：P1
1251	Product_ Produce	−10	1 319	第二年第一季度	生产线 ID：114 开始生产：P1
1248	Product_ Produce	−10	1 329	第二年第一季度	生产线 ID：113 开始生产：P1
1245	Product_ Produce	−10	1 339	第二年第一季度	生产线 ID：112 开始生产：P1

续表

ID	动作	资金（万元）	余额（万元）	时间	备注
1241	Order_ Product_ Line	0	1 349	第二年第一季度	订购［租赁线］生产［P2］
1239	Order_ Product_ Line	0	1 349	第二年第一季度	订购［租赁线］生产［P2］
1236	Order_ Product_ Line	0	1 349	第二年第一季度	订购［租赁线］生产［P2］
1233	Order_ Product_ Line	0	1 349	第二年第一季度	订购［租赁线］生产［P2］
1230	Rent_ Workshop	−44	1 349	第二年第一季度	租用［大厂房］
1228	Order_ Product_ Line	0	1 393	第二年第一季度	订购［租赁线］生产［P1］
1221	Order_ Product_ Line	0	1 393	第二年第一季度	订购［租赁线］生产［P1］
1219	Order_ Product_ Line	0	1 393	第二年第一季度	订购［租赁线］生产［P1］
1215	Order_ Product_ Line	0	1 393	第二年第一季度	订购［租赁线］生产［P1］
1201	Rent_ Workshop	−44	1 393	第二年第一季度	租用［大厂房］
1190	Pay_ Material	−360	1 437	第二年第一季度	支付原料费
936	Pay_ AD	−188	1 797	第二年第一季度	广告投放
935	Pay_ Long_ Loan	−180	1 985	第二年第一季度	支付长贷本息
719	Spy	0	2 165	第二年第一季度	用户调查 U20 公司的资料
710	Spy	0	2 165	第二年第一季度	用户调查 U19 公司的资料
703	Spy	0	2 165	第二年第一季度	用户调查 U18 公司的资料
696	Spy	0	2165	第二年第一季度	用户调查 U16 公司的资料
689	Spy	0	2 165	第二年第一季度	用户调查 U15 公司的资料
680	Spy	0	2 165	第二年第一季度	用户调查 U14 公司的资料
671	Spy	0	2 165	第二年第一季度	用户调查 U13 公司的资料
663	Spy	0	2 165	第二年第一季度	用户调查 U12 公司的资料
656	Spy	0	2 165	第二年第一季度	用户调查 U11 公司的资料
644	Spy	0	2 165	第二年第一季度	用户调查 U10 公司的资料
633	Spy	0	2 165	第二年第一季度	用户调查 U09 公司的资料
627	Spy	0	2 165	第二年第一季度	用户调查 U08 公司的资料
620	Spy	0	2 165	第二年第一季度	用户调查 U07 公司的资料
613	Spy	0	2 165	第二年第一季度	用户调查 U06 公司的资料
605	Spy	0	2 165	第二年第一季度	用户调查 U05 公司的资料
600	Spy	0	2 165	第二年第一季度	用户调查 U04 公司的资料
587	Spy	0	2 165	第二年第一季度	用户调查 U03 公司的资料
578	Spy	0	2 165	第二年第一季度	用户调查 U02 公司的资料

ID	动作	资金（万元）	余额（万元）	时间	备注
563	Spy	0	2 165	第二年第一季度	用户调查 U01 公司的资料
79	Pay_ Overhaul	−10	2 165	第一年第四季度	支付行政管理费
74	Develop_ ISO	−25	2 175	第一年第四季度	ISO 投资
71	Develop_ Market	−50	2 200	第一年第四季度	市场投资
68	Develop_ Product	−30	2 250	第一年第四季度	产品投资
55	Pay_ Material	0	2 280	第一年第四季度	支付原料费
52	Pay_ Overhaul	−10	2 280	第一年第三季度	支付行政管理费
50	Develop_ Product	−30	2 290	第一年第三季度	产品投资
37	Pay_ Material	0	2 320	第一年第三季度	支付原料费
34	Pay_ Overhaul	−10	2 320	第一年第二季度	支付行政管理费
33	Develop_ Product	−30	2 330	第一年第二季度	产品投资
27	Pay_ Material	0	2 360	第一年第二季度	支付原料费
24	Pay_ Overhaul	−10	2 360	第一年第一季度	支付行政管理费
23	Develop_ Product	−30	2 370	第一年第一季度	产品投资
13	Pay_ Material	0	2 400	第一年第一季度	支付原料费
11	Long_ Loan	1 500	2 400	第一年第一季度	申请：4 年 1 500 万元的长期贷款
6	Long_ Loan	300	900	第一年第一季度	申请：3 年 300 万元的长期贷款
1	Pay_ Capital	600	600	第一年第一季度	公司成立，股东注资

单位：万元

年度	初始元年	第一年	第二年	第三年	第四年	第五年
管理费	0	40	40	40	40	40
广告费	0	0	188	206	169	110
维护费	0	0	1 040	1 040	780	860
损失	0	0	80	1 140	2 600	0
转产费	0	0	40	40	0	0
租金	0	0	176	176	176	0
市场开拓费	0	50	30	20	10	0
产品研发费	0	120	80	0	0	0
ISO 认证费	0	25	25	0	0	0
信息费	0	0	0	0	0	0
合计	0	235	1 699	2 662	3 775	1 010

单位：万元

年度	初始元年	第一年	第二年	第三年	第四年	第五年
销售收入	0	0	3 001	6 786	8 031	3 121
直接成本	0	0	1 280	2 570	3 290	1 540
毛利	0	0	1 721	4 216	4 741	1 581
综合费用	0	235	1 699	2 662	3 775	1 010
折旧前利润	0	−235	22	1 554	966	571
折旧	0	0	0	0	0	0
支付利息前利润	0	−235	22	1 554	966	571
财务费用	0	0	286	487	457	440
税前利润	0	−235	−264	1 067	509	131
所得税	0	0	0	142	127	33
年度净利润	0	−235	−264	925	382	98

单位：万元

年度	初始元年	第一年	第一年	第二年	第二年	第三年	第三年	第四年	第四年	第五年	第五年
类型	系统	系统	用户	系统	用户	系统	用户	系统	用户	系统	用户
现金	600	2 165	2 165	2	2	4	4	849	849	1 366	1 366
应收款	0	0	0	1 129	1 129	2 214	2 214	3 280	3 280	2 037	2 037
在制品	0	0	0	450	450	630	630	450	450	0	0
产成品	0	0	0	320	320	120	120	30	30	0	0
原料	0	0	0	0	0	0	0	0	0	0	0
流动资产合计	600	2 165	2 165	1 901	1 901	2 968	2 968	4 609	4 609	3 403	3 403
厂房	0	0	0	0	0	0	0	0	0	1 760	1 760
机器设备	0	0	0	0	0	0	0	0	0	600	600
在建工程	0	0	0	0	0	0	0	0	0	0	0
固定资产合计	0	0	0	0	0	0	0	0	0	2 360	2 360
资产总计	600	2 165	2 165	1 901	1 901	2 968	2 968	4 609	4 609	5 763	5 763
长期贷款	0	1 800	1 800	1 800	1 800	1 800	1 800	3 074	3 074	4 224	4 224
短期贷款	0	0	0	0	0	0	0	0	0	0	0
特别贷款	0	0	0	0	0	0	0	0	0	0	0
所得税	0	0	0	0	0	142	142	127	128	33	33
负债合计	0	1 800	1 800	1 800	1 800	1 942	1 942	3 201	3 202	4 257	4 257

续表

年度	初始元年	第一年	第一年	第二年	第二年	第三年	第三年	第四年	第四年	第五年	第五年
股东资本	600	600	600	600	600	600	600	600	600	600	600
利润留存	0	0	0	−235	−235	−499	−499	426	426	808	808
年度净利	0	−235	−235	−264	−264	925	925	382	381	98	98
所有者权益合计	600	365	365	101	101	1 026	1 026	1 408	1 407	1 506	1 506
负债和所有者权益总计	600	2 165	2 165	1 901	1 901	2 968	2 968	4 609	4 609	5 763	5 763

附表一：复利终值、现值系数表
（FVIF$_{i,n}$、PVIF$_{i,n}$）

n/i	1%	1%	2%	2%	3%	3%	4%	4%
1	1.010	0.990	1.020	0.980	1.030	0.971	1.040	0.962
2	1.020	0.980	1.040	0.961	1.061	0.943	1.082	0.925
3	1.030	0.971	1.061	0.942	1.093	0.915	1.125	0.889
4	1.041	0.961	1.082	0.924	1.126	0.888	1.170	0.855
5	1.051	0.951	1.104	0.906	1.159	0.863	1.217	0.822
6	1.062	0.942	1.126	0.888	1.194	0.837	1.265	0.790
7	1.072	0.933	1.149	0.871	1.230	0.813	1.316	0.760
8	1.083	0.923	1.172	0.853	1.267	0.789	1.369	0.731
9	1.094	0.914	1.195	0.837	1.305	0.766	1.423	0.703
10	1.105	0.905	1.219	0.820	1.344	0.744	1.480	0.676
11	1.116	0.896	1.243	0.804	1.384	0.722	1.539	0.650
12	1.127	0.887	1.268	0.788	1.426	0.701	1.601	0.625
13	1.138	0.879	1.294	0.773	1.469	0.681	1.665	0.601
14	1.149	0.870	1.319	0.758	1.513	0.661	1.732	0.577
15	1.161	0.861	1.346	0.743	1.558	0.642	1.801	0.555
16	1.173	0.853	1.373	0.728	1.605	0.623	1.873	0.534
17	1.184	0.844	1.400	0.714	1.653	0.605	1.948	0.513
18	1.196	0.836	1.428	0.700	1.702	0.587	2.026	0.494
19	1.208	0.828	1.457	0.686	1.754	0.570	2.107	0.475
20	1.220	0.820	1.486	0.673	1.806	0.554	2.191	0.456
25	1.282	0.780	1.641	0.610	2.094	0.478	2.666	0.375
30	1.348	0.742	1.811	0.552	2.427	0.412	3.243	0.308
40	1.489	0.672	2.208	0.453	3.262	0.307	4.801	0.208
50	1.645	0.608	2.692	0.372	4.384	0.228	7.107	0.141
60	1.817	0.550	3.281	0.305	5.892	0.170	10.520	0.095
70	2.007	0.498	4.000	0.250	7.918	0.126	15.572	0.064
80	2.217	0.451	4.875	0.205	10.641	0.094	23.050	0.043
90	2.449	0.408	5.943	0.168	14.300	0.070	34.119	0.029
100	2.705	0.370	7.245	0.138	19.219	0.052	50.505	0.020

续表

n/i	5%	5%	6%	6%	7%	7%	8%
1	1.050	0.952	1.060	0.943	1.070	0.935	1.080
2	1.103	0.907	1.124	0.890	1.145	0.873	1.166
3	1.158	0.864	1.191	0.840	1.225	0.816	1.260
4	1.216	0.823	1.262	0.792	1.311	0.763	1.360
5	1.276	0.784	1.338	0.747	1.403	0.713	1.469
6	1.340	0.746	1.419	0.705	1.501	0.666	1.587
7	1.407	0.711	1.504	0.665	1.606	0.623	1.714
8	1.477	0.677	1.594	0.627	1.718	0.582	1.851
9	1.551	0.645	1.689	0.592	1.838	0.544	1.999
10	1.629	0.614	1.791	0.558	1.967	0.508	2.159
11	1.710	0.585	1.898	0.527	2.105	0.475	2.332
12	1.796	0.557	2.012	0.497	2.252	0.444	2.518
13	1.886	0.530	2.133	0.469	2.410	0.415	2.720
14	1.980	0.505	2.261	0.442	2.579	0.388	2.937
15	2.079	0.481	2.397	0.417	2.759	0.362	3.172
16	2.183	0.458	2.540	0.394	2.952	0.339	3.426
17	2.292	0.436	2.693	0.371	3.159	0.317	3.700
18	2.407	0.416	2.854	0.350	3.380	0.296	3.996
19	2.527	0.396	3.026	0.331	3.617	0.277	4.316
20	2.653	0.377	3.207	0.312	3.870	0.258	4.661
25	3.386	0.295	4.292	0.233	5.427	0.184	6.848
30	4.322	0.231	5.743	0.174	7.612	0.131	10.063
40	7.040	0.142	10.286	0.097	14.974	0.067	21.725
50	11.467	0.087	18.420	0.054	29.457	0.034	46.902
60	18.679	0.054	32.988	0.030	57.946	0.017	101.257
70	30.426	0.033	59.076	0.017	113.989	0.009	218.606
80	49.561	0.020	105.796	0.009	224.234	0.004	471.955
90	80.730	0.012	189.465	0.005	441.103	0.002	1 018.915
100	131.501	0.008	339.302	0.003	867.716	0.001	2 199.761

n/i	8%	9%	9%	10%	10%	11%	11%
1	0.926	1.090	0.917	1.100	0.909	1.110	0.901
2	0.857	1.188	0.842	1.210	0.826	1.232	0.812
3	0.794	1.295	0.772	1.331	0.751	1.368	0.731
4	0.735	1.412	0.708	1.464	0.683	1.518	0.659
5	0.681	1.539	0.650	1.611	0.621	1.685	0.593
6	0.630	1.677	0.596	1.772	0.564	1.870	0.535
7	0.583	1.828	0.547	1.949	0.513	2.076	0.482
8	0.540	1.993	0.502	2.144	0.467	2.305	0.434
9	0.500	2.172	0.460	2.358	0.424	2.558	0.391
10	0.463	2.367	0.422	2.594	0.386	2.839	0.352
11	0.429	2.580	0.388	2.853	0.350	3.152	0.317
12	0.397	2.813	0.356	3.138	0.319	3.498	0.286
13	0.368	3.066	0.326	3.452	0.290	3.883	0.258
14	0.340	3.342	0.299	3.797	0.263	4.310	0.232
15	0.315	3.642	0.275	4.177	0.239	4.785	0.209
16	0.292	3.970	0.252	4.595	0.218	5.311	0.188
17	0.270	4.328	0.231	5.054	0.198	5.895	0.170
18	0.250	4.717	0.212	5.560	0.180	6.544	0.153
19	0.232	5.142	0.194	6.116	0.164	7.263	0.138
20	0.215	5.604	0.178	6.727	0.149	8.062	0.124
25	0.146	8.623	0.116	10.835	0.092	13.585	0.074
30	0.099	13.268	0.075	17.449	0.057	22.892	0.044
40	0.046	31.409	0.032	45.259	0.022	65.001	0.015
50	0.021	74.358	0.013	117.391	0.009	184.565	0.005
60	0.010	176.031	0.006	304.482	0.003	524.057	0.002
70	0.005	416.730	0.002	789.747	0.001	1 488.019	0.001
80	0.002	986.552	0.001	2 048.400	0.000	4 225.113	0.000
90	0.001	2 335.527	0.000	5 313.023	0.000	11 996.874	0.000
100	0.000	5 529.041	0.000	13 780.612	0.000	34 064.175	0.000

n/i	12%	12%	13%	13%	14%	14%	15%
1	1.120	0.893	1.130	0.885	1.140	0.877	1.150
2	1.254	0.797	1.277	0.783	1.300	0.769	1.323
3	1.405	0.712	1.443	0.693	1.482	0.675	1.521
4	1.574	0.636	1.630	0.613	1.689	0.592	1.749
5	1.762	0.567	1.842	0.543	1.925	0.519	2.011
6	1.974	0.507	2.082	0.480	2.195	0.456	2.313
7	2.211	0.452	2.353	0.425	2.502	0.400	2.660
8	2.476	0.404	2.658	0.376	2.853	0.351	3.059
9	2.773	0.361	3.004	0.333	3.252	0.308	3.518
10	3.106	0.322	3.395	0.295	3.707	0.270	4.046
11	3.479	0.287	3.836	0.261	4.226	0.237	4.652
12	3.896	0.257	4.335	0.231	4.818	0.208	5.350
13	4.363	0.229	4.898	0.204	5.492	0.182	6.153
14	4.887	0.205	5.535	0.181	6.261	0.160	7.076
15	5.474	0.183	6.254	0.160	7.138	0.140	8.137
16	6.130	0.163	7.067	0.141	8.137	0.123	9.358
17	6.866	0.146	7.986	0.125	9.276	0.108	10.761
18	7.690	0.130	9.024	0.111	10.575	0.095	12.375
19	8.613	0.116	10.197	0.098	12.056	0.083	14.232
20	9.646	0.104	11.523	0.087	13.743	0.073	16.367
25	17.000	0.059	21.231	0.047	26.462	0.038	32.919
30	29.960	0.033	39.116	0.026	50.950	0.020	66.212
40	93.051	0.011	132.782	0.008	188.884	0.005	267.864
50	289.002	0.003	450.736	0.002	700.233	0.001	1 083.657
60	897.597	0.001	1 530.053	0.001	2 595.919	0.000	4 383.999
70	2 787.800	0.000	5 193.870	0.000	9 623.645	0.000	17 735.720
80	8 658.483	0.000	17 630.940	0.000	35 676.982	0.000	71 750.879
90	26 891.934	0.000	59 849.416	0.000	132 262.467	0.000	290 272.325
100	83 522.266	0.000	203 162.874	0.000	490 326.238	0.000	1 174 313.451

n/i	15%	16%	16%	17%	17%	18%
1	0.870	1.160	0.862	1.170	0.855	1.180
2	0.756	1.346	0.743	1.369	0.731	1.392
3	0.658	1.561	0.641	1.602	0.624	1.643
4	0.572	1.811	0.552	1.874	0.534	1.939
5	0.497	2.100	0.476	2.192	0.456	2.288
6	0.432	2.436	0.410	2.565	0.390	2.700
7	0.376	2.826	0.354	3.001	0.333	3.185
8	0.327	3.278	0.305	3.511	0.285	3.759
9	0.284	3.803	0.263	4.108	0.243	4.435
10	0.247	4.411	0.227	4.807	0.208	5.234
11	0.215	5.117	0.195	5.624	0.178	6.176
12	0.187	5.936	0.168	6.580	0.152	7.288
13	0.163	6.886	0.145	7.699	0.130	8.599
14	0.141	7.988	0.125	9.007	0.111	10.147
15	0.123	9.266	0.108	10.539	0.095	11.974
16	0.107	10.748	0.093	12.330	0.081	14.129
17	0.093	12.468	0.080	14.426	0.069	16.672
18	0.081	14.463	0.069	16.879	0.059	19.673
19	0.070	16.777	0.060	19.748	0.051	23.214
20	0.061	19.461	0.051	23.106	0.043	27.393
25	0.030	40.874	0.024	50.658	0.020	62.669
30	0.015	85.850	0.012	111.065	0.009	143.371
40	0.004	378.721	0.003	533.869	0.002	750.378
50	0.001	1 670.704	0.001	2 566.215	0.000	3 927.357
60	0.000	7 370.201	0.000	12 335.356	0.000	20 555.140
70	0.000	32 513.165	0.000	59 293.942	0.000	107 582.222
80	0.000	143 429.716	0.000	285 015.802	0.000	563 067.660
90	0.000	632 730.880	0.000	1 370 022.050	0.000	2 947 003.540
100	0.000	2 791 251.199	0.000	6 585 460.886	0.000	15 424 131.905

续表

n/i	18%	19%	19%	20%	20%	21%	21%
1	0.847	1.190	0.840	1.200	0.833	1.210	0.826
2	0.718	1.416	0.706	1.440	0.694	1.464	0.683
3	0.609	1.685	0.593	1.728	0.579	1.772	0.564
4	0.516	2.005	0.499	2.074	0.482	2.144	0.467
5	0.437	2.386	0.419	2.488	0.402	2.594	0.386
6	0.370	2.840	0.352	2.986	0.335	3.138	0.319
7	0.314	3.379	0.296	3.583	0.279	3.797	0.263
8	0.266	4.021	0.249	4.300	0.233	4.595	0.218
9	0.225	4.785	0.209	5.160	0.194	5.560	0.180
10	0.191	5.695	0.176	6.192	0.162	6.727	0.149
11	0.162	6.777	0.148	7.430	0.135	8.140	0.123
12	0.137	8.064	0.124	8.916	0.112	9.850	0.102
13	0.116	9.596	0.104	10.699	0.093	11.918	0.084
14	0.099	11.420	0.088	12.839	0.078	14.421	0.069
15	0.084	13.590	0.074	15.407	0.065	17.449	0.057
16	0.071	16.172	0.062	18.488	0.054	21.114	0.047
17	0.060	19.244	0.052	22.186	0.045	25.548	0.039
18	0.051	22.901	0.044	26.623	0.038	30.913	0.032
19	0.043	27.252	0.037	31.948	0.031	37.404	0.027
20	0.037	32.429	0.031	38.338	0.026	45.259	0.022
25	0.016	77.388	0.013	95.396	0.010	117.391	0.009
30	0.007	184.675	0.005	237.376	0.004	304.482	0.003
40	0.001	1 051.668	0.001	1 469.772	0.001	2 048.400	0.000
50	0.000	5 988.914	0.000	9 100.438	0.000	13 780.612	0.000
60	0.000	34 104.971	0.000	56 347.514	0.000	92 709.069	0.000
70	0.000	194 217.025	0.000	348 888.957	0.000	623 700.256	0.000
80	0.000	1 106 004.544	0.000	2 160 228.462	0.000	4 195 943.439	0.000
90	0.000	6 298 346.151	0.000	13 375 565.249	0.000	28 228 209.274	0.000
100	0.000	35 867 089.728	0.000	82 817 974.522	0.000	189 905 276.460	0.000

n/i	22%	22%	23%	23%	24%	24%
1	1.220	0.820	1.230	0.813	1.240	0.806
2	1.488	0.672	1.513	0.661	1.538	0.650
3	1.816	0.551	1.861	0.537	1.907	0.524
4	2.215	0.451	2.289	0.437	2.364	0.423
5	2.703	0.370	2.815	0.355	2.932	0.341
6	3.297	0.303	3.463	0.289	3.635	0.275
7	4.023	0.249	4.259	0.235	4.508	0.222
8	4.908	0.204	5.239	0.191	5.590	0.179
9	5.987	0.167	6.444	0.155	6.931	0.144
10	7.305	0.137	7.926	0.126	8.594	0.116
11	8.912	0.112	9.749	0.103	10.657	0.094
12	10.872	0.092	11.991	0.083	13.215	0.076
13	13.264	0.075	14.749	0.068	16.386	0.061
14	16.182	0.062	18.141	0.055	20.319	0.049
15	19.742	0.051	22.314	0.045	25.196	0.040
16	24.086	0.042	27.446	0.036	31.243	0.032
17	29.384	0.034	33.759	0.030	38.741	0.026
18	35.849	0.028	41.523	0.024	48.039	0.021
19	43.736	0.023	51.074	0.020	59.568	0.017
20	53.358	0.019	62.821	0.016	73.864	0.014
25	144.210	0.007	176.859	0.006	216.542	0.005
30	389.758	0.003	497.913	0.002	634.820	0.002
40	2 847.038	0.000	3 946.430	0.000	5 455.913	0.000
50	20 796.561	0.000	31 279.195	0.000	46 890.435	0.000
60	151 911.216	0.000	247 917.216	0.000	402 996.347	0.000
70	1 109 655.442	0.000	1 964 978.490	0.000	3 463 522.086	0.000
80	8 105 623.999	0.000	15 574 313.595	0.000	29 766 982.557	0.000
90	59 208 595.707	0.000	123 441 170.040	0.000	255 830 114.143	0.000
100	432 496 968.264	0.000	978 388 059.773	0.000	2 198 712 858.322	0.000

n/i	25%	25%	26%	26%	27%	27%
1	1. 250	0. 800	1. 260	0. 794	1. 270	0. 787
2	1. 563	0. 640	1. 588	0. 630	1. 613	0. 620
3	1. 953	0. 512	2. 000	0. 500	2. 048	0. 488
4	2. 441	0. 410	2. 520	0. 397	2. 601	0. 384
5	3. 052	0. 328	3. 176	0. 315	3. 304	0. 303
6	3. 815	0. 262	4. 002	0. 250	4. 196	0. 238
7	4. 768	0. 210	5. 042	0. 198	5. 329	0. 188
8	5. 960	0. 168	6. 353	0. 157	6. 768	0. 148
9	7. 451	0. 134	8. 005	0. 125	8. 595	0. 116
10	9. 313	0. 107	10. 086	0. 099	10. 915	0. 092
11	11. 642	0. 086	12. 708	0. 079	13. 862	0. 072
12	14. 552	0. 069	16. 012	0. 062	17. 605	0. 057
13	18. 190	0. 055	20. 175	0. 050	22. 359	0. 045
14	22. 737	0. 044	25. 421	0. 039	28. 396	0. 035
15	28. 422	0. 035	32. 030	0. 031	36. 062	0. 028
16	35. 527	0. 028	40. 358	0. 025	45. 799	0. 022
17	44. 409	0. 023	50. 851	0. 020	58. 165	0. 017
18	55. 511	0. 018	64. 072	0. 016	73. 870	0. 014
19	69. 389	0. 014	80. 731	0. 012	93. 815	0. 011
20	86. 736	0. 012	101. 721	0. 010	119. 145	0. 008
25	264. 698	0. 004	323. 045	0. 003	393. 634	0. 003
30	807. 794	0. 001	1 025. 927	0. 001	1 300. 504	0. 001
40	7 523. 164	0. 000	10 347. 175	0. 000	14 195. 439	0. 000
50	70 064. 923	0. 000	104 358. 362	0. 000	154 948. 026	0. 000
60	652 530. 447	0. 000	1 052 525. 695	0. 000	1 691 310. 158	0. 000
70	6 077 163. 357	0. 000	10 615 443. 868	0. 000	18 461 222. 940	0. 000
80	56 597 994. 243	0. 000	107 064 035. 611	0. 000	201 510 498. 079	0. 000
90	527 109 897. 162	0. 000	1 079 814 265. 285	0. 000	2 199 555 304. 026	0. 000
100	4 909 093 465. 298	0. 000	10 890 667 821. 928	0. 000	24 008 890 760. 512	0. 000

n/i	28%	28%	29%	29%	30%	30%
1	1. 280	0. 781	1. 290	0. 775	1. 300	0. 769
2	1. 638	0. 610	1. 664	0. 601	1. 690	0. 592
3	2. 097	0. 477	2. 147	0. 466	2. 197	0. 455
4	2. 684	0. 373	2. 769	0. 361	2. 856	0. 350
5	3. 436	0. 291	3. 572	0. 280	3. 713	0. 269
6	4. 398	0. 227	4. 608	0. 217	4. 827	0. 207
7	5. 629	0. 178	5. 945	0. 168	6. 275	0. 159
8	7. 206	0. 139	7. 669	0. 130	8. 157	0. 123
9	9. 223	0. 108	9. 893	0. 101	10. 604	0. 094
10	11. 806	0. 085	12. 761	0. 078	13. 786	0. 073
11	15. 112	0. 066	16. 462	0. 061	17. 922	0. 056
12	19. 343	0. 052	21. 236	0. 047	23. 298	0. 043
13	24. 759	0. 040	27. 395	0. 037	30. 288	0. 033
14	31. 691	0. 032	35. 339	0. 028	39. 374	0. 025
15	40. 565	0. 025	45. 587	0. 022	51. 186	0. 020
16	51. 923	0. 019	58. 808	0. 017	66. 542	0. 015
17	66. 461	0. 015	75. 862	0. 013	86. 504	0. 012
18	85. 071	0. 012	97. 862	0. 010	112. 455	0. 009
19	108. 890	0. 009	126. 242	0. 008	146. 192	0. 007
20	139. 380	0. 007	162. 852	0. 006	190. 050	0. 005
25	478. 905	0. 002	581. 759	0. 002	705. 641	0. 001
30	1 645. 505	0. 001	2 078. 219	0. 000	2 619. 996	0. 000
40	19 426. 689	0. 000	26 520. 909	0. 000	36 118. 865	0. 000
50	229 349. 862	0. 000	338 442. 984	0. 000	497 929. 223	0. 000
60	2 707 685. 248	0. 000	4 318 994. 171	0. 000	6 864 377. 173	0. 000
70	31 966 705. 155	0. 000	55 116 257. 561	0. 000	94 631 268. 452	0. 000
80	377 396 242. 482	0. 000	703 358 635. 586	0. 000	1 304 572 395. 051	0. 000
90	4 455 508 415. 647	0. 000	8 975 815 705. 722	0. 000	17 984 638 288. 961	0. 000
100	52 601 359 015. 484	0. 000	114 543 653 133. 555	0. 000	247 933 511 096. 598	0. 000

附表二：年金终值系数表
（FVIFA$_{i,n}$）

n/i	1%	2%	3%	4%	5%	6%	7%
1	1.000	1.000	1.000	1.000	1.000	1.000	1.000
2	2.010	2.020	2.030	2.040	2.050	2.060	2.070
3	3.030	3.060	3.091	3.122	3.153	3.184	3.215
4	4.060	4.122	4.184	4.246	4.310	4.375	4.440
5	5.101	5.204	5.309	5.416	5.526	5.637	5.751
6	6.152	6.308	6.468	6.633	6.802	6.975	7.153
7	7.214	7.434	7.662	7.898	8.142	8.394	8.654
8	8.286	8.583	8.892	9.214	9.549	9.897	10.260
9	9.369	9.755	10.159	10.583	11.027	11.491	11.978
10	10.462	10.950	11.464	12.006	12.578	13.181	13.816
11	11.567	12.169	12.808	13.486	14.207	14.972	15.784
12	12.683	13.412	14.192	15.026	15.917	16.870	17.888
13	13.809	14.680	15.618	16.627	17.713	18.882	20.141
14	14.947	15.974	17.086	18.292	19.599	21.015	22.550
15	16.097	17.293	18.599	20.024	21.579	23.276	25.129
16	17.258	18.639	20.157	21.825	23.657	25.673	27.888
17	18.430	20.012	21.762	23.698	25.840	28.213	30.840
18	19.615	21.412	23.414	25.645	28.132	30.906	33.999
19	20.811	22.841	25.117	27.671	30.539	33.760	37.379
20	22.019	24.297	26.870	29.778	33.066	36.786	40.995
25	28.243	32.030	36.459	41.646	47.727	54.865	63.249
30	34.785	40.568	47.575	56.085	66.439	79.058	94.461
40	48.886	60.402	75.401	95.026	120.800	154.762	199.635
50	64.463	84.579	112.797	152.667	209.348	290.336	406.529
60	81.670	114.052	163.053	237.991	353.584	533.128	813.520
70	100.676	149.978	230.594	364.290	588.529	967.932	1614.134
80	121.672	193.772	321.363	551.245	971.229	1746.600	3189.063
90	144.863	247.157	443.349	827.983	1594.607	3141.075	6287.185
100	170.481	312.232	607.288	1237.624	2610.025	5638.368	12381.662

n/i	8%	9%	10%	11%	12%	13%
1	1.000	1.000	1.000	1.000	1.000	1.000
2	2.080	2.090	2.100	2.110	2.120	2.130
3	3.246	3.278	3.310	3.342	3.374	3.407
4	4.506	4.573	4.641	4.710	4.779	4.850
5	5.867	5.985	6.105	6.228	6.353	6.480
6	7.336	7.523	7.716	7.913	8.115	8.323
7	8.923	9.200	9.487	9.783	10.089	10.405
8	10.637	11.028	11.436	11.859	12.300	12.757
9	12.488	13.021	13.579	14.164	14.776	15.416
10	14.487	15.193	15.937	16.722	17.549	18.420
11	16.645	17.560	18.531	19.561	20.655	21.814
12	18.977	20.141	21.384	22.713	24.133	25.650
13	21.495	22.953	24.523	26.212	28.029	29.985
14	24.215	26.019	27.975	30.095	32.393	34.883
15	27.152	29.361	31.772	34.405	37.280	40.417
16	30.324	33.003	35.950	39.190	42.753	46.672
17	33.750	36.974	40.545	44.501	48.884	53.739
18	37.450	41.301	45.599	50.396	55.750	61.725
19	41.446	46.018	51.159	56.939	63.440	70.749
20	45.762	51.160	57.275	64.203	72.052	80.947
25	73.106	84.701	98.347	114.413	133.334	155.620
30	113.283	136.308	164.494	199.021	241.333	293.199
40	259.057	337.882	442.593	581.826	767.091	1013.704
50	573.770	815.084	1163.909	1668.771	2400.018	3459.507
60	1253.213	1944.792	3034.816	4755.066	7471.641	11761.950
70	2720.080	4619.223	7887.470	13518.356	23223.332	39945.151
80	5886.935	10950.574	20474.002	38401.025	72145.693	135614.927
90	12723.939	25939.184	53120.226	109053.398	224091.119	460372.427
100	27484.516	61422.675	137796.123	309665.230	696010.548	1562783.648

n/i	14%	15%	16%	17%	18%	19%
1	1.000	1.000	1.000	1.000	1.000	1.000
2	2.140	2.150	2.160	2.170	2.180	2.190
3	3.440	3.473	3.506	3.539	3.572	3.606
4	4.921	4.993	5.066	5.141	5.215	5.291
5	6.610	6.742	6.877	7.014	7.154	7.297
6	8.536	8.754	8.977	9.207	9.442	9.683
7	10.730	11.067	11.414	11.772	12.142	12.523
8	13.233	13.727	14.240	14.773	15.327	15.902
9	16.085	16.786	17.519	18.285	19.086	19.923
10	19.337	20.304	21.321	22.393	23.521	24.709
11	23.045	24.349	25.733	27.200	28.755	30.404
12	27.271	29.002	30.850	32.824	34.931	37.180
13	32.089	34.352	36.786	39.404	42.219	45.244
14	37.581	40.505	43.672	47.103	50.818	54.841
15	43.842	47.580	51.660	56.110	60.965	66.261
16	50.980	55.717	60.925	66.649	72.939	79.850
17	59.118	65.075	71.673	78.979	87.068	96.022
18	68.394	75.836	84.141	93.406	103.740	115.266
19	78.969	88.212	98.603	110.285	123.414	138.166
20	91.025	102.444	115.380	130.033	146.628	165.418
25	181.871	212.793	249.214	292.105	342.603	402.042
30	356.787	434.745	530.312	647.439	790.948	966.712
40	1342.025	1779.090	2360.757	3134.522	4163.213	5529.829
50	4994.521	7217.716	10435.649	15089.502	21813.094	31515.336
60	18535.133	29219.992	46057.509	72555.038	114189.666	179494.584
70	68733.178	118231.467	203201.030	348782.010	597673.458	1022189.606
80	254828.441	478332.529	896429.474	1676557.661	3128148.113	5821071.286
90	944724.767	1935142.168	3954561.750	8058947.355	16372236.334	33149185.003
100	3502323.129	7828749.671	17445313.746	38737999.328	85689616.141	188774151.200

n/i	20%	21%	22%	23%	24%	25%
1	1. 000	1. 000	1. 000	1. 000	1. 000	1. 000
2	2. 200	2. 210	2. 220	2. 230	2. 240	2. 250
3	3. 640	3. 674	3. 708	3. 743	3. 778	3. 813
4	5. 368	5. 446	5. 524	5. 604	5. 684	5. 766
5	7. 442	7. 589	7. 740	7. 893	8. 048	8. 207
6	9. 930	10. 183	10. 442	10. 708	10. 980	11. 259
7	12. 916	13. 321	13. 740	14. 171	14. 615	15. 073
8	16. 499	17. 119	17. 762	18. 430	19. 123	19. 842
9	20. 799	21. 714	22. 670	23. 669	24. 712	25. 802
10	25. 959	27. 274	28. 657	30. 113	31. 643	33. 253
11	32. 150	34. 001	35. 962	38. 039	40. 238	42. 566
12	39. 581	42. 142	44. 874	47. 788	50. 895	54. 208
13	48. 497	51. 991	55. 746	59. 779	64. 110	68. 760
14	59. 196	63. 909	69. 010	74. 528	80. 496	86. 949
15	72. 035	78. 330	85. 192	92. 669	100. 815	109. 687
16	87. 442	95. 780	104. 935	114. 983	126. 011	138. 109
17	105. 931	116. 894	129. 020	142. 430	157. 253	173. 636
18	128. 117	142. 441	158. 405	176. 188	195. 994	218. 045
19	154. 740	173. 354	194. 254	217. 712	244. 033	273. 556
20	186. 688	210. 758	237. 989	268. 785	303. 601	342. 945
25	471. 981	554. 242	650. 955	764. 605	898. 092	1054. 791
30	1181. 882	1445. 151	1767. 081	2160. 491	2640. 916	3227. 174
40	7343. 858	9749. 525	12936. 535	17154. 046	22728. 803	30088. 655
50	45497. 191	65617. 202	94525. 279	135992. 154	195372. 644	280255. 693
60	281732. 572	441466. 994	690500. 982	1077896. 591	1679147. 280	2610117. 787
70	1744439. 785	2969996. 456	5043883. 826	8543380. 393	14431337. 858	24308649. 429
80	10801137. 310	19980678. 281	36843740. 906	67714402. 589	124029089. 823	226391972. 971
90	66877821. 245	134420039. 400	269129975. 940	536700734. 958	1065958804. 764	2108439584. 646
100	414089867. 610	904310835. 526	1965895305. 744	4253861125. 098	9161303572. 174	19636373857. 191

n/i	26%	27%	28%	29%	30%
1	1.000	1.000	1.000	1.000	1.000
2	2.260	2.270	2.280	2.290	2.300
3	3.848	3.883	3.918	3.954	3.990
4	5.848	5.931	6.016	6.101	6.187
5	8.368	8.533	8.700	8.870	9.043
6	11.544	11.837	12.136	12.442	12.756
7	15.546	16.032	16.534	17.051	17.583
8	20.588	21.361	22.163	22.995	23.858
9	26.940	28.129	29.369	30.664	32.015
10	34.945	36.723	38.593	40.556	42.619
11	45.031	47.639	50.398	53.318	56.405
12	57.739	61.501	65.510	69.780	74.327
13	73.751	79.107	84.853	91.016	97.625
14	93.926	101.465	109.612	118.411	127.913
15	119.347	129.861	141.303	153.750	167.286
16	151.377	165.924	181.868	199.337	218.472
17	191.735	211.723	233.791	258.145	285.014
18	242.585	269.888	300.252	334.007	371.518
19	306.658	343.758	385.323	431.870	483.973
20	387.389	437.573	494.213	558.112	630.165
25	1238.636	1454.201	1706.803	2002.616	2348.803
30	3942.026	4812.977	5873.231	7162.824	8729.985
40	39792.982	52571.998	69377.460	91447.963	120392.883
50	401374.471	573877.874	819103.077	1167041.323	1659760.743
60	4048171.905	6264107.994	9670300.886	14893079.901	22881253.909
70	40828626.416	68374896.073	114166800.554	190056057.106	315437558.172
80	411784748.503	746335174.366	1347843719.579	2425374602.022	4348574646.838
90	4153131785.711	8146501122.318	15912530052.310	30951088636.973	59948794293.204
100	41887183926.646	88921817627.824	187861996480.299	394978114250.190	826445036985.328

附表三：年金现值系数表
（PVIFA$_{i,n}$）

n/i	1%	2%	3%	4%	5%	6%	7%	8%	9%
1	0.990	0.980	0.971	0.962	0.952	0.943	0.935	0.926	0.917
2	1.970	1.942	1.913	1.886	1.859	1.833	1.808	1.783	1.759
3	2.941	2.884	2.829	2.775	2.723	2.673	2.624	2.577	2.531
4	3.902	3.808	3.717	3.630	3.546	3.465	3.387	3.312	3.240
5	4.853	4.713	4.580	4.452	4.329	4.212	4.100	3.993	3.890
6	5.795	5.601	5.417	5.242	5.076	4.917	4.767	4.623	4.486
7	6.728	6.472	6.230	6.002	5.786	5.582	5.389	5.206	5.033
8	7.652	7.325	7.020	6.733	6.463	6.210	5.971	5.747	5.535
9	8.566	8.162	7.786	7.435	7.108	6.802	6.515	6.247	5.995
10	9.471	8.983	8.530	8.111	7.722	7.360	7.024	6.710	6.418
11	10.368	9.787	9.253	8.760	8.306	7.887	7.499	7.139	6.805
12	11.255	10.575	9.954	9.385	8.863	8.384	7.943	7.536	7.161
13	12.134	11.348	10.635	9.986	9.394	8.853	8.358	7.904	7.487
14	13.004	12.106	11.296	10.563	9.899	9.295	8.745	8.244	7.786
15	13.865	12.849	11.938	11.118	10.380	9.712	9.108	8.559	8.061
16	14.718	13.578	12.561	11.652	10.838	10.106	9.447	8.851	8.313
17	15.562	14.292	13.166	12.166	11.274	10.477	9.763	9.122	8.544
18	16.398	14.992	13.754	12.659	11.690	10.828	10.059	9.372	8.756
19	17.226	15.678	14.324	13.134	12.085	11.158	10.336	9.604	8.950
20	18.046	16.351	14.877	13.590	12.462	11.470	10.594	9.818	9.129
25	22.023	19.523	17.413	15.622	14.094	12.783	11.654	10.675	9.823
30	25.808	22.396	19.600	17.292	15.372	13.765	12.409	11.258	10.274
40	32.835	27.355	23.115	19.793	17.159	15.046	13.332	11.925	10.757
50	39.196	31.424	25.730	21.482	18.256	15.762	13.801	12.233	10.962
60	44.955	34.761	27.676	22.623	18.929	16.161	14.039	12.377	11.048
70	50.169	37.499	29.123	23.395	19.343	16.385	14.160	12.443	11.084
80	54.888	39.745	30.201	23.915	19.596	16.509	14.222	12.474	11.100
90	59.161	41.587	31.002	24.267	19.752	16.579	14.253	12.488	11.106
100	63.029	43.098	31.599	24.505	19.848	16.618	14.269	12.494	11.109

续表

n/i	10%	11%	12%	13%	14%	15%	16%	17%	18%
1	0.909	0.901	0.893	0.885	0.877	0.870	0.862	0.855	0.847
2	1.736	1.713	1.690	1.668	1.647	1.626	1.605	1.585	1.566
3	2.487	2.444	2.402	2.361	2.322	2.283	2.246	2.210	2.174
4	3.170	3.102	3.037	2.974	2.914	2.855	2.798	2.743	2.690
5	3.791	3.696	3.605	3.517	3.433	3.352	3.274	3.199	3.127
6	4.355	4.231	4.111	3.998	3.889	3.784	3.685	3.589	3.498
7	4.868	4.712	4.564	4.423	4.288	4.160	4.039	3.922	3.812
8	5.335	5.146	4.968	4.799	4.639	4.487	4.344	4.207	4.078
9	5.759	5.537	5.328	5.132	4.946	4.772	4.607	4.451	4.303
10	6.145	5.889	5.650	5.426	5.216	5.019	4.833	4.659	4.494
11	6.495	6.207	5.938	5.687	5.453	5.234	5.029	4.836	4.656
12	6.814	6.492	6.194	5.918	5.660	5.421	5.197	4.988	4.793
13	7.103	6.750	6.424	6.122	5.842	5.583	5.342	5.118	4.910
14	7.367	6.982	6.628	6.302	6.002	5.724	5.468	5.229	5.008
15	7.606	7.191	6.811	6.462	6.142	5.847	5.575	5.324	5.092
16	7.824	7.379	6.974	6.604	6.265	5.954	5.668	5.405	5.162
17	8.022	7.549	7.120	6.729	6.373	6.047	5.749	5.475	5.222
18	8.201	7.702	7.250	6.840	6.467	6.128	5.818	5.534	5.273
19	8.365	7.839	7.366	6.938	6.550	6.198	5.877	5.584	5.316
20	8.514	7.963	7.469	7.025	6.623	6.259	5.929	5.628	5.353
25	9.077	8.422	7.843	7.330	6.873	6.464	6.097	5.766	5.467
30	9.427	8.694	8.055	7.496	7.003	6.566	6.177	5.829	5.517
40	9.779	8.951	8.244	7.634	7.105	6.642	6.233	5.871	5.548
50	9.915	9.042	8.304	7.675	7.133	6.661	6.246	5.880	5.554
60	9.967	9.074	8.324	7.687	7.140	6.665	6.249	5.882	5.555
70	9.987	9.085	8.330	7.691	7.142	6.666	6.250	5.882	5.556
80	9.995	9.089	8.332	7.692	7.143	6.667	6.250	5.882	5.556
90	9.998	9.090	8.333	7.692	7.143	6.667	6.250	5.882	5.556
100	9.999	9.091	8.333	7.692	7.143	6.667	6.250	5.882	5.556

n/i	19%	20%	21%	22%	23%	24%	25%	26%	27%
1	0.840	0.833	0.826	0.820	0.813	0.806	0.800	0.794	0.787
2	1.547	1.528	1.509	1.492	1.474	1.457	1.440	1.424	1.407
3	2.140	2.106	2.074	2.042	2.011	1.981	1.952	1.923	1.896
4	2.639	2.589	2.540	2.494	2.448	2.404	2.362	2.320	2.280
5	3.058	2.991	2.926	2.864	2.803	2.745	2.689	2.635	2.583
6	3.410	3.326	3.245	3.167	3.092	3.020	2.951	2.885	2.821
7	3.706	3.605	3.508	3.416	3.327	3.242	3.161	3.083	3.009
8	3.954	3.837	3.726	3.619	3.518	3.421	3.329	3.241	3.156
9	4.163	4.031	3.905	3.786	3.673	3.566	3.463	3.366	3.273
10	4.339	4.192	4.054	3.923	3.799	3.682	3.571	3.465	3.364
11	4.486	4.327	4.177	4.035	3.902	3.776	3.656	3.543	3.437
12	4.611	4.439	4.278	4.127	3.985	3.851	3.725	3.606	3.493
13	4.715	4.533	4.362	4.203	4.053	3.912	3.780	3.656	3.538
14	4.802	4.611	4.432	4.265	4.108	3.962	3.824	3.695	3.573
15	4.876	4.675	4.489	4.315	4.153	4.001	3.859	3.726	3.601
16	4.938	4.730	4.536	4.357	4.189	4.033	3.887	3.751	3.623
17	4.990	4.775	4.576	4.391	4.219	4.059	3.910	3.771	3.640
18	5.033	4.812	4.608	4.419	4.243	4.080	3.928	3.786	3.654
19	5.070	4.843	4.635	4.442	4.263	4.097	3.942	3.799	3.664
20	5.101	4.870	4.657	4.460	4.279	4.110	3.954	3.808	3.673
25	5.195	4.948	4.721	4.514	4.323	4.147	3.985	3.834	3.694
30	5.235	4.979	4.746	4.534	4.339	4.160	3.995	3.842	3.701
40	5.258	4.997	4.760	4.544	4.347	4.166	3.999	3.846	3.703
50	5.262	4.999	4.762	4.545	4.348	4.167	4.000	3.846	3.704
60	5.263	5.000	4.762	4.545	4.348	4.167	4.000	3.846	3.704
70	5.263	5.000	4.762	4.545	4.348	4.167	4.000	3.846	3.704
80	5.263	5.000	4.762	4.545	4.348	4.167	4.000	3.846	3.704
90	5.263	5.000	4.762	4.545	4.348	4.167	4.000	3.846	3.704
100	5.263	5.000	4.762	4.545	4.348	4.167	4.000	3.846	3.704

n/i	28%	29%	30%	35%	40%	50%
1	0.781	0.775	0.769	0.741	0.714	0.667
2	1.392	1.376	1.361	1.289	1.224	1.111
3	1.868	1.842	1.816	1.696	1.589	1.407
4	2.241	2.203	2.166	1.997	1.849	1.605
5	2.532	2.483	2.436	2.220	2.035	1.737
6	2.759	2.700	2.643	2.385	2.168	1.824
7	2.937	2.868	2.802	2.508	2.263	1.883
8	3.076	2.999	2.925	2.598	2.331	1.922
9	3.184	3.100	3.019	2.665	2.379	1.948
10	3.269	3.178	3.092	2.715	2.414	1.965
11	3.335	3.239	3.147	2.752	2.438	1.977
12	3.387	3.286	3.190	2.779	2.456	1.985
13	3.427	3.322	3.223	2.799	2.469	1.990
14	3.459	3.351	3.249	2.814	2.478	1.993
15	3.483	3.373	3.268	2.825	2.484	1.995
16	3.503	3.390	3.283	2.834	2.489	1.997
17	3.518	3.403	3.295	2.840	2.492	1.998
18	3.529	3.413	3.304	2.844	2.494	1.999
19	3.539	3.421	3.311	2.848	2.496	1.999
20	3.546	3.427	3.316	2.850	2.497	1.999
25	3.564	3.442	3.329	2.856	2.499	2.000
30	3.569	3.447	3.332	2.857	2.500	2.000
40	3.571	3.448	3.333	2.857	2.500	2.000
50	3.571	3.448	3.333	2.857	2.500	2.000
60	3.571	3.448	3.333	2.857	2.500	2.000
70	3.571	3.448	3.333	2.857	2.500	2.000
80	3.571	3.448	3.333	2.857	2.500	2.000
90	3.571	3.448	3.333	2.857	2.500	2.000
100	3.571	3.448	3.333	2.857	2.500	2.000